TEUBNER *kochen | erleben*

DAS GROSSE BUCH DER KRÄUTER & GEWÜRZE

DAS GROSSE BUCH DER KRÄUTER & GEWÜRZE

Fotos: Westermann Studios GbR, Nikolai Buroh Dorothee Gödert

WARENKUNDE 12

KÜCHENPRAXIS 128

Küchengeheimnisse – *ausgeplaudert*

REZEPTE 178

Alle Rezepte sind für 4 Portionen berechnet, sofern nichts anderes angegeben ist.

Kräuter und Gewürze – kostbare Geschenke der Natur

In allen Kochkulturen der Welt spielen sie eine wichtige Rolle, und für den Koch sind ihre Aromen eine nie versiegende Quelle der Inspiration.

SO ERDVERBUNDEN UND UNSCHEINBAR viele Kräuter und Gewürze auch sein mögen: Ihr Duft und Aroma machen sie zu geradezu magischen Anziehungspunkten für alle Liebhaber guten Essens. In vielen Gärten ist ein Eckchen für Kräuter reserviert. In vielen Wohnungen haben sie sich auf der Fensterbank eingerichtet. In allen Kulturen der Welt spielen Kräuter und Gewürze eine wichtige Rolle.

KRÄUTER UND GEWÜRZE SETZEN AKZENTE

Der unverwechselbare Duft frischer Kräuter und aromatischer Gewürze prägt seit jeher den Charakter vieler Landesküchen. Wie langweilig und fad wären sie ohne das fein abgestimmte Zusammenspiel verschiedenster Würzzutaten! Undenkbar die italienische Küche ohne das intensive Aroma von Oregano und Rosmarin. Was wäre Frankreich ohne Estragon? Die Provence ohne Lavendel? Doch die Verwendung von Kräutern und Gewürzen beschränkt sich keineswegs auf den Einsatz von Thymian, Rosmarin und Co.: Minze und Muskat, Kardamom und Koriander, Gelbwurz, Galgant, Anis, Fenchel und Zimt setzen neue Akzente weitab der traditionellen Kräuterküche. Sie veredeln Suppen, Salate und Desserts, sie unterstreichen den Charakter von Fleisch, Wild und Geflügel – mal vordergründig, mal dezent. Im Kapitel Warenkunde können Sie sich über Verbreitung, Geschmacksmerkmale und Verwendung von Kräutern und Gewürzen informieren. Die Pflanzen sind dabei alphabetisch geordnet. Untergeordnete Sorten wie Thaibasilikum finden Sie allerdings unter B wie Basilikum. Wo wächst es, wie schmeckt es, für welche Gerichte ist es typisch? All diese Informationen können Sie hier nachlesen.
Fragen zu Einkauf, Lagerung und Verarbeitung beantwortet das Kapitel Küchenpraxis. Hier finden Sie Anregungen zum Haltbarmachen von Gartenkräutern durch Einlegen in Öl und Salz oder durch Trocknen und Tiefkühlen. Der Umgang mit Messer, Mörser, Mixer und Mühle wird ebenso erklärt wie die Verarbeitung spezieller Würzzutaten wie Knoblauch, Zitronengras, Chili und Ingwer. Auch finden sich Hinweise zur Herstellung von Würzölen und Kräuteressigen, Gewürzpasten und Marinaden.
Die Kunst liegt in der Zusammenstellung: Die harmonische Kombination unterschiedlichster Kräuter und Gewürze entscheidet darüber, ob ein raffiniertes Geschmackserlebnis gelingt. Das erfordert Erfahrung und Fingerspitzengefühl. Und natürlich ausgefeilte Rezeptideen. Im Rezeptteil finden Sie daher raffinierte und klassische, üppige und leichte Kreationen, die von elf Spitzenköchen aus Deutschland, Österreich, der Schweiz und Italien mit viel Fantasie und Sorgfalt zusammengestellt wurden. Lassen Sie sich überraschen von Wildgerichten mit Zimt und Schokolade, von Muscheln mit einem Hauch Minze. Und damit die Inspiration nicht zu kurz kommt, stehen über das ganze Buch verteilt Geschichten und Reportagen rund ums Thema Kräuter und Gewürze. Neben Interessantem und Kuriosem wird hier auch so manches Küchengeheimnis ausgeplaudert.

Wir wünschen Ihnen viel Vergnügen beim Lesen, Kochen und Genießen!

Römisches Relief auf der Igeler Säule, um 250 n. Chr. Darstellung einer Küchenszene: Anrichte und Tisch mit Reibschüssel. (Trier, Rheinisches Landesmuseum).

Gewürze in der Geschichte und Kulturgeschichte

Schon lange vor unserer Zeitrechnung ist die Verwendung von Kräutern und Gewürzen aus archäologischen Funden und Aufzeichnungen bekannt. Während Kräuter eher im Umkreis ihrer Standorte im Gebrauch waren, haben Gewürze schon im Altertum die halbe Welt durchquert.

Der Ursprung vieler Gewürze liegt in Asien. Südasien verdanken wir etwa Basilikum, Kardamom, Kreuzkümmel, Pfeffer oder Zimt. Aus Südost- beziehungsweise Ostasien stammen unter anderem Ingwer, Gewürznelken, verschiedene Pfefferarten, Sternanis und Zitronengras. Afrika liefert originär relativ wenig Gewürze wie etwa Paradieskörner, Sesam und Tamarinde. Amerika hat uns Vanille, Chilis, Paprika, Piment, Zitronenverbene oder Kapuzinerkresse beschert. Da die Neue Welt erst seit 1.500 n. Chr. unseren Horizont erweitert, konzentriert sich die spannende Geschichte des Gewürzhandels vor allem auf den Orient.

GEWÜRZWEIN UND ZIMTFEUER IM ALTEN ROM

Schon die Babylonier und Ägypter verwendeten zur Zeit der großen Pharaonen Gewürze und Kräuter zum Kochen, Einbalsamieren und Desinfizieren. Sie trieben mit Gewürzen Fernhandel, transportierten sie mit Kamelen durch die Wüste und verschifften sie von Alexandria aus ins Mittelmeer. Wie die Ägypter stellten auch die Römer aus Kräutern und Gewürzen Düfte, Kosmetik, Rauchwaren und Heilmittel her.

In der Küche schätzten sie ihre großzügige Verwendung, wie unter anderem im Kochbuch des Apicius, des Starkochs der Antike, nachzulesen ist. Schon beim »Mulsum«, dem populären Honigwein, fällt die Vorliebe der Römer für kräftig Gewürztes auf. Vieles typisch Italienische kannte man im alten Rom nicht, wie Tomaten, Basilikum und Pasta. Stattdessen begeisterte sich die römische Elite für Flamingozungen, Pfauenbrüstchen, gebratene Spatzen oder Schweinefleisch, das man üppig mit Koriander, Kreuzkümmel, Thymian, Raute und Feigen würzte. Die Küche war von der arabischen und griechischen Kochkunst beeinflusst. Zimt und Pfeffer standen hoch im Kurs. Man hatte Zimtstangen auch als Räucherstäbchen und Medizin im Haus. Kaiser Nero machte seinem Ruf alle Ehre, als er beim Tod seiner Gattin Poppaea in Rom große Feuer aus Zimtstangen entfachen ließ. Er soll die Vorräte ganz Roms verheizt haben.

Weil die arabischen Händler die Herkunft des kostbaren Gewürzes nicht preisgeben wollten, rankten sich schon damals Legenden um den Stoff aus Tausendundeiner Nacht. Von den Arabern hieß es, sie redeten »Zimt«, wenn sie Ungereimtes zum Schutz ihrer Geschäftsinteressen zum Besten gaben. Wie zum Beispiel, dass das Gewürz auf dem Grund von Zimtseen oder in den Nestern von Zimtvögeln gediehe.

Die Kontrolle über die Gewürzrouten von Europa nach Übersee war der Schlüssel zu wirtschaftlichem Aufstieg und politischer Vormachtstellung.

ORIENTEXPRESS: SCHÄTZE AUS DEM MORGENLAND

Bis ins 15. Jahrhundert hinein hatten die Araber bei Spezereien aus Fernost die Hand im Spiel. Sie beherrschten die alten Handelswege – Seidenstraße, Weihrauchstraße, Kardamomroute – und transportierten Myrrhe, Safran, Muskat und Co. in Karawanen von China nach Konstantinopel oder auf dem Seeweg von Südindien über den Jemen an die Levante. Europäischen Herrschern waren die Handelsmonopole der Araber ein Dorn im Auge. Das Aufbrechen der Monopole nahmen sie als Nebeneffekt der Kreuzzüge nur zu gern in Kauf.

Nirgendwo im Abendland lagerten mehr Schätze aus dem Morgenland – Delikatessen, Tuch, Edelsteine – als in Venedig. Der kleine Inselstaat im Norden der Adria verdiente am Orienthandel prächtig. Bereits im 13. Jahrhundert war ganz Asien von einem engmaschigen Handelsnetz überzogen, dessen Fäden in Venedig zusammenliefen. Die am Rialto angebotenen Gewürznelken waren weiter gereist als der venezianische Kaufmann Marco Polo, der zwar in schillerndsten Farben vom Reich der Mitte berichtete, die Chinesische Mauer aber vermutlich niemals erreicht hatte. Die Nelken dagegen legten über 12.000 Kilometer auf ihrem Weg von den Molukken bis nach Schottland zurück.

Über Venedig natürlich, wo sie die Kassen dank Zöllen und Steuern füllten. Um möglichst viel Gewinn aus den Gewürzen herauszuschlagen, wurden manche Händler kreativ: Pfeffer ließ sich beispielsweise gut mit Steinchen, Sand oder auch mit Wacholderbeeren strecken.

VENEZIANISCHE KAUFLEUTE, DEUTSCHE PFEFFERSÄCKE

Je weiter entfernt seine Herkunft, desto begehrter war ein Gewürz. Fernreisen stellten schließlich ein unglaubliches Risiko für Leib und Gut dar, konnten Jahre dauern und jäh enden.

Bei all den Abenteuern – Raub, Piraterie, Stürmen, Seuchen und mehr –, die es zu bestehen galt, wundert es nicht, dass die geheimnisumwobene Ware symbolisch und praktisch mit Gold aufgewogen wurde: Gewürznelken wurden zu wundersamen Goldnägeli, Zimtpulver zu märchenhaftem Goldstaub, Muskat zur geheimnisvollen Goldnuss und Pfeffer zu Goldkörnern aus dem Paradies. Findige französische Hofköche kreierten aus exakt diesen Gewürzen die vornehmste Gewürzmischung der Neuzeit, »Quatre-épices«, die Würste, Wildragouts, Terrinen, eingelegte Gurken, Kürbis und Zwiebeln verfeinerte.

Die Kaufleute von Venedig wussten ihre wirtschaftliche Vormachtstellung zu sichern. Zum Beispiel durch die Einführung der Mude genannten Schiffskonvois, bewaffneter Geleitschiffe auf festgelegten

Illustration zu Marco Polos Reisen: Handel vor der indischen Hafenstadt Khambat. Aus: »Le Livre des Merveilles du Monde«, Paris um 1412.

Seerouten, kodierter Nachrichtensysteme oder durch die Gründung verbindlicher Handelsniederlassungen für Ausländer.

Auch die mächtigen süddeutschen Fugger und Welser mussten im Fondaco dei Tedeschi, dem Handelshof der Deutschen, absteigen und dort ihre Geschäfte abwickeln, damit die Kontrolle über die Abgabenhöhe gewahrt blieb. Die Serenissima war streng.

Nichtsdestoweniger erzielten manche Pfeffersäcke, wie man skrupellose, reiche Gewürzhändler verspottete, astronomische Gewinne. Als reichster seiner Zeit galt Anton Fugger. Der Augsburger handelte nicht nur mit Salz, Gewürzen, Rohstoffen und Tuch, sondern auch mit Waffen, Söldnern und Geld. Unter seinen Schuldnern waren Fürsten, Päpste, Kaiser. Eine Anekdote überliefert, wie der Kaufmann sich Karl V., bekannt für Liquiditätsengpässe und schlechte Zahlungsmoral, untertan machte. Vor den Augen des klammen Kaisers setzte er dessen Schuldscheine in Brand. Mit Zimtstangen, was seinen Reichtum unterstrich.

Anton Fugger verbrennt die Schuldscheine Karls V. für den Tunesischen Feldzug vor dessen Augen. Gemälde von Wilhelm Koller (1829–1884).

»ÜBER EIN STINKEND FLEISCH MACHT MAN GERN EIN PFEFFER«

Nie war die Gier nach Gewürzen größer als zu Beginn der Neuzeit. Wer es sich leisten konnte, ging verschwenderisch damit um. Aus heutiger Sicht verwürzte man die Speisen. Nicht umsonst sagte man zum Wildragout »Pfeffer«: Der Pfeffer überdeckte das Fleisch. Das Überdecken des Fleischgeschmacks und -geruchs war erwünscht, um nicht mehr Frisches und Verdorbenes genießbar und salonfähig zu machen. Praktischerweise eigneten sich Gewürze und Kräuter gleichzeitig als Appetitanreger und Verdauungshelfer und verfügten zudem über ein großes Heilpotenzial. Zumindest glaubte man daran. Zu all dem erwiesen sie sich nützlich beim Konservieren in Essig, Fett und Salz sowie beim Räuchern.

Das einfache Volk konnte sich freilich weder Gewürze, noch Fleisch leisten – dieses feine Gespann war der Oberschicht vorbehalten –, es würzte seinen alltäglichen Getreidebrei mit dem, was Wald und Wiesen hergaben und rundherum gedieh. Dementsprechend wenig waren Kräuter als Statussymbol geeignet – im Gegensatz zu den noblen Gewürzen.

DIE SEEREISEN DER ENTDECKER

Die wirtschaftliche Bedeutung der Gewürze war immens. Sie trug maßgeblich zur Neuordnung der Welt bei. Die Beherrschung der Gewürzrouten war der Schlüssel des Aufstiegs zur Weltmacht bis weit über das 17. Jahrhundert hinaus. Die Kolonisation weiter Teile Asiens und Amerikas ist eng mit der Jagd nach Gewürzen verknüpft.

Als die Türken 1453 Konstantinopel eroberten, waren die alten Handelsrouten für die Europäer schwer passierbar und es kam zu massiven Engpässen im Gewürzhandel. Es galt, neue und sichere Wege nach Fernost zu erschließen. Der Genuese Christoph Columbus versuchte es über den Westen und entdeckte 1492 nicht die Gewürzinseln Hinterindiens, sondern die Karibik, die er unbeirrt Westindien nannte. Dort fand er ein Gewürz, das die Aromen der »Quatre-épices« in sich vereinte. Columbus taufte es Pimienta (Pfeffer), wohl weil sich mit Pfeffer am meisten verdienen ließ.

Piment hin oder her, weit größere Bedeutung kam der Entdeckung Vasco da Gamas zu. Der Portugiese fand 1498 den lang ersehnten Seeweg ins Pfefferland und zu den Gewürzinseln. Er führte um das

Links: Händler in Indien beim Gewürzeinkauf, Illustration aus »Le Livre des Merveilles«, Paris, um 1412.
Rechts: Pfefferanbau in Südostasien um 1910.

Kap der Guten Hoffnung rund um Afrika durch den Indischen Ozean bis an die Malabarküste, dann durch den Golf von Bengalen und die Malakkastraße weiter nach Batavia (dem heutigen Jakarta/Indonesien) bis zu den Molukken.

KOLONIALKRIEGE UM VANILLE UND CEYLONZIMT

Für Portugal begannen goldene Zeiten. Nachdem Vasco da Gama 1502 auch Zimt aus Ceylon mitgebracht hatte, machten die Portugiesen den Venezianern ihre Spitzenstellung im Gewürzhandel streitig. Der spanische König und andere Granden wurden ungeduldig. Sie wollten eigene Gewürzquellen ausbeuten. 1519 erreichte Cortés Mexiko und führte Schokolade, Chili und Vanille in Europa ein, die bald groß in Mode kamen. 300 Jahre besaßen die Spanier das Vanillemonopol, bis die Orchidee dann nach Java, Madagaskar und Réunion geschmuggelt und angebaut wurde.
Die Holländer übertrumpften die Portugiesen und Spanier schließlich. Zunächst eroberten sie Ende des 16. Jahrhunderts Ceylon und den Zimt, dann rissen sie weitere lukrative Gewürzmonopole an sich, vor allem in Indonesien, wo sie Gewürzplantagen anlegten.
Die erstaunliche Finanzkraft der holländischen Kaufleute ging auf eine neuartige Geschäftsform zurück: Sie schlossen sich 1602 zur Vereinigten Ostindischen Compagnie zusammen, um mit vereinten Kräften und erstmals mit der Herausgabe von Aktien eine riesige Flotte und Handelsstützpunkte aufzubauen. Die V.O.C. wurde zum ersten multinationalen Konzern, dem während seines knapp 200-jährigen Bestehens nicht einmal die English East India Company gefährlich werden konnte.

ALLERWELTSGUT UND IMAGETRÄGER

Im 18. Jahrhundert brachen die Monopole dann zunehmend zusammen. Tropische Gewürze wurden immer mehr rund um den Äquator angebaut und kamen in größeren Mengen auf den Markt. Die Wege wurden kürzer, die Transporte schneller. Allmählich sank der Preis, und die exotischen Gewürze wurden für Normalbürger erschwinglich.
Auch wenn man heute keine Kriege mehr um sie führt, stellen sie nach wie vor ein bedeutendes Handelsgut dar. Wie die Kräuter spielen sie eine große Rolle in der Lebensmittel-, Pharma- und Kosmetikindustrie, auch wenn inzwischen viele Aromen synthetisch hergestellt werden können.
In der zeitgemäßen Kulinarik liegen frische Kräuter und ausgefallene Gewürze groß im Trend. Wer etwas auf sich hält, verwendet nicht einfach Salz, sondern Fleur de Sel, am besten gleich noch unterschiedlicher Herkunft, kennt verschiedene Pfeffersorten beim Namen, hat Zitronengras und frischen Ingwer im Kühlschrank und ausgefallene Gewürzmischungen im Regal. Und auch bei den Kräutern herrscht heute eine Vielfalt, von der Feinschmecker vor zwanzig Jahren nur träumen konnten.

Ingrid Schindler

WARENKUNDE

WARENKUNDE

Lexikon der Kräuter und Gewürze

Von Angelika bis Zwiebel

Viel Wissenswertes über die Geschmack gebenden Blätter, Stängel, Blüten, Samen und Wurzeln und ihre Verwendung in der Küche.

Immense Vielfalt an Aromen

Entdecken Sie die Welt der Kräuter und Gewürze von A bis Z! Ob Ananasminze oder nach Zimt duftendes Basilikum – allein Ihr Geschmack entscheidet.

WÜRZENDE ZUTATEN bereichern seit jeher die Küchen der Menschen. Sie prägen den Charakter von Speisen durch ihren pikanten, scharfen, aromatischen, manchmal auch bitteren Geschmack. Doch was genau sind nun eigentlich Gewürze – zu denen auch die Kräuter zählen? Laut den Leitsätzen im Deutschen Lebensmittelbuch handelt es sich dabei um Pflanzenteile, die aufgrund ihres Gehaltes an natürlichen Inhaltsstoffen als Geschmack und/oder Geruch gebende Zutaten zu Lebensmitteln bestimmt sind. Blüten, Früchte, Knospen, Samen, Rinden, Wurzeln, Wurzelstöcke sowie Zwiebeln oder auch Teile davon werden zu den Gewürzen gerechnet. Blätter, Blüten und Sprosse gelten als Kräuter. Sie finden die einzelnen Unterarten im folgenden Kapitel jeweils unter dem bekannten Namen, also etwa Thai-Basilikum unter Basilikum. Querverweise zwischen Kräutern und Gewürzen weisen darauf hin, dass von einer Pflanze frische Blätter sowie getrocknete Früchte verwendet werden.

KRÄUTER UND IHRE INHALTSSTOFFE

Viele Pflanzen werden aufgrund ihrer geschmacklichen und heilenden Eigenschaften schon seit der Antike als Würz- und Heilkraut geschätzt. Für den angenehmen Geruch und Geschmack sind oft fettlösliche ätherische Öle verantwortlich. Sie entstehen in den Öldrüsen und werden dann im Gewebe der Pflanzen gespeichert. Besonders reich an ätherischen Ölen sind Angehörige der Familien der Dolden- und Lippenblütler. Doch in den Kräutern stecken noch weitere Inhaltsstoffe: So sind etwa Petersilie, Fenchelkraut oder Gartenkresse besonders reich an Vitamin C, andere wiederum enthalten wertvolle Gerb- und Bitterstoffe. Nicht wenige der überlieferten positiven Wirkungen auf den Organismus konnten in den letzten Jahren dank der Fortschritte in der Forschung nachgewiesen werden. So regen Bitterstoffe den Appetit an und fördern die Verdauung. Gerbstoffe wirken entzündungshemmend und Flavonoide, auch sekundäre Pflanzenstoffe genannt, schützen nicht nur pflanzliche, sondern auch menschliche Zellen vor Krebs. Im Übermaß genossen, können jedoch einige der in manchen Kräutern und Gewürzen enthaltenen Substanzen auch schädliche Wirkungen nach sich ziehen: So führen bespielsweise die in Waldmeister oder Liebstöckel enthaltenen, angenehm würzig riechenden Cumarine im Übermaß genossen zu Leberschäden, Schwindel und Übelkeit. Ebenfalls bedenklich sind Bestandteile mancher ätherischen Öle wie Estragol, wenn sie in großer Menge dem Körper zugeführt werden. Dieser in vielen Küchenkräutern wie Estragon, Fenchel, Anis oder Basilikum vorkommende Pflanzeninhaltsstoff steht im Verdacht, krebserregend zu sein. Als Heilmittel kommen diese Kräuter daher aus heutiger Sicht nicht mehr in Frage – in den Mengen, in denen sie zum Würzen von Salaten, Saucen und anderen Speisen Verwendung finden, sind sie jedoch vollkommen unbedenklich.

KÜCHEN- UND WILDKRÄUTER

Kräuter sind heute in einer, bis vor wenigen Jahren noch undenkbaren Vielfalt erhältlich. Vieles lässt sich zudem aus Samen im Topf auf dem Balkon oder im Garten selbst ziehen. Nicht zu vergessen, die große Zahl der Wildkräuter, die bei genauem Hinsehen vor der Haustür oder gar im eigenen Garten wachsen. Gerade sie enthalten viele wertvolle bioaktive Substanzen. Gesammelt werden sollte jedoch nur auf ungedüngten, unbelasteten Wiesen – und ausschließlich Bekanntes. Denn bei einigen Wildkräutern besteht eine Verwechslungsgefahr mit giftigen Pflanzen. Vieles ist daher heute auch in Spezialgärtnereien erhältlich oder kann als Bundware bestellt werden (S. 328). Freuen Sie sich auf die Welt der Kräuter und auf spannende Neuentdeckungen.

Aromatische Blüten

Geschmacksstoffe stecken nicht allein in den Blättern und Stängeln, sondern auch in den Blüten der Kräuter. Sie setzen als Garnitur farbige Akzente und sind deshalb zum Wegwerfen viel zu schade.

- Angelika: aromatisch, bittersüß, Würz-, Gemüse- und Heilpflanze.
- Augenwurz: aromatisches Würzkraut.
- Austernpflanze: nach Austern und Anchovis schmeckende Blätter.
- Bärlauch: ausgeprägtes Knoblaucharoma.

Von Angelika bis Bärlauch: *Alle vier der auf dieser Seite vorgestellten Würzkräuter eignen sich zum Rohverzehr, haben jedoch mit Ausnahme der Austernpflanze giftige Doppelgänger.*

Karriere beim Konditor

Kandiert verzieren junge Angelikastängel Torten und Gebäck, vor allem in Frankreich und Österreich greifen Konditoren zu den grünen Stäbchen, sie werden aber auch gern einfach so genascht.

ANGELIKA, ENGELWURZ (1)

(Angelica archangelica)
Familie: Doldenblütler *(Apiaceae,* früher *Umbelliferae)*

andere dt. Bez. Erzengelwurz, Brustwurz; engl. angelica, archangel; frz. aranchélique.

Die Pflanze stammt aus dem nördlichen Europa, ist aber auch in Mittel- und Osteuropa verbreitet. Sie gedeiht an feuchten Standorten. Es besteht eine Verwechslungsgefahr mit dem giftigen Wasserschierling.

Merkmale: Die meist 2- bis 4-jährigen Pflanzen können 2 bis 3 m hoch werden. Alle Teile der Pflanze sind aromatisch und schmecken bittersüß. Blütezeit der halbkugeligen grünlichen Dolden ist von Juli bis September.

Verwendung: Frisch als Würzkraut und für Salate, gekocht als Gemüse. Junge gehackte Blätter würzen Suppen, Salate, Quark- und Käsezubereitungen. Sie aromatisieren Füllungen für Fisch sowie Pochierfonds für Fisch und Meeresfrüchte. In Skandinavien werden Blätter, junge Stängel und Blattstiele auch gekocht als Gemüse verzehrt. Während die Blätter bereits im ersten Jahr abgezupft werden können, ist die Ernte der Früchte (ab Juli) und Wurzeln (im Herbst) erst im zweiten Jahr möglich. Extrakte aus Wurzeln und Früchten sind Bestandteil verschiedener Kräuterliköre wie Bénédictine oder Chartreuse. Verwandt ist die etwas weniger aromatische, hierzulande aber häufigere **Waldengelwurz** *(Angelica sylvestris)*, zu erkennen an den rötlich gefärbten Stängeln.

AUGENWURZ, ALPENAUGENWURZ (2)

(Athamanta cretensis)
Familie: Doldenblütler *(Apiaceae,* früher *Umbelliferae)*

andere dt. Bez. Gewöhnliche Augenwurz, Berg-Heilwurz; engl. candy carrot; frz. athamante de Crète.

Die wohl aus Südeuropa stammende Pflanze ist in Mitteleuropa heimisch. Beim Sammeln ist jedoch Vorsicht geboten, da Verwechslungsgefahr mit der giftigen Gewöhnlichen Hundspetersilie und dem Gefleckten Schierling besteht. Jungpflanzen sollte man daher besser aus der Gärtnerei beziehen.

(1) **ANGELIKA, ENGELWURZ** hat runde hohle Stängel, die Einzelblättchen sind eiförmig oval mit gezähntem Rand. Verwendung finden vor allem die jungen hellgrünen Blätter und Stiele, aber auch die getrockneten Wurzeln.

(2) **AUGENWURZ** ist bislang eher als Likörpflanze denn als Küchenkraut bekannt. Die spitzen, dreifach gefiederten Blätter erinnern im Aussehen etwas an Dill und kommen frisch zum Einsatz.

<u>Merkmale:</u> Die mehrjährige Pflanze wird bis zu 30 cm hoch und hat feine, würzig duftende Blätter. Von Mai bis Juli erscheinen flache Dolden mit weißen Blüten. <u>Verwendung:</u> Frisch würzen die Blätter Salate, Kräuterquark und Suppen. Die jungen Stängel lassen sich auch als Gemüse zubereiten. Die aromatischen Früchte – Ernte ist August – dienen als Gewürz.

AUSTERNPFLANZE (3)

(Mertensia maritima)
Familie: Raublatt- oder Borretschgewächse *(Boraginaceae)*

andere dt. Bez. Blauglöckchen; engl. oyster plant.

Die mehrjährige Pflanze stammt von den Küsten Schottlands und liebt humose, sandige Böden. <u>Merkmale:</u> Das mehrjährige Kraut erreicht eine Höhe von 20 cm und blüht von Juni bis Oktober. <u>Verwendung:</u> Frisch für Salate. Die Blätter schmecken intensiv nach Austern oder Anchovis, ergänzen Seafood, schmecken aber auch in Blattsalaten.

BÄRLAUCH (4)

(Allium ursinum)
Familie: Lauchgewächse, Syn. Zwiebelgewächse *(Alliaceae)*

andere dt. Bez. Bärenlauch, Bärenkraut, Waldlauch, Waldknoblauch, Wilder Knoblauch, Hexenzwiebel, Rams, Ramsell, Zigeunerzwiebel; engl. ramsons, wild garlic, bear's garlic, wood garlic, gipsy onion; frz. ail des bois, ail des ours.

Bärlauch ist wild in Europa und Nordasien verbreitet. Verwechslungsgefahr besteht mit den ähnlichen Blättern des Maiglöckchens, der Herbstzeitlosen und dem Gefleckten Aronstab, aber nur Bärlauch verströmt den typischen Knoblauchgeruch. <u>Merkmale:</u> Das mehrjährige Kraut wird 30 cm hoch, die weißen Blüten erscheinen von April bis Juni. <u>Verwendung:</u> Frisch für Salate und Pesto. Die ganze Pflanze ist essbar, verzehrt werden aber meist nur die Blätter für Saucen und Pasten, aber auch für Suppen und anderes. Gekocht schmeckt Bärlauch milder, verliert aber an Inhaltsstoffen, vor allem an Viamin C.

Bärlauch wächst in Auen- und Laubwäldern oft in großen Kolonien. Seine Blätter werden vor der Blüte von März bis Mai geerntet, die Zwiebeln im Spätsommer und Herbst.

(3) **AUSTERNPFLANZE.** Die glatten, fleischigen, blaugrün bereiften und zarten Blätter dieser Borretsch-Verwandten bilden Rosetten mit kriechenden Ausläufern. Die Blätter werden nach Bedarf gezupft und frisch verwendet.

(4) **BÄRLAUCH** hat lange, lanzettförmige Blätter. Sie verleihen im Frühjahr vielen Speisen ein leichtes Knoblaucharoma. Nicht nur die Blätter sind essbar, auch die Zwiebeln und Blüten können verwendet werden.

»Basilikum – das königliche Kraut«

Schon sein Name, der sich von *basileus*, dem griechischen Wort für König, ableitet, verweist auf Höheres. In Indien gilt das aromatisch-würzige Kraut als heilig. Tulsi repräsentiert die Gegenwart Vishnus, ist Zeichen seines göttlichen Schutzes und wichtige Opfergabe. In der Ayurveda-Medizin gelten seine Blätter als Heilmittel. Und auch in der christlichen Überlieferung hat das Kraut seinen Platz – es soll am Ort der Kreuzigung Jesu gewachsen sein und ist Teil des Büschels für die Kräuterweihe an Maria Himmelfahrt. Und dennoch: Obwohl bereits im Altertum in Ägypten, Griechenland und Rom kultiviert, war die Wirkung des Würz- und Heilkrautes umstritten. Es wurde mit schwarzer Magie in Verbindung gebracht, giftig und Unglück bringend sollte es sein. All dies ist inzwischen vergessen. Dank der Vorliebe für Mediterranes und die italienische Küche ist das Kraut heute so populär wie nie zuvor und verfeinert in Kombination mit etwas Knoblauch, ein paar Pinienkernen und einem gutem Olivenöl frische Pasta zu einem königlichen Genuss.

Katrin Wittmann

Basilikum *weckt mit seinem unvergleichlichen Aroma wie kein anderes Kraut die Sehnsucht nach Sommer, Süden und mediterranen Genüssen wie Insalata caprese oder Tagliatelle mit Pesto.*

- Genoveser Basilikum: sehr aromatisch, würzig, etwas süß und leicht pfeffrig, große Blätter.
- Grünes krauses Basilikum: sehr aromatisch, große Blätter.
- Provence-Basilikum: intensives Aroma, mittelgroße Blätter.

Das Wärme liebende Basilikum stammt vermutlich aus Afrika, das lässt die Zahl der dort wild vorkommenden Sorten vermuten. Aber auch Asien, insbesondere Indien, wird oft als Heimat des pfeffrig-süßen Krautes genannt. Und zumindest Tulsi, das Heilige Basilkum (S. 23), stammt wohl von dort. Basilikum existiert heute in vielen Arten und Sorten und gehört zu den beliebtesten Küchenkräutern überhaupt. Geerntet werden die Triebspitzen und ganze Stängel vor der Blüte. Basilikum eignet sich weder zum Mitgaren noch zum Trocknen oder Tiefkühlen. Nur in Öl lässt sich sein Aroma konservieren.

BASILIKUM, GENOVESER BASILIKUM (1)

(Ocimum basilicum)
Familie: Lippenblütler *(Lamiaceae*, Syn. *Labiatae)*

andere dt. Bez. Gewöhnliches Basilikum, Basilienkraut, Deutscher Pfeffer, Königskraut, Hirnkraut, Herrenkraut, Suppenbasil, Braunsilge; engl. sweet basil; frz. basilic, grand basilic.

Das aromatische Genoveser Basilikum aus Italien ist die bekannteste Basilikumsorte und sehr beliebt.
Merkmale: Die einjährige, buschige Art wird 60 cm hoch, hat dunkelgrüne Blätter und weiße Blüten.
Verwendung: Die frischen Blätter und Sprosse mit Knospen und Blüten sind ideal für Salate, Pesto und Antipasti und passen gut zu Knoblauch, Tomaten, Auberginen, Kartoffeln, Fisch und Meeresfrüchten.

GRÜNES KRAUSES BASILIKUM (2)

(Ocimum basilicum 'Green Ruffles')

Die süß duftende und sehr aromatische Sorte wird nicht nur, aber vor allem in England geschätzt.
Merkmale: Einjährige, buschig wachsende und großblättrige Basilikumsorte, die eine Höhe von 50 cm erreicht und limettengrüne, krause Blätter hat.
Verwendung: Gekraustes grünes Basilikum ist sehr aromatisch, es wird wie Genoveser Basilikum genutzt.

Verwandt ist die rötlich braune, ebenfalls gekrauste, etwas schärfer schmeckende Sorte »Purple Ruffles«. Andere grüne krause Sorten wie das pfeffrige **Neapolitanische Basilikum**, dessen lindgrüne Blätter fast handgroß werden, oder das **Salatblättrige Basilikum** mit seinen großen, zarten Blättern sind ebenfalls hocharomatisch und in Italien insbesondere für Saucen und Salate beliebt.

PROVENCE-BASILIKUM (3)

(Ocimum basilicum)

Wie der Name vermuten lässt, stammt diese mediterrane Form aus Südfrankreich.
Merkmale: Einjährige, buschige, gedrungen wachsende Sorte mit mittelgroßen Blättern.
Verwendung: Das Aroma ist intensiv basilikumtypisch, in der Verwendung wie Genoveser Basilikum.

(1) **GENOVESER BASILIKUM** ist sehr aromatisch. Seine spitz-ovalen, großen und fleischigen Blätter sind leicht gewölbt und glänzend.

(2) **GRÜNES KRAUSES BASILIKUM** hat große, dekorative Blätter mit gekraustem Rand. Diese ergiebige Sorte ist sehr aromatisch.

(3) **PROVENCE-BASILIKUM** aus Südfrankreich ist ergiebig und hat schmale, glatte Blätter mit gezähntem Rand.

WEITERE BASILIKUMARTEN UND -SORTEN

Die verschiedenen Basilikum-Varietäten unterscheiden sich in Wuchs, Blattgröße, Form und Farbe der Blätter, vor allem aber im Aroma. Kräutergärtner unterscheiden die folgenden Unterarten: **Basilikum 'Fino verde'** *(Ocimum basilicum)* (1) ist sehr intensiv im Aroma. Die einjährige Pflanze blüht spät und gilt als eine der besten Sorten für Pesto. **Griechisches Buschbasilikum** *(Ocimum basilicum* var. *minimum,* Syn. *Ocimum minimum)* (2) ist ein einjähriger kugeliger, aufrechter Strauch, der bis zu 40 cm hoch wird. **Türkisches Buschbasilikum** *(Ocimum basilicum* var. *minimum,* Syn. *Ocimum minimum)* (3) ist ebenfalls einjährig und hat noch kleinere Blättchen, ein intensives Aroma und einen auffällig süßen Duft. Unter den vielen Basilikumsorten fallen noch weitere durch ihren besonderen Duft auf, so etwa das in der Art nicht eindeutig klassifizierbare einjährige **Zitronenbasilikum** *(Ocimum species)* (4). Die Pflanze wird etwa 40 cm groß und eignet sich sehr gut für Saucen, Fischgerichte und helles Fleisch. An Limetten erinnert das **Limonenbasilikum** *(Ocimum x citriodorum)*. Das robuste **Mexikanische Gewürzbasilikum** *(Ocimum basilicum)* (5) schmeckt nach Zimt und wird auch als Zimt-Basilikum bezeichnet. Die einjährige exotische Sorte blüht rosa und würzt Desserts, Tees und Drinks. Für Currys unentbehrlich ist **Thai-Basilikum** *(Ocimum basilicum)* (6), in Thailand Horapa (Horapha) genannt. Das einjährige Kraut schmeckt pfeffrig und hat ein kräftiges Anisaroma. **Thai-Basilikum 'Siam Queen'** *(Ocimum basilicum)* (7), ist eine züchterische Weiterentwicklung mit dunkleren Blättern. Als Thai-Basilikum werden zudem eine zitronige Sorte *(Ocimum citriodorum)* sowie das ausdauernde süße **Rote Tulsi** *(Ocimum tenuiflorum, Syn. Ocimum sanctum)* gehandelt, das nach Nelken und Piment duftet. Ausdauernd sind auch alle folgenden Arten, das heißt, sie können im Haus im

Große Artenvielfalt

Die Gattung *Ocimum* umfasst weltweit über 60 Arten. Obwohl nur einige als Würzkraut verwendet werden, unterscheiden sich die Aromen deutlich: Mittelmeertypen schmecken pfefferig-süß, nur leicht nach Anis und Gewürznelken, andere Sorten erinnern an Zitrone oder Zimt. Bei asiatischen Sorten dominieren Anis und Kampfer.

(1) **BASILIKUM 'FINO VERDE'** hat relativ kleine, dunkelgrüne Blätter und ein intensives Aroma.

(2) **GRIECHISCHES BUSCHBASILIKUM** hat kleine Blätter und ein kräftiges Aroma.

(3) **TÜRKISCHES BUSCHBASILIKUM** hat sehr kleine Blätter und duftet aromatisch süß.

(4) **ZITRONENBASILIKUM** hat schmale Blätter und ein würzig-süßes, zitroniges Aroma.

(5) **MEXIKANISCHES GEWÜRZ-BASILIKUM** ist rotstielig und hat ein starkes Zimtaroma.

(6) **THAI-BASILIKUM** hat spitz zulaufende Blätter und blüht rot. Sein Aroma ist stark anisartig.

(7) **THAI-BASILIKUM 'SIAM QUEEN'** hat dunkelgrüne Blätter, es erinnert an Anis und Lakritze.

(8) **WILDES BASILIKUM** ist robust und blüht rosaviolett. Das Aroma ist frisch und pimentartig.

Topf oder Kübel überwintern. **Wildes Basilikum** *(Ocimum americanum,* Syn. *Ocimum canum)* (8), erinnert im Aroma neben Piment an Minze und Ingwer, es wird auch für Süßspeisen verwendet. **Basilikum 'Wildes Purpur'** *(Ocimum canum x basilicum)* (9), eine Kreuzung von Wildem und Neuguinea-Basilikum, ist robust und hat ein gutes Aroma. Aus der Kreuzung von rotem und Kampferbasilikum entstand das nach Nelken, Minze und Anis duftende **Basilikum 'African Blue'** *(Ocimum kilimandscharicum x basilicum)* (10). Gut für Pesto eignen sich spät blühende Sorten wie **Zyprisches Strauchbasilikum** *(Ocimum species)* (11), **Cubanisches Strauchbasilikum** *(Ocimum basilicum v.)* (12) und das vom Schwarzen Meer stammende, ausgewachsen rotstängelige **Russische Strauchbasilikum** *(Ocimum basilicum v.)* (13). **Basilikum 'Rotes Lesbos'** *(Ocimum basilicum)* (14) passt zu Hülsenfrüchten (Dals). Ursprünglich ebenfalls aus Griechenland stammt das **Buschbasilikum 'Corfu'** *(Ocimum basilicum ssp. minimum,* Syn. *Ocimum minimum)* (15). Das gelb blühende **Ostindische Baumbasilikum** *(Ocimum gratissimum)* (16), Vana Tulsi, Nelkenbasilikum, aromatisiert Reis und Süßes und eignet sich zum Trocknen. **Tulsi** *(Ocimum tenuiflorum, Syn. Ocimum sanctum)* (17), das heilige Kraut Indiens, dient vornehmlich als Heilpflanze.

(17) **TULSI** oder **INDISCHES BASILIKUM** hat grüne Blätter mit roten Adern und rötlich violette Stängel. Es schmeckt sehr würzig und aromatisch.

(9) **BASILIKUM 'WILDES PURPUR'** ist rotblättrig, rosa blühend und angenehm pfeffrig.

(10) **BASILIKUM 'AFRICAN BLUE'** hat grüne Blätter mit roten Adern. Etwas herberer Geschmack.

(11) **ZYPRISCHES STRAUCHBASILIKUM** hat große, fleischige Blätter, typisches Basilikumaroma.

(12) **CUBANISCHES STRAUCHBASILIKUM** blüht wenig, mit kräftigem Aroma.

(13) **RUSSISCHES STRAUCHBASILIKUM** hat grüne, mittelkleine Blätter, kräftig im Aroma.

(14) **BASILIKUM 'ROTES LESBOS'** hat rotgrüne gesprenkelte Blätter und rosa Blüten.

(15) **BUSCHBASILIKUM 'CORFU'** hat kleine, hellgrüne, zarte und aromatische Blätter.

(16) **OSTINIDSCHES BAUMBASILIKUM** hat große behaarte Blätter und duftet nach Gewürznelken.

- Beifuß: aromatisch-bitteres Kraut, würzt fettreiches Fleisch.
- Beinwell: frisches, gurkenähnliches Aroma, Gewürz- und Heilpflanze.
- Bockshornkleeblätter: intensiv würzig, liebstöckelähnliches Aroma.
- Bohnenkraut: Würzig-aromatisch, mit typisch pfeffrigem Geschmack.

Beifuß, Beinwell, Bohnenkraut *haben alle ein intensives Aroma. Beifuß und Bohnenkraut sind traditionelle Würzkräuter für deftige Braten und Gemüsegerichte.*

BEIFUSS (1)

(Artemisia vulgaris)
Familie: Korbblütler *(Asteraceae,* Syn. *Compositae)*

andere dt. Bez. Gänsekraut, Wilder Wermut; engl. mugwort, motherwort, sagebrush; frz. armoise, couronne de Saint-Jean.

Beifuß ist in den gemäßigten Zonen Europas und Asiens beheimatet und heute auch in Nordamerika verbreitet. Die Pflanze gedeiht fast überall, häufig an Weg- und Feldrändern. Schon in der Antike wurde ihr eine positive Wirkung zugesprochen, Beifuß gilt als verdauungsfördernd, und laut Plinius sollen einige Blätter in den Schuhen gegen müde Füße helfen. Walahfrid Strabo bezeichnete Beifuß in seinem »Hortulus« aus dem 9. Jahrhundert als »Mutter der Kräuter«.
Merkmale: Die mehrjährige aufrechte Staude kann über 1,80 m hoch werden. Ihre rötlich braunen Stängel sind kantig und dünn behaart, ebenso wie die Unterseite der Blätter und die von Juni bis September in Rispen erscheinenden unscheinbaren Blüten. Sie enthalten am meisten ätherisches Öl.
Verwendung: Früher verzehrte man die würzigen, leicht bitteren Blätter als Salat, heute wird Beifuß nur zum Würzen verwendet. Frisch oder getrocknet aromatisieren die Stängel mit den ungeöffneten Knospen fettreiches Fleisch, etwa von Gans, Ente, Schwein oder Aal. Beifuß wird stets mitgegart. Die Ernte erfolgt, bevor sich die Blüten öffnen.

BEINWELL (2)

(Symphytum officinale)
Familie: Raublatt- oder Borretschgewächse *(Boraginaceae)*

andere dt. Bez. Arznei-Beinwell, Beinheil, Heilwurz, Komfrei, Schwarzwurz; engl. comfrey; frz. consoude, oreilles d'âne.

Beinwell ist in Europa und Asien verbreitet und bevorzugt feuchte, stickstoffreiche, halbschattige bis sonnige Böden. Schon im antiken Griechenland war seine Wundheilkraft bekannt. Untersuchungen zufolge können die enthaltenen Alkaloide in sehr hoher Dosierung zu Leberschäden und Tumoren führen. Der Verzehr kleinerer Mengen gilt als unbedenklich.
Merkmale: Die mehrjährige krautige Pflanze wird bis zu 80 cm hoch, ihre Blätter und Stängel sind behaart. Beinwell blüht meist rosa, seltener gelblich.
Verwendung: Junge Blätter eignen sich zum Dünsten, zum Ausbacken in Teig oder als Hülle für Füllungen. Die Blüten schmecken roh oder kandiert und die Wurzeln würzen in geringen Mengen Salate.

(1) **BEIFUSS** besitzt gefiederte Blätter, die auf der Oberseite dunkelgrün, auf der Unterseite silbrig weiß und filzig behaart sind. Zum Würzen dienen ganze Stängel mit ungeöffneten Blüten.

(2) **BEINWELL** hat behaarte Stängel und Blätter und wird in der Regel gegart. Alle Teile der Pflanze sind essbar, die rosa oder gelblich weißen Blüten eignen sich als Garnitur.

(3) **BOCKSHORNKLEEBLÄTTER** sind gestielt, in den Blattachseln erscheinen ein bis zwei gelblich weiße Blüten. Getrocknete Blätter dienen als Gewürz, frische auch als Gemüse.

Beim Bohnenkraut kommt's auf die Dosierung an: Zum Aromatisieren von Gemüse, Fisch oder Fleisch genügt oft schon ein einziger, kurz vor Ende der Garzeit zugefügter Stängel. Das Aroma ist zur Blütezeit am intensivsten.

BOCKSHORNKLEE (3) –> Gewürze, S. 79
(Trigonella foenum graecum)
Familie: Hülsenfrüchtler *(Fabaceae,* Syn. *Leguminosae)*

andere dt. Bez. Griechisches Heu, Kuhhornklee, Stundenkraut; engl. fenugreek; frz. fenugrec, senegré, trigonelle.

Bockshornklee, eine sehr alte Kulturpflanze, ist im östlichen Mittelmeerraum, bis nach Indien und China sowie in Ostafrika verbreitet. Das »Griechische Heu« war schon den Assyrern und ägyptischen Pharaonen bekannt und auch Karl der Große empfahl seinen Anbau (S. 37). Bockshornklee bevorzugt nährstoffreiche, sonnige Standorte.
Merkmale: Die einjährige Pflanze wird 30 bis 60 cm hoch. Die runden Stängel sind wenig verzweigt, die Blätter dreiteilig. Blütezeit ist von Mai bis Juni.
Verwendung: Die Samen und die nach Heu duftenden getrockneten Blätter würzen Saucen und Käse. In Indien schätzt man die frischen Blätter als Gemüse, geerntet werden sie immer vor der Blüte.

EINFACHES BOHNENKRAUT (4)
(Satureja hortensis)
Familie: Lippenblütler *(Lamiaceae,* Syn. *Labiatae)*

andere dt. Bez. Sommerbohnenkraut, Gartenbohnenkraut, Pfefferkraut, Saturei, Kölle, Wurstkraut; engl. savory; frz. sarriette, savourée.

Die Heimat des Bohnenkrautes ist der östliche Mittelmeerraum. Mit den Römern gelangte es zu uns und war schon im Mittelalter eine wichtige Würz- und Arzneipflanze. Heute ist Bohnenkraut auch in Asien und Amerika weit verbreitet.

Merkmale: Das einjährige, stark verzweigte Bohnenkraut wird 30 bis 40 cm hoch und bevorzugt sonnige Standorte. Je nach Sorte blüht es lila, rosa oder weiß, die Blütezeit reicht von Juli bis Oktober.
Verwendung: Bohnenkraut würzt Bohnen und andere Hülsenfrüchte, aber auch Gemüse, Suppen, Salate sowie Fisch und Fleisch. Der pfeffrig-scharfe Geschmack verschwindet beim Kochen. Zum Trocknen erntet man die Stängel kurz vor der Blüte.

Verwandt ist das mehrjährige, aus den Bergregionen Südeuropas stammende **Berg-** oder **Winterbohnenkraut** *(Satureja montana)* (5), das auch als »Wildes Bohnenkraut« angeboten wird. Das hocharomatische Kraut passt zu Lamm, Geflügel, Fisch und Salaten.

(4) **EINFACHES BOHNENKRAUT** hat ungestielte, lanzettartige Blätter, die frisch und getrocknet zum Würzen verwendet werden. Im Aroma zurückhaltender als Bergbohnenkraut.

(5) **BERGBOHNENKRAUT** hat schmale dunkelgrüne und ledrige Blätter. Die Stängel des buschigen Halbstrauches sind stärker verholzt. Im Aroma ist Bergbohnenkraut intensiver als die einjährige Art und für Gegrilltes und Braten geeignet.

- Boldoblätter: würzig, an Kampfer erinnernd.
- Borretsch: mildes, gurkenähnliches Aroma.
- Brunnenkresse: rettichartiges Aroma, scharf.
- Culentro: Sehr intensives Korianderaroma.
- Chinesischer Gewürzstrauch: erinnert an Kümmel und Minze.
- Curryblätter: scharf und aromatisch, für Currys.
- Currykraut: mildsüßes auffälliges Curryaroma.

Boldoblatt, Borretsch, Currykraut

Exotische Kräuter und Blätter bringen milde und intensive Aromen mit, heimische Gewächse zeigen sich erfrischend oder angenehm scharf.

BOLDO (1)
(Peumus boldus)
Familie: Monimiengewächse *(Monimiaceae)*

engl. boldo leaf; frz. boldo.

Das Hartlaubgewächs stammt ursprünglich wohl aus Chile, ist heute aber auch im Mittelmeerraum und in Nordafrika wild wachsend anzutreffen.
Merkmale: Der immergrüne, bis 6 m hohe Strauch hat eiförmige Blätter und weiße oder gelbe Blüten.
Verwendung: In Südamerika werden die Blätter frisch und getrocknet wie Lorbeer verwendet, bei uns sind sie kaum bekannt. Boldo würzt Saucen, Suppen, Fisch und Gemüse – aber vorsichtig dosieren.

BORRETSCH (2)
(Borago officinalis)
Familie: Raublatt- oder Borretschgewächse *(Boraginaceae)*

andere dt. Bez. Borgel, Gurkenkraut, Gurkenkönig, Himmelsstern, Wohlgemut; engl. borage; frz. bourrache.

Die Heimat des einst von den Arabern kultivierten Borretsch ist der nordöstliche Mittelmeerraum. Im Mittelalter gelangte das Kraut nach Europa und wurde rasch beliebt. Heute ist das robuste Salatkraut auch in Asien und Amerika verbreitet.
Merkmale: Das einjährige Kraut kann 1 m hoch werden und trägt von Mai bis September blaue, gestielte, fünfblättrige Blüten. Die kantigen Stängel und die ei- oder lanzettförmigen Blätter sind borstig behaart.
Verwendung: Borretsch sollte frisch verwendet werden. Junge Blätter würzen Salate, Saucen und Suppen, größere Blätter eignen sich zum Ausbacken und Dünsten. Erntezeit ist im Frühjahr und Sommer.

BRUNNENKRESSE (3)
(Rorippa nasturtium-aquaticum, Syn. *Nasturtium officinale)*
Familie: Kreuzblütengewächse *(Brassicaceae)*

andere dt. Bez. Bachkresse, Kerschel, Wasserkresse, Wasserlauchkraut; engl. water cress; frz. cresson des fontaines.

Brunnenkresse ist in Nordafrika oder Westasien beheimatet, kommt heute jedoch weltweit vor.
Merkmale: Die mehrjährige kriechende Staude gedeiht an Quellen oder in fließenden Gewässern. Ihre runden hohlen Stängel treiben im Wasser und werden bis zu 80 cm lang.
Verwendung: Brunnenkresse schmeckt frisch, leicht scharf und bitter und wird meist roh in Salaten verwendet, aromatisiert aber auch Saucen und Suppen.

CHINESISCHER GEWÜRZSTRAUCH (4)
(Elsholtzia stauntonii)
Familie: Lippenblütler *(Lamiaceae,* Syn. *Labiatae)*

andere dt. Bez. Alsing, Chinesische Kamm-Minze, Hundeminze; engl. mint bush, Stauton's mint bush; frz. menthe en arbre.

Die Mehrzahl der *Elsholtzia*-Arten – die Gattung wurde nach dem deutschen Botaniker Elsholtz benannt – stammen aus dem asiatischen Raum.

(1) **BOLDOBLÄTTER** sind blaugrün und lederartig. Die Blätter dienen wie Lorbeer als Gewürz.

(2) **BORRETSCHBLÄTTER** haben eine raue Oberfläche und sind dünn borstig behaart.

(3) **BRUNNENKRESSE** hat kleine, leuchtend grüne, breit-elliptische, knackige Blättchen.

Die blauvioletten Boretschblüten garnieren Suppen und Salate, eignen sich kandiert aber auch zum Verzieren von Kuchen. Sie bringen wie auch die Blätter ein leichtes Gurkenaroma mit.

Merkmale: Der mehrjährige, aufrechte, leicht verholzende Strauch kann bis 1,5 m hoch werden. Von August bis Oktober erscheinen rosa Blütenrispen.
Verwendung: Die Blätter bereichern mit ihrem kümmel- und minzartigen Aroma Salate, Saucen, Suppen.

CULENTRO, CULANTRO (5)

(Eryngium foetidum)
Familie: Doldenblütler *(Apiaceae,* früher *Umbelliferae)*

andere dt. Bez. Langer oder Mexikanischer Koriander, Sägeblattkraut; engl. sawtooth coriander; frz. chardon étoile fétide.

Die Pflanze stammt ursprünglich aus Mittelamerika und ist heute auch in der Karibik, bis Bolivien sowie im tropischen Teil Asiens als Würzkraut verbreitet.
Merkmale: Culentro ist eine zwei- bis mehrjährige Staude. Je nach Standort sind die Blattrosetten mittel- oder dunkelgrün. Die Blütenköpfe erinnern an Disteln und sind ebenfalls essbar.
Verwendung: Culentroblätter würzen Salate, Salsas und Sofritos, sie werden wie Koriandergrün verwendet, nur etwas sparsamer. Culentro eignet sich auch zum Mitgaren, Tiefkühlen und Trocknen.

CURRYBLÄTTER (6)

(Bergera koenigii, Syn. *Murraya koenigii)*
Familie: Rautengewächse *(Rutaceae)*

andere dt. Bez. Indisches Curryblatt; engl. curry leaves; frz. feuille de murraya.

Die aus dem tropischen Asien stammende Pflanze wird heute vor allem in Indien und Afrika kultiviert.
Merkmale: Curryblätter stammen von einem 4 bis 6 m hohen Baum mit einer 4 m breiten Krone.
Verwendung: Mitgegart würzen frische Curryblätter zahlreiche Currys, ebenso andere Fisch- und Gemüsegerichte. Konservieren lässt sich ihr fruchtigvolles Aroma jedoch nur tiefgekühlt.

CURRYKRAUT (7)

(Helichrysum italicum)
Familie: Korbblütler *(Asteraceae,* Syn. *Compositae)*

andere dt. Bez. Italienische Strohblume, Italienische Immortelle; engl. white leaf everlasting; frz. immortelle blanche.

Die Heimat des heute in Europa verbreiteten Currykrauts liegt im Mittelmeerraum. In anderen Arten kommt es auch in Afrika und Asien vor.
Merkmale: Der Halbstrauch wird 60 cm hoch. Im Sommer blüht er in dichten gelben Doldentrauben und hat ein auffälliges, mildsüßes Curryaroma.
Verwendung: Kurz mitgegarte Zweige (vor dem Essen entfernen!) würzen Reis, Gemüse und Fleisch.

(4) **CHINESISCHER GEWÜRZSTRAUCH.** Seine spitz zulaufenden Blätter sind sehr aromatisch.

(5) **CULENTRO** hat lange, spatelförmige und relativ zähe Blätter mit stark gezähntem Rand.

(6) **CURRYBLÄTTER** sind eiförmig und auf der Unterseite heller als auf der dunkelgrünen Oberseite.

(7) **CURRYKRAUT** hat schmale, silbriggrüne, nadelartige Blätter, die stark nach Curry duften.

- Dill: süßlich-aromatisch und sehr intensiv, leichter Kümmelgeschmack.
- Duftpelargonien: die Blätter duften je nach Sorte unterschiedlich.
- Eberraute: herb-bitteres Kraut mit leichter Zitronennote.
- Epazote: im Aroma unterschiedlich, süßherber Zitrusduft.

Dill, Duftpelargonien, Epazote

Die Blätter dieser Würzpflanzen haben wie auch die Eberraute ein sehr intensives Aroma und sind in der Küche eher Solisten.

DILL (1)

(Anethum graveolens)
Familie: Doldenblütler *(Apiaceae,* früher *Umbelliferae)*

andere dt. Bez. Gurkenkraut, Gurkenkümmel, Blähkraut, Kapernkraut; engl. dill; frz. aneth odorant.

Dill ist im Mittelmeerraum und Vorderasien beheimatet und war bereits in der griechischen und römischen Antike bekannt. Im Mittelalter gelangte das Kraut nach Mitteleuropa und weiter nach Skandinavien, wo es bis heute überaus beliebt ist.
Merkmale: Das einjährige, aufrecht wachsende, verzweigte Kraut hat bis zu 20 cm lange blaugrüne Blätter und wird bis zu 1,5 m hoch. Die gelben Blütendolden haben bis zu 20 cm Durchmesser.
Verwendung: Dill ist das klassische Würzkraut für viele mittel- und nordeuropäische Fischgerichte. Als Teil der Beize verleiht er Graved Lachs seinen unverwechselbaren Geschmack. Das Würzkraut passt aber auch gut zu Senf und Essig und wird für sauer eingelegtes Gemüse verwendet. Speziell zu Gurken – ob frisch, geschmort oder eingelegt – passt das klassische Kraut ganz hervorragend. In der Regel wird Dill nicht mitgegart, sondern würzt roh – eventuell in Kombination mit etwas Petersilie – Salate und Dips, aber auch Eier-, Gemüse- oder Kartoffelgerichte. Getrocknet verliert er sein Aroma, Dill sollte daher besser tiefgekühlt werden.

DUFTPELARGONIEN (2) –> Blüten S. 72

(Pelargonium)
Familie: Storchschnabelgewächse *(Geraniaceae)*

andere dt. Bez. Duftgeranien, Rosenkraut; engl. geranium, pelargonium; frz. géranium à l'odeur.

Die mit den Balkongeranien verwandten Duftpelargonien stammen aus Südafrika. Im 18. und 19. Jahrhundert waren sie in Großbritannien sehr beliebt,

(1) **DILL** hat fein gefiederte Blätter. Die winzigen gelben Blütendolden erscheinen erst im Sommer und sind im Geschmack noch intensiver als die Blätter. Auch die getrockneten Früchte können als Gewürz verwendet werden. Aufgrund seines arttypischen, intensiven Geschmacks ist er nicht beliebig mit anderen Kräutern kombinierbar.

es entstanden zahlreiche Selektionen und Neuzüchtungen mit den unterschiedlichsten Aromen, von Muskat bis Schokolade und Zitrusnoten.
Merkmale: Die ausdauernden Pflanzen haben je nach Sorte sehr unterschiedliche Blattformen und erreichen Höhen zwischen 30 und 80 cm. Die Blüten sind kleiner als bei den Schmuckgeranien.
Verwendung: Je nach Aroma würzen die Blätter frisch und getrocknet Salate, Süßspeisen, Konfitüren, Sirup und Getränke, die Blüten dienen als Garnitur.

(3) **EBERRAUTE** hat graugrüne, filigran gefiederte Blätter und gelb blühende, kugelige Blüten. Alle Teile der Pflanze sind aromatisch, verwendet werden die Blätter und vor dem Blühen geerntete Knospen.

EBERRAUTE (3)

(Artemisia abrotanum)
Familie: Korbblütler *(Asteraceae,* Syn. *Compositae)*

andere dt. Bez. Eberreis, Gartenheil, Stangenkraut, Zitronenkraut; engl. southernwood, old man; frz. aurone, citronelle.

Früher in Kloster- und Bauerngärten weit verbreitet, ist die Eberraute hierzulande inzwischen fast in Vergessenheit geraten. Verbreitet ist das Kraut in Süd- und Südosteuropa sowie in Vorder- und Westasien.
Merkmale: Der winterharte, aufrechte, unten verholzende Halbstrauch wird 1 bis 1,5 m hoch, die Stängel verzweigen sich im oberen Drittel. Je nach Sorte hat die bitter-herbe Pflanze ein Zitronen- oder auch ein Kampferaroma, das an Cola erinnert.
Verwendung: Das Kraut kann – sparsam dosiert – statt Beifuß zum Aromatisieren von Schweinefleisch, Gans, Ente oder Aal dienen. In kleinen Mengen würzt es auch Saucen und Kalbfleisch. Zudem rundet die auch in der Likörherstellung verwendete Eberraute sommerliche Drinks und Bowlen ab.

EPAZOTE, JESUITENTEE (4)

(Dysphania ambrosioides, Syn. *Chenopodium ambrosioides)*
Familie: Fuchsschwanzgewächse *(Amaranthaceae),* auch: Gänsefußgewächse *(Chenopodiaceae)*

andere dt. Bez. Mexikanisches Teekraut, Wohlriechender Gänsefuß; engl. skunkweed; frz. epazote, thé du Mexique.

Epazote stammt vermutlich aus Mexiko und war schon den Mayas und Azteken bekannt. Sein Name leitet sich von »epatli« = Stinktier ab, ein Indiz für seinen sehr intensiven Geruch.
Merkmale: Die bis 1,5 m hohe, mehrjährige, nicht winterharte Pflanze verholzt und blüht gelbgrün.
Verwendung: In Mittelamerika werden Varietäten mit herb-süßem Zitronenaroma als Gewürz genutzt, so etwa in Mexiko für schwarze Bohnen und Gemüse.

(2) **DUFTPELARGONIENBLÄTTER** weisen je nach Sorte verschiedenste Aromen auf: Das Spektrum reicht von Schokolade über Zitrusnoten bis Muskat und Rose.

(4) **EPAZOTE** hat längliche, spitz zulaufende Blätter. Das Aroma erinnert an Zitronen, Thymian und Minze. Genutzt werden die Blätter, junge Zweige und Früchte.

- Estragon: aromatisch, intensives, leicht bitteres, würziges Aroma.
- Eukalyptus: Die Blätter riechen stark nach ätherischem Eukalyptusöl.
- Fenchelblätter: mildsüßlich mit anisartigem, würzigem Aroma.
- Kaffirlimetten: Blätter und Fruchtschale duften stark nach Zitrone.

Estragon, Eukalyptus, Fenchel

Für die Gewächse auf dieser Seite gilt: In Maßen verwendet, bereichern sie die Palette der Kräuter und Würzmittel, allzu viel ist jedoch ungesund.

ESTRAGON, DEUTSCHER ESTRAGON (1)
(Artemisia dracunculus, Artemisia dracunculus var. *sativus Baden)*
Familie: Korbblütler *(Asteraceae,* Syn. *Compositae)*

andere dt. Bez. Dragon, Bertram, Schlangenkraut; engl. tarragon, dragon sagewort; frz. estragon, dragon, herbe dragonne.

Früher wurden der Deutsche und der Französische als »echter« oder »aromatischer« Estragon verkauft. Heute sind beide erhältlich, wobei die Unterschiede in Aussehen und Aroma nicht sehr groß sind. Estragon stammt aus Sibirien und Mittelasien, gelangte nach Arabien und später mit den Kreuzrittern nach Europa. Heute ist er im Mittelmeerraum sowie in den wärmeren Zonen Mitteleuropas, in Vorderasien, Indien und in Amerika verbreitet.

(1) **DEUTSCHER ESTRAGON** (oben) und **FRANZÖSISCHER ESTRAGON** (unten). Die deutsche Varietät ist etwas robuster als die französische. Jene hat aber das feinere Aroma. Geerntet werden die Blätter und Triebspitzen im Sommer vor der Blüte.

Merkmale: Die mehrjährige Staude wird 1,2 m hoch, hat ungestielte Blätter und blüht unscheinbar weißlich grün. Wie der Französische Estragon kann die Sorte nur durch Stecklinge vermehrt werden. Estragon ist mit Beifuß und Wermut verwandt, aber weniger bitter. Der anisartige, bitter-süße Deutsche Estragon liegt im Aroma zwischen den beiden anderen.
Verwendung: Er wird wie der Französische am besten frisch verwendet. Estragon lässt sich zwar trocknen, verliert dabei aber viel an Aroma.

FRANZÖSISCHER ESTRAGON (1)
(Artemisia dracunculus var. *sativa)*

Diese hocharomatische Estragon-Sorte ist in der klassischen französischen Küche unentbehrlich.
Merkmale: Die Sorte hat kleinere, feinere Blätter und ist frostempfindlicher als der Deutsche Estragon.
Verwendung: Französischer Estragon würzt helle Saucen wie etwa die klassische Sauce béarnaise, passt gut zu Spargel, Gurken, hellem Fleisch, Fisch oder Geflügel und aromatisiert Essige und Senf.

RUSSISCHER ESTRAGON (2)
(Artemisia dracunculus var. *inodora)*

Die Sorte – wohl die Stammform des Estragons – ist weniger aromatisch und schmeckt kerbelartig bitter.

(2) **RUSSISCHER ESTRAGON** ist robust und anspruchslos, hat jedoch weniger Aroma. Die Form seiner Blätter ist unregelmäßig.

(3) **EUKALYPTUSBLÄTTER** sind sichel- oder lanzettförmig, blaugrau und ledrig. Das ätherische Eukalyptusöl stammt aus Blättern und Zweigen.

(4) **FENCHEL** trägt leuchtend grüne, bis zu 15 cm lange, mehrfach schmal gefiederte Blätter. Zum Würzen dienen Blätter, Blüten und Samen.

(5) **KAFFIRLIMETTENBLÄTTER** sind ledrig, auf der Oberseite dunkelgrün und glänzend, auf der Unterseite heller und matt.

Merkmale: Der starkwüchsige Russische Estragon lässt sich durch Samen vermehren.
Verwendung: In der Verwendung ähnlich wie die anderen beiden, wird die Sorte aufgrund des schwächeren Aromas von Köchen weniger geschätzt.

EUKALYPTUS (3)

(Eucalyptus sp.)
Familie: Myrtengewächse *(Myrtaceae)*

andere dt. Bez. Blaugummibaum; engl. eucalyptus; frz. eucalyptus.

Eukalyptus ist in Australien beheimatet, dort existieren etwa 500 verschiedene Arten.
Merkmale: Die immergrünen hartholzigen Bäume wachsen rasch und werden über 70 m hoch. Die Blätter besitzen Öldrüsen, aus den weißen, roten oder gelben Blüten entwickeln sich kugelige Früchte.
Verwendung: Eukalyptusblätter sind in größerer Menge giftig, getrocknet und sparsam dosiert eignen sie sich zum Aromatisieren von Fleisch und Fisch.

FENCHEL (4) –> Gewürze S. 86

(Foeniculum vulgare var. *dulce)*
Familie: Doldenblütler *(Apiaceae, früher Umbelliferae)*

andere dt. Bez. Süßfenchel, Gewürzfenchel, Brotwürzkörner, Brotanis, Fenicht; engl. fennel; frz. fenouil, aneth doux.

Der aus dem Mittelmeerraum stammende Fenchel wurde schon in der Antike als Würz- und Heilpflanze geschätzt und ist heute weit verbreitet.
Merkmale: Die aufrecht wachsende, einjährige oder auch ausdauernde Staude hat einen stark verzweigten, im Alter längs gestreiften, hohlen Stängel. Im Garten benötigt Fenchel viel Platz, er kann bis zu 2 m hoch werden. Die kleinen gelben Blüten erscheinen von Juli bis September in Doppeldolden. Die feinen grünen Blätter schmecken anisähnlich.
Verwendung: Die Blätter würzen Salate und passen zu Fisch, Gemüse und Kartoffeln. Sie aromatisieren Suppen, Saucen und Dips. Zum Trocknen erntet man sie vor der Blüte. **Wildfenchel** *(Foeniculum vulgare* var. *vulgare)* ist herber und weniger süß.

»Engelsgewürz«

In der Toskana verwendet man auch die weniger süßen, leicht harzig schmeckenden Blütenpollen des Fenchels – unter dem Namen »Spice of Angels« im Handel – als Tischgewürz. Das gelbe Pulver wird meist über gegarte Speisen (Risotto) gestreut.

KAFFIRLIMETTENBLÄTTER (5)

–>Zitrusfrüchte, S. 125

(Citrus hystrix)
Familie: Rautengewächse *(Rutaceae)*

andere dt. Bez. Kaffernlimette, Mauritius-Papeda, Makrut-Limette; engl. makrut lime; frz. combavas.

Die tropische Pflanze ist in Südostasien von Sri Lanka bis zu den Philippinen verbreitet.
Merkmale: Der Strauch oder kleine Baum hat dünne, dornige Äste. Die langen Blattstiele sind beidseitig verbreitert, sodass sie wie Doppelblätter aussehen.
Verwendung: Die frischen Blätter und die Schale der Früchte sind wichtige Würzmittel der Thai-Küche, etwa für Fischgerichte und Currys. Die Blätter werden meist im Ganzen mitgegart. Für Salate schneidet man sie in sehr feine Streifen. Getrocknet verlieren sie an Aroma, daher besser tiefkühlen.

Die karminroten, gelben oder orangefarbenen duftenden Blüten der Kapuzinerkresse setzen farbige Akzente – im Garten, auf Balkon und Terrasse, aber auch in der Küche. Sie eignen sich gut als Garnitur von Salaten und Vorspeisen, aber auch von Getränken. Kapuzinerkresseblüten schmecken wie die Blätter leicht pfeffrig und nach Kresse, sind jedoch etwas zarter und süßer als diese.

- Kapuzinerkresse: erfrischend, leichte Schärfe.
- Kerbel: aromatisch süß, mit anisartigem Geschmack.
- Korianderblätter: frischer, würziger, typischer Geschmack.
- Kresse: kräftiges pfeffriges Aroma, beißend scharf im Geschmack.

Kapuzinerkresse, Kerbel, Koriander

Ob pfeffrig-scharf oder anisartig süß: Die Kräuter auf dieser Seite werden besser frisch verwendet, da sie beim Kochen ihr Aroma verlieren.

KAPUZINERKRESSE (1)

(Tropaeolum majus)
Familie: Kapuzinerkressengewächse *(Tropaeolaceae)*

andere dt. Bez. Große Kapuzinerkresse, Indische Kresse, Blumenkresse; engl. nasturtium, Indian cress; frz. capucine.

Kapuzinerkresse stammt ursprünglich aus den wärmeren Zonen Südamerikas, vermutlich aus Peru. Mit den Spaniern gelangte die Pflanze im 16. Jahrhundert nach Europa, heute ist sie weltweit verbreitet. Merkmale: Die mehrjährige, frostempfindliche Staude wird bei uns nur einjährig kultiviert und erreicht ohne Rankhilfe eine Höhe von etwa 30 cm. Die Blätter schmecken erfrischend und leicht scharf. Verwendung: Blätter und Blüten eignen sich roh für Salate, die Blüten auch für Würzessige und als Garnitur. Die zerkleinerten Blätter aromatisieren auch Saucen und Dips, Frischkäse, Eier und Kartoffeln. Blütenknospen und unreife Früchte können wie Kapern in Essig oder Salz eingelegt werden. Frische Blätter und Blüten lassen sich jederzeit ernten.

(1) **KAPUZINERKRESSE**, hier sehr junge, hat graugrüne, langstielige, glatte und schildförmige Blätter, die wie die Blüten zum Würzen verwendet werden.

KERBEL (2)

(Anthriscus cerefolium)
Familie: Doldenblütler *(Apiaceae,* früher *Umbelliferae)*

andere dt. Bez. Echter Kerbel, Gartenkerbel; engl. anthriscus, chervil; frz. cerfeuil des jardins, herbe aiguillée.

Die Heimat des bereits in der Antike geschätzten Würzkrautes ist in Südosteuropa und im Vorderen Orient. Heute ist Kerbel in ganz Europa sowie in

Nordafrika, Ostasien und in Amerika verbreitet. In Deutschland wird er seit etwa 400 Jahren angebaut.
Merkmale: Der einjährige Kerbel kann bis zu 70 cm hoch werden. Die unteren Blätter haben lange Stiele, die oberen entsprießen direkt an den runden, fein gerillten Stängeln. Die unscheinbaren kleinen weißen Blüten erscheinen in den Blattachseln. Kerbel ist aromatisch süß und leicht anisartig.
Verwendung: Das Würzkraut ist in Frankreich sowie in den Niederlanden und den USA beliebt. Neben Petersilie, Schnittlauch und Estragon gehört es zur klassischen französischen Kräutermischung »Fines herbes«. Frische Blätter ergänzen Fisch und helles Fleisch und würzen Salate, Saucen und Suppen. Kerbel passt aber auch gut zu Eiern, Kartoffeln und Gemüse und ist Bestandteil der Frankfurter Grünen Sauce (S. 304) sowie der Gründonnerstagssuppe.

(3) **KORIANDERGRÜN** oder **CILANTRO** ist in Asien und Lateinamerika so populär wie Petersilie bei uns. Der Geschmack der dunkelgrünen glänzenden Blätter ist aber nicht jedermanns Sache.

KORIANDERKRAUT (3) –> Gewürze, S. 94

(Coriandrum sativum)
Familie: Doldenblütler *(Apiaceae,* früher *Umbelliferae)*

andere dt. Bez. Schwindelkorn, Wanzenkraut, Arabische Petersilie, Chinesische Petersilie; engl. coriander, cilantro, Chinese parsley; frz. coriandre, persil chinois, persil arabe.

Koriander ist im östlichen Mittelmeerraum beheimatet und gelangte im 4. Jahrhundert v. Chr. bis nach Indien. Heute ist das Kraut in Asien und auf der ganzen Welt beliebt. Das Kraut gedeiht in gemäßigtem und tropischem Klima.
Merkmale: Die einjährige krautige Pflanze wird 1 m hoch und bildet erst grundständige fiederlappige Blätter aus. Später erscheinen verzweigte Stängel mit gefiederten, dillähnlichen Blättern. Koriandergrün ist würzig und hat einen eigenwilligen Geschmack.
Verwendung: In asiatischen Küchen wird Korianderkraut häufig als Garnitur verwendet und ist Teil grüner Currypasten, Pickles und Chutneys. In lateinamerikanischen Ländern, insbesondere in Mexiko, ist das Kraut unentbehrlich, etwa für Guacamole. In Portugal aromatisiert es Meeresfrüchte. Hierzulande werden die zarten Blättchen erst seit wenigen Jahrzehnten als Küchenkraut genutzt.

KRESSE, GARTENKRESSE (4)

(Lepidium sativum)
Familie: Kreuzblütengewächse *(Brassicaceae,* früher *Cruciferae)*

andere dt. Bez. Pfefferkraut, Tellerkresse; engl. garden cress, peppergras; frz. cresson alénois, nasitort.

Die Vitamin-C-reiche Kresseart stammt vermutlich aus Westasien oder dem Iran. Seit der Antike ist sie im Mittelmeerraum verbreitet.
Merkmale: Das einjährige Kraut kann 50 cm hoch werden, blüht weiß oder rosa und schmeckt scharf.
Verwendung: Roh bereichert Kresse Salate, Kräuterdips und -quark und ist eine scharf-würzige Garnitur.

(2) **KERBEL** hat weiche, zarte, in der Regel hellgrüne, zwei- bis dreifach gefiederte und etwa 12 cm lange Blätter. Er ist ein klassisches Frühjahrskraut.

(4) **GARTENKRESSE** hat dunkelgrüne, verkehrt eiförmige Grundblätter. Die Keimlinge wachsen rasch und können nach wenigen Tagen geerntet werden.

- Lavendel: typisches, parfümiertes Aroma, schmeckt leicht bitter.
- Liebstöckel: an Maggi-Würze und Sellerie erinnerndes Aroma.
- Lorbeer: Die Blätter schmecken jung fruchtig, später herb würzig und leicht bitter.

Lavendel, Liebstöckel, Lorbeer

In Maßen verwendet, können alle drei interessante Akzente setzen und in ungewöhnlichen Kombinationen geschmacklich überzeugen.

LAVENDEL, ECHTER LAVENDEL (1)

(Lavandula angustifolia)
Familie: Lippenblütler *(Lamiaceae,* Syn. *Labiatae)*

andere dt. Bez. Lavande, Levander, Narde; engl. lavender; frz. lavande.

Ursprünglich stammt der Lavendel aus dem westlichen Mittelmeerraum, heute ist die Pflanze auch in Süd- und Osteuropa verbreitet. Vor allem die französische Provence ist für Lavendelanbau bekannt. Neben dem Echten Lavendel wird dort für die Seifen- und Parfümherstellung eine andere Art kultiviert. Die Hybridform **Lavandin** oder **Provence-Lavendel** *(Lavandula x intermedia)* ist aus einer Kreuzung von Echtem Lavendel und **Speik-Lavendel** *(Lavandula latifolia)* entstanden. Sie ist im Aroma jedoch schwächer als Echter Lavendel. Ätherisches Lavendelöl wird aus den blühenden Rispen destilliert.

Merkmale: In seiner südlichen Heimat können die aufrecht wachsenden, immergrünen und winterharten Sträucher Höhen von 1 m und mehr erreichen, sonst werden sie nur 30 bis 50 cm groß. Lavendel hat blaugrüne, lanzettartige Blätter und stark verholzte Zweige. Die duftenden violettblauen Blüten erscheinen im Sommer auf blattlosen Schäften. Lavendel schmeckt parfümiert und leicht bitter.

Verwendung: In Südfrankreich würzt Lavendel frisch oder getrocknet Lamm- und Kartoffelgerichte, seltener auch Fisch. Das Kraut passt auch zu Wild und Wildgeflügel. Getrocknet ist es Teil der Kräutermischung »Herbes de Provence«, die mit ihrem intensiven Aroma Grillfleisch und Gemüse Geschmack gibt. Lavendelblüten dienen frisch oder kandiert als Garnitur, parfümieren aber auch Eis und andere Desserts, Gebäck, Dressings, Sirup und Honig.

(1) **LAVENDEL** blüht blassviolettblau bis purpufarben. Die bis zu 1 cm langen Einzelblüten enthalten bis zu 3 % ätherische Öle und erscheinen ährenartig in Scheinquirlen. Aufgrund seines starken, parfümartigen Aromas sollte Lavendel in der Küche sehr vorsichtig dosiert werden, oft reichen einige wenige Blüten aus.

(3) **LORBEER** hat ledrige, bis 10 cm lange, oben glänzend dunkelgrüne, unten matte Blätter. Mit ihnen wurden im antiken Griechenland Olympiasieger, im alten Rom siegreiche Feldherren bekränzt.

LIEBSTÖCKEL (2)

(Levisticum officinale)
Familie: Doldenblütler *(Apiaceae,* früher *Umbelliferae)*

andere dt. Bez. Maggikraut, Suppenlob, Großer Eppich, Labstock, Stecklaub; engl. lovage, bladder seed; frz. livéche.

Die Heimat des Liebstöckels liegt vermutlich im Mittelmeerraum oder in Zentralasien und zählte schon im alten Rom zu den beliebtesten Gewürzen. Merkmale: Die ausdauernde, bis 2 m hohe Staude hat runde, hohle Stängel und unten zweifach, oben nur einfach gefiederte Blätter. Die kleinen gelben Einzelblüten erscheinen in Dolden. Im Aroma erinnert Liebstöckel an Maggi-Würze und Sellerie.
Verwendung: Das Kraut eignet sich zum Mitgaren in Suppen und Schmorgerichten. Sparsam dosiert würzen frische Blätter Quark und Butter, Salate und Suppen, die Knospen Schokolade (S. 287).

LORBEER, ECHTER LORBEER (3)

(Laurus nobilis)
Familie: Lorbeergewächse *(Lauraceae)*

andere dt. Bez. Gewürzlorbeer, Lorbeerbaum; engl. bay, sweet bay, bay laurel; frz. laurier.

Der Lorbeerbaum ist vermutlich in Kleinasien beheimatet, heute aber im gesamten Mittelmeerraum verbreitet. In der Antike galt der Baum als heilig.
Merkmale: Der immergrüne, nicht winterharte Baum oder Strauch kann 15 m hoch werden. Die Form der Blätter reicht von rundlich bis lanzettförmig. Junge Lorbeerblätter haben einen fruchtig-würzigen, ältere einen herb-würzigen Geschmack.
Verwendung: Getrocknet oder frisch aromatisiert Lorbeer Suppen, Saucen, Fisch, Ragouts, Fleisch und Wild. Sehr fein geschnitten eignen sich junge Blätter zum Verzehr, meist werden sie vorher entfernt.

Zu den Lorbeergewächsen gehört auch der **Indische Lorbeer, Zimtblatt** *(Cinnamomum tamala)* (4). Seine nach Zimt duftenden getrockneten Blätter waren schon in der Antike als Gewürz geschätzt. Zimtblätter würzen Fleisch- und Reisgerichte.

(2) **LIEBSTÖCKEL** hat dunkelgrüne, keilförmige grob gezähnte Blätter. Trotz des Maggiaromas dient er nicht zur Herstellung der bekannten Tischwürze.

(4) **INDISCHES LORBEERBLATT, ZIMTBLATT.** Die getrockneten Blätter sind an den drei charakteristischen, parallel laufenden Adern gut zu erkennen.

Benediktinerinnen bei der Arbeit im Klostergarten im Kloster Maria-Rickenbach, Nidwalden, Schweiz.

Altes Kräuterwissen – in Klöstern bewahrt

Etwa 5.000 Jahre alte Tontafeln und Rollsiegel verraten, dass man schon in Babylon mit Kardamom, Zwiebeln, Kümmel, Safran, Thymian und Dill würzte. Alexander der Große brachte auf seinen Feldzügen Mittelmeerkräuter in den Orient und unbekannte Pflanzen zurück nach Hellas. Minze, Sellerie und Knoblauch standen am Nil in hohem Ansehen, sodass die alten Ägypter sie den Pharaonen mit ins Grab legten. Und Lorbeer, der Erfolgsduft der Antike, hatte es besonders den Griechen und Römern angetan. Damit kränzten sich siegreiche Häupter und parfümierten sich Jünglinge von Stand. Kräuter hatten einen hohen Stellenwert und wurden breit verwendet: als Duft, Räucherware, Rauschmittel, in Kosmetik, Küche und Heilkunde.

Am Beginn der Kräuterforschung, sei es in medizinischer, botanischer oder agronomischer Sicht, stehen große Namen: Hippokrates, Theophrastus, Galen, Plinius und Dioskurides, der mit »De Materia Medica« das älteste, illustrierte Kräuterbuch verfasste. Mehr als 600 Heil- und Küchenkräuter sind dort detailliert beschrieben. Aus kulinarischer Sicht ist »De re coquinaria«, die Rezeptsammlung des Apicius, eine ergiebige Quelle. Dort erfährt man, welche Kräuter und Gewürze in Rom üblich waren: etwa Liebstöckel, Koriander, Zimt, Minze, Fenchel, Kümmel, Bohnenkraut, Wermut, Weinraute und Safran.

VON SÜDEN NACH NORDEN

Von Rom aus gelangte das Kräuterwissen der antiken Hochkulturen in den Norden. Schließlich wollten die Legionäre an den Außenposten Roms nicht auf den gewohnten Lebensstandard verzichten. So lernten Gallier und Germanen bis dahin unbekannte Delikatessen kennen und schätzen, darunter auch südliche Kräuter und Gewürze. Auch die Ideen Benedikts von Nursia fielen bei den Barbaren auf fruchtbaren Boden. Im 7. Jahrhundert n. Chr. forderte der heilige Mönche nicht nur zum Beten, sondern auch zum Arbeiten auf. Mit dem Bestellen eigenen Bodens, dem Anlegen von Klostergärten und Einrichten von Werkstätten sollten sie unabhängig werden. »Ora et labora« bescherte den Klöstern der Benediktiner, Zisterzienser und Franziskaner in karolingischer Zeit einen ungeheuren Auftrieb und machte sie zu Zellen des Fortschritts. Kaiser Karl der Große erkannte dieses Potenzial und ließ die Bauern auf seinen Ländereien von Mönchen in Landwirtschaft, Pflanzenkunde und Gartenbau unterweisen. Was anzubauen war, empfahl er in seinem wegweisenden Dekret »Capitulare de villis vel curtis imperii« (um 812). Im St. Galler Klosterplan schlug sich die Landgüterverordnung Karls des Großen nieder. Um 816–826 im Kloster Reichenau für Abt Gozbert von St. Gallen erstellt, gilt der Plan als architektonische Umsetzung der Regula Benedicti. So sollen zahlreiche Pflanzen wie Pfirsich-, Feigen- und Mandelbäume, Rosmarin oder Basilikum kultiviert werden. Der Obstgarten war zugleich als Waldfriedhof gedacht. Der Gemüsegarten sollte auch Küchenkräuter wie Dill, Koriander, Knoblauch, Petersilie, Kerbel und Schwarzkümmel umfassen. Das Konzept sah zudem ein Arzthaus mit Spital und »Wurzgarten« vor, in dem Rosen, Lilien, Gladiolen und Stangenbohnen und vor allem Kräuter gedeihen sollten: Minzen, Griechisch Heu, Rosmarin, Salbei, Raute, Pfefferkraut, Kreuzkümmel, Liebstöckel und Fenchel. Diese Herbarien standen den späteren Bauern- und Blumengärten Modell. Realisiert wurde der Klostergarten jedoch nicht in St. Gallen, sondern auf der fruchtbaren, klimatisch begünstigten Bodenseeinsel Reichenau. Der Abt des Reichenauer Klosters, Walahfrid Strabo, thematisierte in seinem um 827 entstandenen Garten-Lehrgedicht »Hortulus« genau die Pflanzen, die der St. Galler Klosterplan beinhaltet.

KLÖSTER ALS ZENTREN DES KRÄUTERBAUS

Klöster entwickelten sich zu den Gesundheits- und Bildungszentren des Mittelalters. Zu den bedeutendsten Protagonisten zählte die Äbtissin Hildegard von Bingen, deren Schriften die im Mittelalter verwendeten Pflanzen umfassend abbilden. Im Volk waren es weise Frauen und Hebammen – später nicht selten als Hexen verfolgt –, die sich auf die mündlich tradierte Herstellung von Tinkturen, Salben und anderen Heilmitteln verstanden.

Einen Meilenstein des Kräuterwissens bildete »De Hortus Sanitatis«, der 1484 in Latein und ein Jahr später als »Gart der Gesundheit« auf Deutsch erschien und zum Verkaufsschlager wurde – nicht zuletzt wegen der Abbildungen heimischer Pflanzen in deutscher Sprache. Im 16. Jahrhundert bezogen sich die Verfasser der illustrierten Kräuterfolianten wie Fuchs, Bock, Brunfels oder Matthiolus erneut stark auf die Autoren der Antike, mit der Folge, dass man die von diesen erwähnten mediterranen Pflanzen im eigenen Land suchte und tatsächlich zu finden glaubte! Erst im 17. Jahrhundert wird man sich der unterschiedlichen Vegetation dies- und jenseits der Alpen bewusst. Allmählich gehen Botanik, Pharmazie und Medizin getrennte Wege. Die Kräuterkunde entwickelt sich zur Phytotherapie. Im 19. Jahrhundert gelingt es dann, pflanzliche Wirkstoffe zu isolieren und chemisch herzustellen; die alte Kräutermedizin tritt in den Hintergrund.

Sowohl in der vegetarischen Bio-Küche als auch in der Haute Cuisine sind Kräuter heute unverzichtbar. Sie verleihen jedem Essen eine frische, eigenständige Note.

In der Küche dagegen gewinnen mit der Verfeinerung der Kochkunst im 18. und 19. Jahrhundert die Kräuter an Terrain, während die im Mittelalter und zu Beginn der Neuzeit immens teuren Gewürze immer günstiger werden und ihren Wert als Statussymbol verlieren. Gewürze sollen nun nicht mehr den Eigengeschmack von Speisen überdecken, im Gegenteil! Die Kunst des Würzens wird raffinierter, die Gerichte werden leichter und bekömmlicher; Fonds und Bouillons bilden die Basis schmackhafter Saucen, denen Kräuter optisch und geschmacklich das Tüpfelchen auf dem I aufsetzen.

Anfang des 20. Jahrhunderts kommen Kräutergärten nach mittelalterlichem Muster wieder in Mode. Und Naturschutz, Umweltbewusstsein, die Sehnsucht nach einer heilen Welt sowie das Interesse an einer vitaminreichen, natürlichen Ernährung lassen Kräuter weiter im Ansehen steigen.

Ingrid Schindler

Bereits im 9. Jahrhundert war die Bodenseeinsel Reichenau mit ihrem milden Klima ein Zentrum damaliger Gartenbaukunst. Heute zählt sie zum Weltkulturerbe.

- Majoran: süßlich würzig, leicht harzig und erfrischend im Geschmack.
- Melisse: würzig, feines Zitronenaroma, beim Berühren der Blätter intensiver Zitrusduft.
- Goldmelisse: angenehm würziges Zitrusaroma.

Majoran und Melissen *entfalten frisch verwendet ihr Aroma am intensivsten. Das sogenannte Wurstkraut und die Goldmelisse eignen sich gut zum Trocknen, die Zitronenmelisse nicht.*

MAJORAN, GARTENMAJORAN (1)
(Origanum majorana, Syn. *Majorana hortensis)*
Familie: Lippenblütler *(Lamiaceae*, Syn. *Labiatae)*

andere dt. Bez. Wurstkraut, Bratenkräutel, Maigram, Mairan; engl. marjoram, sweet marjoram; frz. marjolaine.

Majoran und Oregano sind eng verwandt, was sich im botanischen Namen widerspiegelt, meist werden daher die Majoranarten unter der Gattung Dost *(Origanum)* geführt. Der wärmeliebende Zwergstrauch stammt ursprünglich aus Kleinasien und ist in seiner Heimat mehrjährig. Heute ist er im ganzen Mittelmeergebiet verbreitet und wird einjährig auch in Ost- und Mitteleuropa kultiviert, so zum Beispiel bei Aschersleben in Sachsen-Anhalt. Flächenmäßig zählt das traditionell zur Wurstherstellung verwendete Kraut neben Petersilie hierzulande zu den wichtigsten Würzkräutern.

Pflanze oder Gewürz?

Je nach Region kann mit »Zatar« der Syrische Majoran gemeint sein, es kann aber auch von Oregano, Bohnenkraut oder Thymian die Rede sein. Zudem heißt so auch eine säuerlich-pikante Würzmischung.

Merkmale: Majoran wird bis zu 60 cm hoch. Seine Stängel sind graugrün, oft rötlich gefärbt und flaumig behaart. Auch die Blätter sind auf der Ober- und Unterseite filzig behaart. Majoran ist würzig süß, leicht harzig und erfrischend im Geschmack.
Verwendung: Majoran wird häufig für die Wurstherstellung – insbesondere für Leberwurst – verwendet, würzt aber auch Fleisch, Ragouts, Kartoffeln, Hülsenfrüchte und Füllungen. Als Gewürz dienen frische und getrocknete, gerebelte Blätter. Da Majoran nicht sehr hitzebeständig ist, gibt man frische Blättchen am besten erst gegen Ende der Garzeit zu.

Neben dem Gartenmajoran gibt es weitere verwandte Arten. Interessant ist etwa der **Kreta-Majoran** *(Origanum dictamnus)* (2), auch Diptamdost, Kretadiptam oder nach dem Diktys-Gebirge auf Kreta Dictamno genannt. Er hat kleine, stark behaarte Blätter, hängende, rosa bis purpurfarbene Blüten und ist mild im Geschmack. Im arabischen Raum schätzt man zudem den **Syrischen** oder **Arabischen Majoran** *(Majorana syriaca)*. Er besitzt ein intensives Aroma, das zwischen Majoran, Thymian und Oregano liegt. Die Pflanze hat weiche, behaarte Blättchen und ist im Nahen Osten eines der wichtigsten Würzkräuter. Verwendet werden Blätter und Stängel wie Thymian oder Bohnenkraut. In der arabischen Küche würzt es Grillfleisch und Fladenbrot.

(1) **MAJORANBLÄTTER** sind klein, eiförmig und filzig behaart. Majoran lässt sich gut trocknen, verliert dabei aber seine blumige Frische. Das meiste Aroma haben Stängel, Blätter und Knospen kurz vor oder während der Blüte.

(2) **KRETA-MAJORAN** hat kleine, eiförmig runde, grün- oder silbriggraue, auffällig stark filzig behaarte Blätter, aus denen auch ein Tee gebraut wird.

(6) **ZITRONENMELISSE** ist eine buschige Staude mit vierkantigen, dünn behaarten Stängeln. Die bis zu 6 cm langen, oben leicht behaarten Blätter sind eiförmig bis dreieckig und deutlich eingekerbt. Geerntet werden sie vor der Blüte.

MELISSE, ZITRONENMELISSE (3, 6)

(Melissa officinalis)
Familie: Lippenblütler *(Lamiaceae,* Syn. *Labiatae)*

andere dt. Bez. Citronelle, Bienenkraut, Herzkraut, Honigblatt; engl. lemon balm; frz. baume, mélisse, citronelle.

Zitronenmelisse stammt aus dem östlichen Mittelmeerraum und Westasien und war schon in der Antike geschätzt. Sie wird heute auch in Nordafrika und Amerika kultiviert, aus ihr wird der bekannte Melissengeist hergestellt.
Merkmale: Zitronenmelisse kann bis zu 90 cm hoch werden und blüht weiß oder gelb und hat ein feines Zitronenaroma.
Verwendung: Zitronenmelisse aromatisiert Süßspeisen, Obstsalate und zerstoßen mit etwas Eis auch Drinks. Das Kraut würzt aber auch Saucen, Suppen, Salate, Fisch, Füllungen und Chutneys. Zitronenmelisse eignet sich weder zum Trocknen noch zum Mitgaren und wird stets zum Schluss zugefügt.

Andere Arten wie die in Deutschland heimische **Weiße Melisse** *(Nepeta cataria* ssp. *citriodora)* oder die **Moldawische Melisse** *(Dracocephalum moldavicum)* (3) eignen sich mit ihrem milden Zitronenaroma für Tees.

PURPURNE GOLDMELISSE (4) ->Blüten, S. 72

(Monarda didyma)
Familie: Lippenblütler *(Lamiaceae,* Syn. *Labiatae)*

andere dt. Bez. Indianernessel, Monarde, Rote Melisse, Pferdeminze; engl. tea-balm, wild bergamot; frz. monarde.

Außer dem ähnlich klingenden Namen und dem Aroma haben die Goldmelissen mit den oben beschriebenen Melissen wenig gemein. Sie zählen zur Gattung der Monarden, sind in den USA heimisch und werden von den Indianern als Heilpflanzen geschätzt.
Merkmale: Die winterharte Staude erreicht 40 bis 90 cm an Höhe, im Spätsommer erscheinen purpurfarbene fedrige Blüten (S. 72) in Scheinquirlen. Goldmelisse hat ein würziges, an Minze und Kampfer erinnerndes Zitrusaroma.
Verwendung: Die frischen Blätter und Blüten aromatisieren Drinks und Tees, würzen aber auch Salate, Saucen, Geflügel und Schweinefleisch.

Eng verwandt ist die **Scharlachrote Goldmelisse** *(Monarda didyma)* (5), die im Aroma stark an Earl-Grey-Tee erinnert. Die Ernte erfolgt während der Blüte.

(3) **MOLDAVISCHE MELISSE** ist einjährig, hat lange schmale, gezähnte Blätter und violette Blüten.

(4) **PURPURNE GOLDMELISSE.** Sie hat 4 bis 7 cm lange, behaarte, leicht gezähnte Blätter.

(5) **SCHARLACHROTE GOLDMELISSE.** Die Blätter und die Blüten duften nach Bergamotte.

»Hemingway-Minze und andere Raritäten«

Die enorme Vielfalt erschwert seit jeher die botanische Zuordnung der verschiedenen Minzen. Daran verzweifelte schon Walahfrid Strabo: »Wenn aber einer alle Minzenarten hersagen könnte, dann müsste er eigentlich auch wissen, wie viele Fische sich im Roten Meer tummeln und wie viele Funken der 'Eisenkocher aus Lemnos' aus den weiten Öfen des Aetna sprühen sieht.« (Hortulus 295–299). Klar von anderen Minzesorten getrennt wurde damals nur die Poleiminze *(Mentha pulegium)* – auch Flohkraut genannt. Sie war in Rom einst eines der wichtigsten Küchenkräuter, aufgrund des leberschädigenden Wirkstoffs Pulegon wird sie heute jedoch nicht mehr verzehrt. Dafür warten aber eine Menge anderer Minzen auf ihre Entdeckung. Viele Sorten haben ein ganz spezielles Aroma: Manche duften nach Bananen, Erdbeeren oder Feigen, andere nach Zitrusfrüchten und Schokolade. Und wieder andere aromatisieren Drinks, etwa den kubanischen Mojito, wie die aus dem Garten seiner Lieblingsbar in Havanna stammende Hemingway-Minze *(Mentha species 'Nemorosa')*.

Katrin Wittmann

Minzen – von mild bis scharf

Je nach Mentholgehalt und Zusammensetzung der ätherischen Öle unterscheiden sich die einzelnen Varietäten stark im Aroma.

- Englische Grüne Minze: erfrischend mildes Minzaroma für typisch englische Gerichte.
- Griechische Minze: erfrischend intensives, klares Minzaroma.

Die Angehörigen der großen Gattung der Minzen *(Mentha)*, sie umfasst Schätzungen zufolge mehr als 600 Varietäten, stammen aus Europa und Asien und bevorzugen ein gemäßigtes Klima. Die Botaniker teilen sie heute meist in 20 bis 30 Arten ein. Einige davon kommen auch in Deutschland wild vor, wie etwa die an Bachläufen und Teichen wachsende, mentholarme **Wasserminze** *(Mentha aquatica)* (S. 43, 6) oder auch die erst süßlich-aromatisch, dann terpentinartig schmeckende, mentholhaltige **Rossminze** *(Mentha longifolia)*. Im Mittelmeerraum heimisch sind die scharf aromatische **Poleiminze** (S. 40) und die kleinblättrige, polsterbildende, menthol- und pulegonreiche **Korsische Minze** *(Mentha requienii)*. Die **Ackerminze** *(Mentha arvensis)* ist weltweit verbreitet und auch in den Tropen anzutreffen. Aus ihrer japanischen Verwandten wird das bekannte Japanische Minzöl gewonnen.
Im Gegensatz zu den wilden Minzen lassen sich Edelminzen nicht durch Samen, sondern ausschließlich durch Teilung oder Stecklinge vermehren. Aus kulinarischer Sicht unterscheiden sie sich in zwei Gruppen: zum einen in stark mentholhaltige Edelminzen, zum anderen in solche, die nur wenig oder fast kein Menthol enthalten und die sich daher besonders gut für die Küche eignen.

ENGLISCHE GRÜNE MINZE (1)

(Mentha spicata v.)
Familie: Lippenblütler *(Lamiaceae*, Syn. *Labiatae)*

andere dt. Bez. Grüne Minze, Ährige Minze, Römische Minze, Waldminze; engl. spearmint; frz. menthe verte.

Die Pflanze ist in Europa beheimatet und wurde im 17. Jahrhundert von einem englischen Botaniker erstmals beschrieben.
Merkmale: Die ausdauernde krautige Staude kann bis zu 80 cm hoch werden und hat kräftige, grüne oder rötliche Stängel. Ab Juli erscheinen violettrosa Blütenähren. Sie hat ein mildes Minzaroma.
Verwendung: Englische Minze ist frisch ideal für Minzsaucen und Mintjelly. Sie würzt zudem Lamm- und Hackfleisch, Erbsen und anderes Gemüse. Wie alle Minzen wird auch die Englische Grüne Minze zum Trocknen vor der Blüte geerntet.

Im Folgenden finden Sie eine Auswahl an aus kulinarischer Sicht besonders interessanten Minzen. Ausgezeichnet zur mediterranen Küche passt die **Griechische Minze** oder **Dionysos-Minze** *(Mentha species 'Dionysos')* (2) mit ihrem erfrischend klaren Minzaroma. Sie verträgt sich gut mit Knoblauch und würzt kühle Joghurtsaucen, Lamm, Gemüse und andere griechische Gerichte.

(1) **ENGLISCHE GRÜNE MINZE** hat satt- bis dunkelgrüne, länglich ovale bis lanzettartige, kräftige, glatte, manchmal auch leicht krause Blätter mit sichtbaren Rippen.

(2) **GRIECHISCHE MINZE** hat leuchtend grüne, lanzettförmige, leicht krause bis glatte, gezähnte Blätter mit sichtbaren Rippen. Die Pflanze wird 30 bis 80 cm hoch und hat purpurfarbene Blüten.

Minzen im Garten

Mit ihren langen Ausläufern neigen Minzen dazu, sich wuchernd auszubreiten. Deshalb sollte man die Pflanzen besser in Töpfen unterbringen oder unterirdische Sperren einbauen. Die meisten Minze-Varietäten lieben halbschattige Standorte.

WEITERE MINZEARTEN

Umgangssprachlich werden häufig alle Minzen als Pfefferminze bezeichnet. Doch nur ein Teil hat den typischen, pfeffrigen und brennend scharfen Minzgeschmack – und nur bei diesen Sorten handelt es sich um echte Pfefferminzen. Sie zeichnen sich alle durch einen hohen Gehalt an ätherischem Öl aus, das viel Menthol enthält, und haben eine kühlende Wirkung. Entstanden ist die **Pfefferminze** *(Mentha x piperita)*, im 17. Jahrhundert in England. Sie ist ein Bastard, das heißt eine Zufallskreuzung aus **Grüner Minze** *(Mentha spicata)* (S. 41, 1) und **Wasserminze** *(Mentha aquatica)* (6). Die **Englische Pfefferminze** *(Mentha x piperita 'Mitcham')* (1) ist eine vielerorts angebaute Varietät. Mit ihrem typisch scharfen Minzgeschmack eignet sie sich für Tee, aromatisiert Getränke, aber auch Salate, Desserts oder Gebäck und wird außerdem zum Würzen von Suppen und Lamm verwendet. Das Aroma der **Pfefferminze 'Nana'** *(Mentha x piperita* var. *piperita 'Nana')* (2) erinnert etwas an Kümmel. Diese lila blühende Varietät wird mit 30 bis 50 cm nur etwa halb so hoch wie andere Sorten. Eine Sonderstellung unter den Pfefferminzen nehmen die fruchtigen, mentholarmen Sorten ein. **Orangen-Minze** *(Mentha x piperita* var. *citrata 'Orange')* (3) sowie die **Limonen-Minze** *(Mentha x piperita* var. *citrata 'Lemon')* empfehlen sich mit ihrem fruchtig-herben oder fruchtig-säuerlichen Aroma vor allem für Drinks und Desserts. Andere Varietäten dieser Gruppe schmecken nach Grapefruit *(–* var. *citrata 'Grapefruit')*, Erdbeeren *(–* var. *citrata 'Strawberry')* oder auch nach Schokolade *(Mentha x piperita 'Chocolate Mint')*.

Mit der Englischen Grünen Minze (S. 40, 1) ist die in England beliebte, winterharte Sorte **Spearmint** *(Mentha spicata)* (4) verwandt, während die fruchtig milde **Kentucky-Spearmint-Minze** *(Mentha species 'Kentucky')* wieder einer anderen Gruppe zugerechnet wird. Im östlichen Mittelmeerraum sowie Nordafrika sind krause Minzen beliebt, die wenig oder kein Menthol enthalten. Hierzu zählt die **Marokkanische Minze** *(Mentha spicata* var. *crispa)* (5). Mit ihr wird der in Nordafrika gerne getrunkene Minztee zubereitet. Ihr angenehm kühles, erfrischendes und süßes Aroma würzt Saucen und Dips, aber auch Süßspeisen. Eng verwandt und mit ähnlichem Aroma ausgestattet ist die schmalblättrigere, höher wachsende **Tunesische Minze** *(Mentha spicata* var. *crispa)*, während die stark gekrauste, dunkelgrüne **Türkische** oder **Nane-Minze** *(Mentha spicata* var. *crispa)* einen fruchtigen, an Kümmel erinnernden Geschmack aufweist. Die stark wachsende, robuste **Krause Münze** *(Mentha aquatica* var. *crispa)* (7) ist mit der **Wasserminze** (6) verwandt und erinnert im Aussehen fast schon an eine Distel, im Aroma aber an Kümmel und Kampfer. Sie würzt Fleisch, Hülsenfrüchte und Gemüse.

Eine Reihe weiterer Minzen, die sich botanisch nicht eindeutig zuordnen lassen, werden heute unter der Bezeichnung *Mentha species* zusammengefasst und sind entweder nach ihrem Aroma oder nach ihrer Herkunft benannt. Neben der Kentucky-Spearmint gehört hierzu die **Basilikum-Minze** *(Mentha species 'Basilmint')* (8), die mit ihrem pfeffrig würzigen Aroma ausgezeichnet zu Tomaten passt, aber auch sommerlichen Salaten eine frische Note verleiht. Die lila blühende **Mentuccia-Minze** *(Mentha species 'Mentuccia')* (9) hat ein würziges, an Kreuzkümmel erinnerndes Aroma und eignet sich für Salate, Tabbouleh und Hülsenfrüchte, passt aber auch gut zu Fleisch. Die grünweiße **Ananasminze** *(Mentha suaveolens 'Variegata')* (10) blüht weißlich rosa und bleibt relativ klein. Mit ihren herb-würzigen, jedoch nur entfernt nach Ananas schmeckenden Blättern aromatisiert sie Salate, Saucen und Getränke. Die rundblättrige, mentholarme **Apfel-Minze** *(Mentha suaveolens)* erinnert an den Duft von Äpfeln, während sich der Name der robusten, ausdauernden englischen Züchtung **Bowles Apfel-Minze** *(Mentha x rotundifolia 'Bowles')* auf die Form der Blätter bezieht. Diese Art wird über 1 m hoch, hat große, weiche, behaarte Blätter und blüht lavendelfarben. Das Kraut duftet süßlich, schmeckt minzartig herb und aromatisiert Saucen, Salate und Tee.

Einige weitere Lippenblütler besitzen einen ausgeprägten Mentholgeschmack, sie zählen jedoch nicht zu den Minzen. Hierzu gehört beispielsweise die grazile **Bergminze** *(Calamintha officinalis)* (11) mit ihrem kampferartigen Minzaroma und einige verwandte Arten wie die **Römische Minze** *(Calamintha sp.)* (12), die in Italien ein alltägliches Würzkraut ist. Wiederum zu einer anderen Familie gehört die **Koreanische Minze** *(Agastache rugosa)* (13). Sie ähnelt dem Anisysop und hat ein kräftiges Minzaroma.

(1) **ENGLISCHE PFEFFERMINZE** – die bekannteste aller Minzen – ist ausdauernd und hat aufrechte, vierkantige, rötliche Stängel. Die dunkelgrünen Blätter sind glatt, eiförmig bis länglich und kurz gestielt.

(2) **PFEFFERMINZE 'NANA'** hat hellere Blätter und bleibt im Wuchs kleiner als andere Minzen.

(3) **ORANGEN-MINZE** hat rundliche hellgrüne Blätter mit einer rötlichen Färbung.

(4) **SPEARMINT** ähnelt in der Form der Pfefferminze, jedoch mit typischem Kaugummigeschmack.

(5) **MAROKKANISCHE MINZE** hat hellgrüne, leicht krause, spitzovale Blätter.

(6) **WASSERMINZE** ist eine Wildsorte mit grünen, eiförmigen, leicht gezähnten Blättern.

(7) **KRAUSE MÜNZE** ist stark wachsend und hat grasgrüne, stark gewellte Blätter.

(8) **BASILIKUM-MINZE** hat rötlich grüne Blätter, rote Stängel und blüht im Sommer purpur.

(9) **MENTUCCIA-MINZE** weist kleine, rundliche Blätter auf und ist vor allem in Italien beliebt.

(10) **ANANASMINZE** hat innen grüne, am Rand weiß gefleckte, leicht behaarte Blätter.

(11) **BERGMINZE** hat vierkantige Stängel, gestielte, leicht gekerbte Blätter und blüht purpurviolett.

(12) **RÖMISCHE MINZE** hat eiförmige, rundliche Blätter und kommt in Italien wild vor.

(13) **KOREANISCHE MINZE** stammt aus Nordasien, hat zarte Blätter und violette Blüten.

- Mitsuba: erinnert im Aroma an Sellerie, Kerbel und Sauerampfer.
- Monarden: herb und aromatisch, erinnern an Oregano.
- Muskatkraut: die Blätter schmecken nach Muskatnuss.
- Myrte: aromatisch, die Blätter erinnern an Eukalyptus, die getrockneten Beeren an Wacholder, bitterer Geschmack.

Mitsuba, Muskatkraut und Myrte

Alle drei sind hierzulande in der Küche noch weitgehend unbekannt, ebenso wie die auch als Schmuckpflanzen geschätzten Monarden.

MITSUBA (1)

(Cryptotaenia japonica)
Familie: Doldenblütler *(Apiaceae, früher Umbelliferae)*

andere dt. Bez. Japanische Petersilie, Steinpetersilie, Dreiblätterkraut; engl. mitsuba, Japanese wild parsley, honeywort.

Mitsuba stammt aus kühleren Wald- und Bergregionen Japans, Koreas und Chinas, wird heute aber auch in Australien, den USA und in Europa angebaut.
Merkmale: Die mehrjährige krautige Pflanze wird zwischen 20 cm und 1 m hoch. Die Blätter sind lang gestielt und dreiteilig. Im Frühsommer erscheinen winzige weiße Blüten in unregelmäßigen Doppeldolden. Die milden Mitsubablätter sind im Aroma nicht mit Petersilie vergleichbar, sondern erinnern eher an Sellerie, Kerbel und Sauerampfer.
Verwendung: In Japan aromatisieren frische, fein geschnittene Mitsubablätter und -stängel Salate und Suppen oder dienen als Garnitur für Sashimi und Gemüse. Mitsubablätter werden nicht mitgegart, höchstens kurz blanchiert, sonst schmecken sie bitter. Ganze Blätter eignen sich zum Ausbacken in Tempura-Teig. Sie passen auch gut zu säuerlichen Gerichten, Fisch, Meeresfrüchten, Geflügel sowie zu vielen Gemüsegerichten.

GELBE MONARDE (2)

(Monarda punctata)
Familie: Lippenblütler *(Lamiaceae,* Syn. *Labiatae)*

andere dt. Bez. Pferdeminze, Punktierte Indianernessel; engl. horsemint, wild bergamot; frz. monarde.

Die Gelbe Monarde stammt wie alle Monarden aus Nordamerika. Die Gattung umfasst etwa 16 Arten, auch die Goldmelisse (S. 39) gehört dazu und ist nach dem spanischen Botaniker Nicolas Monardes (1493–1578) benannt.
Merkmale: Die mehrjährige Staude wird 30 bis 60 cm hoch. Die etwa 7 cm langen Blätter sind lanzettartig und haben einen glatten oder leicht gesägten Rand. Die herb aromatischen Blätter erinnern an Oregano.
Verwendung: Die Blätter werden meist für Tee verwendet, können aber auch wie Oregano zum Würzen von Saucen, Fleisch und Gemüse dienen.

Verwandt ist die in warmen Regionen der USA heimische **Nordamerikanische Monarde** *(Monarda fistulosa)*, auch **Wilde Monarde** oder **Wilde Bergamotte** genannt. Sie wird 80 bis 120 cm hoch. Die herb aromatische Unterart *(Monarda fistulosa* var. *menthifolia)* (3) erinnert an Oregano und würzt Fleisch und Bohnen.

(1) **MITSUBA** hat dreigeteilte hell- oder dunkelgrüne Blätter mit doppelt gesägtem Blattrand und langen, hellen Stielen. In Japan wird das Kraut vielerorts angebaut.

(3) **NORDAMERIKANISCHE MONARDE** hat große, lanzettartige, glatte, leicht gezähnte Blätter mit rötlichen Adern und blüht meist hellviolett von Juni bis August.

(2) **GELBE MONARDE.** Sie hat gepunktete oder gefleckte gelbe Blüten über auffälligen, lila gefärbten Hochblättern. Die eindrucksvollen duftenden Blütenstände erscheinen meist von Juli bis in den Herbst.

MUSKATKRAUT (4)

(Achillea ageratum, Syn. *Achillea decolorans)*
Familie: Korbblütler *(Asteraceae,* Syn. *Compositae)*

andere dt. Bez. Muskatgarbe, Süße Schafgarbe; engl. garden mace.

Das Muskatkraut ist mit der **Gemeinen Schafgarbe** *(Achillea millefolium)* verwandt, die als Heilpflanze bekannt ist. Schafgarben kommen wild in Europa, Asien und Sibirien vor.
Merkmale: Die mehrjährige, aufrecht wachsende, krautige Pflanze erreicht Höhen von 30 bis 70 cm. Sie hat lange, schmale, auffällig gezähnte Blätter. Die cremefarbenen Blüten erscheinen von Juni bis September. Als Gewürz finden die im Geschmack an Muskatnuss erinnernden Blätter Verwendung.
Verwendung: Frisch würzen die Blätter Salate, Suppen und Eintöpfe, werden aber nicht mitgekocht.

MYRTE (5)

(Myrtus communis)
Familie: Myrtengewächse *(Myrtaceae)*

andere dt. Bez. Braut-Myrte, Gemeine Myrte, Korsischer Pfeffer; engl. myrtle, Greek myrtle; frz. myrte, vrai myrte.

Die Myrte ist im Mittelmeerraum beheimatet, aber auch in Nordafrika und im Mittleren Osten verbreitet. Sie gilt als Zeichen der Liebe und Fruchtbarkeit, im Nahen Osten ist sie ein Symbol des Friedens. Bis heute wird Myrte oft für Brautschmuck verwendet.
Merkmale: Der immergrüne Strauch wird 5 m hoch und hat eiförmig lanzettartige Blätter. Von Mai bis August erscheinen viele kleine weiße Blüten, aus denen sich jeweils eine etwa 1 cm große Beere entwickelt. Die aromatischen Blätter und Beeren werden als Gewürz verwendet, sind aber sehr bitter.
Verwendung: Myrteblätter würzen Marinaden und Fisch. Getrocknet und gemahlen aromatisieren die Beeren Wurst und Wild, aus ihnen wird auf Sardinien und Korsika ein Likör hergestellt (Mirto, Myrtéi), in der Provence auch Konfitüre.

(4) **MUSKATKRAUT** hat lange schmale, lanzettartige, stark gezähnte Blätter ohne Stiel. Beim Zerreiben verströmen sie einen muskatartigen Duft.

(5) **MYRTE** hat meist kleine, teils aber auch bis zu 5 cm lange, dunkelgrüne, ledrige Blätter. Als Feuerholz verleiht Myrte Grillfleisch einen angenehm würzigen Geschmack.

Oregano – *ob wild wachsend oder als Kulturpflanze, ist das Kraut aus der italienischen und auch aus der griechischen Küche kaum mehr wegzudenken.*

(1) **DOST**, der heimische Vertreter der Oregano-Familie ist mehrjährig und wird 30 bis 70 cm hoch. Er hat rötliche Stiele und eiförmig-spitze Blätter. Von Juli bis September erscheinen zahlreiche rosa Blütendolden. Trotz des gleichen botanischen Namens unterscheidet sich die Pflanze im Aroma deutlich von den mediterranen Oregano-Sorten.

- Oregano: würzig und herb-aromatisch, im Geschmack scharf und oft leicht bitter.
- Mexikanischer Oregano: sehr aromatisch, sehr intensiver Oreganogeschmack.

OREGANO (1–5)

(Origanum vulgare)
Familie: Lippenblütler *(Lamiaceae,* Syn. *Labiatae)*

andere dt. Bez. Echter Dost, Gemeiner Dost, Wilder Majoran; engl. organy, wild marjoram; frz. origan, origan vulgaire.

Oregano ist ursprünglich im östlichen Mittelmeerraum beheimatet und heute weltweit in Zonen mit warmem, gemäßigtem Klima verbreitet. Er fand bereits in der Antike als Heil- und Würzpflanze Verwendung. Eine botanisch nicht weiter unterschiedene Unterart, der **Dost** (1), kommt bei uns wild vor. Er ist milder und im Aroma deutlich schwächer. Oft wird Oregano botanisch nicht ganz korrekt als Wildform des Majorans bezeichnet, beide sind aber eng verwandt. So sind einzelne Varietäten mal als Oregano, mal als Majoran im Handel zu finden, wie der **Kreta-Majoran** (S. 38), der auch als **Kreta-Oregano** auftaucht. Oder der **Goldoregano** *(Origanum vulgare 'Aureum')*, eine Kultursorte mit weniger intensivem Aroma, aber leuchtend gelbgrünen Blättern, der auch als **Goldmajoran** zu haben ist. In vielen Sprachen bezeichnet Oregano eher ein Aroma als eine Pflanzenart, so bedeutet das türkische Wort *kekik* oder das arabische *zatar* nicht nur Oregano, sondern kann auch Majoran, Thymian oder Bohnenkraut meinen. Komplett wird die botanische Verwirrung in Mexiko: Aufgrund des ähnlichen Aromas nennt man dort eine ganze Reihe von Pflanzen aus verschiedenen Familien Oregano.

Merkmale: Die ausdauernde, Ausläufer bildende Staude wird bis zu 1 m hoch. **Oregano** (2) hat rötliche Stängel und kurz gestielte, rundlich bis eiförmig spitze und je nach Art mehr oder weniger behaarte Blätter. Die Blüten sind etwa 2 mm groß und meist rosa, selten weiß. Alle Pflanzenteile sind würzig aromatisch, leicht bitter und scharf. Besonders viel Aroma steckt in den Blüten, geerntet wird Oregano daher meist in voller Blüte.

Verwendung: Oregano wird vor allem im Mittelmeerraum gerne verwendet, insbesondere in Italien und Griechenland. Er ist das typische Pizzagewürz, aromatisiert jedoch auch Saucen, Gemüse (Auberginen, Tomaten) und Grillfleisch. Oregano eignet sich zum Mitgaren und lässt sich ausgezeichnet trocknen, denn getrocknet verstärkt sich sein Aroma noch.

In mehreren Varietäten ist der winterfeste **Griechische Oregano** *(Origanum vulgare* ssp. *hirtum,* Syn. *Origanum heracleoticum)* (3) bekannt. Er hat ein intensives Aroma und schmeckt pfeffrig scharf. Der auf Kreta beheimatete **Kleinblättrige Oregano** *(Origanum microphyllum)* (4) ist milder im Geschmack. Weniger scharf ist auch **Kirgisischer Oregano** oder **Türkischer Oregano** *(Origanum tytthantum)* (5) mit seinem kräftigen, angenehm fruchtigen Aroma. Mehr Schärfe und ein besonders herb-würziges Aroma zeichnet den **Syrischen Oregano** *(Origanum syriacum)* aus, der auch als *zatar* im Handel ist.

Der botanisch nur weitläufig verwandte **Mexikanische Oregano** *(Lippia graveolens)* (6), ein Eisenkrautgewächs *(Verbenaceae)*, ist in Mittelamerika heimisch. Das Kraut hat ein sehr intensives Oregano-Aroma und aromatisiert Fisch, Chilis und Pizza. Als Mexikanischer Oregano ist aber auch noch ein Lippenblütler anzutreffen: *Poliomintha longiflora*. Das weiß und rosa blühende Kraut weist ein intensives, pfeffriges Oregano-Aroma auf und eignet sich gut für Chilis. Auch die aus Nordamerika stammende **Steinminze** oder **Cunila** *(Cunila origanoides)*, ein violett blühender Lippenblütler *(Lamiaceae*, Syn. *Labiatae)*, engl. *stone mint*, hat ein ausgeprägtes Oregano-Aroma und wird in der Küche wie dieser verwendet.

(4) **KLEINBLÄTTRIGER OREGANO** ist eine Oregano-Art aus Kreta mit auffällig kleinen, eiförmig spitzen Blättern. Im Aroma ist er milder und erfrischender als der Griechische Oregano.

(2) **OREGANO** hat rötliche Stiele und bis zu 4 cm lange, eiförmig ovale, spitz zulaufende grüne Blätter. Die etwa 2 mm großen rosa Blüten erscheinen in Rispen mit auffälligen purpurnen Deckblättern.

(5) **KIRGISISCHER OREGANO** hat jung leicht, später deutlich rötliche Stängel und trägt große, grüne, gestielte, eiförmig ovale Blätter mit abgerundeter Spitze. Die rosa Blüten erscheinen in Dolden.

(3) **GRIECHISCHER OREGANO** hat rötliche Stiele und kleine rundlich ovale, filzig behaarte Blätter. Er ist winterhart, wächst buschig, wird etwa 25 cm hoch und trägt kleine weiße Blüten.

(6) **MEXIKANISCHER OREGANO** hat 2 bis 4 cm lange graugrüne, behaarte, eiförmig ovale Blätter mit stumpf abgerundeter Spitze und gekerbtem Rand. Die Blüten sind cremeweiß bis weiß.

(1) **KRAUSE** und **GLATTE PETERSILIE** haben dunkelgrüne, zwei- bis dreifach gefiederte und unregelmäßig gezähnte Blätter sowie aufrechte, kahle Stängel. Erst im zweiten Jahr treiben die Pflanzen einen hohen Stängel mit grünlich gelben Blütendolden. Als Küchenkraut wird Petersilie meist einjährig angebaut, da die glatten oder gekrausten Blätter im ersten Jahr deutlich zarter sind. Die für Suppen und Fonds verwendeten, leicht süßen Petersilienwurzeln stammen von der verwandten Wurzelpetersilie *(Petroselinum crispum* ssp. *tuberosum)*.

Pandanusblatt und Petersilie *– exotisch das eine, allgegenwärtig das andere. Hierzulande wenig bekannt ist auch das Pfefferblatt, Pimpinelle findet sich dagegen in vielen Gärten.*

PANDANUSBLATT (2)

(Pandanus amaryllifolius)
Familie: Schraubenbaumgewächse *(Pandanaceae)*

andere dt. Bez. Duftender Schraubenbaum, Schraubenpalme; engl. pandan, textile screw pine; frz. baquois, vaquois.

(2) **PANDANUSBLÄTTER** sind grün, schwertförmig, gekielt und können bis zu 75 cm lang werden. Die sterile Pflanze ist durch Stecklinge vermehrbar.

Die Pflanze stammt vielleicht von den Molukken, ist heute aber nur in Kultur bekannt und in ganz Südostasien, Südindien und Westneuguinea verbreitet. Merkmale: Die immergrüne Pflanze kommt in zwei Höhen vor. Die niedrige Form hat einen bis zu 1,5 m hohen Stamm, die andere kann mehrere Meter groß werden. Als Gewürz dienen frische oder leicht angewelkte Blätter, sie haben ein angenehm nussiges, schwach an Vanille und Heu erinnerndes Aroma. Verwendung: Mitgegart würzen die Blätter vor allem Reis, als Hülle auch Geflügel und Currys und als grün gefärbte Essenz auch Süßspeisen und Kuchen.

GLATTE UND KRAUSE PETERSILIE (1)

(Petroselinum crispum, Syn. *Petroselinum crispum* ssp. *crispum)*
Familie: Doldenblütler *(Apiaceae, früher Umbelliferae)*

andere dt. Bez. Bittersilche, Felswurzel, Garteneppich, Peterle, Silk; engl. parsley, curly parsley; frz. persil, persil frisée.

Die Petersilie stammt vermutlich aus dem östlichen Mittelmeerraum und Westasien. Sie war in der An-

tike vorwiegend als Heil-, aber auch als Würzpflanze geschätzt. Heute ist Petersilie auf der ganzen Nordhalbkugel von Europa bis China, aber auch in Ostafrika, Argentinien und Brasilien verbreitet.
Merkmale: Die zweijährige Pflanze hat eine rübenförmige Wurzel, aus der im ersten Jahr nur eine Blattrosette austreibt. Im zweiten Jahr bildet sich dann ein bis zu 1 m hoher, fein gerillter, runder, ab der Mitte verzweigter Stängel mit grünlich gelben Blütendolden. Die Blätter aller Arten waren ursprünglich glatt, stark gekrauste Sorten sind durch Züchtung entstanden, um Verwechslungen mit der giftigen wilden Hundspetersilie zu vermeiden. Petersilie enthält viel Vitamin C, schmeckt würzig frisch und mild, wobei glatte Petersilie aromatischer ist. Das intensivste Aroma hat die glattblättrige Sorte *(Petroselinum crispum* var. *'Neapolitanum')*.
Verwendung: Petersilie lässt sich vielseitig einsetzen. Frisch gehackt würzen die Blätter fast alle Speisen, Saucen, Marinaden, Salate (Tabbouleh), Kartoffeln, Fisch- und Fleischgerichte. Als Bestandteil eines Bouquet garni (S. 149) aromatisieren Petersilienstängel Suppen und Fonds. Zum Trocknen ist Petersilie ungeeignet, lässt sich aber gut tiefkühlen.

PFEFFERBLATT

(Piper sarmentosum – Thailändisches Pfefferblatt)
(Piper auritum – Mexikanisches Pfefferblatt, Hoja Santa)
Familie: Pfeffergewächse *(Piperaceae)*

andere dt. Bez. Mexikanischer Blattpfeffer, Thailändischer Blattpfeffer; engl. pepper leaves.

Die Blätter zweier Pfeffergewächse finden als Gewürz Verwendung: Das aus Mittelamerika stammende **Mexikanische Pfefferblatt** oder **Hoja Santa** sowie das in Thailand und Vietnam verbreitete **Thailändische Pfefferblatt** (3).
Merkmale: Ersteres hat bis zu 30 cm große, herzförmige Blätter, die an Anis und Muskat erinnern und pfeffrig scharf sind. Das Thailändische Pfefferblatt ist würzig scharf mit arteigenem Aroma. Aufgrund des enthaltenen Safrols sollten Pfefferblätter nur in sehr geringen Mengen verwendet werden.
Verwendung: Pfefferblätter würzen frisch und getrocknet Saucen, Schmorgerichte und dienen auch als Hülle für Fisch- und Fleischstücke beim Garen.

PIMPINELLE, KLEINER WIESENKNOPF (4)

(Sanguisorba minor)
Familie: Rosengewächse *(Rosaceae)*

andere dt. Bez. Blutströpfchen, Braunelle, Hosenknopf; engl. burnet, small burnet; frz. petit boucage, petite pimprenelle.

Das Kraut ist in Mittel- und Südeuropa heimisch und von Skandinavien bis Nordafrika und Südwestasien verbreitet. Die Pflanze wird oft mit der **Bibernelle** *(Pimpinella saxifraga)* (6), einem Doldenblütler mit ähnlichem Aroma und Aussehen, verwechselt.
Merkmale: Die mehrjährige krautige Pflanze wird etwa 40 cm hoch. Die eiförmigen Fiederblättchen sind kurz gestielt, die Stängel rötlich. Der kleine Wiesenknopf ist mild-würzig mit nussigem, leicht gurkenähnlichem Geschmack. Der verwandte **Große Wiesenknopf** *(Sanguisorba officinalis)* (5) ist im Aroma ähnlich, jedoch weniger würzig.
Verwendung: Alle drei Arten werden meist frisch verwendet. Sie eigenen sich für Kräuterbutter, Saucen und Salate und als Gewürz für Suppen und Gemüse.

- Pandanusblätter: angenehm nussig, erinnern im Aroma leicht an Vanille und Heu.
- Petersilie: würzig frisch, mild, glattblättrige Sorten sind kräftiger im Aroma als krause.
- Pfefferblatt: würzig aromatisch, teils leicht muskat- bis anisartig, pfeffrig scharf.
- Pimpinelle: mild, nussig und leicht gurkenartig.

(3) **THAILÄNDISCHE PFEFFERBLÄTTER** sind dunkelgrün, groß, herzförmig und glänzend.

(4) **KLEINER WIESENKNOPF** hat gefiederte Blätter mit 1 cm großen, gezähnten Einzelblättern.

(5) **GROSSER WIESENKNOPF** ähnelt dem Kleinen Wiesenknopf, wird aber 3-mal so hoch.

(6) **BIBERNELLE** hat gefiederte Blätter mit ungestielten, gezähnten Einzelblättern und grüne Stängel.

- Portulak: erfrischend säuerlich, leicht salzig.
- Rau om: aromatisch, angenehm zitronig, erinnert an Kreuzkümmel.
- Rau ram: ausgeprägtes Korianderaroma, zitronig und pfeffrig scharf.
- Rauke: würzig, nussig und scharf.
- Rosmarin: würzig aromatisch und bitter, frisch kampferartig, getrocknet eher harzig.

Portulak, Rauke und Rosmarin *sind als Salat- und Würzkraut bestens bekannt, weniger geläufig sind dagegen die Favoriten der vietnamesischen Küche, Rau om und Rau ram.*

PORTULAK, SOMMER-PORTULAK (1)

(Portulaca oleracea)
Familie: Portulakgewächse *(Portulacaceae)*

andere dt. Bez. Bürzelkraut, Gewürz-Portulak, Kreusel, Salatkraut; engl. purslane, summer purslane; frz. pourpier.

Die Heimat des Portulak ist nicht bekannt, er ist heute beinahe weltweit verbreitet. Er ist eine der häufigsten Pflanzen und war schon vor Jahrtausenden als Gewürz-, Gemüse- und Heilpflanze bekannt.
Merkmale: Die einjährige, krautige, teils sukkulente Pflanze wird bis zu 40 cm hoch, hat verzweigte, oft verdickte Stängel und rundliche Blätter. Portulak enthält viel Vitamin C, schmeckt erfrischend säuerlich und leicht salzig.
Verwendung: Portulak eignet sich frisch für Salat, Kräuterquark und Saucen, kann aber auch wie Spinat gedünstet oder in Suppen gegart werden.

RAU OM, RAU NGÔ (2)

(Limnophila aromatica, Syn. Limnophila chinensis var. *aromatica)*
Familie: Braunwurzgewächse *(Scrophulariaceae)*

andere dt. Bez. Reisfeldpflanze; engl. rice paddy herb, finger grass.

Die tropische Pflanze ist in mehreren Arten in Südostasien beheimatet und wird auch der Familie der Wegerichgewächse *(Plantaginaceae)* zugeordnet. Sie gedeiht in stehenden Gewässern, vor allem in Vietnam kultiviert man sie häufig in gefluteten Reisfeldern. Dort ist sie als Würzkraut überaus beliebt.
Merkmale: Die ausdauernde, meist krautige, nur bei wenigen Arten verholzende Pflanze wird etwa 20 cm hoch. Die kleinen Blätter sitzen an runden, kriechenden Stängeln. Rau om hat ein angenehmes, zitroniges Aroma und erinnert an Kreuzkümmel.
Verwendung: Die frischen Blätter und Triebe würzen vor allem Fisch, Meeresfrüchte, Gemüse, Suppen und milde Currys, passen aber auch zu Süßspeisen.

RAU RAM, VIETNAMESISCHER KORIANDER (3)

(Polygonum odoratum, Syn. *Persicaria odorata)*
Familie: Knöterichgewächse *(Polygonaceae)*

andere dt. Bez. Wohlriechender Knöterich; engl. laksa plant, Vietnamese mint, fragrant knotweed; frz. renouée odorante.

Die feuchte Standorte bevorzugende Pflanze stammt aus Südostasien. Sie ist in Vietnam, Malaysia *(kesom)* und Thailand *(pak pai, phak phai)* als Gewürz beliebt.
Merkmale: Die mehrjährige Pflanze wird bis zu 40 cm hoch. Die Triebe wachsen aufrecht und kriechend. Rau ram hat ein ausgeprägtes Korianderaroma und schmeckt zitronig und pfeffrig scharf.

(1) **PORTULAK** hat meist leuchtend grüne, verkehrt eiförmige, rundliche, fleischige Blätter. Die gelben Blüten erscheinen im Spätsommer.

(2) **RAU OM** hat runde, behaarte Stängel und kleine, länglich spitzovale, gezähnte, behaarte Blätter. Die Blüten sind meist violett.

(3) **RAU RAM** hat dunkelgrüne, lanzettartige Blätter und oft rötliche Stängel. Die rosa oder roten Blüten erscheinen nur in den Tropen.

(6) **ROSMARIN** ist mit seinen ledrigen, nadelförmigen, am Rand umgeschlagenen Blättern ein typisches Mittelmeergewächs. Dort kann er bis zu 2 m hoch werden, im Topf erreicht Rosmarin jedoch selten Höhen über 50 cm. Die kleinen blassblauen Blüten erscheinen von März bis Juni.

Verwendung: Die Blätter würzen Fisch, Meeresfrüchte, Fleisch und Geflügel sowie Salate, Suppen, Nudeln und Currys. Zudem dienen die Blätter als Garnitur.

RAUKE, RUCOLA (4, 5)

(Eruca sativa, Syn. *Eruca vesicaria* ssp. *sativa, Rucola coltivata – Garten-Senfrauke, Ölrauke)*
(Diplotaxis tenuifolia, Syn. *Rucola silvatica – Wilde Rauke, Schmalblättriger Doppelsame)*
Familie: Kreuzblütengewächse *(Brassicaceae)*

andere dt. Bez. Senfrauke, Italienische Rauke, Persischer Senf, Ruke; engl. rocket, rocket salad, arugula; frz. roquette.

Die Rauke ist in mehreren Arten in Mittel- und Südeuropa heimisch und wurde schon im Mittelalter als Würzkraut geschätzt, geriet dann aber in Vergessenheit. Seit einigen Jahren ist sie wieder sehr gefragt. Merkmale: Die mehrjährige **Wilde Rauke** (4) hat schmalere Blätter als die ein- oder zweijährige **Garten-Senfrauke** (5). Letztere schmeckt nussig scharf, die Wilde Rauke ist im Aroma ähnlich, aber schärfer. Verwendung: Die frischen, vor Austrieb der Stängel geernteten Blätter werden meist roh verzehrt und eignen sich für Salate und Vorspeisen, aromatisieren aber auch Saucen (Pesto, S. 306), Pizza und Risotto.

ROSMARIN (6)

(Rosmarinus officinalis)
Familie: Lippenblütler *(Lamiaceae,* Syn. *Labiatae)*

andere dt. Bez. Balsamkraut, Marienkraut, Weihrauchkraut; engl. rosemary, old man; frz. romarin, encensier.

Rosmarin stammt aus dem Mittelmeerraum und kommt in der Macchia der Küstenregionen wild vor. Er war bereits in der Antike bekannt. Hierzulande wurde er im Mittelalter in Klostergärten kultiviert und galt als wichtige Heil- und Gewürzpflanze. Merkmale: Der langlebige, meist aufrecht wachsende Strauch hat verholzende, fein behaarte Zweige. Die Blätter sind auf der Oberseite glänzend dunkelgrün, auf der Unterseite filzig behaart. Frisch erinnert der würzig aromatische, bittere Rosmarin an Kampfer, getrocknet hat er eher ein harziges Aroma. Verwendung: Rosmarin würzt (am besten frisch) Fleisch (Lamm), Wild und Geflügel, aber auch Fisch und Kartoffeln. Er ist das ideale Grillgewürz, seine Zweige können als Spieß verwendet werden (S. 148), zudem aromatisiert er bisweilen Eis und Desserts.

(4) **WILDE RAUKE** hat schmale, tief eingeschnittene, fiederteilige Blätter. Von dieser Art stammt größtenteils der handelsübliche Rucola.

(5) **GARTEN-SENFRAUKE, ÖLRAUKE** hat breitere, weniger tief eingeschnittene Blätter als die Wilde Rauke. Sie sind auf jeder Seite 3- bis 4-mal eingebuchtet.

- Salbei: aromatisch, je nach Sorte kampferartig bis fruchtig-süß, im Geschmack würzig, teilweise leicht bitter und adstringierend.
- Griechischer Salbei: würzig, abweichend im Aroma, bitterer Geschmack.

Salbei *gibt es in riesiger Artenvielfalt, die Bandbreite der Aromen reicht von kampferartig-bitter bis fruchtig-süß. Je nach Art verfeinern die würzigen Blätter daher Pikantes und Süßes.*

SALBEI, GARTENSALBEI (1)
(Salvia offincinalis)
Familie: Lippenblütler *(Lamiaceae*, Syn. *Labiatae)*

andere dt. Bez. Echter Salbei, Griechischer Tee, Heilsalbei; engl. sage, common sage; frz. sauge, sauge commune.

Salbei bildet innerhalb der Familie der Lippenblütler eine eigene Gattung – *Salvia* – und umfasst über 900 verschiedene Arten. Der Name kommt von lat. *salvare*, heilen, und verweist auf die Bedeutung als Heilpflanze, die Salbei schon in der Antike hatte. Der bei uns als Gewürzpflanze bekannte Gartensalbei (1) stammt vermutlich aus dem östlichen Mittelmeerraum, wo er in verschiedenen Unterarten wild vorkommt, ist heute jedoch in ganz Europa verbreitet. Viele Salbeiarten werden auch für Tees und zum Räuchern verwendet.

In Teig ausgebacken

Durch Backteig gezogen und frittiert sind Salbeiblätter als Kirchweihgebäck (Deutschland), Müslichüchli (Schweiz) und zum Aperitif (Italien) beliebt.

Der heimische **Wiesensalbei** *(Salvia pratensis)* ist im Aroma allerdings deutlich milder und wird daher kaum als Küchenkraut genutzt.
Merkmale: Salbei ist ein ausdauernder, jedoch nur bedingt winterharter Halbstrauch mit verholzenden Zweigen und kann je nach Art und Standort bis zu 80 cm hoch werden. Die aufrechten Stängel sind schwach vierkantig bis rundlich, meist stark verzweigt und im oberen Teil behaart. Die graugrünen, weißfilzig behaarten Blätter sind länglich eiförmig bis lanzettartig und können bis etwa 10 cm lang werden. Untere Blätter sind gestielt, die oberen stiellos. Im Frühsommer und Sommer erscheinen meist hellviolette Blüten. Alle Pflanzenteile haben einen aromatisch würzigen Geruch. Junge Blätter schmecken kampferartig und wirken leicht adstringierend, ältere Blätter sind zum Teil leicht bitter. Blätter zum Würzen oder für Tee können ganzjährig geerntet werden, zum Trocknen schneidet man unverholzte Triebe vor der Blüte. Allerdings sollte Salbei sparsam dosiert und auch nicht täglich als Tee konsumiert werden, denn durch den Gehalt an Thujon wirkt das ätherische Öl des Salbeis in großen Mengen oder ab 1 bis 2 Tassen pro Tag giftig.
Verwendung: Das Kraut verträgt Hitze gut, verliert dabei seinen bitteren Geschmack und eignet sich daher zum Mitgaren. Salbeiblätter würzen insbe-

(1) **SALBEI** hat graugrüne, eiförmig spitze und überwiegend gestielte Blätter. Jung sind sie filzig behaart, im Alter verkahlend. Das auf der Oberseite eingesenkte Adernetz verleiht ihnen ein etwas runzliges Aussehen.

(2) **DALMATINISCHER SALBEI** hat breite, rundliche Blätter und wird 40 bis 60 cm hoch.

(3) **TRICOLOR** hat grüne Blätter mit weißen und purpurfarbenen Rändern und rosa Triebspitzen.

Aus dem Mittelmeerraum stammende Salbeiarten blühen im Frühsommer und Sommer meist hellviolett, manchmal auch rosa oder weiß.

sondere Kalbfleisch (Saltimbocca alla romana), aber auch Fisch (Aal), Fleisch (Lamm, Schwein), Leber, Geflügel, Eierspeisen und Federwild. In Butter gebraten sind Salbeiblätter eine aromatische Begleitung zu Bandnudeln und Tortellini. Getrocknete Blätter lassen sich ebenfalls verwenden, schmecken aber leicht harzig. Daher empfiehlt sich für die Küche, Salbeiblätter zwischen geöltem Papier tiefzukühlen (S. 147).

Sehr gut als Würzkraut eignet sich der **Dalmatinische Salbei** *(Salvia officinalis ssp. major)* (2), der bis zu 1 m hoch werden kann. Aufgrund seines feinen Aromas ist er die bevorzugte Sorte für die Küche, sollte des hohen Thujon-Gehalts wegen aber sparsam dosiert werden. Auffällig bunte Blätter hat der **Dreifarbige Salbei, Tricolor** *(Salvia officinalis 'Tricolor')* (3). Die Sorte wird bis zu 40 cm hoch, schmeckt leicht bitter und eignet sich zum Würzen von Fisch und Fleisch. Eine in puncto Blattfärbung auffällige Erscheinung ist auch der dekorative **Purpursalbei** *(Salvia officinalis 'Purpurascens')* (4). Er kann bis 50 cm hoch werden, junge Blätter sind purpurviolett, ältere dunkel- bis graugrün. Er unterscheidet sich in der Verwendung nicht vom Gartensalbei, wird jedoch gern als Garnitur verwendet.
Daneben gibt es noch eine Vielzahl weiterer Salbeiarten, wie zum Beispiel den in Griechenland bevorzugten **Griechischen Salbei** *(Salvia triloba)* (5). Er hat ein würzig-frisches Aroma, schmeckt aber relativ bitter und kommt daher andernorts weniger zum Einsatz. Kein Thujon enthält der bis zu 60 cm hohe **Spanische Salbei** *(Salvia lavandulifolia)*. Seine kleinen, schmalen, graugrünen Blätter können ohne Bedenken in größerer Menge genossen werden. Der sehr aromatische, herb-würzige **Muskatellersalbei** *(Salvia sclarea)* (6) ist zweijährig, wird bis 1 m hoch und hat auffällige, rosa oder rotviolette Blüten. Seine Blätter eignen sich zum Ausbacken, für Süßspeisen und Tees, werden aber auch zum Aromatisieren von Wein und Wermut verwendet. Sehr fruchtige Aromen weisen die beiden folgenden Arten auf. Der aus Honduras stammende **Fruchtsalbei** *(Salvia dorisiana)* hat große lindgrüne, herzförmige Blätter und erinnert im Aroma an Guaven. **Ananassalbei** *(Salvia rutilans)* (7) stammt aus Mexiko. Seine Blätter duften nach Ananas, der Geschmack ist mild. Beide eignen sich zum Aromatisieren von Süßspeisen, Drinks und Tees.

(4) **PURPURSALBEI** hat grünliche, jung purpurfarbene Blätter und blauviolette Blüten.

(5) **GRIECHISCHER SALBEI** hat große grüne, am Grund stark geöhrte Blätter.

(6) **MUSKATELLERSALBEI** hat große, herzförmige, stark geäderte Blätter, er blüht rosa bis rotviolett.

(7) **ANANASSALBEI** hat große, eiförmig spitze Blätter. Die roten Blüten erscheinen im Winter.

- Sansho: Die Blätter haben ein Aroma zwischen Minze und Limette.
- Sassafras: angenehmes Zitronenaroma. In hoher Dosierung schädlich.
- Schabzigerklee: erinnert an Curry, würzt stark, sehr vorsichtig dosieren.

Sansho, Sassafras, Schabzigerklee

Die drei Exoten sind bislang nur regional von Bedeutung – ob in Japan, New Orleans oder in den Alpen – und laden zum Experimentieren ein.

SANSHO (1)
(Zanthoxylum piperitum, Syn. *Zanthoxylum sansho)*
Familie: Rautengewächse *(Rutaceae)*

andere dt. Bez. Japanischer Pfeffer, Szechuan-Pfeffer, Blütenpfeffer; engl. Japanese pepper; frz. poivre du Sichuan.

Sansho, eine japanische Stachelesche, ist so eng mit dem Szechuan-Pfeffer (S. 116) verwandt, dass beide oft nicht unterschieden, sondern als eine Gattung gefasst werden. Verbreitet sind die *Zanthoxylum*-Arten in ganz Asien, Afrika und Nordamerika.
Merkmale: Die Sträucher können bis 10 m hoch werden. Die Blüten erscheinen in Dolden und sind meist gelb. Junge Blätter schmecken zitronig-frisch.
Verwendung: Frische Blätter würzen Suppen, Fisch und sind in Japan eine beliebte Garnitur.

SASSAFRAS (2)
(Sassafras albidum)
Familie: Lorbeergewächse *(Lauraceae)*

andere dt. Bez. Fenchelholzbaum; engl. ague tree, cinnamom wood, saloop; frz. bois de sassafras.

Sassafras ist im östlichen Nordamerika heimisch und von Kanada bis Florida und Nordmexiko verbreitet.
Merkmale: Sassafrasbäume können 20 m und höher werden. Die Blattform ist abhängig vom Licht und wechselt zwischen eiförmig, zwei- oder dreilappig. Sassafras hat ein angenehmes Zitronenaroma, Blätter und Wurzeln enthalten jedoch Safrol, das im Verdacht steht, Leberschäden und Krebs zu verursachen.
Verwendung: Kulinarisch spielt Sassafras nur in der kreolischen Küche Louisianas eine Rolle. Pulvrig zermahlen würzen die getrockneten Blätter das Nationalgericht Gumbo, eine dicke Suppe mit Fisch, Meeresfrüchten und Gemüse. Aufgrund der enthaltenen Schleimstoffe sorgen sie zugleich für Bindung – wegen des Safrolgehalts nur sparsam verwenden.

SCHABZIGERKLEE (3)
(Trigonella caerulea)
Familie: Hülsenfrüchtler *(Fabaceae)*

andere dt. Bez. Zigerklee, Brotklee.

Schabzigerklee ist mit dem Bockshornklee (S. 24) verwandt und kommt von den Alpen bis zum Kaukasus wild vor, wurde zum Teil auch ausgewildert.
Merkmale: Die einjährige, wenig verzweigte Pflanze erreicht wild bis zu 60 cm, kultiviert bis 1 m Höhe und erinnert im Aroma an Curry.
Verwendung: Das getrocknete, pulverisierte Kraut würzt in Südtirol Brot (Vinschgauer), in der Schweiz Magerkäse und aromatisiert Kartoffeln und Butter.

(1) **SANSHOZWEIGE** haben gefiederte Blätter und lange Stacheln. Außerhalb Japans sind die erfrischenden Blätter nur selten erhältlich.

(2) **SASSAFRASBLÄTTER** sind hellgrün und samtig. Safrolfreie Extrakte aus der Wurzelrinde aromatisieren bis heute das sogenannte *root beer*.

(3) **SCHABZIGERKLEE** hat gestielte, dreigeteilte, ovale, gezähnte Blätter. Geerntet wird das Würzkraut meist vor oder kurz nach der Blüte.

Die Renaissance der Würzkräuter

Noch vor nicht allzu langer Zeit begnügten sich viele Haushalte mit einer Handvoll frischer Küchenkräuter, ja meist reichte schon ein wenig Schnittlauch hier und ein Stängel Petersilie da, alles andere war oft nur getrocknet verfügbar. Inzwischen hat sich aber in puncto Kräuter viel getan. Die Begeisterung für die mediterranen Küchen und ihre Zutaten machte auch vor den Kräutern nicht halt: Basilikum, Thymian, Oregano, Salbei und Rosmarin stehen heute in vielen Lebensmittelgeschäften in Töpfen zum Verkauf oder sind als Bundware verfügbar. Doch damit nicht genug – wer sich auf dem Wochenmarkt umschaut, findet grüne Exoten aus aller Welt, Tendenz steigend.

KRÄUTER IM TREND

Das spüren auch die Gärtnereien. Während Kräuter früher oft in geringer Stückzahl und Sortenvielfalt neben dem eigentlichen Sortiment gezogen wurden, haben sich in den beiden vergangenen Jahrzehnten viele Betriebe zum Teil oder ganz auf die Produktion von Kräutern spezialisiert. Experten bieten inzwischen Sortimente von mehreren Hundert verschiedenen Küchen- und Heilkräutern an. Engagierte Fachleute wie Dieter Gaissmayer, Chef der gleichnamigen Staudengärtnerei in Illertissen oder der Gartenbauingenieur Bernd Simon (S. 328) aus Enkenbach-Alsenborn arbeiten heute ohne Gift nach den strengen Auflagen eines Bio-Betriebes und ziehen ihre Kräuter im eigenen Betrieb. Die Pflanzen werden selbst ausgesät oder vegetativ vermehrt, später verpflanzt und schließlich im Topf verkauft.

SAISONALE SPITZEN

Dabei hängt der wirtschaftliche Erfolg nicht zuletzt vom Wetter ab. Jede länger anhaltende Schlechtwetterphase kann das Wachstum der Pflanzen stark bremsen und die relativ kurze, für die Betriebe immens wichtige Hauptverkaufssaison im Frühjahr und Sommer noch weiter verkürzen. Auf schöne und zugleich robuste Pflanzen, die auch im mitteleuropäischen Klima gut gedeihen, setzt daher Dieter Gaissmayer. Durch die Gewinnung von Stecklingen von Mutterpflanzen in seiner Gärtnerei können alle Pflanzen des umfangreichen Sortiments sortenrein erhalten werden. Ihre Auswahl treffen die Kunden dann vor Ort in der Gärtnerei oder auf den Märkten der Umgebung. An Bedeutung gewonnen haben jedoch auch die Internet-Shops der großen Kräutergärtnereien. In Spitzenzeiten beschäftigt Daniel Rühlemann – auch er ein ausgewiesener Spezialist in Sachen Würzkräuter und immer auf der Suche nach neuen Arten und Varietäten – über zwei Dutzend Mitarbeiter im Versand seines Betriebes in Horstedt. Das entspricht in etwa der Hälfte der Belegschaft. Bis zu 25.000 Pakete und mehr verlassen pro Jahr die Gärtnerei. Neben den Gewürzkräutern sind derzeit auch Heilkräuter sowie zum Räuchern geeignete Arten und exotische Gewächse mit besonderen Aromen sehr gefragt. Einige Betriebe haben ihr Sortiment an frischem Grün um getrocknete Produkte ergänzt und bieten Kräutersalze, Würzmischungen und Tees an. Bei Artemisia, einem Bio-Kräuterbetrieb im Allgäu, werden die Bio-Kräuter dafür auf dem eigenen Gelände angebaut und später selbst geerntet und getrocknet.

KRÄUTERWISSEN GEFRAGT WIE NIE

Doch nicht nur die Pflanze selbst, auch das Wissen darüber ist gefragt. »Der Beratungsbedarf ist groß«, so Bernd Simon. »Die Kunden wollen vieles über Kräuter wissen. Wie sie gepflegt werden und wozu man sie in der Küche verwendet.« Viele der auf Kräuter spezialisierten Betriebe bieten ihren Kunden daher heute auch Vorträge und Seminare rund ums Thema Kräuter an.

Katrin Wittmann

- Schnittknoblauch: deutliches Knoblaucharoma, hinterlässt aber keinen Knoblauchatem.
- Schlangenknoblauch: feines, mildes Knoblaucharoma.
- Schnittlauch: frisches, mildes Zwiebelaroma mit leichter Schärfe.

Schnittknoblauch und Schnittlauch

Beide sind immer dann gefragt, wenn ein feines Knoblauch- oder Zwiebelaroma gewünscht ist – beispielsweise in der kalten Küche.

SCHNITTKNOBLAUCH (1)

(Allium tuberosum)
Familie: Lauchgewächse, Syn. Zwiebelgewächse *(Alliaceae)*

andere dt. Bez. Chinesischer Schnittlauch, Knoblauch-Schnittlauch; engl. Chinese chives, garlic chive; frz. ciboulette chinois.

Schnittknoblauch stammt ursprünglich aus China, ist heute im tropischen Asien weit verbreitet und wird in vielen Ländern der Erde angebaut.
Merkmale: Die mehrjährige krautige Pflanze kann bis zu 60 cm hoch werden. Schnittknoblauch hat flache grüne Blätter, von Juli bis September erscheinen sternförmige weiße Blüten in kugeligen Dolden. Schnittknoblauch weist ein deutliches Knoblaucharoma auf, hinterlässt nach dem Verzehr jedoch nicht den tpyischen Knoblauchgeruch.
Verwendung: Schnittknoblauch ist aus den Küchen Asiens nicht wegzudenken, dort werden verschiedene Sorten wie Knoblauch verwendet. Fein geschnitten aromatisieren die Blätter Salate, Kräuterquark und Dips, mitgegart auch Gemüse, Eierspeisen, Suppen und Saucen. Auch die Blüten und Wurzelknollen sind essbar und eignen sich roh oder gegart zum Würzen. In Japan ist Schnittknoblauch ebenfalls beliebt und wird als **Nira** (2) bezeichnet.

(1) **SCHNITTKNOBLAUCH** hat etwa 1 cm große Knollen und bis zu 8 mm breite, flache Blätter.

(2) **NIRA** heißt der Schnittknoblauch in Japan, hier eine Varietät mit breiten, flachen Blättern.

(3) **CHINESISCHER LAUCH** ist größer und hat doppelt so breite Blätter wie Schnittknoblauch.

(4) **ROCAMBOLE** hat lange, flache Blätter und bildet statt Blüten viele kleine Brutzwiebeln aus.

(5) **SCHNITTLAUCH** hat meist bis zu 30 cm lange, manchmal auch längere, grüne, glatte, röhrenförmig hohle Blätter, die im Durchmesser je nach Sorte variieren können. Geerntet wird Schnittlauch von April oder Mai bis in den Herbst hinein, die Blätter wachsen ständig nach. Von Mai bis August erscheinen die essbaren, meist rosa bis violetten Blüten.

Verwandt sind der winterharte, mehrjährige **Chinesische Lauch** *(Allium odorum,* Syn. *Allium ramosum)* (3), der gelegentlich auch als **Großblättriger Schnittknoblauch** auftaucht. Die Pflanze kann bis zu 90 cm hoch werden, ist ergiebiger als Schnittknoblauch und hat ein intensives Knoblaucharoma. Er wird verwendet wie Schnittknoblauch, auch die grünen Samenkapseln sowie die weißen Blüten sind essbar. **Rocambole, Schlangenknoblauch** oder **Italienischer Knoblauch** *(Allium sativum* var. *ophioscorodon)* (4) ist eine ausdauernde Pflanze, die bis zu 1 m hoch werden kann und nur wenige knoblauchartige Zehen ausbildet. Sie hat stattdessen einen, im oberen Teil spiralig gedrehten Trieb mit zahlreichen essbaren Brutzwiebeln anstelle von Blüten. Schlangenknoblauch wird in der Küche wegen seines feinen, milden Knoblauchgeschmacks geschätzt und ist ideal zum Rohverzehr in Salaten, Kräuterquark und Dips.

SCHNITTLAUCH (5)

(Allium schoenoprasum)
Familie: Lauchgewächse, Syn. Zwiebelgewächse *(Alliaceae)*

andere dt. Bez. Binsenlauch, Graslauch, Jakobszwiebel, Schnittling; engl. chives, cive; frz. ciboulette, civette.

Die ursprüngliche Heimat des Schnittlauchs ist nicht geklärt, er stammt vermutlich aus Mitteleuropa, dem Mittelmeerraum oder Zentralasien. Heute ist er in den gemäßigten Zonen der Nordhalbkugel weit verbreitet. Schnittlauch ist bei uns seit dem Mittelalter ein geschätztes Würzkraut.

Merkmale: Die ausdauernde Staude wird meist bis zu 30 cm, teils auch 50 cm hoch und bildet Stängel mit je ein bis zwei schmalen, grünen, röhrenförmigen, runden, spitz endenden Blättern. Von Mai bis August erscheinen die rosa bis violett oder purpurfarbenen, selten weißen Blüten in kugeligen oder eiförmigen Scheindolden. Die Pflanze bildet keine Brutzwiebeln aus. Schnittlauch enthält viel Vitamin C, hat ein frisches, mildes Zwiebelaroma und schmeckt leicht scharf.

Verwendung: Schnittlauch sollte nach Möglichkeit frisch verwendet werden, da er beim Trocknen und Tiefkühlen an Geschmack verliert. In Röllchen geschnitten, wird er über kalte oder gegarte Gerichte gestreut. Schnittlauch ist sehr vielseitig und aromatisiert Salate, Saucen und Suppen, Eierspeisen, Kräuterquark und Frischkäse. Sein Aroma passt ebenfalls zu Kartoffeln und Fisch. Ganze oder halbierte Halme dienen oft als Garnitur.

Blüten als Garnitur

Die kugeligen Schnittlauchblüten sind zu schade zum Wegwerfen. Kurz nach dem Öffnen geerntet, ergeben sie eine schöne Garnitur für Vorspeisen und Salate.

Sellerie, Shiso und Tellerkraut *eignen sich zum Würzen pikanter Speisen, Süßdolde und Tagetes aromatisieren mit ihrem fruchtigen oder anisartigen Aroma meist Desserts.*

(1) **SCHNITTSELLERIE** hat grüne, gestielte und gefiederte Blätter mit dreilappigen Einzelblättern, die in der Form an glatte Petersilie erinnern. Die grünweißen kleinen Blüten erscheinen in Doppeldolden, aus ihnen entwickeln sich Spaltfrüchte.

SCHNITTSELLERIE (1)

(Apium graveolens var. *secalinum)*
Familie: Doldenblütler *(Apiaceae,* früher *Umbelliferae)*

andere dt. Bez. Blattsellerie, Würzsellerie; engl. cutting celery, soup celery; frz. célerie à couper.

Sellerie ist weltweit in etwa 20 Arten vorwiegend in den gemäßigten Zonen verbreitet. Schnittsellerie stellt eine Variante des **Echten Selleries** *(Apium graveolens)* dar. Sellerie war schon im alten Ägypten bekannt, nach Mitteleuropa gelangte er im Mittelalter und wurde als Heilpflanze in Klostergärten kultiviert.
Merkmale: Schnittsellerie ist eine zweijährige krautige Pflanze, die bis zu 1 m hoch werden kann und keine Knollen bildet. Die grünen Blätter sind erfrischend aromatisch und liegen im Geschmack zwischen Petersilie und Knollensellerie.
Verwendung: Schnittsellerie ist in der Küche vielseitig verwendbar. Die frischen Blätter aromatisieren Suppen und Eintöpfe, aber auch Salate, Saucen und Kräuterbutter.

SHISO, PERILLA (2, 3)

(Perilla frutescens)
Familie: Lippenblütler *(Lamiaceae,* Syn. *Labiatae)*

andere dt. Bez. Schwarznessel, Sesamblatt; engl. perilla, shiso, beefsteak plant; frz. périlla, shiso.

Die Pflanze ist vermutlich in China und Indien heimisch und dort seit langem als Würz- und Heilkraut bekannt. Heute wird Shiso in zahlreichen Sorten in Ostasien, Südost- und Südasien angebaut.

(2) **GRÜNES SHISO** hat breit-ovale, spitz zulaufende, leicht behaarte, grüne Blätter. Sie sind auffallend stark gezähnt und sitzen an vierkantigen Stängeln.

(3) **ROTBLÄTTRIGES SHISO,** hier eine Sorte mit großen, fast glatten, leicht gezähnten, breit-ovalen Blättern, sie sind oben dunkelrot-grünlich, unten violett.

Merkmale: Die einjährige krautige Pflanze kann bis zu 1,5 m hoch werden. Je nach Varietät sind die Blätter grün (2) bis rötlich purpurfarben (3) gefärbt, glatt oder gekraust. Shiso blüht weiß bis rotviolett, ist aromatisch und erinnert im Aroma, je nach Art, an Minze und Basilikum (Koreanische Perilla), überwiegend jedoch an Kreuzkümmel (3), teilweise zusätzlich an Zimt (3).
Verwendung: Shiso wird in Japan und China frisch oder eingelegt verwendet, zum Beispiel zum Würzen von Fisch, Sushi und Tempura. Aus den Blättern lässt sich ein Pesto herstellen. Das aus den Samen gepresste Öl wird ebenfalls zum Würzen verwendet.

SÜSSDOLDE (4)

(Myrrhis odorata, Syn. *Scandix odorata)*
Familie: Doldenblütler *(Apiaceae,* früher *Umbelliferae)*

andere dt. Bez. Aniskraut, Myrrhenkerbel, Spanischer Kerbel; engl. sweet cicely, garden myrrh; frz. cerfeuil musqué.

Die mit dem Kerbel verwandte Süßdolde ist in Europa heimisch und heute vor allem in Mittel- und Nordeuropa anzutreffen. Im Mittelalter war sie als Duftpflanze beliebt.
Merkmale: Die winterharte, krautige Staude kann über 1 m hoch werden, hat eine kräftige Pfahlwurzel und hohle, gefurchte Stängel mit auf der Unterseite leicht behaarten Blättern und weißen Blütendolden. Die Pflanze schmeckt süßlich und hat ein anisartiges Aroma.
Verwendung: Die frischen Blätter aromatisieren Salate und Süßspeisen, vor allem Kompott. Die essbaren Blüten verfeinern ebenfalls Kompott.

TAGETES, GEWÜRZTAGETES (5, 6)

(Tagetes tenuifolia)
Familie: Korbblütler *(Asteraceae,* Syn. *Compositae)*

andere dt. Bez. Studentenblumen, Sammetblume; engl. tangerine marigold; frz. rose d'Inde, tagète tachée.

Die artenreiche Gattung *Tagetes*, zu der neben Gewürztagetes auch die gleichnamigen Ziergewächse zählen, stammt aus Mexiko und Mittelamerika.
Merkmale: Die überwiegend einjährigen, krautigen Pflanzen (5) werden 30 bis 40 cm hoch und haben in der Regel ein fruchtiges, oft an Mandarinen erinnerndes Aroma. Der **Mexikanische Gewürztagetes** *(Tagetes minuta)* (6) kann bis zu 3 m hoch werden und erinnert im Aroma an Zitrone.
Verwendung: Blätter und Blüten aromatisieren Süßspeisen und Fruchtsaucen, gelegentlich auch Salate.

TELLERKRAUT, GEWÖHNLICHES (7)

(Claytonia perfoliata, Syn. *Montia perfoliata)*
Familie: *(Montiaceae)*

andere dt. Bez. Kuba-Spinat, Winterportulak, Postelein; engl. miner's lettuce, spring beauty; frz. claytone de Cuba.

Die *Montiaceae* sind eine Familie innerhalb der Abteilung der Bedecktsamigen Pflanzen *(Magnoliophyta)*. Dazu gehört die Gattung der Tellerkräuter *(Claytonia)*. Sie umfasst etwa 25 Arten, die vornehmlich in den USA beheimatet sind.
Merkmale: Die einjährige fleischige Pflanze wird bis zu 30 cm hoch und hat lang gestielte Grundblätter. Ihr Aroma liegt zwischen Feldsalat und Portulak.
Verwendung: Junge Blätter und Blüten schmecken als Salat, ältere Blätter werden wie Spinat gedünstet.

- Schnittsellerie: erfrischend, im Aroma zwischen Petersilie und Knollensellerie.
- Shiso: erinnert je nach Sorte an Minze und Basilikum, meist aber an Kreuzkümmel.
- Süßdolde: süßlich, mit anisartigem Aroma.
- Tagetes: fruchtiges, an Zitrusfrüchte (Mandarine) erinnerndes Aroma.
- Tellerkraut: liegt im Aroma zwischen Feldsalat und Portulak.

(4) **SÜSSDOLDE** hat große, weiche, farnartige Blätter. Die weißen Blüten erscheinen in Dolden.

(5) **TAGETES** hat gelbe bis orangefarbene Blüten und zarte, grüne, schmale, gefiederte Blätter.

(6) **MEXIKANISCHE GEWÜRZTAGETES** hat gelborange Blüten und wird bis zu 3 m hoch.

(7) **TELLERKRAUT** hat rhombisch eiförmige bis runde Blätter und kleine weiße Blüten.

Thymian blüht je nach Sorte rosa bis violett von Juni bis September. Während heimische Arten eher niedrige, dichte Polster bilden, sind Mittelmeertypen meist aufrecht wachsende, verholzende Halbsträucher. Für die Küche am interessantesten sind der echte Thymian (Thymus vulgaris) und der Zitronenthymian. Zum Trocknen werden die Zweige kurz vor der Blüte geerntet.

- Quendel: würzig-aromatisch, milder als Thymian, leicht bitter und kampferartig.
- Thymian: sehr aromatisch, würzig-bitter und je nach Sorte mehr oder weniger scharf.
- Zitronenthymian: angenehm frisches Zitronenaroma, würzig.

Thymian – typisch mediterran *und in drei- bis vierhundert Arten verbreitet. Er variiert stark in Form und Aroma, das von harzig kampferartig bis zitronig frisch reichen kann.*

QUENDEL, FELD-, SANDTHYMIAN (1, 2)

(Thymus pulegioides, Thymus serpyllum)
Familie: Lippenblütler *(Lamiaceae,* Syn. *Labiatae)*

andere dt. Bez. Bergthymian, Wilder Thymian, Wiesenthymian; engl. wild thyme, mother of thyme; frz. thym serpolet.

Quendel, eine heimische Wildpflanze, ist in den gemäßigten Zonen in zwei Unterarten und verschiedenen Sorten verbreitet. **Feldthymian** *(Thymus pulegioides)* (2) wird auch als **Breitblättriger Thymian, Echter Quendel, Wurstkraut** oder **Arzneithymian** bezeichnet, *Thymus serpyllum* als **Sandthymian.** Die heimischen Thymianformen sind seit der Antike geschätzte Würz- und Heilpflanzen.

(1) **QUENDEL** bildet flache Matten oder buschige, bis 25 cm hohe Halbsträucher. Er hat sehr kleine, ovale Blätter und blüht im Sommer rosa bis hellviolett.

Merkmale: Der immergrüne Sandthymian ist kriechend und wird nur etwa 10 cm, **Feldthymian** (2) bis zu 25 cm hoch. Letzterer hat vierkantige Stängel, dünne Blätter und blüht rosa bis violett. Beide Arten sind würzig-aromatisch, etwas milder als Thymian und schmecken leicht bitter und kampferartig.

Verwendung: Quendel lässt sich wie Thymian verwenden, er aromatisiert Salate und Eierspeisen, aber auch Saucen, Suppen, Eintöpfe und Kräuterbutter.

THYMIAN, ECHTER THYMIAN (3)

(Thymus vulgaris)
Familie: Lippenblütler *(Lamiaceae,* Syn. *Labiatae)*

andere dt. Bez. Gartenthymian, Römischer Quendel, Feldkümmel, Demut, Kuttelkraut, Zimis; engl. thyme, garden thyme, culinary thyme; frz. thym, farigoule.

Thymian stammt aus dem Mittelmeerraum und war bereits den Sumerern und Ägyptern bekannt. Er kommt in unzähligen Arten und Sorten vor.
Merkmale: Der immergrüne Zwergstrauch wird je nach Art 20 bis 40 cm hoch und hat starre, eng verästelte Zweige mit dunkel- oder graugrünen, am Rand leicht eingerollten Blättern. Die ganze Pflanze ist stark aromatisch, schmeckt würzig-bitter und scharf.
Verwendung: Thymian passt hervorragend zu mediterranen Gerichten und eignet sich sehr gut zum Mitgaren und Trocknen. Er macht schwere Speisen leichter verdaulich und würzt Fleisch und Wild, aber auch Gemüse wie Paprika, Auberginen, Zucchini und Tomaten. Der vielseitige Thymian aromatisiert zudem Fisch, Geflügel, Kartoffeln, Saucen, Suppen und Schmorgerichte. Außerdem dient er als Wurstgewürz und getrocknet ist er ein wichtiger Bestandteil der *Herbes de Provence* und von Bouquets garnis.

Verwandt ist der weißgrüne **Silbertyhmian** *(Thymus vulgaris 'Argenteus')* (4), der ein klares Thymianaroma ohne Kampfernote hat. Angenehm erfrischend ist **Zitronenthymian** *(Thymus x citriodorus)* (5), den es in verschiedenen Sorten mit grünen, weiß- oder gelbgrünen Blättern gibt. Sein würziges Zitronenaroma passt gut zu Salaten, Fisch und Geflügel. Der aufrechte, fruchtig würzige **Orangenthymian** *(Thymus fragrantissimus,* Syn. *Thymus vulgaris* ssp. *fragrantissimus)* (6) aromatisiert Desserts und Tee. **Kümmelthymian** *(Thymus herba-barona)* (7) schmeckt nach Kümmel und wird wie dieser verwendet.

Zwar ein Lippenblütler, aber nicht verwandt, ist der tropische **Jamaikathymian** *(Coleus amboinicus,* Syn. *Plectranthus amboinicus)* (8), auch **Spanischer Thymian** oder **Mexikanischer Oregano** genannt. Er wird bis zu 40 cm hoch und kommt in Afrika, Asien sowie auf den Großen Antillen vor. Die großen Blätter würzen mit ihrem milden Thymianaroma Salate und Fisch. Die weißbunte Varietät (9) ist etwas herber, erinnert im Aroma an Oregano und eignet sich für Salate und als Garnitur.

(2) **FELDTHYMIAN** hat grüne, breite, länglich ovale Blätter und nur schwach verholzende Stängel.

(3) **GARTENTHYMIAN** hat länglich ovale oder lanzettartige Blätter und blüht rosa bis violett.

(4) **SILBERTHYMIAN** ist dekorativ und hat kleine, grüne, ovale Blätter mit weißem Rand.

(5) **ZITRONENTHYMIAN** hat kleine, ovale oder verkehrt eiförmige, grüne oder bunte Blätter.

(6) **ORANGENTHYMIAN** hat kleine, graugrüne, spitzovale Blätter und blassviolette Blüten.

(7) **KÜMMELTHYMIAN** ist kriechend, hat kleine, dunkelgrüne Blätter und blüht hellviolett.

(8) **JAMAIKATHYMIAN** hat fleischige, große, grüne, zarte Blätter mit gezähntem Rand.

(9) **WEISSBUNTER JAMAIKATHYMIAN** hat weißrandige, in der Mitte grüne Blätter.

- Tripmadam: säuerlich frisches Aroma.
- Vap ca: zitroniges oder korianderartiges und pfeffrig herbes Aroma.
- Wasabi: meerrettichartig, brennend scharf.
- Waldmeister, angewelkt: aromatisch süß, erinnert an Heu und Vanille.
- Weinraute: herb-würzig und bitter.
- Wermut: aromatisch, sehr bitter.

Tripmadam, Waldmeister, Wermut

Alle Pflanzen auf dieser Seite sollten nur in kleinen Mengen verwendet werden, weil sie sonst stark hervorschmecken oder toxisch wirken.

TRIPMADAM (1)

(Sedum rupestre, Syn. *Sedum reflexum)*
Familie: Dickblattgewächse *(Crassulaceae)*

andere dt. Bez. Felsen-Fetthenne, Felsen-Mauerpfeffer, Steinkraut; engl. yellow stonecrop; frz. orpin, sédum.

Tripmadam – das im Französischen »Dicke Madame« bedeutet – kommt in Mitteleuropa, Skandinavien und der Ukraine vor und ist als Gewürzkraut besonders in Frankreich beliebt.
Merkmale: Die mehrjährige krautige Pflanze wird bis zu 20 cm hoch und hat längliche, fleischige Blätter. Die gelben Blüten sitzen an bis zu 30 cm hohen Stängeln. Tripmadam enthält Vitamin C, schmeckt säuerlich frisch und kann ganzjährig geerntet werden.
Verwendung: Junge Triebe würzen vor allem Salate und Gemüse sowie Saucen und Suppen.

VAP CA, CHAMÄLEONPFLANZE (2)

(Houttuynia cordata)
Familie: Eidechsenschwanzgewächse *(Saururaceae)*

andere dt. Bez. Buntblatt, Chinesischer Eidechsenschwanz; engl. chameleon plant, Chinese lizard tail.

Die Chamäleonpflanze stammt aus den gemäßigten Zonen Ostasiens. In Europa und den USA taucht sie wegen ihrer bunten, teils dreifarbigen Blätter auch als Zierpflanze auf – daher der Name Chamäleonpflanze. Das Würzkraut, unter seinem angeblich vietnamesischen Namen als Vap ca im Handel, heißt allerdings in Vietnam *diep ca* oder *giap ca*.
Merkmale: Je nach Herkunft hat die weiß blühende, pfeffrig herb schmeckende Pflanze ein zitroniges (Japan) oder korianderartiges (China, Vietnam) Aroma.
Verwendung: Das Chamäleonkraut eignet sich zum Würzen von Fischgerichten und Suppen.

WASABI (3) –> Gewürze, S. 120

(Wasabia japonica, Syn. *Eutrema wasabi)*
Familie: Kreuzblütengewächse *(Brassicaceae)*

andere dt. Bez. Japanischer Meerrettich; engl. Japanese horseradish; frz. raifort du Japon.

Wasabi stammt aus Asien, angebaut wird er vor allem in Japan sowie in Korea, China und seit einiger Zeit auch in Neuseeland und in den USA.
Merkmale: Die mehrjährige Staude treibt aus Rhizomen Rosetten leuchtend grüner Blätter mit bis zu 1,5 m langem Stiel und blüht weiß. In Asien dienen nicht nur die Rhizome, sondern auch die meerrettichähnlichen, brennend scharfen Blätter als Gewürz.
Verwendung: Die Blätter würzen Salate und Kräuterbutter, in Japan wird daraus auch Senf hergestellt.

(1) **TRIPMADAM** hat spitze, fleischige, bis 1,5 mm dicke Blätter und doldenartige Blütenstände mit bis zu 50 Einzelblüten.

(2) **VAP CA** hat herzförmige, grüne, zum Teil auch gelblich grüne oder rötliche Blätter mit einem dünnen roten Rand.

(3) **WASABIBLÄTTER** sind lang gestielt, herz- oder nierenförmig, bis zu 15 cm breit und am Rand meist leicht gewellt.

(4) **WALDMEISTER** hat vierkantige Stängel mit erst hell-, dann dunkelgrünen, in Scheinquirlen angeordneten, lanzettartigen Blättern, die am Rand feine Borsten aufweisen. Im Mai erscheinen weiße, sternförmige Blüten.

WALDMEISTER (4)

(Galium odoratum, früher *Asperula odorata)*
Familie: Rötegewächse *(Rubiaceae)*

andere dt. Bez. Duftlabkraut, Maiblume, Maikraut, Waldtee; engl. sweet woodruff; frz. aspérule odorante, reine-des-bois.

Waldmeister ist in Europa und Nordafrika heimisch und meist in schattigen Wäldern anzutreffen. Er war bereits im Mittelalter ein geschätztes Duftkraut.
Merkmale: Die mehrjährige krautige Staude wird bis zu 30 cm hoch. Leicht angewelkt ist die Pflanze angenehm aromatisch und duftet süß nach Heu und Vanille. Grund dafür ist das abgespaltene Cumarin, das jedoch als gesundheitsschädlich gilt, weshalb Waldmeister sehr sparsam dosiert werden sollte.
Verwendung: Vorzugsweise aromatisiert das Kraut Getränke, für eine Maibowle genügen bereits wenige Stängel (nicht mehr als 3 g/l Bowle) und Desserts.

WEINRAUTE (5)

(Ruta graveolens)
Familie: Rautengewächse *(Rutaceae)*

andere dt. Bez. Raute, Augenraute, Edelraute, Gnadenkraut, Ruta, Weinkraut; engl. rue, herb of grace; frz. rue, rue fétide.

Die Weinraute stammt aus Südeuropa und kommt im Mittelmeergebiet wild vor. Sie war bereits in der Antike beliebt und im Mittelalter ein wichtiges, in Klostergärten angepflanztes Heilkraut.
Merkmale: Der Halbstrauch wird bis 1 m hoch, verholzt im unteren Bereich und blüht gelb. Er hat ein herb würziges Aroma und schmeckt sehr bitter.
Verwendung: Sparsam dosiert, aromatisiert Weinraute Fleisch und Saucen, vor allem aber Spirituosen.

WERMUT, WERMUTKRAUT (6)

(Artemisia absinthium)
Familie: Korbblütler *(Asteraceae,* Syn. *Compositae)*

andere dt. Bez. Absinth, Bitterkraut, Gottvergess, Wurmtod; engl. wormwood, absinth; frz. absinthe, armoise amère.

Wermut ist in Europa, Nordafrika und Asien heimisch, heute auch in Nordamerika verbreitet und gilt seit der Antike als wichtiges Heilkraut.
Merkmale: Der frostharte Halbstrauch wird bis 1,2 m hoch, ist thujonhaltig, aromatisch und sehr bitter.
Verwendung: Sparsam dosiert würzt Wermut Lamm und Schwein, wichtig ist er für die Likörindustrie.

(5) **WEINRAUTE** hat zierliche, gefiederte, graugrüne Blätter mit spatelförmigen Einzelblättchen. Die glatten Stängel verholzen bei älteren Pflanzen leicht.

(6) **WERMUT** hat silbergraue, filzig behaarte und zwei- bis dreifach gefiederte Blätter. Von Juli bis September erscheinen rispenartige gelbe Blüten.

- Ysop: würzig, minze- oder kampferartig und leicht bitter.
- Zitronellagras: zitronig süß, etwas schärfer als Zitronengras.
- Zitronengras: angenehm frisches Zitronenaroma.
- Zitronenverbene: intensives, reines Zitronenaroma ohne Säure.

Ysop, Zitronella- und Zitronengras

Während Ysop und Zitronenverbene im Garten oder Topf eine gute Figur machen, benötigen Zitronengräser doch eher tropisches Klima.

YSOP (1)

(Hyssopus officinalis)
Familie: Lippenblütler *(Lamiaceae,* Syn. *Labiatae)*

andere dt. Bez. Eisop, Gewürzysop, Klosterkraut, Josefskraut, Wein-Espe; engl. hyssop; frz. hysope, herbe sacrée.

Ysop ist in Süd- und Südosteuropa heimisch, kommt aber auch im Mittleren Osten sowie in Nordafrika vor. Bereits in der Antike war Ysop als Heil- und Gewürzpflanze bekannt und geschätzt.
Merkmale: Die aufrechten oder niederliegenden Zweige des ausdauernden Halbstrauches können bis zu 60 cm lang werden. Die ganzrandigen Blätter haben ein würziges, erfrischend minzartiges oder kampferähnliches Aroma und sind leicht bitter.
Verwendung: In den südeuropäischen Küchen dient Ysop frisch oder getrocknet vornehmlich zum Würzen von Kalbfleisch. Das Kraut passt aber auch gut zu gebratenem oder gegrilltem Lamm, Schwein und Geflügel, sollte jedoch nur kurz mitgegart werden.

Daneben werden weitere Kräuter als Ysop bezeichnet, die zwar zu den Lippenblütlern zählen, aber einer ganz anderen Gattung, nämlich den bei uns noch wenig bekannten, aus Nordamerika stammenden Agastachen angehören. **Anisysop** *(Agastache anisata,* Syn. *Agastache foeniculum)* (2) hat bis zu 20 cm hohe rötlich violette aufrechte Blütenkerzen. Die Blätter duften nach Anis und Lakritze und aromatisieren Süßspeisen, Tees, Salate und Suppen. Der verwandte **Lemonysop** *(Agastache mexikana)* (3) aus Mexiko hat ebenfalls ein anisartiges, bisweilen leicht zitroniges Aroma. Er wird für Tee verwendet und würzt wie französischer Estragon auch säuerliche Speisen.

ZITRONELLAGRAS (4)

(Cymbopogon nardus)
Familie: Süßgräser *(Poaceae)*

andere dt. Bez. Zitronellgras, Ostindisches Zitronellagras; engl. Australian lemongrass; frz. herbe citronnée.

Zitronellagras ist eng mit dem Zitronengras verwandt und im tropischen Asien beheimatet. Aus ihm wird das Ceylon-Citronellöl hergestellt.
Merkmale: Die mehrjährige Pflanze hat schmale schilfartige Blätter mit einem zitronengrasähnlichen, aber schärferen Zitronengeschmack und erinnert im Aroma zudem leicht an Rosen.
Verwendung: In der Verwendung unterscheidet sich Zitronellagras nicht von Zitronengras.

(1) **YSOP** hat vierkantige Stängel und lanzettartig schmale, in Scheinquirlen angeordnete Blätter. Ysop blüht weiß, rosa oder königsblau.

(2) **ANISYSOP** hat zarte, große, eiförmig zugespitzte, gezähnte, auf der Unterseite behaarte Blätter und lila bis rotviolette Blütenstände.

(3) **LEMONYSOP** hat schmalere Blätter als Anisysop, gezähnte Blätter und große, auffällige, leuchtend magentarote Blütenstände.

ZITRONENGRAS (5)

(Cymbopogon citratus, Syn. *Andropogon citratus)*
Familie: Süßgräser *(Poaceae)*

andere dt. Bez. Westindisches Zitronengras, Lemongras, Sereh; engl. citron grass, citronella; frz. citronelle, verveine de l'Inde.

Die Gattung der Zitronengräser umfasst etwas mehr als 50 Arten, die meisten davon sind in Asien, einige auch in Australien verbreitet. Für das Westindische Zitronengras wird ein malaiischer Ursprung vermutet, das **Ostindische Zitronengras** *(Cymbopogon flexuosus)* stammt wohl aus Indien und Sri Lanka. Zitronengras wird heute auch in Afrika, Nord- und Südamerika kultiviert.
Merkmale: Die bis zu 1,5 m hohe Staude hat schmale, grüne, schilfartige Blätter mit keulig verdickten Blattscheiden. Die Kultursorte blüht nicht und kann nur durch Teilung vermehrt werden. Die Pflanze weist ein ausgeprägtes, frisches Zitronenaroma auf.
Verwendung: Zitronengrasstängel aromatisieren in ganz Südostasien Saucen, Suppen, Fisch und Meeresfrüchte, aber auch Fleischgerichte, Currys und Gemüse, Süßspeisen, Getränke und Tee.

ZITRONENVERBENE (6)

(Aloysia citriodora, Syn. *Aloysia triphylla, Lippia citriodora)*
Familie: Eisenkrautgewächse *(Verbenaceae)*

andere dt. Bez. Eisenkraut, Verveine, Zitronenstrauch; engl. lemon beebrush, lemon verbena; frz. verveine odorante.

Die Zitronenverbene ist ursprünglich in Südamerika heimisch und gelangte erst Ende des 18. Jahrhunderts nach Europa, wo sie vor allem im viktorianischen England als Duftpflanze sehr beliebt war.
Merkmale: Der bis -5 °C winterharte Strauch wird in warmen Regionen über 4 m hoch, bei uns bleibt es aber bei 60 bis 80 cm. Die festen Blätter haben ein reines, intensives Zitronenaroma ohne Säure und können als Ersatz für Zitronengras dienen.
Verwendung: Die Blätter aromatisieren Süßspeisen, Obstsalate und Desserts, aber auch Saucen, Marinaden, Fisch und Geflügel. Das Zitronenaroma passt auch zu vielen asiatischen Gerichten. Die Blätter behalten auch getrocknet lange ihr Aroma.

(6) **ZITRONENVERBENE** hat etwa 5 cm lange, schmale, lanzettartig spitze, gelb- bis leuchtend grüne Blätter, die viel ätherisches Öl enthalten. Im Sommer erscheinen unscheinbare, kleine weiße Blüten.

(4) **ZITRONELLAGRAS** hat lange, grüne, schmale, schilfartige Blätter. Die hierzulande wenig bekannte Pflanze wird auch zur Parfümherstellung verwendet.

(5) **ZITRONENGRAS** hat lange, grüne, schmale, schilfartige Blätter. Als Gewürz findet jedoch meist nur die untere, verdickte, helle, etwa 15 cm lange Stängelbasis Verwendung.

- Wildkräuter im Frühjahr: würzig frisch, die Blätter und Triebspitzen sind zart und eignen sich für Kräutersalate.
- Wildkräuter im Frühsommer und Sommer: würzig-herb, die festeren Blätter werden oft als Gemüse oder in Suppen zubereitet.

Wildkräuter-Vielfalt *vor der Haustür: Es lohnt, die beinahe in Vergessenheit geratenen Schätze aus der Natur für die Küche wieder neu zu entdecken. Gehen Sie auf die Suche!*

Lebensmittel werden heute fast nur noch eingekauft, Selbersammeln ist ungewöhnlich – kein Wunder, dass manches in Vergessenheit geraten ist. Etwa das Wissen, welche Kräuter und Pflanzen essbar sind. Da es unter den Wildpflanzen jedoch zahlreiche giftige Arten wie die Hundspetersilie oder den Gefleckten Schierling gibt, sollte man immer nur jene Kräuter pflücken, die man sicher kennt. Viele Städte und Gemeinden bieten daher Wildkräuterkurse und -führungen an, bei denen botanisches Wissen und Zubereitungstipps vermittelt werden. Und noch ein Hinweis: Zum Sammeln eignen sich nur gesunde Pflanzen, die auf ungedüngten Böden abseits von Straßen wachsen. Im Folgenden finden Sie eine Zusammenstellung kulinarisch interessanter Wildkräuter und Tipps zu ihrer Verwendung.

Ackersenf *(Sinapis arvensis)* (1), ein Doldenblütler, hat dunkelgrüne, im unteren Bereich gelappte Blätter. Blätter und die Blüten eignen sich für Salate. Junge, vor der Blüte geerntete Triebe schmecken auch als Gemüse. Das **Barbarakraut** *(Barbarea vulgaris)* (2), aufgrund seines würzig-scharfen Geschmacks auch **Winterkresse** genannt, ist ein Kreuzblütler und wird im zeitigen Frühjahr bis Mai für Salate gesammelt. **Brennnesseln** *(Urtica)* (3) zählen zu den Brennnesselgewächsen *(Urticaceae)*. Junge Blätter und Triebe schmecken spinatähnlich, aber würziger im Salat und als Gemüse. Das Brennen der Blätter verschwindet beim Blanchieren. Das milde, an Schnittsalat erinnernde **Kleinblütige Fanzosenkraut** *(Galinsoga parviflora)* (4) ist ein Korbblütler und wird zum Dünsten oder für Suppen und Eintöpfe verwendet. **Gänsefingerkraut** *(Potentilla anserina)* (5), ein Rosengewächs, wird im April und Mai für Saucen und Salate gepflückt. Die säuerlich herben Blätter kann man aber auch in Öl dünsten. **Giersch** *(Aegopodium podagraria)* (6), ein Doldenblütler, ist vielen als Unkraut bekannt. Die Blätter liegen im Aroma zwischen Petersilie und Möhren und schmecken von März bis April als Salat, später gedünstet. **Glücksklee** *(Oxalis tetraphylla,* Syn. *Oxalis deppei)* (7), ein Sauerkleegewächs *(Oxalidaceae)*, stammt aus Mexiko. Er schmeckt erfrischend säuerlich und würzt in kleinen Mengen Salat und Gemüse. **Gundermann** *(Glechoma hederacea)* (8) ist ein Lippenblütler. Seine herb würzigen Blätter schmecken von März bis Mai in Salaten, später als Gemüse, Quichebelag oder in Suppen. **Guter Heinrich** *(Chenopodium bonus-henricus)* (9), ein Fuchsschwanzgewächs *(Amaranthaceae)*, auch **Wilder Spinat** genannt, schmeckt wie Spinat, nur etwas herber. Von April bis Juni eignen sich junge Blätter und ungeöffnete Blütenstände als Salat und Gemüse, später geerntet, können sie für Suppen und Füllungen verwendet werden. **Hirtentäschel** *(Capsella)* (10) oder **Hirtentäschelkraut**, ein Kreuzblütengewächs, erinnert an Kresse und Rucola und wird für Salate und Gemüse genutzt. Die Blätter des **Huflattichs** *(Tussilago farfara)* (11), einem Korbblütler, erscheinen erst nach der Blüte und werden jung als Salat, später für Blattrouladen und Gemüse verwendet. **Knoblauchsrauke** *(Alliaria petiolata)* (12), ein Kreuzblütengewächs, hat ein mildes Knoblaucharoma und liefert von April bis Juni Blätter für Salate, Saucen (Pesto) und Gemüse. **Echtes Löffelkraut** *(Cochlearia officinalis)* (13) wächst auf salzigen Böden, enthält viel Vitamin C und schmeckt rettichähnlich scharf, von April bis Mai eignen sich die Blätter als Salat.

Eine solche bunt blühende, ungedüngte Wiese ist im Frühjahr und Frühsommer das ideale Terrain zum Kräutersammeln.

(1) **ACKERSENF** wird zwischen 20 und 60 cm hoch. Die gelben Blüten erscheinen von Mai bis Herbst.

(2) **BARBARAKRAUT** erreicht eine Höhe von bis zu 90 cm. Im Frühjahr erscheinen gelbe Blüten.

(3) **BRENNNESSELN** haben grüne, vorn zugespitzte, behaarte, bis zu 8 cm lange, stark gezähnte Blätter. Das Brennen bei Berührung verursacht die in den Härchen eingelagerte Methan- oder Ameisensäure.

(4) **KLEINBLÜTIGES FRANZOSENKRAUT** wird 20 cm hoch, es blüht weiß von Mai bis Oktober.

(5) **GÄNSEFINGERKRAUT** wird oft nur 15 cm hoch, hat gefiederte Blätter und gelbe Blüten.

(6) **GIERSCH** hat kantige Stängel und dreiteilige Blätter mit gezähnten, behaarten Einzelblättern.

(7) **GLÜCKSKLEE** hat vierblättrige, an der Basis oft rotbraune Blätter und blüht purpurfarben.

(8) **GUNDERMANN, GUNDELREBE** hat herzförmig rundliche, gekerbte Blätter und blüht lila.

(9) **GUTER HEINRICH** wird bis zu 80 cm hoch und hat große dreieckige, teils leicht wellige Blätter.

(10) **HIRTENTÄSCHEL** wird bis 50 cm hoch und blüht weiß. Die gestielten Blätter ähneln Löwenzahn.

(11) **HUFLATTICHBLÄTTER** sind groß und vieleckig, gestielt, oben grün und unten weißlich.

(12) **KNOBLAUCHSRAUKE** hat oben herzförmig dreieckige, gezähnte Blätter und blüht weiß.

(13) **LÖFFELKRAUT** wird nur etwa 30 cm hoch und hat dunkelgrüne, gestielte, ovale Blätter.

- Löwenzahn: junge Blätter sind leicht, ältere stärker bitter.
- Melde: angenehmes, leicht bitteres Aroma.
- Queller: salziger, leicht pfeffriger Geschmack.
- Römischer Ampfer: zitronenartig sauer, wenig bitter.
- Sauerampfer: säuerlich bitter, zitronig.
- Steinklee: angenehmes Waldmeisteraroma.

Löwenzahn *sammelt man auf ungedüngten Wiesen. Doch auch unscheinbare Gewächse wie die Melde, Queller, Römischer Ampfer, Sauerampfer oder duftender Steinklee sind einen Versuch wert.*

LÖWENZAHN (1)

(Taraxacum officinale)
Familie: Korbblütler *(Asteraceae,* Syn. *Compositae)*

andere dt. Bez. Butterblume, Kuhblume, Pusteblume, Wilde Zichorie; engl. dandelion; frz. dent de lion, pissenlit.

Löwenzahn ist in verschiedenen Arten vor allem in den gemäßigten Klimazonen weltweit verbreitet.
Merkmale: Die mehrjährige krautige Pflanze wird bis zu 40 cm hoch und hat oft 1 m lange Wurzeln. Die Blätter erscheinen bodennah in einer Rosette. Die gelben Blüten öffnen sich nur bei Sonne. Die ganze Pflanze enthält einen weißen Milchsaft. Junge Blätter sind leicht, ältere stärker bitter, die Blüten (ohne Kelch) süß und honigartig.
Verwendung: Junge, bis Juni geerntete Blätter schmecken gut als Salat, gedünstet oder in Teig ausgebacken. Die frischen Blüten dienen als Garnitur, aus ihnen wird aber auch Sirup, Gelee und Tee hergestellt.

(1) **LÖWENZAHN** hat lanzettartige, unregelmäßig gelappte und tief eingeschnittene, gezähnte Blätter. Aus den Blattachseln wachsen lange, blattlose, hohle Blütenstiele, die je eine Scheinblüte mit vielen gelben Zungenblüten tragen.

MELDE, GARTENMELDE (2)

(Atriplex hortensis)
Familie: Fuchsschwanzgewächse *(Amaranthaceae)*

andere dt. Bez. Sanfter Heinrich, Spanischer Salat, Wilder Spinat; engl. french spinach, orache; frz. arroche hastée.

Melden sind weltweit in verschiedenen Arten in subtropischen Zonen verbreitet. Viele davon wie beispielsweise die Strandsalz-Melde *(Atriplex portulacoides)* gedeihen auch auf salzhaltigen Böden.
Merkmale: Die einjährige krautige Pflanze hat aufrechte Stängel mit großen, im unteren Bereich herzförmigen Blättern und blüht ab Juli grün oder rot. Die Melde enthält viele Mineralstoffe, aber auch etwas Oxalsäure, schmeckt angenehm und leicht bitter.
Verwendung: Von April bis Juni geerntete Blätter und Stängel eignen sich als Beimischung in Salaten oder auch in Kombination mit anderem Gemüse.

QUELLER, EUROPÄISCHER QUELLER (3)

(Salicornia europaea)
Familie: Fuchsschwanzgewächse *(Amaranthaceae)*

andere dt. Bez. Glasschmalz, Meerfenchel, Meerspargel, Salzkraut; engl. glasswort, salicorn; frz. salicorne.

Queller kommt auf salzigen Böden an den Küsten der Nordhalbkugel vor.
Merkmale: Die einjährige Pflanze wird bis zu 45 cm hoch. Die Blätter sind zu Schuppen reduziert. Queller hat einen salzigen, leicht pfeffrigen Geschmack.

(2) **MELDE, GARTENMELDE.** Die Pflanze hat bis zu 15 cm lange, dreieckige oder länglich eiförmige grüne Blätter mit glattem oder fein gezähntem Rand.

Verwendung: Junge, ab Mai geerntete Triebspitzen schmecken roh in Salaten und Saucen oder blanchiert als Einlage in Suppen oder auch als Gemüse.

RÖMISCHER AMPFER (4)
(Rumex scutatus)
Familie: Knöterichgewächse *(Polygonaceae)*

andere dt. Bez. Schild-Ampfer, Französischer Spinat; engl. french sorrel; frz. oseille petite, oseille ronde.

Römischer oder Schild-Ampfer wächst auf Geröllhalden und ist in subalpinen Zonen verbreitet.
Merkmale: Die Staude wird zwischen 10 und 40 cm hoch. Römischer Ampfer enthält viel Vitamin C und Calciumoxalat, sein Geschmack ist sauer und zitronenartig, aber weniger bitter als Sauerampfer.
Verwendung: Junge Blätter eignen sich für Suppen und als würzige Beimischung für Salate und Saucen.

(5) **SAUERAMPFER** hat lang gestielte, grüne, glattrandige, ovale Blätter mit nach unten gerichteten Fortsätzen. Von Mai bis August erscheinen an blattlosen Stängeln kleine rötliche Blüten in aufrechten Rispen. Aus ihnen entwickeln sich dreikantige Früchte.

SAUERAMPFER (5)
(Rumex acetosa)
Familie: Knöterichgewächse *(Polygonaceae)*

andere dt. Bez. Großer Sauerampfer, Wiesensauerampfer, Essigkraut, Sauergras; engl. sorrel; frz. oseille.

Sauerampfer galt bereits in der Antike als Heilmittel bei Verdauungsbeschwerden.
Merkmale: Die mehrjährige, aufrechte, krautige Pflanze wird oft bis zu 60 cm, manchmal auch 1 m hoch. Sauerampfer hat teils leicht rötliche Stängel und grüne, fleischige Blätter mit säuerlich bitterem, an Zitronen erinnerndem Geschmack. Da er neben Vitamin C auch Oxalsäure enthält, sollte er nur gelegentlich roh verzehrt werden. Gekocht (Kochwasser abgießen!) ist er jedoch unbedenklich.
Verwendung: Sauerampfer ist ein klassisches Wildgemüse, junge Blätter und knospige Triebe schmecken von März bis Oktober, wie Spinat gedünstet oder in Suppen, junge zarte Blätter auch als Salat.

ECHTER STEINKLEE (6)
(Melilotus officinalis)
Familie: Hülsenfrüchtler *(Fabaceae)*

andere dt. Bez. Honigklee, Bärenklee, Langer Klee, Riechklee; engl. sweet clover, field meliot; frz. couronne royale.

Steinklee ist hierzulande weit verbreitet. Aufgrund des in der Pflanze enthaltenen Cumarins sollte man ihn jedoch sparsam verwenden.
Merkmale: Die krautige Pflanze wird bis 1 m hoch, hat aufrechte Stängel und blüht gelb. Leicht angewelkt hat er ein angenehmes Waldmeisteraroma.
Verwendung: In geringen Mengen aromatisiert das Kraut Gemüse, aber auch Getränke und Bowlen.

(3) **QUELLER** hat dickfleischig-glasige, knotig gegliederte und ein- oder mehrfach verzweigte Stängel.

(4) **RÖMISCHER AMPFER** hat gestielte, glatte, schildförmige Blätter und kleine, rötliche Blüten.

(6) **STEINKLEE** hat dreizählige Blätter mit länglich ovalen, gestielten, gezähnten Einzelblättchen.

- Wildkräuter im Frühjahr: würzig frisch, die Blätter und Triebspitzen sind zart und eignen sich für Kräutersalate.
- Wildkräuter im Frühsommer und Sommer: würzig herb, die festeren Blätter werden oft als Gemüse oder in Suppen zubereitet.

Wildkräuter *– bei einem Spaziergang durch Wiesen und Wälder lassen sich die meisten der hier vorgestellten Arten aufspüren, lediglich der Strand-Dreizack wächst nur in Küstennähe.*

STRAND-DREIZACK (1)

(Triglochin maritimum)
Familie: Dreizackgewächse *(Juncaginaceae)*

andere dt. Bez. Salz-Dreizack, Röhrkohl; engl. sea arrowgras, shore arrowgras; frz. troscart maritime.

Der Strand-Dreizack gedeiht auf salzigen Böden und ist an den Küsten der Nordhalbkugel weit verbreitet.
Merkmale: Die mehrjährige Pflanze wird bis 60 cm hoch. Ihre Blätter erinnern an Schnittlauch, schmecken aber salzig und riechen nach Chlor.
Verwendung: Blätter und Wurzeln werden im Frühjahr regional wie Kohl als Gemüse zubereitet, der Chlorgeruch verschwindet beim Garen.

Nur mit Erlaubnis

In Norddeutschland wird Strand-Dreizack im Mai und Juni wie Spargel gestochen, allerdings haben nur Einheimische die Erlaubnis, das Wattenmeer zu betreten.

TAUBNESSEL, WEISSE TAUBNESSEL (2)

(Lamium album)
Familie: Lippenblütler *(Lamiaceae,* Syn. *Labiatae)*

andere dt. Bez. Ackernessel, Kuckucksnessel, Weiße Nessel; engl. nettle, white deadnettle; frz. lamier blanc, ortie blanche.

Die Weiße Taubnessel ist in Europa, aber auch in Nordasien weit verbreitet.
Merkmale: Die mehrjährige krautige Pflanze wird 50 cm hoch, hat vierkantige Stängel und behaarte Blätter mit einem feinwürzigen Geschmack.
Verwendung: Zarte Blätter schmecken im Frühjahr als Salat, später eignen sie sich als Gemüse.

VOGELMIERE (3)

(Stellaria media)
Familie: Nelkengewächse *(Caryophyllaceae)*

andere dt. Bez. Gewöhnliche Sternmiere, Hühnerdarm, Mierenkraut; engl. chickweed, starweed; frz. morgeline, stellaire.

Die anpassungsfähige Vogelmiere ist weltweit verbreitet und dient vielerorts auch als Heilpflanze.
Merkmale: Die einjährige krautige Pflanze hat niederliegende, bis zu 40 cm lange Stängel mit kleinen Blättern und weißen Blüten. Die Pflanze ist komplett verwendbar, enthält viele Vitamine und Mineralstoffe und schmeckt mild aromatisch.
Verwendung: Die Pflanze liefert von März bis Oktober zarte Blätter für Salate oder zum Dünsten.

WALDSAUERKLEE (4)

(Oxalis acetosella)
Familie: Sauerkleegewächse *(Oxalidaceae)*

andere dt. Bez. Buchampfer, Essigblatt, Hasenklee, Wilder Klee; engl. sorrel, wood sorrel; frz. oseille, surelle.

Waldsauerklee ist in vielen Unterarten in Europa und Asien in schattigen Wäldern weit verbreitet.
Merkmale: Die mehrjährige krautige Pflanze wird bis zu 15 cm hoch, hat kleeartige Blätter und blüht weiß bis blassrosa. Die Blätter schmecken zitronenartig säuerlich erfrischend, enthalten aber Oxalsäure.
Verwendung: Die Blätter eignen sich von Frühjahr bis Herbst über für Salate, Saucen und Suppen.

(1) **STRANDDREIZACK** hat grasartige, derbe, abgeflachte Blätter und blüht grün bis rötlich.

(2) **TAUBNESSEL** hat eiförmig spitze, gesägte, behaarte Blätter ohne Brennhaare und blüht weiß.

(3) **VOGELMIERE** hat kleine, eiförmig spitze, kurz gestielte, oben direkt am Stängel sitzende Blätter.

(4) **WALDSAUERKLEE** hat grasgrüne, lang gestielte, dreizählige, kleeartig gefiederte Blätter.

Wildkräuter wie der gelb blühende Wiesenbocksbart (Tragopogon pratensis), ein Korbblütler, waren bereits in der römischen Küche beliebt. Seine essbaren Wurzeln schmecken ähnlich wie Schwarzwurzeln, sind aber milder.

WEGERICH, SPITZWEGERICH (5)

(Plantago lanceolata)
Familie: Wegerichgewächse *(Plantaginaceae)*

andere dt. Bez. Heilwegerich, Spießkraut, Schlangenzunge; engl. narrowleaf plantain, ribwort; frz. plantain lancéolé.

Spitzwegerich stammt aus Europa, ist heute aber weltweit verbreitet und als Heilpflanze geschätzt.
Merkmale: Die mehrjährige krautige Pflanze wird bis zu 50 cm hoch, die schmalen Blätter erscheinen als Rosette und haben ein pilzartiges Aroma.
Verwendung: Im Frühjahr schmecken die zarten Blätter aus der Mitte der Rosette quer zur Faser geschnitten als Salat, Gemüse und zu Eierspeisen.

WEGWARTE, GEMEINE WEGWARTE (6)

(Cichorium intybus)
Familie: Korbblütler *(Asteraceae,* Syn. *Compositae)*

andere dt. Bez. Blaue Distel, Gewöhnliche Wegwarte, Zichorie; engl. wild chicory, succory; frz. chicorée sauvage.

Die wärmeliebende Wegwarte ist in Europa, aber auch in Westasien und Nordwestafrika verbreitet.
Merkmale: Die mehrjährige krautige Pflanze kann 1,5 m hoch werden. Die jungen Blätter und Blüten schmecken chicoréeartig bitter.
Verwendung: Bis Juli lassen sich die Blätter als Salat und Gemüse zubereiten, später sind sie zu bitter.

WIESENKNÖTERICH (7)

(Bistorta officinalis)
Familie: Knöterichgewächse *(Polygonaceae)*

andere dt. Bez. Schlangen-Knöterich, Kalbszunge, Schlangenwurz; engl. bistort, snakeweed; frz. renouée bistorte.

Wiesenknöterich liebt feuchte Standorte und ist beinahe weltweit verbreitet.
Merkmale: Die mehrjährige krautige Pflanze wird etwa 1 m hoch, die Blätter schmecken spinatähnlich.
Verwendung: Bis August eignen sich junge Blätter für Salat und Gemüse, ab September lässt sich auch die Wurzel (in Scheiben) als Gemüse zubereiten.

WIESENLABKRAUT (8)

(Galium mollugo)
Familie: Rötegewächse *(Rubiaceae)*

andere dt. Bez. Grasstern, Gemeines Labkraut, Weißes Waldstroh; engl. white bedstraw; frz. caille-lait blanc.

Wiesen-Labkraut ist in Mitteleuropa weit verbreitet. Es enthält wie der Kälbermagen ein Enzym (Lab), das zur Käseherstellung verwendet werden kann.
Merkmale: Das mehrjährige Kraut wird bis zu 1 m hoch, blüht weiß, ist mild und erinnert an Rucola.
Verwendung: Das Kraut eignet sich ganzjährig als Gemüse, im Frühjahr ergibt es einen feinen Salat.

(5) **SPITZWEGERICH** hat grüne, schmale, lanzettartige Blätter mit starken Längsfasern.

(6) **WEGWARTE** treibt am Boden stark gezahnte Blätter und von Mai bis Oktober blaue Blüten.

(7) **WIESENKNÖTERICH** hat große, länglich ovale, oben dunkelgrüne, unten bläulich grüne Blätter.

(8) **WIESENLABKRAUT** hat einen vierkantigen Stängel mit Blattquirlen aus meist 8 Einzelblättern.

- Die Blüten der Wild- und Küchenkräuter schmecken häufig ähnlich wie die Blätter, sind jedoch in der Regel etwas süßer.
- Das Aroma der Gartenblumen ist unterschiedlich. Verwendung finden entweder die einzelnen Blütenblätter (Petalen) oder die ganzen Blüten ohne Stiel und Kelch.

Essbare Blüten *setzen farbige Akzente. Viele blühen vor der Haustür – im Garten oder auf dem Balkon – andere lohnt es, in freier Natur zu sammeln oder in Töpfen selbst zu ziehen.*

Die Vielfalt ist immens: Zunächst einmal sind alle Blüten der Küchenkräuter essbar. Oft weisen sie ein ähnliches Aroma wie die Blätter auf, so etwa Basilikum, Lavendel, Majoran, Minze, Oregano, Rosmarin, Salbei, Thymian oder Ysop. Meist sind allerdings die Blüten etwas süßer im Geschmack. Stark an Anis erinnern Fenchel- und Süßdoldenblüten. Die leuchtend bunten Blüten der Kapuzinerkresse sind scharf, süß dagegen jene der Taubnessel. Ebenfalls essbar sind die Blüten vieler Heilkräuter, wie Kamille oder Schafgarbe, sie finden jedoch in der Küche eher selten Verwendung. Daneben gibt es noch eine ganze Reihe an Wildkräutern und Gartengewächsen, deren Blüten optisch und geschmacklich überzeugen. Aber Vorsicht, manche der Schönheiten sind giftig. Daher gilt beim Sammeln von blühenden Wildpflanzen: Nur mitnehmen, was man genau kennt! Da Blüten möglichst nur kurz abgebraust werden, sollten Sie nur ungespritzte, staub- und insektenfreie Exemplare abschneiden. Die beste Zeit dafür ist an warmen sonnigen Tagen der späte Vormittag, an bedeckten Tagen der frühe Nachmittag. Im Folgenden finden Sie einige der wichtigsten essbaren Blüten und ihre Verwendung: Die **Chrysantheme, Salat**- oder **Speisechrysantheme** *(Chrysanthemum coronarium* Syn. *Xanthophthalmum coronarium, Glebionis coronaria)* (1) zählt zur Familie der Korbblütler *(Asteraceae)*. Ihre Blätter und Blütenknospen werden in China und Japan als Salat sowie zu Chop Suey verzehrt. **Duftpelargonien** wie etwa die **Rosenpelargonie**

(1) **CHRYSANTHEMEN** schmecken herb-bitter. Verwendet werden vor allem die Blütenblätter.

(2) **DUFTVEILCHEN** haben im Frühjahr Saison. Die violetten, selten weißen Blüten duften intensiv.

(3) **GÄNSEBLÜMCHEN** verfügen über wenig Aroma, sind aber eine hübsche Garnitur im Frühjahr.

(4) **GOLDMELISSENBLÜTEN** sind intensiv würzig und verfeinern süße und pikante Speisen.

(5) **ORANGENBLÜTEN** haben einen schweren süßen Duft und eignen sich als Garnitur für Süßes.

(6) **RINGELBLUMENBLÜTEN** schmecken leicht pfeffrig und dienten früher als Safranersatz.

(7) **SCHWARZER HOLUNDER** blüht im Frühsommer, die kleinen weißen Blüten duften würzig-süß.

(8) **STIEFMÜTTERCHEN** haben kein besonderes Aroma, eignen sich aber gut als Garnitur.

So manch Bekannte aus dem Garten eignet sich zum Verzehr: frisch oder auch mit einem feinen Zuckerüberzug versehen.

(Pelargonium x graveolens) aus der Familie der Storchschnabelgewächse *(Geraniaceae)* gibt es in zahlreichen Sorten. Die dekorativen Blüten sind weniger aromatisch als die, je nach Sorte ganz unterschiedlich duftenden Blätter, ergeben aber schöne Garnituren für Desserts und Torten. **Duftveilchen** *(Viola odorata)* (2) aus der Familie der Veilchengewächse *(Violaceae)* werden aufgrund ihres süßen Dufts geschätzt. Sie eignen sich frisch oder kandiert zum Garnieren von Salaten, Torten und Desserts, aber auch zum Aromatisieren von Essig. Das **Gänseblümchen** *(Bellis perennis)* (3) gehört zur Familie der Korbblütler *(Asteraceae)* und ist weit verbreitet. Junge, halb geöffnete Blüten schmecken mild, offene Blüten leicht bitter. Die Knospen können wie Kapern eingelegt werden. Die **Goldmelisse** *(Monarda didyma)* (4) wird zur Familie der Lippenblütler *(Lamiaceae)* gerechnet. Aus den dekorativen roten Blütenblättern lässt sich zudem ein angenehm erfrischendes Getränk herstellen. **Hibiskus** *(Hibiscus)* zählt zu den Malvengewächsen *(Malvaceae)* und stammt aus den tropischen Regionen Asiens. Seine großen Blüten dienen als Garnitur, in Zuckersirup eingelegt und mit Sekt aufgegossen als Aperitif. Die **Nachtviole** *(Hesperis matronalis)* ist ein Mitglied der Familie der Kreuzblütler *(Brassicaceae)*. Die weißen oder violetten Blüten duften sehr stark, die Blüten schmecken jedoch eher mild. **Nelken** *(Dianthus)* bilden eine eigene sortenreiche Gattung innerhalb der Nelkengewächse *(Caryophyllaceae)*. Die würzigen Blüten eignen sich zum Aromatisieren von Essigen und Ölen, kandiert sind die Blütenblätter eine hübsche Garnitur. Zitrusgewächse zählen zur Familie der Rautengewächse *(Rutaceae)*. Die weißen **Orangen-** *(Citrus sinensis)* (5) und **Zitronenblüten** *(Citrus limon)* passen aufgrund ihres schwe-ren süßen Duftes gut zu Süßspeisen. **Ringelblumen** *(Calendula officinalis)* (6) zählen zu den Korbblütlern *(Asteraceae)*. Ihre Blütenblätter aromatisieren Essig, Öl und Zucker und färben Blütenbutter. Die artenreichen **Rosen** *(Rosa)* gehöhren zur Familie der Rosengewächse *(Rosaceae)*. Je feiner der Duft, desto besser eignen sich die Blüten (weißen Ansatz enfernen!) zum Aromatisieren von Sirup und Gelee. **Schwarzer Holunder** *(Sambucus nigra)* (7), auch Holder oder Holler genannt, wird heute meist zu den Moschuskrautgewächsen *(Adoxaceae;* früher Geißblattgewächse, *Caprifoliaceae)* gerechnet. Seine aromatischen Blütendolden werden oft in Teig getaucht und ausgebacken. Sie aromatisieren auch Sirup, Sekt, Likör oder Essig. **Stiefmütterchen** *(Viola)* (8) sind Veilchengewächse *(Violaceae)* und werden wie diese verwendet. Zum Garnieren eignen sich vor allem kleinblütige Sorten. **Stockrosen** *(Alcea rosea,* Syn. *Althaea rosea)* sind Malvengewächse *(Malvaceae)*. Die großen Blüten (Staubgefäße entfernen!) dienen als essbare Garnitur in Salaten, eignen sich aber auch zum Kandieren.

Faszinierende Aromenvielfalt

Ockerfarbenes Pulver, gelblich beige Körner, schwarze Beeren oder trockene Rinden – Gewürze scheinen oft wenig spektakulär, doch welche Fülle an Aromen verbirgt sich hinter dem unscheinbaren Äußeren.

KAUM VORSTELLBAR, dass weltweit aus ähnlichen Grundzutaten immer wieder andere, regional verschiedene und im Geschmack gänzlich unterschiedliche Gerichte entstehen können. Verantwortlich dafür sind aromatische, meist getrocknete Früchte, Knospen, Rinden oder Wurzeln von Pflanzen, die mit ihrem charakteristischen, arteigenen Aroma Speisen verfeinern und besser zur Geltung bringen. Allein schon der Geruch von Anis und Piment, Gewürznelken, Zimt und Vanille ist betörend und regt Köche zu immer neuen Experimenten an. Auf den folgenden Seiten finden Sie viele bekannte, aber auch vergessene oder neu entdeckte Gewürze von A bis Z. Auch Zitrusfrüchte, die mit ihrer Frische viele Gerichte bereichern, fehlen nicht, ebenso wenig wie Würzgemüse. Bei einigen Gewürzen finden nicht nur die getrockneten Körner Verwendung, sondern auch frische Blätter, wie etwa bei Koriander. Wo dies der Fall ist, finden Sie einen Verweis auf die entsprechende Seite im Kräuterkapitel.

SCHARFMACHER BESONDERS BELIEBT

In puncto Beliebtheit und Verbrauch steht Pfeffer unangefochten auf Platz 1. In fast allen Ländern der Erde schärfen die schwarzen, weißen oder roten Körner grob zerstoßen oder fein gemahlen Fleisch und Fisch, Geflügel und Wild, Saucen, Suppen, Salate oder Marinaden. Sie stecken zudem in zahlreichen Würzmischungen – Pfeffer und Salz sind unverzichtbar, gelten als die Gewürze schlechthin. Obwohl Salz genau genommen gar kein Gewürz ist, hat es dennoch seit jeher für die Menschen eine enorme Bedeutung – mehr dazu auf den Seiten 102 bis 104. Und auch beim Pfeffer lohnt es sich, einmal genauer hinzuschauen. Neben dem bekannten schwarzen Pfeffer gibt es noch andere Scharfmacher zu entdecken. Manche *Piper*-Art wie der Lange Pfeffer war in der Antike gebräuchlich, eine andere wie der Kubebenpfeffer im Mittelalter beliebt. Heute führen beide ein kulinarisches Schattendasein und warten auf ihre Wiederentdeckung in der Küche. Aber auch der technische Fortschritt bringt Neuerungen – dank neuer Herstellungsmethoden gibt es inzwischen echten roten Pfeffer, der durch seine fruchtige Schärfe überzeugt. Besser bekannt sind dagegen viele Pflanzen, die einst als Ersatz für die mit Gold aufgewogenen schwarzen Körner dienten, wie etwa Meerrettich und Senf. Auch sie können noch immer überraschen, etwa in der japanischen Ausgabe als Wasabi oder als Brauner Senf, der noch deutlich schärfer ist als der Weiße.

DIE MENGE IST ENTSCHEIDEND

Wie schon bei den Kräutern, ist auch bei Gewürzen eine vernünftige Dosierung ratsam. Zum einen soll der Eigengeschmack von Lebensmitteln nicht überdeckt werden, zum andern enthalten viele Gewürze Inhaltsstoffe, die in größerer Menge gesundheitsschädlich sind. So kann das in Muskat, Pfeffer und Zimt enthaltene Safrol schon ab wenigen Gramm toxisch wirken und führt im Übermaß genossen zu Leber- und Nierenschäden. Dafür müsste man jedoch vier bis fünf Muskatnüsse über eine einzige Portion Spinat reiben. Bei einem derart maßlosen Einsatz würden jedoch die Geschmacksnerven sofort rebellieren, der dominante Muskatgeschmack wäre absolut unangenehm und abstoßend.

Frisch verarbeiten

Im Vergleich zu den getrockneten sind frische Gewürze wie Ingwer, Galgant, Chilis oder Zitrusfrüchte in der Minderzahl. Sie werden am besten frisch geschnitten, gerieben oder gepresst, damit sich die Aromastoffe nicht vorzeitig verflüchtigen.

BITTER, SAUER, SALZIG UND SÜSS

Daher kann man dem eigenen Gaumen also ruhig vertrauen und kulinarische Experimente in Sachen bitter, sauer, salzig und süß wagen. Dank der, auf den folgenden Seiten zu jedem Gewürz angegebenen Verwendungstipps können Sie Neues versuchen, bislang unbekannte Gewürze integrieren und Ihren Gästen neue, raffinierte Kreationen servieren.

- Ajowan: thymianähnliches Aroma, brennend aromatisch.
- Akaziensamen: intensives Röstaroma, erinnert an Kaffee, Schokolade und Haselnüsse.
- Amchoor: leicht harzig, im Geschmack sauer.
- Anis: intensives arttypisches Aroma, süß.
- Annatto: leicht blumig, im Geschmack erdig, schwach pfeffrig und leicht bitter.

Ajowan, Akaziensamen, Amchoor,

alle drei werden selten verwendet, ebenso Annatto. Nur das Aroma von Anis ist bei uns – und nicht nur zur Weihnachtszeit – bestens bekannt.

AJOWAN (1)

(Trachyspermum ammi, Syn. *Trachyspermum copticum, Carum copticum, Ptychotis coptica, Ptychotis ajowan)*
Familie: Doldenblütler *(Apiaceae,* früher *Umbelliferae)*

andere dt. Bez. Ajowain, Äthiopischer Kümmel, Indischer Kümmel, Kretischer Kümmel; engl. ajwain, ajowan, bishop's weed, carom; frz. ajowan.

Die Heimat des Ajowan wird im östlichen Mittelmeergebiet oder in Kleinasien vermutet, aber auch in Indien ist er schon seit dem 4. Jahrhundert v. Chr. bekannt. In der Antike wurde Ajowan als Heilpflanze geschätzt, als Gewürz jedoch nicht verwendet.
Merkmale: Das einjährige, aufrecht wachsende Kraut kann bis zu 1,5 m hoch werden und hat kahle, längs gefurchte Stängel mit bis zu 13 cm langen, dillähnlichen, zwei- oder dreifach gefiederten Blättern. Aus den weißen Doldenblüten entwickeln sich rundliche, 1 bis 2 mm große Spaltfrüchte. Die ganze Pflanze erinnert im Aroma stark an Thymian, die Früchte sind im Geschmack aromatisch brennend.
Verwendung: Ajowan wird vor allem in den arabischen und indischen Küchen verwendet. Sparsam dosiert würzt er Hülsenfrüchte, Gemüsegerichte und Kartoffeln, aber auch Fisch. Zudem ist Ajowan Teil verschiedener Gewürzmischungen und dient gelegentlich als Brotgewürz.

AKAZIENSAMEN (2)

(Acacia aneura)
Familie: Hülsenfrüchtler *(Fabaceae)*

andere dt. Bez. Mulgabaum, Mulgaakazie; engl. wattle seeds, Downunder wattleseed; frz. mulga.

Die Gattung der Akazien *(Acacia)* beinhaltet mehr als 1.200 Arten, mehrere Hundert davon stammen aus Australien, doch nur die wenigsten haben essbare Samen, wie etwa *Acacia aneura*. Den Aborigines ist das wild gesammelte Gewürz seit langem bekannt.
Merkmale: Die genannte Akazienart wächst als Baum oder Strauch und kann bis zu 18 m hoch werden. Sie hat graugrüne Blätter mit verbreiterten Blattstielen *(Phyllodien)* und gelbe Blütenstände. Aus ihnen entwickeln sich bis zu 10 cm lange, flache Hülsen mit 3 bis 6 mm großen, dunklen Samen, die nach der Ernte geröstet und gemahlen werden. Sie erinnern im Aroma an Kaffee, Schokolade und Haselnüsse.
Verwendung: Gemahlene Akaziensamen aromatisieren Brotteig und Gebäck, Getränke und Desserts. Mitgekocht werden sollten gemahlene Akaziensamen nicht, sie schmecken sonst bitter. Stattdessen übergießt man das Pulver mit heißer Flüssigkeit und lässt es kurz ziehen, so erhält man einen Extrakt, der gesiebt oder ungesiebt zum Würzen verwendet werden kann, er ist auch bereits fertig im Handel.

(1) **AJOWAN.** Die graubrauen Früchte zerfallen in zwei Teilfrüchte mit je fünf hellen Längsrippen.

(2) **AKAZIENSAMEN** werden geröstet und dann zu einem feinen braunen Pulver vermahlen.

(3) **AMCHOOR** ist gemahlen als braungraues Pulver erhältlich sowie als getrocknete Fruchtscheiben.

(4) **ANIS.** Die eiförmig ovalen, bräunlichen, 3 mm großen Früchte sind fünfrippig und behaart.

(5) **ANNATTOKAPSELN** sind stachelig behaart. Sie entwickeln sich aus blassrosa Blüten mit violetten Staubgefäßen. Die bräunlich roten, häufig auch leuchtend roten, rundlich ovalen Kapselfrüchte enthalten je zwei Fächer mit zahlreichen Samen – pro Kapsel sind es meist etwa 50 Stück.

(6) **ANNATTOSAMEN** sind ziegelrot, eckig, etwa 4 mm groß und sehr hart. Ganze Samen dienen meist zum Färben. Dafür übergießt man sie mit etwas kochendem Wasser und lässt sie etwa 1 Stunde ziehen. Annatto ist aber auch gemahlen erhältlich.

AMCHOOR, AMCHUR (3)

(Mangifera indica)
Familie: Sumachgewächse *(Anacardiaceae)*

andere dt. Bez. Mangopulver, Mango, Mangobaum; engl. mango; frz. manguier.

Die Heimat der Mango liegt vermutlich im Nordosten von Indien, heute ist sie in weiten Teilen der Tropen in Hunderten von Sorten verbreitet.
Merkmale: Der immergrüne Mangobaum kann bis zu 45 m hoch werden, hat schmale oder halbmondförmige Blätter und gelblich grüne Blüten, aus denen sich die eiförmigen Steinfrüchte entwickeln. Mangopulver wird aus grünen, halbwilden Mangos hergestellt und hat ein harzig säuerliches Aroma.
Verwendung: In Indien säuern frische grüne Mangos, getrocknete Fruchtscheiben oder das Pulver Gemüse, Füllungen, Suppen und Eintöpfe. Letzteres ist auch Teil der Würzmischung Chat masala (S. 164).

ANIS (4)

(Pimpinella anisum)
Familie: Doldenblütler *(Apiaceae,* früher *Umbelliferae)*

andere dt. Bez. Brotsame, Römischer Fenchel, Süßer Fenchel, Süßer Kümmel; engl. anise, aniseed; frz. anis, fruit d'anis.

Anis ist im östlichen Mittelmeerraum beheimatet und in gemäßigten, subtropischen Zonen weit verbreitet. Schon in der Antike war Anis ein beliebtes Heil- und Gewürzkraut.
Merkmale: Das einjährige, aufrecht wachsende Kraut wird bis zu 60, manchmal auch 80 cm hoch. Die langstieligen Grundblätter sind nierenförmig rund, die Stängelblätter dreilappig oder fadenförmig. Die kleinen weißen Blüten erscheinen in großen Dolden, aus denen sich 3 mm große Spaltfrüchte mit je zwei Teilfrüchten entwickeln. Anis hat ein intensives arttypisches Aroma und schmeckt süß.
Verwendung: Anis würzt Gebäck, Brot, Desserts und gelegentlich Fisch, zum Würzen pikanter Gerichte wird er weniger verwendet. Anisöl aromatisiert zahlreiche Schnäpse (Raki, Ouzo, Pastis, Pernod). Es wird heute jedoch zum Teil durch Sternanisöl ersetzt.

ANNATTO (5, 6)

(Bixa orellana)
Familie: Annattogewächse *(Bixaceae)*

andere dt. Bez. Achote, Orleanstrauch; engl. achiote, annatto, lipstick tree; frz. rocou, achiote.

Annatto stammt aus der Karibik und dem tropischen Mittel- und Südamerika und wurde schon von den Maya zum Färben und Würzen genutzt.
Merkmale: Der immergrüne Strauch oder Baum wird bis zu 6 m hoch, hat ei- oder herzförmige Blätter. Die blassrosa Blüten entwickeln sich zu Kapseln (5).
Verwendung: Annatto färbt und würzt Saucen, Suppen, Eintöpfe und ist Teil von Würzpasten. Bei uns dient er zum Färben von Käse (Cheddar, Mimolette).

- Asant: roh sehr unangenehm, gegart mit zwiebelartigem Aroma.
- Berberitze: fruchtig, erfrischend säuerlich.
- Bergpfeffer: zunächst aromatisch süß, dann beißend scharf.
- Bockshornkleesamen: erinnern an Liebstöckel, roh bitter, geröstet angenehm nussig.
- Buschtomaten: erinnern an Karamell, erfrischend, tamarilloähnlich.

Asant, Berberitze, Bergpfeffer, *allesamt sehr ausgefallen, ebenso wie Bockshornkleesamen oder auch die aus Australien stammenden, bei uns noch wenig bekannten Buschtomaten.*

ASANT (1, 2)

(Ferula assa-foetida)
Familie: Doldenblütler *(Apiaceae,* früher *Umbelliferae)*

andere dt. Bez. Asafötida, Stinkasant, Teufelsdreck; engl. stinking gum, asafoetida; frz. merde du diable, asa-fétida.

Die Pflanze stammt aus den Steppen Irans und Afghanistans. Nach Europa gelangte sie mit Alexander dem Großen und galt als Ersatz für Silphion, das inzwischen ausgestorben ist. Asant wurde bis ins frühe Mittelalter verwendet, verschwand dann aber.
Merkmale: Die mehrjährige Staude wird 2 m oder höher, hat gefiederte Blätter und grüngelbe Blüten. Der aus der eingeschnittenen Wurzel austretende Milchsaft, der beim Trocknen fest wird, liefert das Gewürz (1). Asant hat aufgrund der enthaltenen Schwefelverbindungen einen sehr unangenehmen Geruch und schmeckt bitter und scharf. Beim Erhitzen verändert sich das Aroma und erinnert an Zwiebeln.
Verwendung: Asant ist vor allem in Indien beliebt, sparsam dosiert würzt er Hülsenfrüchte und Gemüse, aber auch Saucen, Suppen und Fisch. Asant ist auch Bestandteil von Chat masala (S. 164).

BERBERITZE (3)

(Berberis vulgaris)
Familie: Berberitzengewächse *(Berberidaceae)*

andere dt. Bez. Agendorn, Dreidorn, Sauerdorn; engl. barberry, berbery; frz. agrivoutier, berbéris, vinettier.

Die Berberitze stammt aus Mitteleuropa und dem Mittelmeerraum und kommt auch bei uns wild vor.
Merkmale: Der Strauch kann bis zu 4 m hoch werden und hat etwa 3 cm große, eiförmige Blätter. Aus den kleinen gelben Blüten entwickeln sich spindelförmige rote Beeren. Sie haben ein fruchtiges Aroma und schmecken erfrischend säuerlich.
Verwendung: Im Iran und in Zentralasien aromatisiert Berberitze Reis und Fleisch, hierzulande wurde früher Marmelade aus den frischen Beeren gekocht.

BERGPFEFFER, TASMANISCHER PFEFFER (4)

(Tasmannia lanceolata, Syn. *Drimys lanceolata)*
Familie: *(Winteraceae)*

andere dt. Bez. Australischer Pfeffer; engl. Tasmanian pepper, mountain pepper, native pepper; frz. poivre indigène.

Pflanzen dieser Familie *(Winteraceae)* kommen nur in Südostasien und im pazifischen Raum vor. Die Heimat des Bergpfeffers liegt in Tasmanien und Südostaustralien. Er ist mit dem echten Pfeffer nicht verwandt und wurde erst im 19. Jahrhundert als Gewürz entdeckt, war vorher aber bereits zwei Jahrhunderte lang als Heilpflanze bekannt.
Merkmale: Der immergrüne verzweigte Strauch wird 5 m hoch und hat lanzettartige Blätter. Aus den weißen Blüten entwickeln sich kugelige schwarze Beeren. Diese und gelegentlich auch die etwas weniger aromatischen Blätter dienen als Gewürz. Bergpfef-

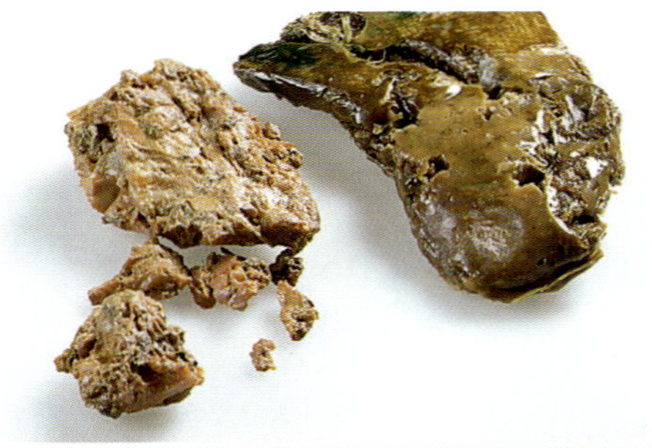

(1) **ASANTHARZ** ist rötlich braun und hat eine gummiartige Konsistenz. In den Handel kommt es in Körnchen oder als Block.

(2) **ASANTPULVER** ist beigebraun, da es als Rieselhilfe meist Anteile von Weizenmehl enthält.

(3) **BERBERITZE.** Die oft in der Sonne getrockneten, 1 cm langen Beeren sind dunkelrot und weich.

fer schmeckt erst aromatisch süß, später dann beißend scharf und hinterlässt im Mund ein leichtes Gefühl der Taubheit.
Verwendung: Bergpfeffer eignet sich gut zum Mitgaren, aber nicht zum Mahlen in der Mühle, weil er das Mahlwerk verklebt. Er wird daher im Mörser zerstoßen und würzt, vorsichtig dosiert, Fleisch und Pasta.

BOCKSHORNKLEE (5) –> Kräuter, S. 25

(Trigonella foenum graecum)
Familie: Hülsenfrüchtler, Schmetterlingsblütler *(Fabaceae)*

andere dt. Bez. Griechisches Heu, Kuhhornklee, Stundenkraut; engl. fenugreek, amber –; frz. fénugrec, senegré, trigonelle.

Bockshornklee ist wild vom östlichen Mittelmeerraum bis nach Indien und China sowie in Ostafrika verbreitet. Während die Griechen und Römer die Pflanze jedoch vorwiegend medizinisch sowie als Viehfutter verwendeten, wird sie in Indien schon jahrtausendelang als Gewürz genutzt und geschätzt.
Merkmale: Aus den kleinen Blüten entwickeln sich bis zu 10 cm lange, gekrümmte schmale Hülsen mit spitzem Schnabel, die bis zu 20 der kantigen Samen enthalten können. Bockshornkleesamen erinnern in der Form an unregelmäßige Quader und weisen auf einer Seite eine diagonale Kerbe auf. Sie sind würzig und erinnern an Liebstöckel, schmecken roh aber bitter und werden daher vor der Verwendung meist kurz geröstet. Dabei verschwinden die Bitterstoffe und der Geschmack wird angenehm nussig.
Verwendung: Die steinharten Samen werden in der Regel gemahlen verwendet. Pulverisiert ist Bockshornklee wichtiger Bestandteil verschiedener Würzmischungen, vor allem der handelsüblichen Currypulver. Er würzt Brot, Gemüsegerichte und Fisch.

Bergpfeffer oder Tasmanischer Pfeffer hat auffällige, rotviolett gefärbte junge Zweige, dunkelgrüne Blätter und kugelige, zunächst rote, reif dann fast schwarze Beeren.

BUSCHTOMATEN, AKUDJURA (6)

(Solanum centrale)
Familie: Nachtschattengewächse *(Solanaceae)*

engl. bush tomato, kutjera, Australian desert raisin.

Die Heimat der Buschtomate ist das trockene West- und Zentralaustralien. Die den Aborigines seit langem bekannten Früchte werden wild gesammelt.
Merkmale: Der kleine Busch hat graugrüne, schmale, länglich ovale, abgerundete Blätter und blüht violett. Die gelben Früchte trocknen am Busch. Die rosinenartigen Buschtomaten erinnern an Karamell und schmecken erfrischend nach Tamarillo.
Verwendung: Buschtomaten aromatisieren Salate, Suppen, Eintöpfe, Eierspeisen, Gemüse und Fisch. Ganze Früchte weicht man vor der Verwendung ein, meist werden sie jedoch zerstoßen verwendet.

(4) **BERGPFEFFER.** Schwarze, 5 mm große, getrocknete Beeren mit einer runzligen Oberfläche.

(5) **BOCKSHORNKLEE.** Die unregelmäßig geformten, ockerfarbenen Samen würzen viele Currys.

(6) **BUSCHTOMATEN** sind bräunlich orangerot und ganz oder grob gemahlen erhältlich.

(1) **TABASCO-CHILI,** hier reifende orangefarbene und noch unreife gelbe Früchte. Die etwa 4 cm langen, spitzovalen, dünnschaligen Früchte wachsen aufrecht an buschigen Pflanzen und werden von Hand geerntet. Die Sorte ist brennend scharf und verdankt ihren Namen der daraus hergestellten Sauce.

(2) **LAMPIONCHILIS** sind zwischen 2 und 6 cm groß, stark gefaltet und brennend scharf.

(3) **CHILE JALAPEÑO.** Grün und unreif, leicht eckig, 5 bis 9 cm lang, 3 bis 4 cm breit und scharf.

(4) **CHILE POBLANO,** grün und unreif, konisch, bis 10 cm lang, dicke Fruchtwand, weniger scharf.

(5) **CHILE SERRANO,** grün und unreif, stumpf abgerundet, dicke glatte Fruchtwand, sehr scharf.

(6) **BIRD GREEN.** Grün und unreif. Eine länglich schmale, sehr scharfe Sorte aus Asien.

(7) **HOT RED, HOT CHILLI,** rot ausgereift. Schlanke längliche, sehr scharfe asiatische Sorte.

(8) **LONG YELLOW, THAI-YELLOW,** gelborange, breiter und milder als andere asiatische Sorten.

(9) **GRÜNE PEPERONI** aus Italien, unreif. Die länglich schlanke Sorte hat eine angenehme Schärfe.

(10) **ROTE PEPERONI,** ausgereift. Länglich schlanke Sorte mit für Europäer angenehmer Schärfe.

(11) **MITTELSCHARFE PEPERONI** aus Ungarn, länglich, unreif hellgrün, reif orangefarben.

Chili und Gewürzpaprika *sind aus botanischer Sicht ein und dasselbe, in puncto Schärfe und Geschmack unterscheiden sich die verschiedenen Sorten jedoch beträchtlich.*

- Chili: je nach Sorte fruchtig-mild bis brennend scharf.
- Paprikapulver: in verschiedenen Schärfegraden erhältlich, von fruchtig-süß bis sehr scharf.

CHILI, PAPRIKA (1–11)

(Capsicum annuum, C. frutescens, C. chinense, C. baccatum, C. pubescens)
Familie: Nachtschattengewächse *(Solanaceae)*

andere dt. Bez. Cayennepfeffer, Peperoni, Roter Pfeffer, Spanischer Pfeffer; engl. chillies, red pepper, hot pepper; frz. pili-pili, piment rouge, poivre de Cayenne.

Die Heimat der Chilipflanzen liegt in Mittel- und Südamerika. Heute werden der Gattung *Capsicum* etwa 30 Arten zugerechnet, fünf davon liefern die beliebten Früchte. Über 90 Prozent der im Handel erhältlichen frischen, getrockneten oder eingelegten Chilis zählen zu der Art *Capsicum annuum* var. *annuum.* Varietäten von *Capsicum frutescens* und *Capsicum chinense* tauchen als Gewürz auf, während solche der beiden anderen, aus dem Hochland der Anden stammenden, kältetoleranten Arten, *Capsicum baccatum* und *Capsicum pubescens*, bei uns nur schwer und allenfalls als Samen erhältlich sind.
Mit Kolumbus und anderen Entdeckern gelangten Chilis nach Europa – wo sie zunächst nicht sonderlich begehrt waren – und weiter bis nach Afrika und Asien. Dort lernte man die Scharfmacher schnell zu schätzen und integrierte sie in die jeweiligen Landesküchen. Über Indien – welch ein Umweg – kamen Chilis dann ein zweites Mal nach Europa (S. 83), wo es gelang, weniger scharfe Sorten zu züchten.
Merkmale: Alle Chilipflanzen sind mehrjährig, stark verzweigt, haben hell- bis dunkelgrüne, breite oder schmale eiförmige Blätter und blühen weiß, selten violett. Die Früchte – botanisch handelt es sich um dreifächrige Beeren und nicht um Schoten – verfärben sich bei fast allen Arten während der Reife von grün nach rot und enthalten viel Vitamin C. Jene der tropischen *Capsicum-frutescens*-Arten, wie der **Tabasco-Chili** (1), werden nur wenige Zentimeter lang, stehen aufrecht und sind sehr scharf. Noch schärfer sind die karibischen *Capsicum-chinense*-Sorten, wie etwa die **Lampion-Chilis** (2). In Fruchtform und Capsaicingehalt variabel ist *Capsicum annuum* (3–11).
Verwendung: In vielen Küchen der Welt sind Chilis ein beliebtes Gewürz. Im Mittelmeerraum schärfen *Peperoncini* Saucen, Pasta, Fisch und Fleisch. In Indonesien und Thailand sind rote und grüne Chilis für Currypasten und scharfe Sambals unentbehrlich. In Indien sind sie Bestandteil von Currys.

»Lässt sich Schärfe messen?«

Den Schärfegrad von Chilis objektiv anzugeben ist schwierig, da jeder ein anderes Geschmacksempfinden besitzt. Erste Versuche wagte 1912 der Chemiker Wilbur Scoville, der das Capsaicin aus Chilis mit Hilfe von Alkohol herauslöste und dann mit Zuckersirup verdünnte, bis er auf der Zunge eine leichte Schärfe spürte. Wissenschaftlich war dies nicht haltbar, nach ihm wurden aber die Scoville-Einheiten benannt. Sie kennzeichnen heute die Konzentrationen der Capsaicinoide im Fruchtfleischpüree. Reines Capsaicin wird mit 16 Mio. Scoville-Einheiten angegeben. Auf dieser Skala rangiert Gemüseparika mit 0 bis 100 ganz unten, gefolgt von den milden italienischen *Peperoncini*, die zwischen 100 und 500 liegen. Ein mexikanischer *Jalapeño* hat dann bereits 2.500 bis 5.000, der schärfere *Chile tabasco* 30.000 bis 50.000 Scoville-Einheiten. Spitzenreiter ist der *Habanero* mit 200.000 bis 300.000 – der schärfste Chili der Welt. Daneben existiert eine Zuordnung nach Schärfegraden (1 bis 10), aber auch dort liegt der *Habanero* unangefochten an der Spitze.

Katrin Wittmann

(1) **CHILE DE ÁRBOL**, ausgereift. Die leuchtend rote Sorte ist schmal, spitz und geschwungen.

(2) **CHILE CASCABEL**, getrocknet. Die kleinen dunkelroten, runden Früchte sind dünnwandig.

(3) **CHILE GUAJILLO**, getrocknet. Diese längliche Sorte wird bis zu 11 cm lang und ist mittelbreit.

(4) **CHILE MORITA** werden 3 bis 4 cm große, reife getrocknete Jalapeño-Chilis genannt.

(5) **CHILE ANCHO** sind große, dunkelrot bis bräunlich schwarze, getrocknete Poblano-Chilis.

(6) **CHILIPULVER AUS HELLEN SCHOTEN** ist rötlich ockerfarben, hier mit grober Körnung.

(7) **CHILIPULVER AUS DUNKLEN SCHOTEN** ist rotbraun, hier zu sehr feinem Pulver vermahlen.

(8) **EXTREM SCHARFES CHILIPULVER** ist orange, die scharfen Samen werden mitvermahlen.

Welche Chilisorte nun genau für ein asiatisches Gericht verwendet wird, spielt keine große Rolle. Unterschieden werden einzelne Varietäten dort eher nach Schärfe, Farbe und Typ als nach botanischer Zugehörigkeit. Im Handel gibt es scharfe, länglich schmale, rote und grüne Früchte (S. 80, 6–7) sowie weniger scharfe gelborange Sorten (S. 80, 8). Als Faustregel gilt: Kleinere Chilis sind schärfer als größere, gelbe milder als grüne und rote. In Asien als besonders scharf bekannt sind die kleinen, rundlichen *»Bird's eye«* oder »Vogelaugenchilis«.

Die Küchen Mittel- und Südamerikas zeichnen sich durch einen besonderen Chilireichtum aus, allen voran Mexiko. Dort werden die scharfen »Schoten« sehr viel feiner unterschieden als anderswo (1–5; S. 80, 3–5). So kann etwa ein und dieselbe Sorte frisch und getrocknet anders heißen, wie der bekannte und gern frisch verwendete **Chile jalapeño** (S. 80, 3), der getrocknet als **Chile morita** (4) zu Salsas verarbeitet wird und geräuchert noch in mindestens drei weiteren Sorten erhältlich ist. Den großen, milden **Chile poblano** (S. 80, 4) serviert man gern gefüllt oder auch als Gemüsebeilage. Getrocknet wird er zum **Chile ancho** (5) und ist ideal für mexikanische *moles* und *salsas*. Mit Knoblauch zu einer würzigen Sauce frisch verarbeitet wird der **Chile de árbol** oder **Pico de pájaro** (1), was so viel wie Baum- oder Vogelschnabel-Chili bedeutet. Wer all diesen Nuancen kulinarisch nachspüren und original mexikanisch kochen will, benötigt dafür tatsächlich die jeweils angegebene Sorte. Viele davon sind getrocknet oder eingelegt in Dosen übers Internet oder in Spezialgeschäften erhältlich (S. 328).

Getrocknete Chilis werden zu einem brennend scharfen Pulver vermahlen (6–8), das entweder pur oder im Mix mit anderen Gewürzen im Angebot ist und vielseitig zum Schärfen eingesetzt werden kann. Auch **Cayennepfeffer** besteht nicht etwa aus Pfeffer, sondern aus fein vermahlenen Chilis, vorwiegend, aber nicht nur, der Sorte Cayenne *(Capsicum annuum)*. Er ist brennend scharf, schmeckt leicht rauchig und etwas bitter. In Südosteuropa und im Nahen Osten sind zudem Chiliflocken zum Würzen von Fleischgerichten beliebt.

Reifer ungarischer Gewürzpaprika ist leuchtend rot. Die großen, länglichen, meist geraden Früchte können bis zu 25 cm lang werden. Nur vollreife, intensiv rote Exemplare werden zur Herstellung von Paprikapulver geerntet.

GEWÜRZPAPRIKA (9–11)

(Capsicum annuum)
Familie: Nachtschattengewächse *(Solanaceae)*

andere dt. Bez. Peperoni, Roter Piment; engl. red pepper, Hungarian pepper; frz. paprika, piment rouge.

Die verschiedenen, zur Herstellung des mildsüßen oder scharfen Pulvers verwendeten Paprikasorten, gehören alle zur Art *Capsicum annuum* var. *annuum*. Hergestellt wird das Pulver größtenteils in Ungarn, aber auch in Spanien und Brasilien. Nach Ungarn gelangte Paprika gegen Ende des 16. Jahrhunderts durch die Osmanen, wurde jedoch damals nur zur Zierde angepflanzt. Erst im Lauf der Zeit dienten die Früchte dann ärmeren Schichten als Pfefferersatz. Als Gewürz geschätzt und in größerem Maßstab angebaut wird Paprika seit dem 18. Jahrhundert.

Merkmale: Die buschigen, aufrecht wachsenden Pflanzen werden in Kultur meist einjährig gehalten. Sie haben breit lanzettartige bis eiförmig ovale Blätter und weiße, nach unten hängende Blüten. Die Blütezeit erstreckt sich über mehrere Wochen. Geerntet werden die Früchte 4 bis 5 Monate nach dem Pflanzen von Hand. Dann müssen die reifen Paprikafrüchte trocknen, bevor sie zu feinem Pulver (9–11) vermahlen werden. Durch Entfernen der capsaicinhaltigen Samen und Scheidewände lassen sich Schärfegrad und Färbekraft gezielt steuern. Die Bandbreite reicht vom schärfelosen **Extra** über den milden **Delikatess-Paprika** (9), den pikanten **Edelsüß-Paprika** (10) bis hin zum sehr scharfen **Rosenpaprika** (11). In Spanien unterscheidet man den süßen **Dulce** und den mittelscharfen **Picante**.

Verwendung: Paprikapulver verschiedener Schärfegrade wird gern in Ungarn, aber auch in Spanien und Portugal verwendet. Es würzt und färbt Suppen, Saucen, Eintopfgerichte (Gulasch), Fisch (Karpfenpörkölt), Wurst (Salami), Fleisch, Geflügel und Salate.

(9) **DELIKATESS-PAPRIKA** ist intensiv rot, stark färbend, mild und süß-fruchtig. Ohne Samen und Scheidewände.

(10) **PAPRIKAPULVER EDELSÜSS** ist leuchtend rot, stark färbend, fruchtig mild mit angenehmer, pikanter Schärfe.

(11) **ROSENPAPRIKA** ist dunkelrot bis rotbraun, wenig färbend und sehr scharf. Samen und Scheidewände sind enthalten.

Wertvolle Inhaltsstoffe

Gewürze gehören zu den ältesten Arzneipflanzen der Menschheit und enthalten viele physiologisch und pharmazeutisch wirksame Inhaltsstoffe. Heute ist uns das meist nicht mehr bewusst, selbst dann nicht, wenn wir bei einem scharf gewürzten Chili con carne richtig ins Schwitzen kommen und die Wirkungen am eigenen Leib spüren.
Von der Antike bis weit ins 17. Jahrhundert waren Gewürze begehrte Zutaten, durch deren reichliche Verwendung man Lebensmittel geschmacklich verbessern und seinen sozialen Status demonstrieren konnte. Gleichzeitig wollte man aber auch zu einer gesunden Lebensweise beitragen. Da es im Krankheitsfall früher so wenige wirksame Behandlungsmöglichkeiten gab, war die tägliche Gesundheitsprophylaxe nach dem Grundsatz »Ein guter Koch ist ein halber Arzt« für unsere Vorfahren sehr wichtig, vielleicht sogar wichtiger als für uns.
Bestimmte physiologische und pharmakologische Wirkungen von Gewürzen konnten von der modernen Forschung eindeutig bestätigt werden, zum Beispiel die Steigerung der Speichelmenge bei Gabe von Ingwer, Pfeffer, Piment und Senf.

Angestellte beim exakten Abwiegen von getrockneten Kräutern in einer chinesischen Apotheke.

Laut Deutschem Lebensmittelbuch sind Gewürze »Teile einer bestimmten Pflanzenart, die wegen ihres natürlichen Gehaltes an Geschmacks- und Geruchsstoffen als würzende oder geschmacksgebende Zutaten zum Verzehr geeignet und bestimmt sind«. Aus dieser Definition folgt, dass Gewürze immer Pflanzen sind, die spezielle Inhaltsstoffe wie ätherische Öle, Bitter-, Scharf- und Gerbstoffe oder organische Säuren in außergewöhnlich hohen Konzentrationen enthalten.
Obwohl es viele verschiedene Typen von Pflanzeninhaltsstoffen gibt, kommen in den meisten Pflanzen nur wenige vor. Von den etwa 345.000 Pflanzenarten der Erde enthalten nur etwa 2.300 Arten, also weniger als ein Prozent, ätherische Öle. Viele davon sind Gewürz- und/oder Arzneipflanzen.

ÄTHERISCHE ÖLE

Ätherische Öle – chemisch betrachtet komplex zusammengesetzte Vielstoffgemische – sind die Duftstoffe, die Aromaträger der Pflanze. Sie verdunsten sehr leicht und haben beträchtliche medizinische Wirkungen auf unseren Körper. Viele stimulieren die Verdauung, wirken gegen Blähungen, sind keimtötend und entzündungshemmend, regen Herz-, Kreislauf- und Nierentätigkeit an und fördern die lokale Durchblutung. Bei massiver Überdosierung, die nur auftreten kann, wenn man medizinische Tees oder ähnliche Zubereitungen über einen zu langen Zeitraum hinweg und im Übermaß einnimmt, kann es auch zu unerwünschten, allergischen Reaktionen kommen. Beispielsweise kann Zimtöl wegen seines Gehalts an Zimtaldehyd allergen wirken, Wacholderöl kann die Nieren schädigen. Unsere Zunge schützt uns im Normalfall vor bedenklichen Überdosierungen.
Die ätherischen Öle werden von den Pflanzen in Blättern, Blüten, Früchten, Wurzeln, Rhizomen und Hölzern, seltener auch in Stängeln und Rinden gebildet. Sie können entweder in allen Geweben einer Pflanze vorkommen – das ist beispielsweise bei den Doldenblütlern wie Dill, Fenchel oder Petersilie der Fall – oder auch nur in ganz bestimmten Pflanzenteilen. So findet man Zimtöl nur in den Blättern und der Rinde des Zimtbaums. Gewürze enthalten in der Regel etwa 1 bis 2 Prozent, in einigen Fällen, beispielsweise bei guten Gewürznelken, aber auch bis zu 20 Prozent ätherisches Öl.

Viele Kräuter und Gewürze haben auch eine medizinische Heilwirkung. Einfach, aber wirkungsvoll: Eine Tasse Pfefferminztee wirkt krampflösend, beruhigend und hilft bei Übelkeit.

SCHARFSTOFFE

Scharf schmeckende Gewürze sind zu allen Zeiten sehr beliebt gewesen und wurden schon in vor- und frühgeschichtlicher Zeit verwendet, etwa der Ingwer in China (5. Jahrtausend v. Chr.), die Chilis in Peru (4. Jahrtausend v. Chr.) oder der Senf in Indien (3. Jahrtausend v. Chr.). Anders als die flüchtigen ätherischen Öle, die auf die Geruchsrezeptoren der Nasenschleimhaut wirken, erzeugen die Scharfstoffe ein Schmerzsignal auf der Zunge und führen dazu, dass die Nase zu »laufen« beginnt; auch die Schweißdrüsen der Haut werden aktiviert.

Typische Scharfstoffgewürze sind Pfeffer, Paprika, Senf, alle Ingwergewächse (Ingwer, Galgant, Kurkuma) sowie die Zwiebelgewächse (Zwiebel, Knoblauch). Die Scharfwirkung kommt durch Erregung von Thermo- und/oder Schmerz-Rezeptoren auf der Mundschleimhaut zustande. Die stärksten Wirkungen haben die Scharfstoffe des Pfeffers und der Paprika. Gewisse Scharfstoffe wirken zusätzlich stark hautreizend und entzündungshemmend (Paprika, Senföle), Eigenschaften, die man in der Vergangenheit auch medizinisch genutzt hat. Scharfstoffe steigern die Speichelsekretion und regen die Sekretion des Magensafts und die Darmperistaltik an, sind also sehr gesund.

BITTERSTOFFE

Bitterstoffe kommen überall im Pflanzenreich vor und dienen den Pflanzen zur Abschreckung von tierischen Fraßfeinden. Zu den bitter schmeckenden Gewürzen gehören Safran, Salbei, Beifuß, Basilikum, Rosmarin, Oregano und Thymian. Pflanzliche Bitterstoffe stimulieren die Speichel-, Magensaft- und Gallensekretion sowie die Darmperistaltik und wirken deshalb ausgesprochen verdauungsfördernd und appetitanregend. Leider sind diese für die Verdauung so nützlichen Substanzen heute fast völlig aus unserer Ernährung verschwunden, da man sie bewusst aus vielen pflanzlichen Produkten wie Grapefruits und Auberginen weggezüchtet hat. Dadurch bekommen die bitterstoffhaltigen Gewürze einen umso wichtigeren Stellenwert in der Küche.

GERBSTOFFE

Gerade die Gewürze aus der Familie der Lippenblütler, also Salbei, Majoran und Thymian, enthalten zusätzlich zu den ätherischen Ölen und den Bitterstoffen erhebliche Mengen Gerbstoffe, die adstringierend und antibakteriell wirken. Diese Gewürze tragen durch ihre Inhaltsstoffe dazu bei, dass sich damit gewürzte Gerichte in heißem Klima besser halten und weniger schnell verderben. Das war in Zeiten, als man noch keinen Kühlschrank kannte, ein wichtiger Aspekt bei der Vorratshaltung.

MODERNE MEDIZIN

Im 19. Jahrhundert verschwanden viele Gewürze aus den Arzneibüchern. Nicht zufällig etablierte sich zeitgleich eine naturwissenschaftlich orientierte Chemie und Pharmazie und damit auch eine pharmazeutische Industrie. Seitdem werden Medikamente durch chemische Synthese hergestellt. Im Idealfall enthalten sie nur einen Wirkstoff, dessen Nutzen naturwissenschaftlich exakt mess- und überprüfbar ist. Mit den synthetischen Medikamenten konnten die seit Jahrtausenden als Arzneimittel gebrauchten Gewürze mit ihren vielen, oft unspezifisch wirkenden Inhaltsstoffen nur noch in Einzelfällen konkurrieren. Sie dämpfen oder regen körpereigene Regulationssysteme oft nur allgemein an, zudem enthalten sie viele verschiedene Substanzen, deren Wirkung nicht unmittelbar mess- und zuordenbar war. Folglich wurde die Rolle der einst multifunktional gebrauchten Gewürze auf die eines bloßen Geschmacksverbesserers reduziert. Inzwischen konnte aber die Wirkung bestimmter, gerade in der außereuropäischen Medizin benutzter Gewürze mit modernen wissenschaftlichen Methoden bestätigt werden.

Dr. Elisabeth Vaupel

- Fenchelsamen: anisartig, würzig-süß.
- Fingerwurz: aromatisch, etwas medizinischer Geruch, leicht bitter und scharf.
- Galgant: duftet frisch nach Tannennadeln, ingwerartig, harzig und leicht scharf; getrocknet süßlich würzig und zimtartig.
- Guineapfeffer: würzig, pikant, aber nicht brennend scharf.

Fenchelsamen, Fingerwurz, *Galgant und Guineapfeffer. Während Ersterer bei uns überall leicht erhältlich ist, muss man nach den übrigen drei schon etwas länger fahnden.*

FENCHELSAMEN (1) -> Kräuter S. 31

(Foeniculum vulgare var. *dulce)*
Familie: Doldenblütler *(Apiaceae,* früher *Umbelliferae)*

andere dt. Bez. Gewürzfenchel, Süßfenchel, Brotwürzkörner, Brotanis, Fenicht; engl. fennel; frz. fenouil, aneth doux.

Fenchel ist im Mittelmeerraum beheimatet, seine Samen und Blätter waren schon in der griechischen und römischen Antike beliebt. Gewürzfenchel wird weltweit als Lieferant der aromatischen Spaltfrüchte in warm-gemäßigten Zonen angebaut.
Merkmale: Die aufrechte, einjährige oder ausdauernde, bis zu 2 m hohe Staude hat einen stark verzweigten, im Alter längs gestreiften, hohlen Stängel. Aus den kleinen gelben Blüten entwickeln sich ovale bis zylindrische, würzig-süße Spaltfrüchte mit anisartigem Aroma, größere sind qualitativ hochwertiger.
Verwendung: Fenchelsamen würzen in Mitteleuropa vorwiegend Brot und Gebäck, in Südeuropa, etwa in Italien, auch Linsen, Würste (Salami), Füllungen und Spanferkel (Porchetta). In Asien sind Fenchelsamen ebenfalls ein geschätztes Gewürz, vor allem in Indien, aber auch in China aromatisieren sie in Kombination mit anderen Gewürzen Currys, Gemüse und Reisgerichte. Zum Trocknen werden die reifen grünen Fenchelfrüchte im Herbst geerntet.

(1) **FENCHELFRÜCHTE** – meist nicht ganz korrekt als Samen bezeichnet – sind grünlich oder gelbgrün, 3 bis 8 mm lang und leicht gekrümmt.

FINGERWURZ, KRACHAI (2)

(Boesenbergia rotunda, Syn. *Boesenbergia pandurata)*
Familie: Ingwergewächse *(Zingiberaceae)*

andere dt. Bez. Chinesischer Ingwer; engl. fingerroot, Chinese ginger, Chinese key, lesser ginger.

Die Heimat der Fingerwurz ist Westindonesien, vermutlich Java und Sumatra, die Pflanze ist aber in ganz Südostasien in Kultur anzutreffen.
Merkmale: Die ausdauernde Staude erreicht eine Höhe von 50 bis 80 cm, blüht violett und hat nur wenige, lanzettartige Blätter. Als Gewürz dienen die von einer Wurzelknolle ausgehenden, fingerähnlichen, aromatischen Wurzeln, die etwas medizinisch riechen, leicht bitter und scharf schmecken.
Verwendung: Fingerwurz wird in Thailand klein geschnitten in Currys mitgeschmort oder zusammen mit anderen Gewürzen zu Würzpasten für Fisch und Gemüse verarbeitet.

GALGANT (3)

(Alpinia galanga, Syn. *Maranta galanga – Großer Galgant)*
(Alpinia officinarum – Echter Galgant)
Familie: Ingwergewächse *(Zingiberaceae)*

andere dt. Bez. Galgantwurzel, Thai-Ingwer; engl. Chinese ginger, lesser galangal; frz. galanga, galanga de Chine.

Galgant stammt vermutlich aus Südchina, Thailand und Indonesien und wird dort wie auch in Vietnam, Malaysia, Sri Lanka und auf den Antillen in zwei Arten kultiviert, die im Handel jedoch nicht unterschieden werden. In Europa ist Galgant seit dem 5. Jahrhundert als Heilpflanze bekannt und taucht in vielen Rezepten der Hildegard von Bingen auf.
Merkmale: Die ausdauernde Staude kann über 1,5 m hoch werden und hat bis zu 30 cm lange, ungestielte, eiförmig bis lanzettartige Blätter. Die weißen, etwa 4 cm großen Blüten erscheinen in Trauben. Aus ihnen entwickeln sich weinrote Kapselfrüchte. Als Gewürz verwendet man den unterirdischen, stark verzweigten Wurzelstock (Rhizom), in Asien gelegentlich auch die Blätter. Frischer Galgant duftet nach Tannennadeln und schmeckt ingwerähnlich, harzig und leicht scharf. Getrockneter Galgant ist süßlich würzig und erinnert an Zimt.

Verwendung: Galgant ist ein typisches Gewürz der asiatischen Küchen, frisch gerieben aromatisiert er in Thailand zahlreiche Currypasten, Fleisch, Wurst und Geflügel; in Scheiben geschnitten Schmorgerichte, oft in Kombination mit zitronigen Aromen.

Eng verwandt ist **Galanga** *(Kaempferia galanga)*, auch Kleiner Galgant, Maraba oder Gewürzlilie genannt. Er stammt aus Südostasien und wird vornehmlich in Indonesien verwendet, wo er als *kencur* in Rezepten auftaucht. Die frischen, sehr aromatischen, leicht medizinisch duftenden Rhizome sind Bestandteil von Würzpasten und aromatisieren Saucen, Gemüse, Geflügel, Fleisch, Reis und Getränke.

Frisch aus dem Boden gezogene Galgantrhizome. Sie wachsen seitlich kriechend und sind stark verzweigt. In den Boden eingebrachte Rhizomstücke treiben rasch wieder aus und können nach wenigen Monaten geerntet werden.

GUINEAPFEFFER, PARADIESKÖRNER (4)

(Aframomum melegueta)
Familie: Ingwergewächse *(Zingiberaceae)*

andere dt. Bez. Meleguetapfeffer, Malagettapfeffer; engl. grains of paradise, Guinea grains, melegueta pepper; frz. graines de paradis, malaguette, poivre de Guinée.

Die Heimat des Guineapfeffers oder der Paradieskörner sind die sumpfigen Küsten Westafrikas. Nach Europa gelangte das Gewürz ab dem 13. Jahrhundert, wo es bis gegen Ende des 16. Jahrhunderts ein geschätzter Pfefferersatz war. Später verdrängte der schwarze Pfeffer den Guineapfeffer – dieser wird heute nur noch in den nordafrikanischen Küchen genutzt. Im Zuge der Neuentdeckung vergessener Gewürze rücken die vor allem in Ghana angebauten Samen wieder mehr ins Zentrum des Interesses.

Merkmale: Die ausdauernde, schilfartige Staude wird bis zu 2 m hoch. Jedes Jahr treibt sie aus dem unterirdischen Rhizom neue Triebe mit 30 cm langen, lanzettartigen Blättern und purpurfarbenen Blüten. Aus ihnen entwickeln sich 10 cm lange, rote, birnenförmige Beeren, die je etwa 50 der würzigen, pikanten und nicht allzu scharfen Samen enthalten.
Verwendung: Gemahlen oder im Mörser zerstoßen würzt Guineapfeffer Fisch, Fleisch und Schmorgerichte und ist Teil afrikanischer Würzmischungen.

(2) **FINGERWURZ** hat zylindrische, fleischige, bis zu 20 cm lange und 2 cm dicke, fingerförmige Wurzeln. Der Wurzelstock selbst ist kugelförmig.

(3) **GALGANT** hat bis zu 4 cm dicke, außen blassgelbe bis rötliche Rhizome mit dunklen Querringen, im Innern sind sie elfenbeinfarben.

(4) **GUINEAPFEFFER, PARADIESKÖRNER.** Die getrockneten Samen sind bräunlich, warzig, 2 bis 3 mm groß und stumpf pyramidenförmig.

»Gewürznelken – einst fast unbezahlbar«

Spannend wie ein Krimi liest sich die Jagd der Europäer nach den getrockneten Knospen. Wo die Gewürznelken genau herkamen, wusste nämlich jahrhundertelang niemand so genau. Erst im 14. Jahrhundert gerieten die Molukken als Heimat des in Europa so begehrten Gewürzes in den Blick. Den Portugiesen gelang es als Erste, die indonesischen Inseln zu betreten und ohne Zwischenhändler an die duftenden Nelken zu kommen. Später gehörten die Molukken dann kurz zu Spanien, bevor sie wieder an Portugal verkauft wurden. Noch gedieh dort der Nelkenbaum auf fünf Inseln – aber nicht mehr lange. Als zu Beginn des 17. Jahrhunderts die Niederländer die Kontrolle über die Inseln und den Nelkenanbau übernahmen, verlegte die »Verenigde Oost-Indische Compagnie« (VOC) – ein überaus mächtiges Handelsunternehmen – die Produktion auf die Insel Ambon und ließ kurzerhand alle, auf den anderen Inseln wachsenden Nelkenbäume roden. Mit drakonischen Strafen gelang es der VOC, das lukrative Monopol zwei Jahrhunderte lang aufrechtzuerhalten.

Katrin Wittmann

Gewürznelken, Granatapfelkerne

Sie würzen süße und pikante Gerichte. Vor allem Nelken sollten jedoch mit Bedacht verwendet werden, denn sie dominieren leicht.

- Gewürznelken: würzig süßes Aroma, pfeffrig scharf im Geschmack.
- Getrocknete Granatapfelsamen: herbes, süßsaures Aroma, rosinenähnliches Aussehen.

GEWÜRZNELKEN (1)

(Syzygium aromaticum)
Familie: Myrtengewächse *(Myrtaceae)*

and. dt. Bez. Nelken, Nägeli, Nagelgewürz; engl. clove; frz. clou de girofle.

Der Nelkenbaum ist auf den Nordmolukken beheimatet. Seine Knospen waren als Gewürz bereits im alten Ägypten bekannt. Heute sind Sansibar und andere Inseln vor Ostafrika, Sri Lanka, die Philippinen sowie Indonesien wichtige Lieferanten. Die indonesische Ernte dient jedoch weniger als Gewürz, sondern vielmehr zur Herstellung der im Land beliebten, mit Nelken aromatisierten Kretek-Zigaretten.
Merkmale: Der immergrüne Nelkenbaum kann bis zu 20 m hoch werden, blüht cremeweiß und hat grüne, glänzende Blätter. Zweimal im Jahr erscheinen die Knospen, die sofort geerntet werden, sobald sie sich rot verfärben. Die Bäume liefern zwischen 2 und 4 kg Nelken pro Jahr. Gute Qualitäten werden anschließend einige Tage im Schatten getrocknet, wobei sie sich rotbraun verfärben und drei Viertel ihres Gewichts verlieren. Die Güte der gekauften Ware lässt sich leicht selbst überprüfen: Wenn die Gewürznelken auf Druck mit dem Fingernagel Spuren ätherischen Öls absondern und in einem Wasserglas aufrecht schwimmen, sind sie von guter Qualität.
Verwendung: Gewürznelken aromatisieren Gebäck, Süßspeisen und Liköre, aber auch Pikantes wie Saucen, Kohl, Wurst, Schweinefleisch oder Wild. Sie sind zudem Bestandteil vieler Gewürzmischungen, etwa des Fünf-Gewürze-Pulvers, Garam masala oder der französischen Quatre Épices.

GRANATAPFELKERNE, ANARDANA (2)

(Punica granatum)
Familie: Granatapfelgewächse *(Punicaceae)* oder Weiderichgewächse *(Lythraceae)*

andere dt. Bez. Grenadine, Paradiesapfel; engl. pomegranate; frz. grenade.

Die Heimat des Granatapfelbaumes ist Zentralasien, im Mittelmeergebiet war er bereits in der Antike bekannt. Heute wird der Baum auch in Westasien und Nordindien kultiviert. Seine Vitamin-C- und gerbstoffreichen Früchte gelten als Fruchtbarkeitssymbol und sind im Nahen und Mittleren Osten beliebt.
Merkmale: Der krummwüchsige, stark verzweigte Baum wird bis zu 6 m hoch, hat dornige Zweige und ledrige Blätter. Aus den roten Blüten entwickeln sich die bräunlich roten, kugeligen Früchte.
Verwendung: Die kantigen, fleischig ummantelten Kerne würzen frisch Fleisch, Gemüsecurrys und Desserts, getrocknet sind sie regional ein säuerliches Gewürz für Gemüse, Hülsenfrüchte und Reisgerichte.

(1) **GEWÜRZNELKEN** sind bis zu 2 cm lang. Bei guten Qualitäten sind die getrockneten Knospen ganz erhalten, mit Kelch, vier Kelchblättern und Köpfchen.

(2) **GETROCKNETE GRANATAPFELKERNE,** auch **ANARDANA** genannt, sind ganz oder gemahlen erhältlich und schmecken erfrischend süßsauer.

- Ingwer: aromatisch würzig, teils zitronig und brennend scharf.
- Kapern: würzig-pikant, salzig oder sauer und leicht scharf.
- Grüner Kardamom: blumig, leicht zitronig, erinnert an Kampfer und Eukalyptus.
- Schwarzer Kardamom: erdig-herb, erinnert an Nadelholz und Kampfer, oft starkes Raucharoma.

Ingwer, Kapern, Kardamom *sind als würzende Zutaten beliebt, vor allem der aromatische Ingwer ist aus Asiens Küchen von Indien bis Japan nicht wegzudenken.*

INGWER (1)

(Zingiber officinale)
Familie: Ingwergewächse *(Zingiberaceae)*

andere dt. Bez. Engvaar, Gemwern, Ingber, Zenzero; engl. ginger; frz. gingembre, rhizome de gingembre.

Der Ingwer stammt vermutlich aus dem Süden Chinas. Angebaut wird er heute in Asien, Australien, Südamerika und Nigeria. Ingwer ist eine alte Gewürzpflanze, die sich seit etwa 4.000 v. Chr. im tropischen Asien sowie im pazifischen Raum verbreitet hat. Als Würzmittel war Ingwer auch im antiken Rom beliebt und relativ preisgünstig. In Europa blieb er während des Mittelalters eine wichtige Gewürzpflanze, erst später verlor er an Bedeutung. Vor wenigen Jahrzehnten wurde der Ingwer dann als Zutat asiatischer Gerichte wieder entdeckt. Merkmale: Die mehrjährige Staude wird über 1 m hoch, hat unverzweigte Triebe mit lanzettartigen, bis zu 30 cm lange Blättern und blüht gelbrot. Als Gewürz findet das knapp unter der Erde wachsende, fleischige Rhizom Verwendung. Ingwer ist aromatisch, teils leicht zitronig, und schmeckt brennend scharf. Verwendung: Ingwer wird weltweit als universelles Gewürz geschätzt und meist frisch verwendet. Er eignet sich zum Mitgaren, passt zu Fisch und Meeresfrüchten, Fleisch und Geflügel und aromatisiert Suppen, Saucen, Currys, Konfitüren, Bonbons, Gebäck und Getränke. Eingelegt reicht man ihn zu Sushi. Getrockneter Ingwer würzt Saucen, Gemüse und Fleisch, aber auch Gebäck (Lebkuchen) und Wein.

(1) **INGWER** ist frisch sowie getrocknet und in Stücke geschnitten oder gemahlen erhältlich. Die nach der Ernte gesäuberten und gewaschenen Rhizome haben eine gelbbraune Schale. Frischer Ingwer guter Qualität ist blass, fest und fleischig.

KAPERN (2)

(Capparis spinosa)
Familie: Kaperngewächse *(Capparaceae)*

andere dt. Bez. Echter Kapernstrauch, Kapperstrauch; engl. caper, caper bush; frz. câprier, câprier épineux

Kapern stammen wohl aus Zentralasien und sind von Pakistan bis in den Mittelmeerraum verbreitet. Dort, in Nordafrika und Kalifornien liegen wichtige Anbaugebiete. Kapern sind seit der Antike beliebt. Merkmale: Der verzweigte, aufrechte Busch wird bis zu 2 m hoch und hat kurz gestielte, blaugrüne, breit eiförmige Blätter. Die cremeweiß-violetten Blüten öffnen sich über Nacht, aus ihnen entwickeln

(2) **KAPERN**, hier der Größe *Surfines*. Sie dürfen einen Durchmesser von 7 bis 8 mm haben. *Nonpareilles* (4–7 mm) sind kleiner und gelten als die besten.

(3) **GRÜNE KARDAMOMKAPSELN** sind zwischen 0,5 und 3 cm lang und länglich oder rundlich. Sie enthalten jeweils etwa 20 eckige, dunkelgraue, klebrige Samen.

(4) **SCHWARZER KARDAMOM.** Die bräunlich schwarzen, längs gerippten Kapseln mit zahlreichen dunklen Samen erhalten durch das Trocknen am Feuer oft ein starkes Raucharoma.

Kardamom blüht das ganze Jahr über. Nach etwa neun Monaten müssen die reifen Früchte vorsichtig von Hand geerntet werden.

sich hängende ovale Beeren. Als Gewürz dienen die roh ungenießbaren, aber in Salz oder Lake eingelegt würzig pikanten Knospen, die je nach Einlegeart salzig oder säuerlich und leicht scharf schmecken. Die Beeren haben ein ähnliches, noch intensiveres Aroma und sind eingelegt als Kapernäpfel erhältlich.
Verwendung: Rund ums Mittelmeer würzen Kapern Saucen, Tapenade, Pasta, Fisch und Fleisch.

KARDAMOM, GRÜNER KARDAMOM (3)

(Elettaria cardamomum)
Familie: Ingwergewächse *(Zingiberaceae)*

andere dt. Bez. Malabarkardamom, Cardamom; engl. cardamom, green cardamom; frz. cardamome, cardamome vert.

Kardamom ist in Südindien und Sri Lanka heimisch, wo er noch wild vorkommt. Angebaut wird er in asiatischen Ländern, Guatemala, Tansania und Madagaskar. Bereits die Griechen und Römer der Antike schätzten ihn als Heil- und Würzpflanze und zahlten hohe Preise. Bis heute ist Kardamom nach Safran und Vanille eines der teuersten Gewürze.
Merkmale: Je nach Unterart kann die mehrjährige Staude 3 oder 5 m hoch werden. Das stark bewurzelte Rhizom treibt Scheinstängel mit vielen lanzettartigen dunkelgrünen, glänzenden Blättern aus. Die grünlich weißen Blüten sitzen rispenartig an kriechenden, teils über 1 m langen Stielen. Aus ihnen entwickeln sich grüne, längliche oder rundliche, dreifächrige Kapseln, die beim Trocknen ihr typisches Aroma entwickeln. An der Sonne getrocknete und zu früh oder spät geerntete Kapseln haben eine bleiche, hellgrüne bis weiße oder rötliche Farbe und weniger Aroma. Kardamom guter Qualität ist an den grasgrünen, unversehrten Kapseln zu erkennen. Kardamom hat ein zitroniges blumiges Aroma und erinnert im Geschmack an Kampfer und Eukalyptus. In den Anbauländern dienen gelegentlich auch die nach Zimt duftenden Blätter als Gewürz.
Verwendung: Als Gewürz für Süßes und Pikantes dienen die ganzen Kapseln, meist aber die ausgelösten, oft gemahlenen Samen. Kardamom ist Bestandteil vieler Würzmischungen, etwa von Garam masala (S. 164) und Currypulver, würzt aber auch Fleisch, Geflügel, Reis, Desserts und Obst. In Indien ist Kardamom zum Aromatisieren von Tee beliebt, in arabischen Ländern als unverzichtbares Kaffeegewürz, dort wird er in großen Mengen importiert. Bei uns dient er als Gewürz für Brot, Gebäck und Weihnachtsgebäck. Außerdem aromatisiert Kardamom Likör, in Skandinavien, wo er ebenfalls sehr beliebt ist, auch Wurst, Pasteten und Glühwein.

Andere Ingwergewächse liefern ein optisch ähnliches, aber nicht austauschbares Gewürz. Der **Braune** oder **Schwarze Kardamom** *(Amomum subulatum)* (4) und der **China-Kardamom** *(Amomum tsaoko)* stammen aus dem östlichen Himalaya und China (Yunnan). Beide haben ein herbes, erdiges Aroma, häufig mit starker Räuchernote, und erinnern an Nadelholz und Kampfer. Schwarzer Kardamom ist Bestandteil von Gewürzmischungen und aromatisiert regional Currys, Fleisch, Geflügel und Reisgerichte.

Dieser rotschalige Knoblauch hat grüne Stängel, ist also noch jung und lässt ein mildes Aroma erwarten. Solche Knollen kommen in Italien oft in Dreierbündeln auf den Markt.

Knoblauch *ist heute weltweit in vielen Arten und Sorten verbreitet, bevorzugt werden die rotschaligen Knollen aus dem Mittelmeerraum, aber auch weißer junger Knoblauch ist beliebt.*

KNOBLAUCH (1, 2)
(Allium sativum)
Familie: Lauchgewächse, Syn. Zwiebelgewächse *(Alliaceae)*

andere dt. Bez. Knobloch, Knofel, Johannislauch, Windwurzel; engl. garlic, common garlic; frz. ail, ail commun.

Der Knoblauch stammt vermutlich aus den Steppengebieten Zentralasiens, dort finden sich die meisten Wildarten, von denen jedoch bislang keine als Stammform des Knoblauchs gilt. Als Gewürz- und stark desinfizierende Heilpflanze wurde Knoblauch

(1) **JUNGER WEISSER KNOBLAUCH** hat grüne Stängel. Die Zehen sind von einer weißen, zähen, festen Haut umhüllt, ebenso wie die ganze Knolle.

(2) **GETROCKNETER ROTER KNOBLAUCH.** Die Zehen sind länglich eiförmig und von einer trockenen, roten Haut überzogen.

bereits in Mesopotamien und Ägypten geschätzt. Erhielten die Arbeiter an den Pyramiden nicht täglich ihre vereinbarte Ration, legten sie die Arbeit nieder. In der Antike war Knoblauch nicht überall beliebt, die Griechen setzten ihn in ihrer Küche kaum ein, ebenso wenig römische Patrizier. Bei den ärmeren Schichten in Rom waren die Knollen dagegen sehr gefragt. Mit den Römern gelangte der Knoblauch dann zu uns, wo die Pflanzen zunächst in Klostergärten kultiviert wurden.

Merkmale: Je nach Art können die ausdauernden Stauden zwischen 0,5 und 1,5 m hoch werden. Die oft als Knolle bezeichnete Zwiebel hat einen kurzen, scheibenartigen Stamm und eine Mittelsäule *(Meristem)*, um die sich bis zu 15 Zehen – genauer länglich eiförmige Nebenzwiebeln – bilden, die von einer Haut fest umhüllt sind. Aus der Zwiebel wächst ein unverzweigter Blütenschaft mit langen, spitz zulaufenden Blättern. Den Blütenstand bildet eine Scheindolde, die neben den oft rötlichen Blüten auch kleine Brutzwiebeln zur Vermehrung ausbildet. Den enthaltenen Schwefelverbindungen verdankt Knoblauch sein durchdringendes Aroma. Roh ist er aromatisch und brennend scharf, beim Garen wird er süßlich mild und die Schärfe verliert sich.

Verwendung: Knoblauch ist ein in den mediterranen und asiatischen Küchen häufig verwendetes Gewürz. Roh aromatisiert er Salate, Marinaden und Würzpasten; gegart zahlreiche Saucen, Fisch, Meeresfrüchte und Fleisch, aber auch Geflügel und Gemüse. Je nach Zerkleinerungsgrad und Garmethode verändert sich sein Aroma (S. 157).

Verwandte Arten sind der **Riesenknoblauch** oder **Elefantenknoblauch** *(Allium ampeloprasum)*, der bis zu 80 cm hoch werden kann und pflaumengroße Zehen hervorbringt. Er ist im Geschmack relativ mild und kann roh oder gegart zum Würzen oder auch als Gemüse verwendet werden. Seit einiger Zeit taucht auch der runde, sogenannte **Chinesische Knoblauch** oder **Zwiebelknoblauch** (3) im Handel auf, der häufig aus Italien importiert wird. Dabei handelt es sich um nach dem ersten Jahr geerntete, weiße, runde und mild schmeckende Brutzwiebeln des Riesenknoblauchs. Der **Perlknoblauch**, heute besser bekannt als **Weinberg-Lauch** *(Allium vineale)* (4), kommt in Süd- und Mitteleuropa vor und wächst häufig in Weinbergen oder auf sonnigen Feldern und Hügeln. Die Pflanze wird 30 bis 50 cm hoch und hat röhrige, stielrunde Blätter. Die kugelige Blütendolde hat meist nur wenige Blüten, aber viele Brutzwiebeln. Perlknoblauch hat einen milden Knoblauchgeschmack und kann wie Knoblauch in der Küche verwendet werden. Als **Head garlic** (5) werden in Asien kleine Brutzwiebeln bezeichnet, sie haben meist ein mildes Knoblaucharoma und werden roh, in Pickles oder zum Würzen, etwa von Meeresfrüchten, verwendet. Eine Vielzahl an Brutzwiebeln bildet auch der bis zu 1 m hohe **Schlangenknoblauch** *(Allium sativum* var. *ophioscorodon)*, auch **Rocambole** (S. 56) oder **Italienischer Knoblauch** genannt. Die ganze Pflanze hat ein feines, mildes Knoblaucharoma – Knollen, Blätter und Brutzwiebeln können gut roh verwendet werden und würzen etwa Salate und Dips.

- Knoblauch: roh durchdringendes Aroma und brennend scharf, gegart milder und süßlich.
- Riesenknoblauch: mildes Knoblaucharoma.

(3) **ZWIEBELKNOBLAUCH** ist eine nach einem Jahr geerntete Brutzwiebel und hat eine dünne, weiß rötliche Schale.

(4) **PERLKNOBLAUCH** hat kleine, silbrig glänzende, zarte Zwiebeln, seine Blätter eignen sich nicht zum Verzehr.

(5) **HEAD GARLIC** sind kleine Brutzwiebeln asiatischer Knoblauchsorten. Sie haben eine rosa bis violette Schale.

- Koriander: würzig, nussig-mild, wird auch als warm bezeichnet.
- Kreuzkümmel: kräftig, würzig süß, leicht bitter, mit anhaltender Schärfe.
- Schwarzer Kreuzkümmel: erdiges Aroma, oft mit Nigella verwechselt.
- Kümmel: würzig aromatisch, im Geschmack leicht brennend-bitter.

Koriander, Kreuzkümmel, Kümmel

In der indischen Küche geschätzt sind die beiden Ersteren, sie werden in vielen Würzmischungen verwendet, Kümmel ist in Europa beliebt.

KORIANDER (1, 2) –> Kräuter, S. 33

(Coriandrum sativum)
Familie: Doldenblütler *(Apiaceae,* früher *Umbelliferae)*

andere dt. Bez. Schwindelkorn, Wanzenkraut, Arabische Petersilie, Chinesische Petersilie; engl. coriander, cilantro, Chinese parsley; frz. coriandre, persil chinois, persil arabe.

Koriander stammt aus dem östlichen Mittelmeerraum. Zusammen mit anderen mediterranen Gewürzen gelangte er im 4. Jahrhundert v. Chr. nach Indien, heute ist Koriander weltweit beliebt und gedeiht in gemäßigten und tropischen Klimazonen. Als Würzmittel dienen die getrockneten Früchte und die frischen Blätter, beide haben jedoch ein vollkommen unterschiedliches Aroma.
Merkmale: Die einjährige krautige Pflanze kann bis zu 1 m hoch werden. Sie bildet erst grundständige, fiederlappige Blätter aus – sie werden als Kraut verwendet –, dann verzweigte Stängel mit dillähnlichen Blättern und weißen bis rötlichen Blütendolden.
Verwendung: Korianderfrüchte mit ihrem würzig-nussigen Aroma würzen Saucen, Pasteten, Geflügel- und Fleischgerichte, aber auch Brot und Gebäck. Zudem runden sie Gewürzmischungen angenehm ab. Geerntet werden sie etwa 6 Wochen nach der Blüte.

(1) **KORIANDERFRÜCHTE** sind bräunlich oder rötlich gelb und 2 bis 5 mm groß. Die kugeligen Spaltfrüchte enthalten zwei Teilfrüchte mit je einem Samen.

(2) **GEMAHLENER KORIANDER** ist Bestandteil vieler Gewürzmischungen wie Garam masala (S.164) oder Baharat (S. 166) und wird großzügig verwendet.

KREUZKÜMMEL (3)

(Cuminum cyminum)
Familie: Doldenblütler *(Apiaceae,* früher *Umbelliferae)*

andere dt. Bez. Ägyptischer Kümmel, Kumin, Türkischer Kümmel; engl. cumin, white cumin; frz. cumin, cumin du Maroc.

Kreuzkümmel stammt aus dem östlichen Mittelmeerraum, vermutlich aus Ägypten, und wurde bereits in der Antike viel genutzt. Über die Gewürzrouten gelangte er nach Indien, wo er heute aus den Regionalküchen nicht mehr wegzudenken ist.
Merkmale: Die einjährige Pflanze erreicht eine Höhe von etwa 50 cm und hat einen längs gefurchten, stark verzweigten Stängel. Die dreigeteilten Blätter sind fadenförmig. Aus den weiß oder rosa blühenden Dolden entwickeln sich Spaltfrüchte.
Verwendung: Im östlichen Mittelmeerraum und in Indien ist Kreuzkümmel sehr beliebt. Er würzt Couscous, Currys, Dals, Suppen, Eintöpfe, Fleisch, Geflügel und Backwaren. Geröstet entfaltet er sein volles Aroma, gemahlen ist er Teil vieler Würzmischungen. Die Ernte erfolgt 4 Wochen nach der Blüte.

SCHWARZER KREUZKÜMMEL (4)

(Bunium persicum, Syn. *Cuminum nigrum)*
Familie: Doldenblütler *(Apiaceae,* früher *Umbelliferae)*

andere dt. Bez. Kaiserlicher Kreuzkümmel, Himalaya-Kreuzkümmel; engl. black cumin; frz. cumin noir.

Schwarzer Kreuzkümmel kommt wild in den Gebirgen Zentralasiens bis zum westlichen Himalaya vor.

(3) **KREUZKÜMMEL** ist bräunlich, grünlich oder gräulich, 5 mm lang, gerade oder leicht gekrümmt und hat Längsrippen.

(4) **SCHWARZER KREUZKÜMMEL** ist dunkelbraun, schmal, 5 mm lang, halbmondförmig gebogen und hat Längsrippen.

(5) **KÜMMEL** hat braune, 3 bis 5 mm lange, sichelförmig gekrümmte Teilfrüchte mit fünf gut erkennbaren Längsrippen.

Merkmale: Das mehrjährige Kraut wird bis zu 50 cm hoch und hat zwei- bis dreifach gefiederte Blätter.
Verwendung: Schwarzer Kreuzkümmel wird in Nordindien statt Kreuzkümmel verwendet, jedoch nicht geröstet, sondern erst nach dem Anbraten zugefügt.

KÜMMEL (5)

(Carum carvi)
Familie: Doldenblütler *(Apiaceae,* früher *Umbelliferae)*

andere dt. Bez. Wiesen-Kümmel, Echter Kümmel, Brot-Kümmel; engl. caraway; frz. semence de carvi, anis de Vosges.

Der in Europa und Westasien beheimatete Kümmel ist eines der ältesten Gewürze und heute weit verbreitet. Er verdrängte hierzulande nach und nach den zuvor gebräuchlichen Kreuzkümmel.
Merkmale: Das zweijährige bis 1,5 m hohe Kraut bildet im ersten Jahr eine Blattrosette aus, im zweiten Jahr dann hohle, oben verzweigte Stängel. Die weißen Einzelblüten erscheinen in Doppeldolden.
Verwendung: Vor allem in der deutschen und österreichischen Küche spielt Kümmel eine große Rolle. Er würzt Suppen und Eintöpfe, Gemüse wie Rote Bete und Kohl, vor allem Sauerkraut, aber auch Pilzgerichte, Schweinebraten, Brot und andere Backwaren. Kümmel aromatisiert zudem Spirituosen, etwa Aquavit. Geerntet wird er im zweiten Sommer.

»Umstrittener Geschmacksverstärker«

Von den einen verteufelt, von anderen geschätzt: Die kontroverse Diskussion um das weiße Pulver reißt nicht ab. Glutamat ist kein Gewürz im eigentlichen Sinne, die Salze der Glutaminsäure verstärken vielmehr den Geschmack von Lebensmitteln. Der Eiweißbaustein Glutaminsäure kommt gebunden in vielen Lebensmitteln vor, etwa in Getreide, reifen Tomaten oder Käse. Seine geschmacksverstärkende Wirkung entfaltet Glutamat aber nur frei als Mononatriumglutamat. 1866 wurde es erstmals aus Gluten (Weizeneiweiß) separiert. 1908 gelang es dem Japaner Kikunae Ikeda, Natriumglutamat aus einem Algenextrakt zu isolieren. Er machte es verantwortlich für »umami«, den runden, würzigen Wohlgeschmack – neben süß, sauer, salzig und bitter die fünfte Geschmacksrichtung. Heute wird Glutamat aus Melasse fermentiert und muss als Lebensmittelzusatzstoff (E 620 bis E 625) gekennzeichnet werden. Glutamat steht immer wieder im Verdacht, Unverträglichkeiten auszulösen. Laut der Deutschen Gesellschaft für Ernährung ist es für Gesunde jedoch unbedenklich.

Katrin Wittmann

- Kurkuma, frisch: aromatisch, harzig, leicht brennend; getrocknet: mildwürzig, leicht bitter.
- Mahleb, Felsenkirsche: süßlich, nussartig, leicht bitter im Geschmack.
- Mastix: leicht bitter, harzig und erfrischend.

Kurkuma gedeiht in den regenreichen tropischen und subtropischen Regionen Indiens, Südostasiens und Chinas. Acht bis zehn Monate nach dem Pflanzen der Rhizomstücke können die »Wurzeln« geerntet werden. Den größten Teil davon verbrauchen die Anbauländer selbst, dort werden gelegentlich auch die frischen, langen Blätter als Gewürz genutzt.

Kurkuma, Mahleb, Mastix

Während die einst aufgrund ihrer Färbekraft geschätzte Wurzel in Asien beheimatet ist, stammen die anderen beiden Gewächse aus dem Mittelmeerraum.

(1) **FRISCHE KURKUMA** erinnert äußerlich stark an Ingwer, das Rhizom ist aber leuchtend gelb.

(2) **GETROCKNETE KURKUMA** hat nur noch ein Viertel des ursprünglichen Gewichts und ist ganz sowie gemahlen im Handel.

KURKUMA (1, 2)
(Curcuma longa, Syn. *Curcuma domestica)*
Familie: Ingwergewächse *(Zingiberaceae)*

andere dt. Bez. Gelbwurz, Indischer oder Arabischer Safran; engl. turmeric, Indian saffron; frz. curcuma, Safran des Indes.

Kurkuma stammt aus Südostasien. In Indien ist die Pflanze seit 4.000 Jahren bekannt. Und Indien ist heute auch der Hauptproduzent, verbraucht jedoch fast die gesamte Ernte im eigenen Land. Nach Europa gelangte Kurkuma mit den Arabern und war im Mittelalter als Heil- und Färbepflanze geschätzt.
Merkmale: Die mehrjährige Staude wird etwa 1 m hoch und hat lange, gestielte, eiförmige, spitz zulaufende Blätter und auffällige, gelblich grüne, manchmal auch violette Blütenstände, die jedoch keine

Samen ausbilden. Die Kurkumapflanze vermehrt sich stattdessen über Rhizome, umgangssprachlich oft als Wurzeln bezeichnet, die aus einem knollenförmigen Hauptteil und vielen, etwa 2 cm starken Seitentrieben bestehen. Für die starke Gelbfärbung ist das enthaltene Curcumin verantwortlich. Frisch schmeckt Kurkuma ingwerähnlich und brennend-würzig, das Pulver ist mild-würzig und leicht bitter.
Verwendung: Frisch ist Kurkuma (1) Bestandteil südostasiatischer Gewürzpasten, aromatisiert und färbt Suppen, Eintopf- und Reisgerichte. Kurkumapulver (2) wird in Indien und der Karibik verwendet. Es würzt und färbt Hülsenfrüchte, Gemüse, Kartoffeln, Fisch und Fleisch und ist Teil von Currymischungen.

Der verwandte **Zitwer** *(Curcuma zedoaria)* hat ein eher medizinisch-strenges Aroma und schmeckt bitter, er ist nur regional als Gewürz von Bedeutung.

MAHLEB, FELSENKIRSCHE (3)

(Prunus mahaleb)
Familie: Rosengewächse *(Rosaceae)*

andere dt. Bez. Steinweichsel, Kremmelkirsche, Türkische Weichsel; engl. mahaleb cherry; frz. prunier mahaleb.

Die Heimat der Felsenkirsche oder Steinweichsel ist der östliche Mittelmeerraum. Sie kommt heute auch im westlichen Mittelmeergebiet vor und ist in warmen, geschützten Regionen auch nördlich der Alpen anzutreffen, beispielsweise am Kaiserstuhl.
Merkmale: Der 6 bis 12 m hohe Baum hat dunkelgrüne, gezähnte Blätter. Im Frühjahr erscheinen Trauben mit etwa zehn Einzelblüten, aus denen sich dann 1 bis 2, etwa 1 cm große schwarzrote Steinfrüchte entwickeln. Als Gewürz dienen die gemahlenen weichen Samen der Felsenkirsche. Sie duften blumig süß nach Heu und schmecken leicht bitter.
Verwendung: In Griechenland, der Türkei und in arabischen Ländern aromatisiert Mahleb vor allem Kuchen, Brot und Gebäck, jedoch kaum Pikantes.

MASTIX (4)

(Pistacia lentiscus)
Familie: Sumachgewächse *(Anacardiaceae)*

andere dt. Bez. Wilde Pistazie, Mastixpistazie; engl. mastic, mastic tree; frz. mastic, arbre au mastic.

Der Mastixstrauch ist im Mittelmeerraum beheimatet und liefert ein Harz, das als Würz- und Heilmittel, zudem aber auch als Klebstoff, Firnis und zur Lackherstellung dient. Hauptlieferant in Europa war und ist die griechische Insel Chios.
Merkmale: Der immergrüne Mastixstrauch oder kleine Baum wird selten höher als 3 m und hat ledrig grüne, gefiederte Blätter. Aus den weiblichen Blüten entwickeln sich erst rote, später eher schwarze Früchte. Zur Gewinnung von Mastix wird im Juni die Rinde angeritzt und das austretende spröde, tropfenförmige Harz aufgefangen. Mastix schmeckt erfrischend nach Nadelhölzern und hat einen leicht bitteren Geschmack.
Verwendung: Die getrockneten Harztränen waren schon früh als Kaugummi beliebt. Fein gemahlen aromatisiert Mastix in Griechenland und der Türkei Süßspeisen, Gebäck und Schnaps, mit Salz vermischt würzt es auch türkische Fleischgerichte.

(3) **MAHLEB, FELSENKIRSCHE.** Als Gewürz dienen die von der Steinschale befreiten, spitz ovalen, ockerfarbenen, weichen, etwa 8 mm langen Samen.

(4) **MASTIX,** das tränenförmige, getrocknete Harz des Mastixstrauchs, ist gelblich und leicht transparent. Beim Kauen verliert es seine spröde Konsistenz.

- Meerrettich: unverletzt geruchlos, gerieben schmeckt er brennend-scharf.
- Mohn: Die blaugrauen Samen sind ölhaltig und im Aroma nussig-süß.

Meerrettich und Mohn – die traditionellen Pflanzen aus dem südlichen und östlichen Mittelmeerraum sind in ihrer Heimat und weltweit ein hoch geschätztes Gewürz.

MEERRETTICH (1)

(Armoracia rusticana)
Familie: Kreuzblütengewächse *(Brassicaceae, früher Cruciferae)*

andere dt. Bez. Kren, Koren, Pfefferwurzel, Bauernsenf; engl. horseradish; frz. cran, raifort.

Meerrettich stammt wohl aus Ost- oder Südosteuropa und war bereits in der Antike bekannt. Bei uns wird er seit dem 12. Jahrhundert angebaut. Neben Senf war er das einzige erschwingliche scharfe Gewürz. Merkmale: Die ausdauernde Staude kann bis 1,5 m hoch werden und bildet im ersten Jahr nur eine Blattrosette. Blütenstände mit zahlreichen kleinen weißen Blüten erscheinen erst ab dem zweiten Jahr. Verwendung: Frisch gerieben entwickelt Meerrettich eine große Schärfe, die sich aber rasch verflüchtigt. Er wird selten gegart, sondern frisch verwendet und würzt Saucen und Dips zu Rindfleisch und Fisch.

(1) **MEERRETTICH** enthält viel Vitamin C. Zum Würzen dienen in erster Linie die im Herbst geernteten Wurzeln, seltener junge Blätter.

MOHN (2, 3)

(Papaver somniferum)
Familie: Mohngewächse *(Papaveraceae)*

andere dt. Bez. Schlafmohn, Blauer Mohn, Gartenmohn, Ölmohn, früher Magsamen; engl. poppy seed; frz. pavot.

Mohn ist in Südeuropa seit etwa 6.000 v. Chr. bekannt, schon die Sumerer, Ägypter und Griechen schätzten ihn. Aufgrund der im austretenden Saft der grünen Samenkapseln enthaltenen Morphine ist sein Anbau heute in vielen Ländern verboten. Merkmale: Aus den großen Blüten der einjährigen krautigen Pflanzen entwickeln sich etwa 5 cm große runde oder ovale Kapselfrüchte mit vielen Samen. Verwendung: In Europa würzt Mohn Süßspeisen, Füllungen und Gebäck, in Indien Schmorgerichte.

(2) **SCHLAFMOHN** ist eine uralte Kulturpflanze. Je nach Sorte liefern die Kapseln blaugraue (Europa) oder weiße Samen (Indien). Ernte ist im August (Europa).

(3) **MOHNSAMEN** haben etwa 0,5 mm Durchmesser und enthalten bis zu 50 Prozent Öl. Sie werden rasch ranzig, daher besser in kleinen Mengen kaufen.

Zucker: vom Luxus zur Massenware

In seiner polynesischen Heimat ist Zuckerrohr schon seit Jahrtausenden bekannt. Um 600 v. Chr. gelang es in Persien erstmals, die zum Export geeigneten »Zuckerhüte« herzustellen. Bis zur Zeit der Spätantike importierten römische Patrizier das begehrte Luxusgut, um 800 wurden dann erste Anbauversuche im Mittelmeerraum unternommen. Nach Mitteleuropa gelangte der Zucker im 12. Jahrhundert mit den Kreuzfahrern, wo das süß schmeckende Naturprodukt bald mit Gold aufgewogen wurde. Die Importmengen blieben aber mit 1 TL Zucker pro Kopf und Jahr bis ins 16. Jahrhundert hinein gering und nur den reichen Oberschichten vorbehalten.

URSPRÜNGLICH EIN LUXUSGUT

Um 1800 betrug der Zuckerverbrauch in England bereits 9 kg pro Kopf und Jahr. Möglich geworden waren derart gesteigerte Importe durch den Ausbau der Produktion in Übersee. In der Karibik und Südamerika fanden sich ideale Bedingungen für den Zuckerrohranbau. Arbeitskräfte wurden aus Afrika als Sklaven herbeigeschafft. Großbritannien, aber auch Spanien und Portugal, organisierten einen Handel in großem Stil – Zucker avancierte zum Exportschlager der Kolonien. Durch die nun billigere Herstellung fiel der Preis allmählich. Wer etwas auf sich hielt und es sich leisten konnte, süßte nun seinen – ebenfalls aus den Kolonien stammenden – Tee, Kaffee oder Kakao mit den weißen oder braunen Kristallen. Die Konditoren erfanden immer neue Süßigkeiten wie Konfekt, Marzipan und Pralinen.

DIE ZUCKERRÜBE UND DER BEGINN DER EUROPÄISCHEN ZUCKERINDUSTRIE

Erst durch die Entdeckung einer neuen Zuckerpflanze wurde aus dem einstigen Luxusprodukt ein billiger Massenartikel. 1747 hatte Andreas Sigismund Marggraf herausgefunden, dass auch in Rüben Zucker steckt. 1802 liefert die Fabrik von Franz Carl Achard den Rübenzucker – der Grundstein für die europäische Zuckerindustrie war gelegt. Um 1900 wurde aus Rüben so viel Zucker produziert wie aus Zuckerrohr. Heute ist die EU nach Brasilien und Indien der drittgrößte Zuckerproduzent der Welt.

VERSCHIEDENE ZUCKERSORTEN

Je nach Herstellungsart und Reinigungsgrad wird aus der in Rohr und Rüben enthaltenen Saccharose heller oder dunkler Zucker. Sehr beliebt ist weiße Raffinade oder Kristallzucker. Bei raffiniertem weißem Zucker lässt sich übrigens kein Unterschied zwischen Rohr- und Rübenzucker feststellen. Für verschiedene Einsatzzwecke sind Körnungen von Puder- bis Hagelzucker erhältlich. Als »Brauner Zucker« sind mehrere Produkte im Handel, wobei der Name »Rohrzucker« keine Rückschlüsse auf die Farbe zulässt. Der aus Zuckerrohr gewonnene »Demerara-Zucker« etwa ist erst weiß und wird dann mit Zuckerrohrmelasse vermischt. Der dunkelbraune Sirup, ein Restprodukt bei der Zuckerherstellung, färbt die großen Kristalle braun. Bei »Muscovado« handelt es sich dagegen um ungereinigten, unraffinierten, aromatischen und wohlschmeckenden feuchten Rohrzucker aus kleinen Kristallen. Es gibt eine helle und eine dunkle Variante. Dunkler Muscovadozucker hat einen lakritzartigen, der helle einen karamellartigen Geschmack. Lässt man reine Zuckerlösung langsam auskristallisieren, entsteht Kandis. Daneben gibt es eine Reihe weiterer Zuckerlieferanten: »Milchzucker« (Laktose) ist in Milch, der weniger süße »Palmzucker« im Blütensaft der Zuckerpalme enthalten. Nur »Traubenzucker« wird nicht, wie man vielleicht vermuten könnte, aus Weinbeeren, sondern vielmehr aus Stärke hergestellt.

Katrin Wittmann

- Muskatnuss: aromatisch und süß-würzig, leicht harzig-bitter, erinnert an Kampfer.
- Muskatblüte: aromatisch, feiner und milder als Muskatnuss.

Muskatnuss, Muskatblüte *Beides stammt vom gleichen Baum, trägt seinen Namen jedoch nicht ganz zu Recht, denn es handelt sich weder um Nüsse noch um Blüten.*

MUSKAT (1–3)
(Myristica fragrans)
Familie: Muskatnussgewächse *(Myristicaceae)*

andere dt. Bez. Bandanuss, Suppennuss, Muskatsamen; engl. nutmeg; frz. muscade, noix de muscade.

Die Muskatnuss stammt von den Molukken, genauer gesagt, von den indonesischen Banda-Inseln. Sie war zwar in der Antike und im Mittelalter als Heilmittel bekannt, als Gewürz spielte die Muskatnuss aber noch keine große Rolle. Ihr Aufstieg begann erst im 16. Jahrhundert. Wie bei den Gewürznelken kontrollierte die holländische VOC (S. 88) mittels drastischer Maßnahmen über eineinhalb Jahrhunderte lang den Handel, bevor das Monopol gebrochen wurde. Obwohl Muskatnuss und -blüte erst relativ spät in die Küchen Europas gelangten, sind beide Gewürze heute sehr gut integriert.
Merkmale: Der immergrüne Muskatbaum erreicht Höhen bis zu 20 m, in Plantagen wird er meist nicht höher als 6 m. Seine dunkelgrünen, bis 15 cm langen Blätter sind kurz gestielt, lanzettförmig spitz und ledrig. Der Muskatbaum – es gibt männliche und weibliche Bäume – blüht gelblich weiß. Aus den weiblichen Blüten entwickeln sich gelbe, pfirsichähnliche Steinfrüchte, die beide Gewürze des Muskatbaumes enthalten. Die **Muskatnuss (2)** – botanisch handelt es sich um eine einsamige Beere – steckt in einer glatten **holzigen Schale (1)**. Diese wiederum ist von einem ledrigen, leuchtend karmin- bis violettroten geschlitzten Samenmantel (bot. *Arillus*) umgeben – der **Muskatblüte (3)**, auch **Macis** genannt. Der Samenmantel wird sorgfältig entfernt und wie die Nuss getrocknet. In den Anbauländern nutzt man auch die Früchte, sie dienen zur Herstellung von Konfitüren, Konfekt und Schnaps. Muskatnuss und -blüte sind aromatisch und süß-würzig, wobei letztere etwas milder ist und ein feineres Aroma hat als die leicht harzig schmeckende Nuss. Muskatnüsse enthalten 30 bis 40 Prozent Öl, das ausgepresst die rotbraune »Muskatbutter« ergibt. In Mengen ab etwa 4 g wirkt die Muskatnuss giftig.
Verwendung: Muskatnuss dient zum Würzen von Saucen (Béchamel), Suppen und Eiergerichten, hellem Gemüse, Kohl, Kartoffeln und Spinat. Das Muskataroma harmoniert gut mit Käse und passt zu Fleisch, Wurst, Pasteten und Gebäck. Da sich die ätherischen Öle rasch verflüchtigen, wird Muskatnuss immer frisch gerieben.
Muskatblüte dient häufig zum Aromatisieren von Gebäck. Sie kann zudem immer dann verwendet werden, wenn eine besonders feine Muskatnote erwünscht ist.

(1) **DIE HOLZIGE SCHALE** muss zunächst entfernt werden.

(2) **MUSKATNUSS.** Die bräunlichen Samen mit netzartiger Oberfläche sind meist 20 bis 25 mm lang, etwa 4 g schwer und im Querschnitt typisch marmoriert.

(3) **MUSKATBLÜTE, MACIS** verblasst beim Trocknen und wird orange bis gelbbraun. Im Ganzen ist sie 3 bis 4 cm lang. Sie wird meist gemahlen angeboten.

»Muskatnüsse aus der Karibik«

Grenada, die südlichste der Inseln über dem Wind, zählt zu den kleinen Antillen und ist mit 34 mal 19 Kilometern nicht eben groß. Umso erstaunlicher, dass die Insel nach Indonesien als zweitgrößter Muskat-Produzent der Welt gilt. Nach Auskunft der »Grenada Co-Operative Nutmeg Association« in St. George's war es ein gewisser Frank Gurney, der 1843 erstmals einige Samen von den Banda-Inseln mitbrachte. Farmer legten Plantagen an, Muskatnuss und -blüte entwickelten sich zu bald zu echten Exportschlagern. Im Lauf der Zeit wurde die Muskatnuss auf der karibischen Gewürzinsel – dort gedeihen auch Nelken, Pfeffer, Zimt und Piment – so wichtig, dass sie 1974 einen Ehrenplatz auf der Nationalflagge Grenadas erhielt, als der Inselstaat seine Unabhängigkeit erklärte. Seither wird Muskat in großem Stil exportiert. Sobald die Früchte reif vom Baum fallen, sammelt man sie auf, trennt Samenmäntel und Nüsse und trocknet beides separat. Beginnt es im Innern der Nüsse zu klappern, werden die holzigen Schalen entfernt und die Muskatnüsse nach Größe sortiert.

Katrin Wittmann

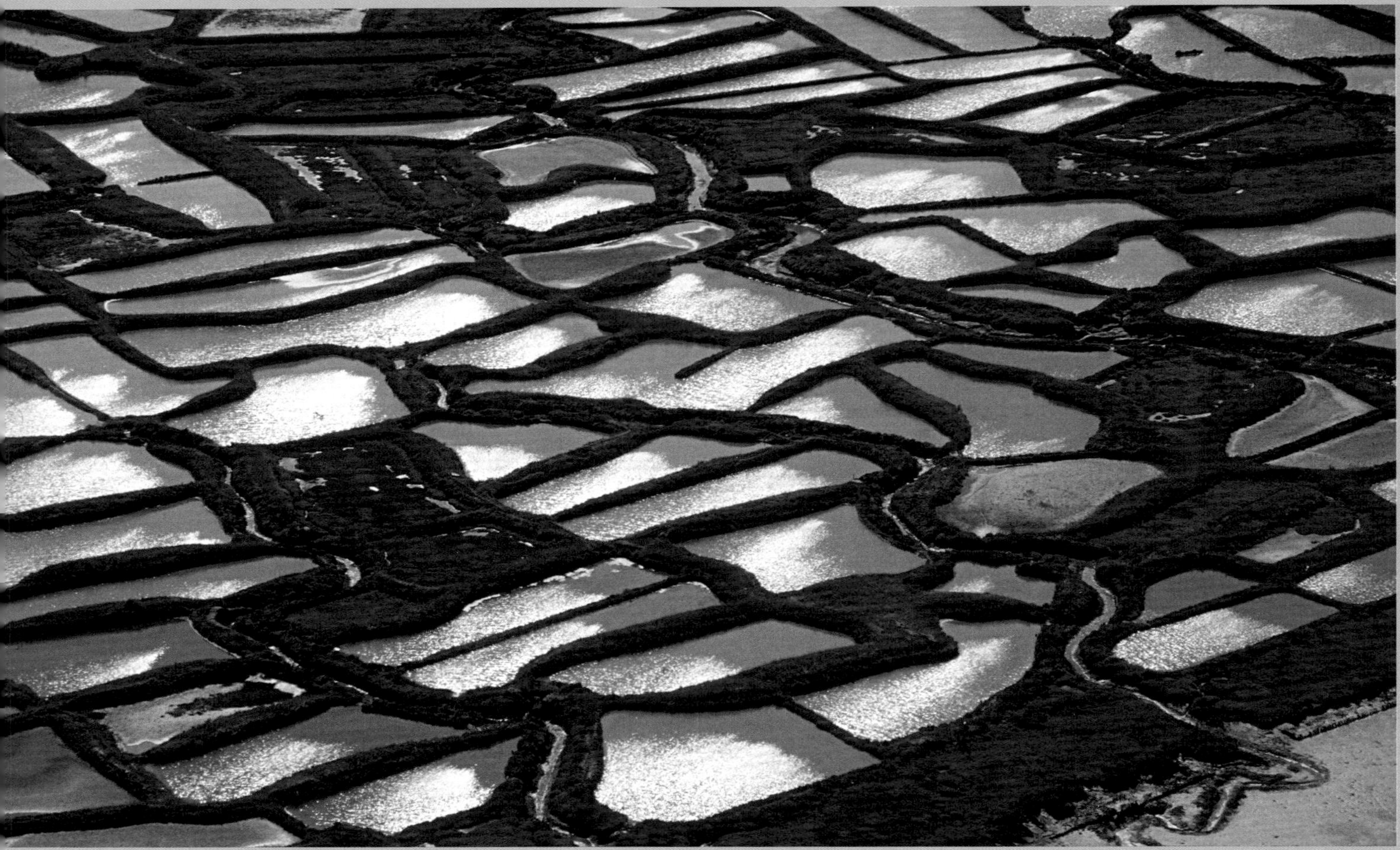

Salzgärten (frz. marais salants) an der französischen Atlantikküste.

Salz, das »weiße Gold«, ein unentbehrliches Naturprodukt

Auf jedem Tisch, in jeder Küche steht es ganz selbstverständlich und würzt so gut wie alles. Kaum ein Gericht kommt ohne die weißen Kristalle aus, ja selbst in Desserts und Kuchen darf eine Prise Salz nicht fehlen. Dabei ist Speisesalz streng genommen kein Gewürz – das sind per Definition nur Teile von Pflanzen – sondern ein Würzmittel, und ein preiswertes dazu. Kaum vorstellbar, dass der Inhalt der unscheinbaren Päckchen, die im Supermarkt ganz unten im Regal stehen, in der Vergangenheit mit Gold aufgewogen wurde.

WAS MACHT DAS SALZ SO WICHTIG?

Salz verbessert den Geschmack von Speisen – salzig ist eine schmeckbare Größe. Daneben hat Speisesalz, oder chemisch ausgedrückt, Natriumchlorid, noch andere, lebenswichtige Aufgaben: Als Bestandteil des menschlichen Körpers (und aller Organismen) ist es an vielen Stoffwechselvorgängen beteiligt, reguliert den Wasserhaushalt, steuert den Blutdruck und spielt auch für Nervensystem, Verdauung und Knochenaufbau eine wichtige Rolle. Ohne Salz könnten Mensch und Tier nicht überleben. Dabei bleibt der Salzgehalt im Blut mit 0,9 Prozent weitgehend konstant. Und das, obwohl der Mensch mit seiner täglichen Nahrung unterschiedliche Mengen Salz aufnimmt. 2 bis 3 Gramm sollten es mindestens sein – eine Menge, die heute bereits durch die tägliche Nahrung weit überschritten wird. 80 Prozent der täglichen Salzzufuhr stecken in Lebensmitteln wie Brot, Fleisch, Wurst und Käse, lediglich 20 Prozent entfallen auf das Salzen von Speisen.
Daneben hat Salz aber noch eine ganz andere wertvolle Eigenschaft: Es bindet freies, nicht an andere Moleküle gebundenes Wasser und verringert damit die Verderblichkeit von Lebensmitteln, Mikroorganismen wird die Lebensgrundlage entzogen. Salz konserviert – das wussten schon die alten Ägypter. Pökelfleisch diente als Vorrat für Dürren und andere Katastrophen. Doch bald entwickelte sich mehr

daraus. Im 3. Jahrtausend v. Chr. fanden sich erste Abnehmer, ein schwunghafter Handel mit konservierten Lebensmitteln begann, sie blieben bis zur Erfindung der modernen Kühltechnik ein wichtiges Nahrungsmittel. Auch die norddeutsche Hanse und insbesondere die Stadt Lübeck verdankten ihren Aufstieg im späten Mittelalter dem Zusammenbringen von Salz und Fisch. Das Salz kam aus Lüneburg, die Heringe aus Schweden. Salzhering und andere konservierte Lebensmittel erweiterten den Aktionsradius der Menschen enorm – die Nachfrage nach Salz stieg und stieg.

ALLES SALZ STAMMT AUS DEM MEER

Woher kommt nun aber das Salz? Natriumchlorid war und ist auf der Erde im Überfluss vorhanden. Der Hauptteil davon in gelöster Form – die Ozeane enthalten etwa 40 Billiarden Tonnen Salz, das entspricht einem durchschnittlichen Salzgehalt von 35 Prozent. In einem Liter Meerwasser stecken also 35 g Salz. Zudem existieren riesige Vorkommen an Steinsalz (Halit), die in Bergwerken abgebaut oder in Süßwasser gelöst werden. Dabei ist der Unterschied zwischen Meer- und Steinsalz weniger groß, als man vielleicht meinen könnte – auch Steinsalz kommt aus dem Meer, urspünglich jedenfalls. Die unterirdischen Salzschichten entstanden vor etwa 200 Millionen Jahren bei der Verdunstung riesiger Binnenmeere. Salz war und ist ausreichend vorhanden. So wertvoll war es einst, weil seine Gewinnung so aufwendig war.

Im Überfluss vorhanden und früher doch rar und teuer: Die Suche nach dem Mineral und der Handel mit Salz waren jahrtausendelang eine Triebfeder der Zivilisation.

SALZGEWINNUNG AUS SEEN UND SALINEN

Eine uralte Art der Salzgewinnung ist die Verdunstung von Salzwasser. Voraussetzungen dafür sind Sonne und Wind, Wärme nicht unbedingt. In den Salinas Grandes im Hochland von Argentinien fördert vielmehr eisige, aber trockene Kälte die Verdunstung des Regenwassers. Ebenso beim Salar de Uyuni in Bolivien, dem größten Salzsee der Welt. Dort bildet sich jedes Jahr eine zentimeterdicke Salzschicht, von der zwischen März und Mitte Juni mühsam etwa 15 kg schwere Blöcke abgeschlagen werden. Das Salz der Anden sicherte einst den Reichtum der Inkas, heute reicht der Erlös des Salzes für die Arbeiter der kleinen Dörfer am Rande der Salzseen gerade noch zum Überleben.

Trockenheit, Sonne und Wind begünstigen auch die Gewinnung von Meersalz in Salzgärten an den Küsten. Dafür wird Salzwasser in ein System natürlicher oder künstlich angelegter flacher Becken mit geringem Gefälle geleitet. Meist übernimmt die Flut diese Aufgabe. Nur dort, wo die Gezeiten weniger spürbar sind, sorgten einst Windmühlen für den Wasserzufluss – etwa in den Salinen von Trapani an Siziliens Küste. Heutzutage haben jedoch überwiegend Pumpen diese Arbeit übernommen. Beim langsamen Abfließen verdunstet Wasser, Unreinheiten setzen sich ab. Schließlich erreicht das salzgesättigte Meerwasser die Kristallisationsbecken. Salzkristalle fallen aus, sammeln sich und werden mit langen Rechen abgeschöpft.

An der Gewinnung von Meersalz hat sich seit der Antike wenig geändert, auf diese Weise holten einst Griechen und Römer ihr Salz aus dem Meer. Und so arbeiten bretonische *Paludiers* in den *marais salants*, in den Salzgärten von Guérande, auch heute noch. Jeden Tag nach Sonnenaufgang sind die Salzbauern im Sommer bei der Arbeit, regnen darf es nicht, sonst fällt die »Ernte« des je nach Region gräulichen oder gelblichen groben Salzes geringer aus. Täglich warten die Salzbauern auf die wertvolle Salzblüte, *Fleur de Sel*, eine hauchdünne Salzschicht, die sich nur bei optimalen Bedingungen, heiß und windig muss es sein, an der Oberfläche bildet. Sie wird wie früher von Hand mit einer Holzschaufel abgeschöpft. Die Salzgärtner brauchen dabei ein gutes Auge, um den richtigen Zeitpunkt nicht zu verpassen. Denn der ist entscheidend für das Aroma der von Gourmets geschätzten, leicht feuchten Kristalle. Sie verdanken ihren mild würzigen Geschmack verschiedenen, neben dem Salz enthaltenen Mineralstoffen wie etwa Calcium- und Magnesiumsulfat.

Windmühlen zur Meersalzgewinnung in der Salina Grande bei Trapani (Sizilien, Italien).

Links: Das Handwerkszeug der Salzbauern sind Salzrechen und Körbe. Rechts: Fleur de Sel hat unregelmäßige Kristalle.

Aber auch fernab der Küsten und Salzseen gelang es den Menschen, an den begehrten Stoff zu kommen. Oft wiesen ihnen Tiere den Weg zu Salzvorkommen und salzigen Quellen.

SALZ ALS WIRTSCHAFTSFAKTOR

Etwa um 1.000 v. Chr. begannen die Kelten in der Gegend von Hallstatt in Österreich mit dem unterirdischen Abbau von Steinsalz. Der Name ist kein Zufall. *Hal*, das keltische Wort für Salz, verweist auf zahlreiche Orte, an denen Salz gewonnen wurde, so etwa auch in Bad Reichenhall. Das in meterdicken Schichten abgelagerte Steinsalz (Halit) wurde von Salzhauern im Lauf der Zeit aus immer größeren Tiefen emporgeholt.

Doch die Schufterei lohnte sich, das Salz brachte Wohlstand und wurde zum bedeutenden Wirtschaftsfaktor. Städte entstanden in der Nähe der Salzlagerstätten, abzulesen an Namen wie Salzburg, Salzgitter, Salsomaggiore oder Saltville. Zu Wasser oder an Land musste das weiße Gold dann von den Produktionsstätten zu den Abnehmern transportiert werden, regelrechte Salzstraßen entstanden, etwa die *Via salaria* von Ostia nach Rom und weiter bis an die Adriaküste. Auch durch Deutschland und Österreich führten viele solcher Handelsstraßen, etwa von Bad Reichenhall über Passau nach Böhmen. Die berühmte »Alte Salzstraße« reichte von Lüneburg nach Lübeck. Von Hall in Tirol wurde das Salz durchs Außerfern ins Allgäu und weiter an den Bodensee transportiert. Verdienen ließ sich dabei nicht nur am Salz selbst. Auch Zölle und Steuern brachten hohe Einnahmen. Salz war daher immer auch ein Politikum, Salzmonopole begehrt und häufig Anlass für kriegerische Auseinandersetzungen.

Salz war nicht nur Würz-, sondern auch Zahlungsmittel. In Äthiopien oder Eritrea galten Salzbarren als Währung und auch im alten China gab es Salzgeld, wie Marco Polo berichtete. Mit dem kaiserlichen Stempel versehen entsprachen 60 Salzmünzen dort etwa dem Wert von 10 g Gold. Der Zusammenhang von Salz und Geld offenbart sich bis heute in dem Wort *Salär* oder frz. *salaire*, das vom lateinischen *salarium* herrührt – dem Salzanteil im Sold römischer Legionäre.

Salzsteuern waren die Verbrauchssteuern des Mittelalters – stiegen sie zu sehr, gab es Revolten. Endgültig abgeschafft wurde die Salzsteuer in Deutschland übrigens erst 1993, im Zuge der EU-Neuregelung. Der wohl berühmteste Salzaufstand der Geschichte war Gandhis Marsch an die indische Küste – auch dabei ging es symbolisch um ein paar Körnchen Salz. Indien wollte das aufgezwungene teure Importsalz aus England nicht länger akzeptieren, ebenso wenig wie die britische Kolonialherrschaft.

STEIN- UND SIEDESALZ

Auch heute noch erfolgt der Abbau von Steinsalz unterirdisch in Stollen, anschließend werden die Salzbrocken zerkleinert, gesiebt und mehr oder weniger aufbereitet. Berühmheit erlangt hat das Salzbergwerk von Wieliczka in Polen, das die Unesco 1978 zum Weltkulturerbe erklärte. Seit dem 13. Jahrhundert wurden dort 300 km Stollen und bis zu

327 m tiefe Schächte in den Berg gegraben. Selbst Goethe hatte es sich nicht nehmen lassen, dieses Wunderwerk der Technik zu bestaunen. Ende des 19. Jahrhunderts schufen Salzbergwerker in 101 m Tiefe aus einer ehemaligen Abbaukammer eine Kathedrale mit Altären und Kronleuchtern aus Salz, die Kapelle der Heiligen Kinga. Dort finden noch heute Gottesdienste und Hochzeiten statt, der Salzabbau musste jedoch aufgrund wiederholter Wassereinbrüche vor einiger Zeit eingestellt werden. Steinsalz wurde und wird an vielen Orten der Welt abgebaut, teils noch mit archaischen Methoden. Wie früher plagen sich die Menschen auch heute noch in den Salzminen von Taoudenni im afrikanischen Mali. Mit keulenförmigen Hacken brechen sie in 3 bis 4 m Tiefe 25 bis 30 kg schwere Platten aus dem steinharten Salz. Und noch immer transportieren Kamele (aber auch Lkws) das Salz – zwei Platten auf jeder Seite – durch die Wüste nach Timbuktu, dem einstigen Zentrum des afrikanischen Salzhandels. Dem Salz der Sahara verdankte die Stadt ihre kulturelle Blütezeit im 15. und 16. Jahrhundert.

Heute kommt der Löwenanteil an Steinsalz aus Pakistan, wo es aus der zweitgrößten Salzmine der Welt gesprengt wird. Grob oder fein gemahlen gelangt es zum Teil als Himalaya-Salz in den Handel und wird teuer vermarktet. Es enthält jedoch keine anderen Inhaltsstoffe als anderes ungereinigtes Steinsalz. Ob nun Steinsalz oder Meersalz besser schmeckt oder ob es das teure hawaiianische, mit roter Vulkanerde versetzte *Alaea rouge* oder Solesalz aus dem australischen Murray River mit Algenpigmenten sein muss – das bleibt jedem selbst überlassen. Welches Salz besser schmeckt, hängt jedoch weniger von seiner Herkunft, als vielmehr vom Grad der Verarbeitung ab. Ungereinigte Stein- und Meersalze enthalten geringe Mengen anderer Mineralstoffe, die für Geschmacksnuancen verantwortlich sind. Gereinigtes Salz besteht dagegen fast nur aus Natriumchlorid.

SIEDE- ODER KOCHSALZ

In Wasser gelöstes Steinsalz – Sole – kommt natürlich in salzigen Quellen vor. Meist wird jedoch Süßwasser in tief liegende Salzstöcke gepumpt und anschließend wieder an die Oberfläche befördert. Beim Sieden der Sole – daher auch der Name Kochsalz – verdampft das Wasser, zurück bleibt fast reines Salz. Ein wichtiger Lieferant von Siedesalz war die Stadt Lüneburg, die der Sage nach einem weißen Wildschwein seine Entdeckung verdankte. Als Jäger dem Tier nachgingen, fanden sie heraus, dass an dessen Borsten feine weiße Kristalle klebten. Bereits im 13. Jahrhundert wurden in Lüneburg in 54 Siedehäusern mit je 4 Pfannen zwischen 20.000 und 30.000 Tonnen Salz produziert. Tag und Nacht durfte das Feuer nicht ausgehen. Der Holzbedarf war immens, ganze Landstriche wurden abgeholzt, die Lüneburger Heide ist kein Zufallsprodukt, sondern Resultat einstigen Raubbaus.

Salz – heute weit eher ein Problem des Zuviel als Zuwenig! Handgeschöpfte Qualitäten, edle Salzblüte und besondere Herkünfte erzielen aber nach wie vor stolze Preise.

Damit es rieselfähig bleibt, wird das in unterschiedlicher Körnung erhältliche Kochsalz heute mit Zusätzen versehen wie etwa Calciumkarbonat oder Kieselsäure. Aus Gesundheitsgründen enthält es zudem oft noch Jod und Fluor. Es schmeckt sehr salzig und eignet sich vor allem zum Salzen von Kochwasser, als grobes Hagelsalz für Salzmühlen sowie zum Einlegen. Zum Würzen besser geeignet sind feiner und milder schmeckende unbehandelte Salze. Je nach Herkunft und Sorgfalt bei der Produktion können sie in Farbe und Geschmack beträchtliche Unterschiede aufweisen. Zum Kochen zu schade ist das feinste und teuerste, leicht mineralisch schmeckende *Fleur de Sel* oder *Flor de Sal*, zur Abrundung des Aromas eignet es sich aber perfekt.

Katrin Wittmann

Himalaya-Salz verdankt seine leichte Rosafärbung dem Anteil an Eisenoxid.

- Grüner Pfeffer: angenehm frisch, von angenehmer Schärfe.
- Schwarzer Pfeffer: würzig und fruchtig, je nach Art leicht zitrusartig, brennend scharf.
- Weißer Pfeffer: weniger aromatisch, aber mit voller Schärfe.

Pfeffer: eine Pflanze, drei Gewürze

Farbe und Aroma hängen einzig vom Erntezeitpunkt und von der weiteren Verarbeitung der anfangs grünen, später roten Beeren ab.

PFEFFER (1–3)
(Piper nigrum)
Familie: Pfeffergewächse *(Piperaceae)*

andere dt. Bez. Echter Pfeffer, schwarzer Pfeffer, Pfefferkorn; engl. pepper, black pepper; frz. poivre, poivre noir.

Der schwarze oder Echte Pfeffer stammt ursprünglich aus Südindien, wird heute aber in vielen tropischen Regionen kultiviert, insbesondere in Indien, Sri Lanka, Indonesien, Thailand und Vietnam sowie in Afrika, auf den Westindischen Inseln und in Brasilien. Er war seit jeher eines der wichtigsten, wenn nicht das wichtigste Gewürz. Nach Europa gelangte Schwarzer Pfeffer vermutlich etwas später als der Lange Pfeffer (S. 108). Weiße und schwarze Pfefferkörner waren den Menschen der Antike bekannt, damals galt jedoch Langer Pfeffer als edelstes unter den Pfeffergewächsen und erzielte die höchsten Preise. Im Lauf der Jahrhunderte gewann schwarzer Pfeffer dann immer mehr an Bedeutung und verdrängte andere, zuvor beliebte Pfefferarten.
Auch heute noch ist Pfeffer – zumindest was die Menge anbelangt – das meist gehandelte Gewürz, etwa 200.000 Tonnen werden jährlich umgeschlagen.

Merkmale: Die mehrjährige, immergrüne Kletterpflanze wächst an Bäumen oder Rankhilfen bis zu 10 m hoch, wird in Kultur jedoch meist auf 5 m und weniger begrenzt. Die Pflanze hat große, herzförmige Blätter. Die winzigen Blüten erscheinen in bis zu 15 cm langen Ähren, aus denen sich hängende Fruchtstände mit zahlreichen Beeren bilden. Je nach Erntezeitpunkt und Verarbeitung werden aus ihnen drei verschiedene Gewürze gewonnen. Für **grünen Pfeffer** (1) legt man unreife Beeren in Lake oder trocknet sie rasch bei hoher Temperatur, sie werden auch gefriergetrocknet. Grüner Pfeffer schmeckt angenehm frisch und ist weniger scharf. Um **schwarzen Pfeffer** (2) herzustellen, lässt man die grünen Beeren nach der Ernte zum Fermentieren liegen und trocknet sie anschließend. Dabei werden sie dunkel und schrumpeln runzlig zusammen. Schwarzer Pfeffer ist würzig aromatisch und beißend scharf. Zur Herstellung des **weißen Pfeffers** (3) verwendet man reife rote Beeren. Nach etwa einwöchigem Wässern wird das Fruchtfleisch entfernt, beim anschließenden Trocknen erhalten die gräulichen Körner ihre weißgelbe Farbe. Weißer Pfeffer

(1) **GRÜNER PFEFFER** wird aus den unreifen, grünen Beeren hergestellt und ist gefriergetrocknet oder in Lake eingelegt erhältlich.

(2) **SCHWARZER PFEFFER** wird aus unreifen, grünen Beeren produziert. Die schwarze Farbe entsteht bei der Fermentation.

(3) **WEISSER PFEFFER** wird aus reifen Beeren gewonnen. Nach dem Entfernen der Fruchtschale erhält man die gelblich weißen Körner.

Grüner Pfeffer am Strauch. Dicht an dicht sitzen die einzelnen, etwa 5 mm großen, kugeligen, einsamigen Beeren an den hängenden Fruchtständen. Für die Produktion von grünem Pfeffer werden sie kurz vor der Reife geerntet, wenn sich die unteren Beeren gerade gelb oder rötlich zu verfärben beginnen.

Reife Beeren verfärben sich rot. Aus ihnen wird weißer Pfeffer hergestellt, seit kurzem sind sie auch als roter Pfeffer erhältlich.

ist weniger aromatisch, besitzt jedoch die volle Schärfe. Im Handel wird Pfeffer oft nach der Herkunft benannt. So kommt Malabar- oder der rötlich schwarze Tellicherry-Pfeffer aus dem indischen Kerala. Letzterer besitzt eine fruchtige Schärfe, da die Beeren fast reif geerntet werden. Seit kurzem ist auch echter roter Pfeffer, entweder in Lake eingelegt oder getrocknet, erhältlich, wie der bräunlich rote aromatisch fruchtige und sehr scharfe Pondichery-Pfeffer, für den die Beeren vollreif geerntet werden.

Verwendung: Pfeffer ist weltweit als schärfendes Gewürz beliebt und sollte immer frisch zerstoßen oder gemahlen werden. **Grüner Pfeffer** (1) harmoniert mit asiatischen Gewürzen. Er aromatisiert Saucen, Fisch und Meeresfrüchte, Geflügel und Pasteten. **Schwarzer Pfeffer** (2) ist universell, er würzt Saucen, Suppen, Fisch und Meeresfrüchte, Fleisch, Wild, Geflügel und gelegentlich auch Desserts. **Weißer Pfeffer** (3) eignet sich zum Würzen von hellen Sahnesaucen, hellem Fleisch und Fischfilets.

»Wo der Pfeffer wächst ...«

... muss es paradiesisch sein: feucht-heiß, undurchdringlicher Tropendschungel, wilde Tiere, betörende exotische Düfte, Früchte und Gewürze und sintflutartige Regengüsse. Indien, die Heimat des wichtigsten Gewürzes der Welt, galt bis in die Neuzeit hinein als fernliegender Erdstrich voller Abenteuer, Verlockungen und Gefahren, in den man Zeitgenossen verwünscht, denen man nicht mehr begegnen möchte. Noch im Mittelalter schien er unerreichbar fern. Erst, als Vasco da Gama 1498 den Seeweg nach Indien fand, lüftete sich das Geheimnis um das sagenhafte Pfefferland. Es befindet sich an der südwestindischen Malabarküste, deren Tor zur Welt die Gewürzmetropole Cochin ist. Im Hinterland, den Cardamomhills, den Bergen Keralas und Tamil Nadus gedeiht das einst mit Gold aufgewogene Rankgewächs aufs Prächtigste. Kerala ist auch heute der größte Pfefferproduzent der Welt. Doch bei der stetig steigenden Anzahl echter, falscher und neu gezüchteter Pfeffersorten wird es auch heute wieder schwierig zu sagen, wo genau dieser spezielle Pfeffer wächst.

Ingrid Schindler

- Kubebenpfeffer: an Terpentin erinnerndes Aroma, bitter und scharf.
- Langer Pfeffer: erdig-süß und sehr scharf.
- Piment: erinnert im Aroma an Nelken, Muskat und Zimt, im Geschmack nelkenähnlich, mit leichter Schärfe.
- Rosa Pfeffer: fruchtig, mild-aromatisch, holzig-süß im Geschmack, milde Schärfe.

Weniger bekannte Pfefferarten

sowie Piment und Rosa Pfeffer, zwei nicht zu den Pfeffergewächsen zählende Arten, deren Früchte zusätzliche Aromen mitbringen.

KUBEBENPFEFFER (1)

(Piper cubeba)
Familie: Pfeffergewächse *(Piperaceae)*

andere dt. Bez. Javanischer Pfeffer, Schwanzpfeffer, Stielpfeffer; engl. cubeb pepper, Java peppercorn, Javanese pepper, tailed pepper; frz. Poivre de Java, cubèbe, Poivre à queue.

Kubebenpfeffer ist auf Java heimisch und heute auch auf anderen indonesischen Inseln anzutreffen. Dem antiken Europa war er gänzlich unbekannt, im Mittelalter dann aber als Gewürz beliebt. Später verdrängte der schwarze Pfeffer den Kubebenpfeffer fast vollständig aus Europas Küchen.

Merkmale: Die ausdauernde Kletterpflanze hat spitz zulaufende, bis zu 15 cm lange, dunkelgrüne, ledrige Blätter. Aus den ährenförmigen weiblichen Blüten entwickeln sich 6 bis 8 mm große, gestielte Beeren, die sich reif gelborange verfärben. Als Gewürz wird Kubebenpfeffer grün geerntet und an der Sonne getrocknet, bis die Beeren schwarz sind. Im Geruch erinnert der aromatische Kubebenpfeffer etwas an Terpentin, im Geschmack ist er scharf und bitter.

Verwendung: Mit Kubebenpfeffer würzt man heute in Indonesien und Nordafrika, er ist Teil der marokkanischen Gewürzmischung Ras el Hanout (S. 166) und passt vor allem zu Fleisch und Gemüse.

LANGER PFEFFER (2)

(Piper longum)
Familie: Pfeffergewächse *(Piperaceae)*

andere dt. Bez. Bengalpfeffer, Brasilianischer Pfeffer, Indischer Langpfeffer, Fliegenpfeffer, Stangenpfeffer; engl. bengal pepper, long pepper; frz. piment long, poivre long.

Langer Pfeffer stammt aus Nordostindien und Burma und wird dort seit Urzeiten als Würz- und Heilmittel genutzt, eine ähnliche Art *(Piper retrofractum)* gibt es in Indonesien. Mit Alexander dem Großen gelangte der Lange Pfeffer im 4. Jahrhundert v. Chr. nach Griechenland, er war in der Antike sehr geschätzt und galt als bester Pfeffer. Später wurde er jedoch vom schwarzen Pfeffer verdrängt.

Merkmale: Die kriechende oder dank ihrer Haftwurzeln oft kletternde Staude hat dunkelgrüne, herzförmige Blätter. Aus den weiblichen Blüten entwickeln sich etwa 4 cm lange Fruchtstände, die aus vielen verwachsenen Beeren bestehen. Als Gewürz dienen die getrockneten Fruchtstände, die etwas erdig, süß und sehr scharf pfeffrig schmecken.

Verwendung: Langer Pfeffer wird weltweit selten verwendet, derzeit jedoch wieder entdeckt. Sparsam dosiert würzt er vor allem Fleischgerichte und Wild, aber auch Fisch, Currys und Pickles.

(1) **KUBEBENPFEFFER.** Getrocknet sind die gestielten Beeren schwarzbraun. Sie sind etwas größer als schwarze Pfefferkörner, meist hohl und weisen eine stark gerunzelte Oberfläche auf.

(2) **LANGER PFEFFER** ist 4 bis 5 cm lang. Die grau- bis schwarzbraunen getrockneten Fruchtstände sollten aufgrund ihrer Form nicht in der Pfeffermühle, sondern im Mörser zerkleinert werden.

Peruanischer Pfefferbaum mit reifen Früchten. Die Früchte des nicht mit den Pfeffergewächsen verwandten Baumes dienten bis in die 60er Jahre als Pfefferersatz.

PIMENT, NELKENPFEFFER (3)

(Pimenta dioica, Syn. *Pimenta officinalis)*
Familie: Myrtengewächse *(Myrtaceae)*

andere dt. Bez. Jamaikapfeffer, Neugewürz, Allgewürz; engl. allspice, Jamaica pepper; frz. toute-épice, poivre de la Jamaique.

Der aus Mittelamerika stammende Pimentbaum wird heute vor allem in Jamaika und Mexiko kultiviert. Piment war im antiken Europa unbekannt, er kam erst nach der Entdeckung der Neuen Welt nach Spanien. Größere Bedeutung als Gewürz erlangte Piment im 17. Jahrhundert durch die Engländer.
Merkmale: Der immergrüne Baum wird 6 bis 15 m hoch und hat große, ledrige, eiförmig spitze Blätter. Aus den kleinen, weißen, in Scheindolden erscheinenden Blüten entwickeln sich kugelige Beeren. Alle Teile des Baums sind aromatisch, als Gewürz exportiert werden jedoch nur die an Nelken, Pfeffer, Zimt und Muskat erinnernden, unreif geernteten, getrockneten Früchte. Reif verlieren sie ihr Aroma wieder.
Verwendung: Piment ist vielseitig, er aromatisiert Weihnachtsgebäck, Saucen und Suppen, würzt Gemüse, Fisch, Fleisch (Lamm) und Wurst sowie Beizen und Marinaden. In Jamaika ist Piment wichtiger Bestandteil von Jerk-Pasten (S. 168).

ROSA PFEFFER, ROSA BEEREN (4)

(Schinus terebinthifolius – Brasilianischer Pfefferbaum; Schinus molle – Peruanischer Pfefferbaum)
Familie: Sumachgewächse *(Anacardiaceae)*

and. dt. Bez. Schinusbeeren; engl. pink pepper; frz. poivre rose.

Als Rosa Beeren oder Rosa Pfeffer werden sowohl die Früchte des Peruanischen als auch jene des verwandten Brasilianischen Pfefferbaumes bezeichnet. Der im Handel erhältliche Rosa Pfeffer stammt fast ausschließlich von auf La Réunion kultivierten Brasilianischen Pfefferbäumen.
Merkmale: Die immergrünen Pfefferbäume wachsen als Strauch oder Baum, haben gefiederte Blätter und werden 12 bis 15 m hoch. Aus den gelblich weißen Blütenrispen entwickeln sich kugelige, rosa bis rote, 5 bis 7 mm große Steinfrüchte. Die getrockneten »Beeren« sind süß-aromatisch, mit milder Schärfe.
Verwendung: Geschrotet und in geringen Mengen verwendet, würzt er helle Saucen, Fisch, Geflügel, Fleisch und Wild, passt aber auch zu Spargel. Er harmoniert ebenfalls gut mit Obst und Desserts.

(3) **PIMENT** ist rötlich bis dunkelbraun. Die etwa 5 mm großen getrockneten Beeren haben eine raue Oberfläche und enthalten 2 Samen. Das üppige Aroma steckt überwiegend in der Fruchtschale.

(4) **ROSA PFEFFER, ROSA BEEREN** werden die pink- oder rotfarbenen kugeligen Steinfrüchte zweier Pfefferbaumarten genannt. Sie sind getrocknet, in Lake eingelegt sowie in Pfeffermischungen erhältlich.

»Safranernte – mühsame Handarbeit«

Zehn bis fünfzehn Helfer benötigen einen Tag, um das Material für ein einziges Kilo Safran zusammenzutragen. Vormittags pflücken sie die hellvioletten Blüten und sammeln sie in Körben. Doch dann beginnt die eigentliche Arbeit erst: Die leuchtend orangeroten Narben müssen Blüte für Blüte von Hand abgezwickt werden. Meist geschieht dies im Kreis der Familie, alle helfen mit. Anschließend werden die zunächst völlig geruchlosen Fäden – oft über einer Glut – vorsichtig getrocknet, erst dabei entwickelt Safran sein typisches Aroma. In letzter Zeit wird Safran auch im Alpenraum wieder vereinzelt angebaut, vor allem in Gegenden mit heißen Sommern, wie im österreichischen Burgenland oder in der Schweiz. Dort hat sich ein kleines Walliser Bergdorf ganz dem roten Gold verschrieben. Die leicht geneigten Hänge unterhalb von Mund verwandeln sich im Oktober in ein lila Blütenmeer – der Ertrag liegt bei 3 bis 5 kg Safran pro Jahr. Exportiert wird der hochwertige Munder Safran freilich kaum, die Menge deckt gerade mal den Eigenbedarf.

Katrin Wittmann

Safran – teuerstes Gewürz der Welt

Die aus der Blüte einer Krokusart gewonnenen roten Fäden würzen und Färben zugleich, als Heilmittel spielt Safran heute keine Rolle mehr.

- Safranfäden: intensiver, etwas jodähnlicher Geruch, im Geschmack bitter und leicht scharf.
- Safranpulver: im Aroma gleich, aber weniger lange haltbar und häufig mit anderen rötlichen Pflanzen gestreckt.

SAFRAN (1, 2)
(Crocus sativus)
Familie: Schwertliliengewächse *(Iridaceae)*

andere dt. Bez. Gewürzsafran, Herbstkrokus, Suppengelb; engl. saffron, autumn crocus; frz. safran, crocus safran.

Die Heimat des Safrans wird in Anatolien oder Zentralasien vermutet, liegt aber vielleicht auch auf der Insel Kreta. Im östlichen Mittelmeerraum kultivierte man Safran bereits im 2. Jahrtausend v. Chr. Er wurde in der Antike – die Römer nannten ihn übrigens *crocus* – vorwiegend als Färbe- und Heilmittel genutzt. Später geriet die Krokusart dann einige Jahrhunderte lang beinahe in Vergessenheit. Erst mit den Arabern kam sie – nun als Safran, von arabisch *zaferán*, – wieder nach Europa, nach Spanien. Bis heute gedeiht die wärmeliebende Pflanze dort und in anderen Mittelmeerländern, ebenso im Iran, in Pakistan und Indien. Hauptproduzenten sind Spanien und Iran, sie liefern über 80 Prozent der Welternte.
Merkmale: Safran ist mehrjährig und mit dem heimischen Krokus verwandt. Im Gegensatz zu diesem blüht er jedoch nicht im Frühjahr, sondern erst im Herbst. Aus der Knolle wachsen schmale lanzettartige Blätter und blassviolette Blüten, die jedoch nicht der Fortpflanzung dienen – der unfruchtbare Safrankrokus lässt sich nur vegetativ durch Knollenteilung vermehren. Je nach Anbaugebiet blüht Safran ab Ende September bis in den November hinein. Die Blüten enthalten gelbe Staubgefäße und einen etwa 10 cm langen gelben Griffel, der in drei 25 bis 35 mm langen orangeroten Narben endet, die gut sichtbar aus der Blüte herausragen. Für ein Kilo Safran werden zwischen 80.000 und 150.000 Blüten benötigt. Beste Qualitäten enthalten keine gelben Anteile, sondern nur die feinen roten Narbenfäden. Safran duftet intensiv-aromatisch und hat einen bitteren, leicht scharfen Geschmack. Der Verzehr größerer Mengen empfiehlt sich nicht, ab etwa 5 g wirkt Safran toxisch. Es ist ratsam, ganze Fäden zu kaufen, da gemahlener Safran sein Aroma weniger lang behält und zudem oft mit anderen Pflanzen ähnlicher Farbe gestreckt ist. Für seine Färbekraft ist Crocin, ein Carotinoid, verantwortlich.

Verwendung: In den Küchen rund ums Mittelmeer, im Nahen Osten sowie in Südostasien würzt und färbt Safran Fisch-, Fleisch- und Reisgerichte wie beispielsweise Bouillabaisse und Paella oder Risotto milanese. Pro Gericht genügen wenige Fäden, die kurz in Wasser eingeweicht und dann mit dem Einweichwasser zugefügt werden. Hierzulande färbt Safran vor allem Kuchen und Gebäck, kann aber auch zum Würzen und Färben von Saucen, Suppen, Reis, Nudeln und Desserts Verwendung finden.

(1) **SAFRAN** minderer Qualität enthält neben den roten Blütennarben auch gelbe Griffelreste, der sogenannte naturelle Safran meist sogar die Staubgefäße.

(2) **SAFRAN** bester Qualität, auch Safranspitzen genannt, besteht nur aus roten, dünnen, leicht brüchigen Fäden und weist keinerlei gelbe Bestandteile auf.

- Schwarzkümmel: würzig, leicht pfeffriger Geschmack.
- Weißer Senf: Ganze Samen sind geruchlos, zerkleinert sind sie beißend scharf.
- Brauner und Schwarzer Senf: Im Ganzen geruchlos, zerkleinert extrem brennend scharf.

Schwarzkümmel, Senf

Beides wurde bei uns schon im Mittelalter kultiviert. Doch während Ersterer hierzulande selten zum Einsatz kommt, zählt Senf zu den wichtigsten Gewürzen.

SCHWARZKÜMMEL, NIGELLA (1)

(Nigella sativa)
Familie: Hahnenfußgewächse *(Ranunculaceae)*

andere dt. Bez. Echter Schwarzkümmel, Römischer Koriander, Zwiebelsamen; engl. blackseed, black onion seed; frz. nielle, nigelle.

Schwarzkümmel oder Nigella stammt aus dem Mittelmeerraum und Westasien und wird seit der Antike in Indien und Ägypten als Gewürz und Heilmittel geschätzt. Bis heute liegen dort und in der Türkei die Hauptanbaugebiete. Bei uns wurde er im Mittelalter in Klostergärten angebaut. Schwarzkümmel ist nicht, wie der Name vermuten ließe, mit Kümmel oder Kreuzkümmel verwandt.
Merkmale: Die einjährige, krautige Pflanze mit verzweigten Stängeln erreicht Höhen zwischen 40 und 50 cm. Die fein gefiederten Blätter werden etwa 7 cm lang. Aus den Blüten entwickeln sich zylindrische Kapseln. Sie enthalten die schwarzen, ölhaltigen, geruchlosen Samen. Sie schmecken zerstoßen würzig, etwas nussig und leicht scharf.
Verwendung: Die ganzen Samen dienen im Nahen Osten als Brotgewürz. Sie werden auch gemahlen verwendet und aromatisieren dann ebenfalls Brot, aber auch Saucen, Suppen, Quark und Käse. In Indien würzt man mit den zuvor meist gerösteten ganzen Samen Gemüsecurrys und Hülsenfrüchte, ebenso wie Chutneys und Fladenbrot. In der mitteleuropäischen Küche wurde Schwarzkümmel früher gelegentlich als Ersatz für Pfeffer verwendet, heute wird er aber selten benutzt. Das Aroma des Schwarzkümmels passt zu Pizza und Gemüse sowie zu Lamm, Geflügel und Fisch. Aus den kleinen schwarzen Samen wird zudem ein hochwertiges kalt gepresstes Öl hergestellt.

Schwarzkümmel hat strahlige Blüten mit fünf hellblauen Kelchblättern. Sie ähneln der verwandten, ebenfalls blau blühenden Gartenpflanze »Jungfer im Grünen«.

WEISSER SENF (2)

(Sinapis alba, Syn. *Brassica alba)*
Familie: Kreuzblütengewächse *(Brassicaceae,* früher *Cruciferae)*

andere dt. Bez. Echter Senf, Gelber Senf, Englischer Senf; engl. white mustard, yellow mustard; frz. moutarde blanche.

Alle drei hier vorgestellten Senfarten sind eng miteinander verwandt, ebenso mit Raps und Kohl. Die Heimat des Weißen Senfs liegt im Mittelmeerraum und in Vorderasien, heute wird er weltweit angebaut. Bereits in der Antike war Senf wichtig: Es waren die

(1) **SCHWARZKÜMMEL** ist matt schwarz und hat eine ei- bis keilförmige Form. Die drei- bis vierkantigen, leicht abgeflachten Samen sind 2 bis 3,5 mm lang und 2 mm dick und auf dem Rücken leicht gewölbt.

Römer, die erstmals eine Paste aus den scharfen Körnern herstellten und damit den Tafelsenf erfanden. Merkmale: Das einjährige Kraut wird bis zu 1 m hoch und hat kantige, aufrechte, leicht behaarte Stängel. Die gelappten grünen Blätter sind am Rand gezähnt. Die gelben Blüten erscheinen in Trauben. Daraus entwickeln sich waagrecht abstehende, etwa 4 cm lange Schoten mit je 4 bis 8 Samen. Getrocknet sind sie geruchlos, ihr brennend scharfer Geschmack entwickelt sich erst beim Zerkleinern. Ab einer Temperatur von 55 °C verlieren Senfsamen ihre Schärfe. Verwendung: Ganze weiße Senfsamen würzen Senfgurken und andere sauer eingelegte Konserven, werden aber auch für Marinaden, Wurst und helle Saucen verwendet. Das daraus hergestellte (englische) Senfmehl aromatisiert Saucen und Dips sowie Eierspeisen, Suppen und Eintöpfe. Zur Herstellung der verschiedenen Senfpasten wird meist eine Mischung aus weißem und braunem oder schwarzem Senf verwendet.

BRAUNER SENF, SAREPTASENF (3)

(Brassica juncea)

andere dt. Bez. Indischer Senf, Rutenkohl; engl. sarepta mustard, brown mustard; frz. moutarde de Chine.

Beheimatet ist die Art wohl im östlichen Mittelmeerraum und im Nahen Osten. Ihre Samen dienen zur Herstellung von Tafelsenf, etwa des scharfen Dijon-Senfs, auf dessen Herstellung die französische Stadt im 13. Jahrhundert ein Monopol erhielt. Merkmale: Die einjährige Pflanze wird etwa 1 m hoch und blüht gelb. Die Schoten sind 3 bis 5,5 cm lang und enthalten 16 bis 24 Samen, die erst leicht bitter, dann brennend und extrem scharf schmecken. Verwendung: Die Samen dienen hierzulande vorwiegend zur Senfherstellung. Geröstet würzen sie mit ihrem nussigen Geschmack indische Currys.

SCHWARZER SENF (4)

(Brassica nigra)

andere dt. Bez. Brauner Senf; engl. black mustard, true mustard; frz. moutarde noir.

Die dem Braunen Senf ähnliche Art stammt aus dem Mittelmeergebiet und dem Nahen Osten. Merkmale: Das einjährige Kraut wird bis zu 1,5 m hoch, blüht gelb und hat etwa 2,5 cm große Schoten. Die zerkleinerten Samen sind ebenfalls sehr scharf. Verwendung: In der Verwendung unterscheidet sich Schwarzer Senf kaum von Braunem Senf.

(2) **WEISSER SENF** hat sand- bis ockerfarbene, kugelige Samen von etwa 2 mm Durchmesser. Zum Aromatisieren von Salaten werden gelegentlich auch die jungen Blätter der Pflanze verwendet.

(3) **BRAUNER SENF** ist etwas heller gefärbt und hat größere Samen als der Schwarze Senf. Ihr Durchmesser beträgt im Schnitt 1,5 mm. Da sie leichter zu ernten sind, ersetzen sie heute oft den Schwarzen Senf.

(4) **SCHWARZER SENF** hat 1 mm große, kugelige, dunkelbraune bis schwarze Samen. Weil die reifen Schoten bei der Ernte aufplatzen, wird Schwarzer Senf heute weniger oft angebaut als der Braune.

- Sesam: geruchlos, mild, süßlich, nussiger Geschmack, der beim Rösten intensiver wird.
- Sternanis: süß aromatisches, stark anisähnliches Aroma.
- Sumach: erfrischend säuerlich, fruchtig und leicht adstringierend.

Sesam, Sternanis, Sumach *haben jeweils einen vollkommen unterschiedlichen Geschmack, sind aber alle in den Küchen ihrer Heimat bis heute beliebte Gewürze.*

SESAM (1–3)

(Sesamum indicum, Syn. *Sesam orientale)*
Familie: Sesamgewächse *(Pedaliaceae)*

andere dt. Bez. Ägyptischer Ölsame; engl. sesame seeds, gingelly; frz. sésame.

Die Heimat des Sesams wird in Indien oder Ostafrika vermutet, ist jedoch nicht genau geklärt. Genau genommen ist Sesam kein Gewürz, sondern eine Ölfrucht – die Art zählt zu den ältesten Ölpflanzen der Welt und wird seit Jahrtausenden angebaut, wie Funde im Industal belegen. Heute gedeiht Sesam weltweit in tropischen und subtropischen Gebieten, beispielsweise in China und Indien, aber auch in Äthiopien sowie in Mittelamerika und den USA.
Merkmale: Die aufrechten, verzweigten, wollig behaarten Stängel des einjährigen Krautes können bis zu 2 m hoch werden. Die grünen, auf der Unterseite behaarten Blätter sind unterschiedlich geformt und werden nach oben hin schmaler und spitzer. Die unteren Blätter sind lang gestielt, breit eiförmig und bis zu 20 cm lang, die oberen lanzettartig, sie werden etwa 10 cm lang. In den oberen Blattachseln erscheinen waagrechte oder leicht hängende, glockenförmige, weiße bis violette Blüten. Daraus entwickeln sich 3 cm große, vierfächerige Kapseln mit zahlreichen, je nach Sorte weißen, grauen, braunen oder schwarzen Samen. Diese enthalten 50 Prozent Öl und schmecken mild, süßlich und nussartig.
Verwendung: Sesam verfeinert Brot (Fladenbrot) und Gebäck und würzt Reis-, Geflügel- und Rindfleischgerichte. Zerstoßen ergibt er eine nussige Paste (Tahin), die im Vorderen Orient zum Aromatisieren von Kichererbsenpüree und Vorspeisen dient. In Japan werden die gerösteten, mit Salz vermischten Samen als Tischwürze (Gomasio) verwendet. Helles Sesamöl eignet sich zum Braten. Dunkles wird aus geröstetem Sesam hergestellt und dient zum Würzen.

STERNANIS (4)

(Illicium verum)
Familie: Sternanisgewächse *(Schisandraceae)*

andere dt. Bez. Badian, Chinesischer Anis; engl. star anise, Chinese star anise; frz. badiane, anis étoile, anis de Chine.

Sternanis stammt aus den Bergregionen Südchinas und Nordvietnams, angebaut wird er heute auch in Laos und auf den Philippinen. In Europa spielte das seit etwa 400 Jahren bekannte Gewürz keine große Rolle – nur im 18. Jahrhundert machte Sternanis kurz Karriere, als Gewürz für englische Marmeladen.
Merkmale: Der immergrüne, 10 bis 20 m hohe Baum mit weißer Rinde hat dunkelgrüne, etwa 15 cm lange Blätter und 1 cm große, weiße, gelbliche oder ro-

(1) **HELLER SESAM, UNGESCHÄLT.** Die bräunlich beigen Samen sind 2 bis 3 mm groß, oval und leicht abgeplattet.

(2) **HELLER SESAM, GESCHÄLT.** Ohne Schale sind helle Sesamsamen cremeweiß und glänzend – so werden sie meist verwendet.

(3) **SCHWARZER SESAM** ist eine andere Sorte mit bräunlich schwarzen Samen und wird vor allem in Indien angebaut.

Der als Ziergehölz beliebte Essigbaum ist ebenfalls ein Sumachgewächs und trägt ähnlich kompakte, rotbraune Fruchtstände, wird aber nicht als Gewürz verwendet.

sa Blüten. Daraus entwickeln sich sternförmige Balgfrüchte. Das süße, stark an Anis erinnernde Aroma steckt nur in der holzigen Fruchtwand.
Verwendung: Sternanis spielt in der chinesischen Küche eine große Rolle und ist Teil des Fünf-Gewürze-Pulvers. Er aromatisiert Ente, Schwein und Rind.

SUMACH, GEWÜRZSUMACH (5)

(Rhus coriaria)
Familie: Sumachgewächse *(Anacardiaceae)*

andere dt. Bez. Gerbersumach, Färberbaum, Sizilianischer Sumach; engl. sumac, Sicilian sumac; frz. sumac.

Die Heimat des Sumachbaums liegt im Mittelmeerraum. Die Pflanze ist seit der Antike als Medizin und Säuerungsmittel bekannt. Aufgrund des hohen Gerbstoffgehalts dient sie zum Gerben von Leder. Zudem färben die Wurzeln und Früchte rot, die Rinde gelb.
Merkmale: Der kleine, bis zu 3 m hohe Baum oder Busch hat immergrüne, lange gefiederte Blätter mit eiförmigen, grob gezähnten Einzelblättern. Die grünlich weißen Blüten erscheinen in Rispen und entwickeln sich zu kugeligen, dicht an dicht sitzenden, etwa 5 mm großen roten Steinfrüchten. Diese besitzen einen säuerlich herben Geschmack und wirken adstringierend.
Verwendung: Sumach ist als Gewürz vor allem im Vorderen Orient beliebt. In der Türkei würzt das Pulver beispielsweise Salate, kalte Vorspeisen, Zwiebeln, Gemüse und gegrilltes Fleisch (Kebab), im Iran ist es unentbehrlich für Reis. Lässt man 100 g Früchte 30 Minuten in 350 ml kaltem Wasser ziehen, erhält man – wie bei der Tamarinde – einen säuerlichen Auszug, der ebenfalls zum Säuern von Speisen oder Marinaden verwendet werden kann.

(4) **STERNANIS** ist meist achtzackig, bräunlich rot und etwa 3,5 cm groß. Die hellbraunen, glänzenden Samen im Innern enthalten keine Aromastoffe.

(5) **SUMACH** wird aus den getrockneten roten Steinfrüchten des Sumachbaums hergestellt. Beste Qualitäten sind hellrot, übliche Handelsware ist rotviolett.

Süßholz und Szechuan-Pfeffer

sind in China beliebte Gewürze. Tamarinde wird in Thailand, Indien und Indonesien häufig verwendet, Tonkabohnen nur noch selten.

Süßholz hat gefiederte Laubblätter mit ovalen Einzelblättchen und blüht violett. Als Gewürz und Ausgangsbasis für Lakritzkonfekt dienen die kräftige Pfahlwurzel sowie die zahlreichen unterirdischen Ausläufer der Pflanze. Die Süße wird mit Wasser extrahiert und anschließend eingedickt, dabei entsteht dunkle Lakritze.

SÜSSHOLZ, LAKRITZE (1)

(Glycyrrhiza glabra)
Familie: Hülsenfrüchtler *(Fabaceae)*

andere dt. Bez. Spanisches Süßholz, Hustenwurzel, Fuchsbaum; engl. sweet root, black sugar; frz. bois doux, réglisse.

Süßholz ist im Mittelmeergebiet und wohl auch in Asien beheimatet und seit Jahrtausenden vor allem als Heilpflanze bekannt.
Merkmale: Die mehrjährige, nicht winterharte Staude erreicht 1 bis 2 m Höhe. Ihre bläulich violetten bis weißen Blütentrauben erscheinen im Spätsommer. Die Inhaltsstoffe stecken in den Wurzeln und Ausläufern. Glycyrrhizin süßt etwa 50-mal stärker als Rohrzucker und schmeckt nach Anis.
Verwendung: Als Gewürz spielt Süßholz vor allem in China eine Rolle, dort rundet es Brühen und Würzmischungen ab. Wichtiger ist Süßholz jedoch zur Lakritzherstellung für die Süßwarenindustrie.

SZECHUAN-PFEFFER (2)

(Zanthoxylum piperitum)
Familie: Rautengewächse *(Rutaceae)*

andere dt. Bez. Anispfeffer, Japanischer Pfeffer, Bergpfeffer; engl. Sichuan pepper; frz. Poivre du Sichuan, poivre anise.

Szechuan-Pfeffer, auch als Sichuanpfeffer im Handel, stammt ursprünglich wohl aus China. Dort ist

(1) **SÜSSHOLZWURZELN** werden frisch und getrocknet verwendet und meist geraspelt. Die Ernte der Wurzeln erfolgt in der Regel im Herbst.

(2) **SZECHUAN-PFEFFER.** Die rotbraunen getrockneten Fruchtschalen der runzligen Kapseln enthalten das Aroma, die Samen sind dagegen geschmacklos.

das Gewürz seit Jahrtausenden bekannt. Heute ist Szechuan-Pfeffer in ganz Ostasien beliebt, es existieren viele regionale, einander sehr ähnliche Arten, so etwa in Japan (Sansho, S. 54) oder auch in Korea. In China selbst kommen ebenfalls verschiedene Arten vor – jedoch ist keine mit dem schwarzen Pfeffer verwandt.
Merkmale: Die 2 bis 10 m hohen Sträucher haben dornige Zweige, gefiederte Blätter und meist gelbe Blütenstände. Aus den kleinen Einzelblüten entwickeln sich Kapselfrüchte mit 1 bis 4 Samen. Die Fruchtschalen der Kapseln dienen getrocknet als Gewürz, das je nach Art neben der Schärfe noch an Zitrone oder Anis erinnert und auf Zunge und Lippen ein prickelndes Gefühl verursacht.
Verwendung: In Zentralchina, aber auch in anderen asiatischen Ländern wie Japan oder Korea, ist Szechuan-Pfeffer ein beliebtes Würzmittel, vor allem für Fleisch. Zu Pulver zermahlen schärfen die Kapseln fertige Speisen, mitgegart werden sie dagegen ganz oder nur grob zerstoßen. In Japan verwendet man auch die Blätter, Blüten und unreifen Früchte.

TAMARINDE (3)

(Tamarindus indica)
Familie: Hülsenfrüchtler *(Fabaceae*, Syn. *Leguminosae)*

andere dt. Bez. Indische Dattel, Sauerdattel, Indische Feige; engl. tamarind; frz. tamarine.

Tamarinde – ein Johannisbrotgewächs *(Caesalpinioideae)*, stammt vermutlich aus Ostafrika oder Indien, wo es seit langem bekannt ist. Tamarinde kommt heute in vielen trockenen Gebieten der Tropen und Subtropen vor, unter anderem auch am Mittelmeer.
Merkmale: Die immergrünen Bäume werden bis zu 30 m hoch und haben etwa 15 cm lange, gefiederte Blätter mit 8 bis 16 paarigen, ovalen Einzelblättchen. Die weißen und bräunlich gelben Blüten erscheinen in Trauben. Daraus entwickeln sich dann knapp 15 cm lange braune Hülsen, die ein sehr saures Fruchtfleisch enthalten. Zum Säuern dienen unreife Früchte, in der Hauptsache aber Tamarindenmark, das gepresste, getrocknete Fruchtfleisch reifer Früchte.
Verwendung: Tamarinde säuert in asiatischen Küchen Suppen und Schmorgerichte, Fisch, Schweinefleisch, Marinaden und Chutneys.

TONKABOHNE (4)

(Dipteryx odorata)
Familie: Hülsenfrüchtler *(Fabaceae*, Syn. *Leguminosae)*

andere dt. Bez. Mexikanische Vanille; engl. tonka bean, tonquin bean; frz. coumarouna, tonka.

Der Tonkabaum stammt aus dem tropischen Südamerika. Seine Samen waren früher Vanilleersatz, heute dient der Baum meist zur Holzgewinnung.
Merkmale: Im Durchmesser kann der Stamm des bis zu 40 m hohen Baumes 1 m erreichen. Seine Blätter sind ledrig und glänzend grün, die Blüten rosa bis violett. Aus ihnen entwickeln sich etwa 6 cm lange Früchte mit einem dunkelbraunen Samen. Tonkabohnen sind hocharomatisch, duften süß und erinnern im Aroma an Vanille und Waldmeister.
Verwendung: Da sie jedoch wie Waldmeister das leberschädigende Cumarin enthalten, sind sie als Gewürz heute kaum mehr von Bedeutung und sollten nur in sehr kleinen Mengen verwendet werden, etwa zum Aromatisieren von Süßspeisen und Gebäck.

- Süßholz: sehr süß, dabei anisartig-bitter.
- Szechuan-Pfeffer: prickelnd scharf, oft mit leichtem Zitronenaroma.
- Tamarinde: fruchtig-sauer, adstringierend.
- Tonkabohne: süßer Duft, erinnert an Waldmeister und Vanille.

(3) **REIFE TAMARINDENFRÜCHTE** enthalten ein braunschwarzes, klebriges Fruchtmark, in das bis zu 14 unregelmäßig geformte Samen eingebettet sind.

(4) **TONKABOHNEN** sind dunkelbraun. Ihr Aroma erhalten die Samen erst durch Trocknen, anschließendes Einlegen in Rum und erneutes Trocknen.

- Vanille: hocharomatisch, süßlich würzig, arttpyisches Aroma und hoher Vanillin-Gehalt.
- Tahiti-Vanille: weniger Vanillin, blumiges, moschusartiges Aroma.
- Guadeloupe-Vanille: ähnlich wie die Tahiti-Vanille.

Vanille – duftende Kostbarkeit

Die als Schoten bezeichneten, aromatisch duftenden braunen Kapselfrüchte erzielen nach Safran weltweit die höchsten Preise unter den Gewürzen.

VANILLE, GEWÜRZVANILLE (1)
(Vanilla planifolia)
Familie: Orchideengewächse *(Orchidaceae)*

andere dt. Bez. Mexikanische Vanille, Echte Vanille; engl. vanilla, common vanilla; frz. vanille, vanille du Mexique.

Die Heimat der Vanillepflanze sind die Tropenwälder Mexikos und Mittelamerikas. Sie war bereits den Mayas und Azteken bekannt und diente dortigen Oberschichten zum Aromatisieren von Kakaogetränken. Mit den Spaniern gelangte das Gewürz nach Europa, wo es vorher gänzlich unbekannt war. Da sowohl der Anbau als auch die Verarbeitung sehr aufwendig sind, hat Vanille bis heute ihren Preis. Überzieht eine weiße Schicht die Schoten, ist dies kein Mangel, sondern ein Zeichen hoher Qualität, es handelt sich dabei um Kristalle aus echtem Vanillin. Merkmale: Die mehrjährige Kletterpflanze zählt zu den größten Orchideenarten und kann sich bis zu 15 m an Bäumen hochranken. Ihr Stamm ist mit etwa 2 cm Durchmesser relativ dünn und kaum verzweigt. Die spitzovalen Blätter sind dick, flach und fleischig, gegenständig erscheinen jeweils weiße Haftwurzeln. Die kurz gestielten Blütentrauben bilden sich in den Blattachseln und tragen jeweils etwa 15 gelbgrüne Einzelblüten. Aus diesen entwickeln sich dann fälschlicherweise »Schoten« genannte grüne Kapselfrüchte, die geerntet werden, sobald sie sich gelb verfärben. Das typische schwere und süße Vanillearoma entsteht erst bei ihrer Fermentierung. Verwendung: Vanille aromatisiert Desserts, etwa Eis, Cremes und Schokolade, aber auch Kuchen und Gebäck. In letzter Zeit würzt sie zunehmend auch Pikantes, beispielsweise Meeresfrüchte, Fisch oder Tomaten. Zudem spielt das Aroma der Vanille auch in der Parfümindustrie eine herausragende Rolle.

Verwandt ist die von der gleichnamigen Insel stammende **Tahiti-Vanille** *(Vanilla tahitensis)*. Ihre rotbraunen, etwas breiteren Schoten duften blumig und haben ein exotisch-fruchtiges Aroma mit leichter Tabaknote, enthalten aber weniger Vanillin und erzielen daher geringere Preise. Tahiti-Vanille ist jedoch in der Küche für Eis, Cremes und andere Desserts interessant. Als Gewürz weniger wichtig ist die aus Mittel- und Südamerika stammende **Guadeloupe-** oder **Pompona-Vanille** *(Vanilla pompona)*. Sie ähnelt im Aroma der Tahiti-Vanille und dient wie sie zur Parfümherstellung und zum Aromatisieren von Tabak.

(1) **VANILLESTANGEN** und **VANILLEMARK.** Die als »Schoten« bezeichneten Kapselfrüchte können bis zu 25 cm lang werden und sind vor ihrer Fermentierung, bei der sie sich bräunlich verfärben, etwa 1,5 cm breit. Sie enthalten ein musiges, dunkles Fruchtmark, in das viele winzige schwarze Samen eingebettet sind.

»Die Königin der Gewürze«

»Mora, mora« – immer mit der Ruhe – heißt es auf Madagaskar, wenn es um die anspruchsvolle Vanille geht. Denn neben feucht tropischem Klima, wie es im Norden der viertgrößten Insel der Welt herrscht, braucht es viel Zeit und Pflege, bis sich die stangenbohnenähnlichen, gänzlich geruchlosen Früchten in aromatische Vanille verwandeln. Unter häufigem Ausbreiten und Umschichten werden die Schoten erst 8 bis 10 Tage an der Sonne, dann 5 Wochen im Schatten getrocknet. Dabei verfärben sie sich bräunlich schwarz, werden elastisch lederartig und duften bereits stark nach Vanille. In Bündeln zusammengeschnürt ruhen die Stangen dann einen weiteren Monat in Metallkisten, wobei sie ihr endgültiges, unvergleichliches Aroma entwickeln. Bevor die Vanille dann in mit Wachspapier ausgeschlagenen Holzkisten auf die Reise geht, wird Bündel für Bündel überprüft. Mit ihrer feinen Nase spüren die von der Kooperative eigens engagierten »Vanilleschnüffler« Schoten mit Fehlaromen auf. Bereits eine einzige würde genügen, um das ganze Bündel zu ruinieren.

Katrin Wittmann

- Wacholder: aromatisch, würzig-süß und leicht bitter, Gewürz- und Heilpflanze.
- Wasabi: sehr scharf, mit frischer Note, meerrettichähnlich, nur selten frisch im Handel.

Wacholder und Wasabi *In Aroma und Geschmack völlig unterschiedlich, werden beide immer erst kurz vor der Verwendung zerdrückt, angerührt oder fein zerrieben.*

Vielfältig im Einsatz

Wacholder aromatisiert verschiedene Schnäpse, allen voran Gin und Genever. Zudem sind die blauen Beeren ein beliebtes Räuchergewürz für Fisch und Schinken.

WACHOLDER (1)

(Juniperus communis)
Familie: Zypressengewächse *(Cupressaceae)*

andere dt. Bez. Machandel, Kaddig, Knirk, Kranawitt, Reckholder; engl. juniper, common juniper; frz. genévrier.

Der anspruchslose Wacholder ist in verschiedenen Arten über die gesamte Nordhalbkugel verbreitet, als Gewürz ist jedoch fast ausschließlich die hier vorgestellte Art von Bedeutung.

Merkmale: Der immergrüne, säulenförmige, stark verzweigte Strauch oder Baum wird bis zu 12 m hoch. Die nadelförmigen, stechenden Blätter weisen auf der Oberseite einen blauweißen Wachsstreifen auf. Die Scheinfrüchte reifen erst im zweiten oder dritten Jahr, botanisch handelt es sich dabei nicht um Beeren, sondern um Zapfen.

Verwendung: Getrocknete Beeren würzen Fleisch und Wild und dienen zum Räuchern. Die Ernte erfolgt von Ende August bis September. Kurz vor der Verwendung zerstoßen oder leicht angedrückt, entfalten Wacholderbeeren ein kräftiges, leicht harziges Aroma. Ihr Geschmack ist würzig-süß und leicht bitter. Sie würzen Wild und Wildgeflügel, aber auch Sauerkraut, Rind, Schwein, Kalbsnieren und -leber.

WASABI (2) ->Kräuter, S. 62

(Wasabia japonica, syn. Eutrema wasabi)
Familie: Kreuzblütengewächse *(Brassicaceae)*

andere dt. Bez. Japanischer Meerrettich; engl. Japanese horseradish; frz. raifort du Japon.

Wilde Vorkommen gibt es in Japan, Korea und Sibirien, angebaut wird Wasabi in Japan, Korea und China, seit einiger Zeit auch in Neuseeland und an der Westküste der USA. Die mehrjährige Staude wächst in langsam fließenden Gewässern, oft am Rand von Gebirgsbächen, und verträgt keine Hitze.

Merkmale: Das unverzweigte Rhizom der Pflanze, ein rübenartig verdickter Stamm mit vielen langen dünnen Wurzeln, kann bis zu 30 cm lang und 5 cm breit werden und wird zwei bis drei Jahre nach dem Aussetzen geerntet.

Verwendung: Frisch gerieben würzt Wasabi rohen Fisch – Sushi und Sashimi –, Dressings und Marinaden, mit Sojasauce vermischt auch Tempura und Gegrilltes. Er ist sehr scharf und erinnert im Geschmack an Meerrettich, ist aber frischer. Gekocht verliert Wasabi an Aroma, weshalb er eher für kalte Speisen verwendet wird. Bei uns gibt es das Rhizom nur selten frisch, sondern vielmehr als Paste oder Pulver, das jedoch erst nach dem Anrühren mit Wasser sein Aroma entfaltet, trocken schmeckt es bitter.

(1) **WACHOLDER.** Die bläulich schwarzen, getrockneten Beeren immer erst kurz vor der Verwendung zerdrücken, sonst verflüchtigt sich ihr Aroma rasch.

(2) **WASABI** – bei uns als helles Pulver oder blassgrüne Paste erhältlich – ist relativ teuer. Bei billiger Ware handelt es sich um gefärbten Meerrettich.

Moderner Gewürzhandel

Noch um 1900 war es Sache der Apotheker und Drogisten, getrocknete Kräuter und Gewürze individuell abzupacken und zu verkaufen. Den entscheidenden Schritt in Richtung Moderne unternahm der Drogist Karl Ostmann, als er 1902 in Bielefeld eine Fabrik gründete, um Gewürze mittels geeichter Dosierapparate für den Kolonialwarenhandel in kleine Portionsbeutel abzufüllen. In den 1920er-Jahren entwickelte er den ersten Gewürzverkaufsschrank und machte Ostmann damit schnell zur bekanntesten Gewürzmarke Deutschlands.

Heute ist das Unternehmen im Besitz der Fuchs-Gruppe, dem nach McCormick & Co. zweitgrößten Gewürzspezialisten der Welt und deutschen wie auch europäischen Marktleader. Neben Ostmann gehören UBENA, Aso, Wagner-Gewürze und viele andere zur Fuchs Gewürze GmbH & Co., die in den letzten fünf Jahren ihren Umsatz nahezu verdoppeln konnte und heute an die 7.000 Produkte auf den Markt bringt.

»Gewürze sind ein bedeutender Umsatzträger, aber auch ein wichtiger Imagefaktor.«, sagt Richard Kägi, Senior Foodscout bei Globus Delikatessa, dem führenden Schweizer Delikatessentempel mit Filialen in vielen Schweizer Großstädten. Auch bei Globus wächst das Sortiment rapide: »Der Markt hat viel Wachstumspotenzial«, so Kägi.

Ralph Bos von Bosfood sieht das ähnlich und macht einen Grund für den steigenden Bedarf in der »gelungenen Kombination aus gutbürgerlicher Küche mit Bestandteilen der euro-asiatischen Küche« aus. »Das bleibt, die Trendbüros reden von Megatrend«, ist der rheinländische Star der Delikatessenbranche überzeugt. Da die Akzeptanz fremder Küchen, die mehr exotische Gewürze verwenden, weiter zunimmt und die Tendenz zum ohnehin stärker gewürzten Fertiggericht ungebrochen steigt, erscheinen die Aussichten für Gewürzhändler rosig.

Auch Spitzenköche spielen mit. Manche von ihnen stellen eigene Gewürzmischungen her. Prominentes Beispiel ist Alfons Schubeck, der zwischen Küche, Kochkursen, Fernsehauftritt, Kochbuch und anderen Geschäftsfeldern noch Zeit für den Gewürzhandel findet. Zu den Rennern seines Gewürzladens zählen »Erotischer Curry« und »Hochzeitscurry«. Einer, der trotz 18 Punkten im Gault Millau die Kochschürze an den Nagel gehängt hat und sich inzwischen ganz auf die Entwicklung und den Vertrieb von Gewürzen konzentriert, ist Ingo Holland. In seinem »Alten Gewürzamt« findet man einzigartige, ausgeklügelte Mischungen, von raffinierten Brot-Spices bis zum mexikanischen Molepulver für pikant gewürzte Schokoladensaucen zu Geflügel, Seafood und Wild. Fündig wird der als Gewürzguru gefeierte Koch und Autor auf der ganzen Welt.

Aber nirgends sei die Gewürzsuche so ergiebig wie in Indien, meint Holland. Schließlich sei keine andere Küche so reich an Gewürzen. Weil viele exotische Gewürze auf dem indischen Subkontinent beheimatet sind, bestünde hier auch eine lange Tradition in ihrer Verwendung. Im südindischen Cochin, das schon vor Jahrtausenden der Umschlagplatz für Spezereien aus China und Arabien war, wird das Gros der indischen Exportgewürze verschifft. Dort haben alle wichtigen Player der Branche, Handelsorganisationen, Makler, Broker, das Indian Spice Board und die historische Gewürzbörse ihren Sitz. Per Schiff erreichen die Gewürze den Hamburger Hafen, der heute nach Singapur und New York drittgrößter Umschlagplatz für Gewürze weltweit und in Europa die Nummer eins ist. Dort warten sie im Container- und Freihafen auf die Weiterreise an ihre Bestimmungsorte quer durch Europa, während sie noch bis Ende des 20. Jahrhunderts in der Speicherstadt lagerten.

Ingrid Schindler

»Nicht nur für Lebkuchen«

Wer einst die kostbare Rinde finden wollte, hatte allerhand Abenteuer zu bestehen. Er musste gegen geflügelte Ungeheuer kämpfen, auf dem Grund von Seen oder in den Nestern des Zimtvogels suchen – so ist es bei Herodot überliefert (5. Jahrhundert v. Chr.). Bewusst verschleierten arabische Kaufleute seine Herkunft, um ihre Geschäfte zu sichern. So blieb Zimt – und das war im damaligen Europa vorwiegend Kassie – lange unerschwinglich. In der Antike und im Mittelalter war er weniger Gewürz, dafür verwendeten die Köche damals den im Aroma ähnlichen Indischen Lorbeer, sondern Räucherwerk und Duftstoff. Lediglich zum Aromatisieren von Honiggebäck und süßem Gewürzwein brauchte man ihn schon damals. Ceylon-Zimt ist heute noch teuer, da seine Gewinnung sehr aufwendig ist. Von den Schößlingen wird erst die Borke abgeschabt, dann die Innenrinde entfernt und zu etwa 1 m langen Stangen, den »Quills«, zusammengesteckt. Drei bis vier 30 bis 40 cm lange Stücke bilden die Außenschicht, das Innere des Quills wird mit kleineren Rindenstücken gefüllt.

Katrin Wittmann

Zimt – ein Name, zwei Qualitäten

Der aus millimeterdünnen Einzelschichten hergestellte Ceylon-Zimt ist nicht nur deutlich feiner im Aroma, sondern auch besser verträglich.

- Ceylon-Zimt: süß-aromatisch, im Geschmack feiner als Kassie.
- Chinesischer Zimt: kräftig, zimtartiger Geschmack, herber als Ceylon-Zimt.

CEYLON-ZIMT, ECHTER ZIMT (1)

(Cinnamomum zeylanicum, Syn. *Cinnamomum verum)*
Familie: Lorbeergewächse *(Lauraceae)*

andere dt. Bez. Stangenzimt, Kaneel; engl. cinnamon, cinnamom; frz. cannelle de Ceylon.

Ceylon-Zimt ist auf Sri Lanka (früher Ceylon) heimisch, wird heute aber auch im tropischen Asien sowie in der Karibik angebaut, ebenso auf Madagaskar und den Seychellen.
Merkmale: Der 15 bis 20 m, in Kultur nur 2 bis 3 m hohe Zimtbaum hat große, ovale, jung meist rote, später dunkelgrüne Blätter. Aus den kleinen weißen Blüten entwickeln sich blauschwarze Früchte. Sie und die Blätter dienen in den Anbaugebieten ebenfalls als Gewürz. In den Handel kommt aber vorwiegend die, von 1- bis 2-jährigen Schößlingen stammende, dünn abgeschälte Innenrinde. Der feinwürzige, aromatische Ceylon-Zimt ist in der Verwendung unbedenklich, da er einen viel geringeren Cumaringehalt aufweist als Chinesischer Zimt.
Verwendung: In seiner asiatischen Heimat würzen geröstete Zimtstücke Eintopf- und Schmorgerichte, scharfe Currys und Reis. Gemahlen ist Zimt Teil der beliebten Gewürzmischung Garam masala (S. 164). Im Nahen Osten aromatisiert er Lamm und Rind, aber auch Hülsenfrüchte. Bis zur Renaissance war Zimt in Europa ebenfalls ein Gewürz für Saucen und Fleisch, heute wird er vorwiegend für Süßspeisen und Gebäck verwendet.

CHINESISCHER ZIMT, KASSIE (2)

(Cinnamomum cassia, Syn. Cinnamomum aromaticum)
Familie: Lorbeergewächse *(Lauraceae)*

andere dt. Bez. Kassia, Zimtkassie, China-Zimt, Gewürzrinde; engl. Chinese cinnamon; frz. casse, cannelle, cinnamome.

Die Heimat der Kassie ist im Südosten Chinas, wo sie schon im 3. Jahrtausend v. Chr. bekannt war.
Merkmale: Der Baum ähnelt optisch dem Ceylon-Zimt. Die Rinde der Kassie ist jedoch dicker, gröber und weist einen höheren Gerbstoffanteil auf, der für den herberen Geschmack verantwortlich ist.
Verwendung: Aufgrund des hohen Cumaringehaltes sollte diese Zimtart kaum verwendet werden.

Verwandt sind der **Indonesische Zimt** *(Cinnamomum burmannii)*, er erinnert im Aroma an Ceylon-Zimt, sowie der **Vietnamesische Zimt** *(Cinnamomum loureiroi,* Syn. *Cinnamomum loureirii)*.

(1) **CEYLON-ZIMT** ist hellbraun. Die Stangen sind 5 bis 8 cm lang und haben 1 cm Durchmesser. Sie bestehen aus mehreren Lagen sehr dünner, ineinandergeschobener Innenrinde.

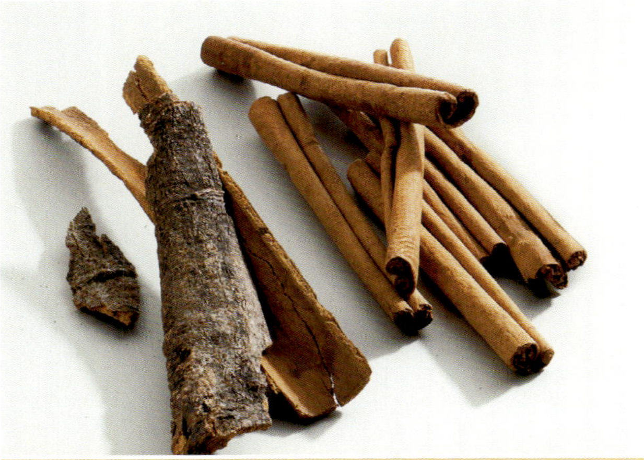

(2) **CHINESISCHER ZIMT** ist dunkler und gröber als Ceylon-Zimt. Links die borkige Außenrinde, rechts die 1 bis 3 mm dicke, sich weniger stark rollende Innenrinde.

- Orange: aromatisch-süß, je nach Sorte mehr oder weniger sauer oder bitter.
- Zitrone: je nach Sorte mehr oder weniger sauer.
- Limette: fein säuerlich, aromatisch und leicht bitter.

Zitrusfrüchte *bringen je nach Art erfrischende Säure oder auch eine bittere Note mit – zum Würzen von Fisch, Fleisch und Geflügel, aber auch für zahlreiche Süßspeisen sind sie unentbehrlich.*

ORANGE (1) ->Blüten, S. 72

(Citrus x aurantium var. *sinensis,* Syn. *Citrus sinensis)*
Familie: Rautengewächse *(Rutaceae)*

andere dt. Bez. Apfelsine, Chinaapfel, Süßorange; engl. sweet orange; frz. orange.

Die Heimat der Orange liegt vermutlich in China, wo sie aus einer Kreuzung von Pampelmuse und Mandarine entstanden ist. Im Gegensatz zur Bitterorange gelangte der »Apfel aus China« erst relativ spät, im 15. Jahrhundert, nach Europa. Heute ist die Orange die weltweit meistangebaute Zitrusart.
Merkmale: Der immergrüne Orangenbaum wird etwa 10 m groß und hat ledrige, dunkelgrüne Blätter. Aus den weißen Blüten entwickeln sich Früchte mit süß-säuerlichem, gelbem bis rotem Fleisch.
Verwendung: Orangensaft dient als Getränk und wird für Saucen und Marinaden verwendet. Die unbehandelte Schale aromatisiert Fisch, Desserts und Gebäck.

BITTERORANGE, POMERANZE (2)

(Citrus x aurantium, Syn. *Citrus aurantium)*
Familie: Rautengewächse *(Rutaceae)*

andere dt. Bez. Sevilla-Orange, Saure Orange; engl. sour orange, bitter orange; frz. orange amère.

Die in China seit 2.500 v. Chr. kultivierte Art stammt vermutlich aus Südostchina und Nordostindien. Mit den Arabern gelangte sie in den Mittelmeerraum, wo sie seit dem 10. Jahrhundert angebaut wird.
Merkmale: Der etwa 10 m hohe, immergrüne Baum hat kugelige, sauer und bitter schmeckende Füchte.
Verwendung: Aus den Schalen wird bittere Orangenmarmelade und Orangeat für Gebäck hergestellt. Die Früchte dienen auch zur Likörherstellung.

ZITRONE (Abb. rechts oben)

(Citrus x limon, Syn. *Citrus limon)*
Familie: Rautengewächse *(Rutaceae)*

andere dt. Bez. Citrone, Limone; engl. lemon; frz. citron.

Die Heimat der Zitrone wird in Nordindien und Pakistan vermutet. In subtropischen Zonen werden Zitronen heute weltweit angebaut.
Merkmale: Die immergrünen, 3 bis 6 m hohen, dornigen Bäume blühen und tragen gleichzeitig Früchte. Der vielseitig verwendete Saft ist meist sehr sauer.
Verwendung: Zitronensaft säuert Saucen und Marinaden, aromatisiert Fisch, Fleisch, Geflügel und Süßspeisen, die unbehandelte Schale würzt auch Gebäck.

(1) **ORANGE** der Sorte 'Valencia'. Sie ist dünnschalig, enthält viel Saft und fast keine Kerne.

(2) **BITTERORANGEN** haben eine dicke, raue Schale, saures Fruchtfleisch und viele Kerne.

Zitronen am Baum: Reife Früchte sind hell- bis kräftig gelb, unreife grün. Geerntet werden sie mehrmals pro Jahr.

BERGAMOTTE (3)

(Citrus x limon, Syn. *Citrus bergamia)*
Familie: Rautengewächse *(Rutaceae)*

andere dt. Bez. Bergamotte-Zitrone, Bergamotte-Orange; engl. bergamot; frz. bergamotte.

Bei dieser Zitrusart handelt es sich um Hybriden aus Zitronatzitrone und Bitterorange.
Merkmale: Der dornige Baum wird 4 m groß, blüht nur im Frühjahr und hat saure, leicht bittere Früchte.
Verwendung: Bergamotte aromatisiert Bonbons, Tee (Earl Grey), Säfte, Schnäpse und dient als Duftstoff.

ZITRONATZITRONE (4)

(Citrus medica)
Familie: Rautengewächse *(Rutaceae)*

andere dt. Bez. Cedrat, Zedratzitrone, Zedernfrucht; engl. citron; frz. cédrat.

Die Art stammt vermutlich aus Nordostindien, sie gelangte als erste Zitrusfrucht in den Mittelmeerraum.
Merkmale: Der buschartige, dornige, 2 bis 4 m hohe Baum trägt 14 bis 25 große, säuerlich herbe Früchte.
Verwendung: Das aus der Schale hergestellte hellgrüne Zitronat aromatisiert vor allem Backwaren.

LIMETTE, MEXIKANISCHE LIMETTE (5)

(Citrus x aurantiifolia, Syn. *Citrus aurantiifolia)*
Familie: Rautengewächse *(Rutaceae)*

andere dt. Bez. Echte Limette, Key-Limette, Limone, Limonelle, Lumie; engl. lime; frz. limone, lumie.

Die häufig mit Zitronen verwechselten Limetten sind vermutlich auf dem Malaiischen Archipel beheimatet.
Merkmale: Der Strauch wird 2 bis 4 m hoch und hat bis zu 5 cm große, saure, aromatische Früchte.
Verwendung: Der Saft verleiht Fisch, Chutneys und Dips sowie Drinks eine angenehm frische Säure.

KAFFIRLIMETTE (6) –>Kräuter, S. 31

(Citrus hystrix)
Familie: Rautengewächse *(Rutaceae)*

andere dt. Bez. Kaffernlimette, Mauritius-Papeda, Makrut-Limette; engl. kaffir lime, makrut; frz. combava, limette de kafir.

Diese Zitrusart ist in Südostasien von Sri Lanka bis zu den Philippinen verbreitet.
Merkmale: Die Pflanze wächst als Strauch oder kleiner Baum mit dünnen, dornigen Ästen. Aus den kleinen weißen Blüten entwickeln sich bis zu 7 cm große, zitronenähnliche Früchte. Wie die Blätter hat auch die dicke Schale den typischen Zitrusduft.
Verwendung: Die Fruchtschale wird abgerieben wie bei einer Zitrone und würzt beispielsweise Currypasten, Saucen und Marinaden.

(3) **BERGAMOTTEN** sind rund bis birnenförmig, 5 bis 7 cm groß und enthalten kaum Kerne.

(4) **ZITRONATZITRONEN** haben eine sehr dicke Schale, wenig Fruchtfleisch und kaum Saft.

(5) **LIMETTEN** haben eine dünne, dunkelgrüne, reif hellgrüne Schale, viel Saft und zahlreiche Kerne.

(6) **KAFFIRLIMETTEN** haben eine dicke Schale und enthalten wenig Saft, aber viele Kerne.

- Küchenzwiebeln, Sommerzwiebeln: scharfer, brennender Geschmack.
- Winterzwiebeln, Frühjahrszwiebeln: milder als im Spätsommer geerntete Zwiebeln.
- Schalotten: feiner, milder und süß-aromatisch, weniger scharf als Zwiebeln.

Zwiebeln und Schalotten *sind eng verwandt.*

Beide sind rund um die Welt ein wichtiges Würzmittel, von dem sowohl die eigentliche Zwiebel als auch die Blätter Verwendung finden.

ZWIEBEL, KÜCHENZWIEBEL (1–3)

(Allium cepa)
Familie: Lauchgewächse, Syn. Zwiebelgewächse *(Alliaceae)*

andere dt. Bez. Speisezwiebel, Sommerzwiebel, Gartenzwiebel, Bolle, Zipolle, Rams; engl. onion; frz. oignon, ciboule.

Die genaue Herkunft der Küchenzwiebel (1) ist ungewiss, vermutlich stammt sie aus West- und Mittelasien. In jedem Fall zählt die Zwiebel zu den ältesten Nutzpflanzen und wurde bereits vor rund 5.000 Jahren in Mesopotamien und Ägypten kultiviert. Auch bei den Römern der Antike war die Zwiebel beliebt, mit ihnen gelangte das Würzgemüse über die Alpen nach Mitteleuropa.
Merkmale: Die krautige, etwa 50 cm hohe Pflanze hat röhrenförmige Blätter, die oberirdisch zu einem Scheinstamm verbunden sind. Erst im zweiten Jahr bilden sich kugelige Blütenstände mit vielen grünlich weißen bis violetten Einzelblüten. Geerntet werden die je nach Sorte mehr oder weniger brennend scharf schmeckenden Küchenzwiebeln im Spätsommer des ersten Anbaujahres – späte Sorten sind fester und länger haltbar. Unverletzte Zwiebeln sind geruchlos. Beim Aufschneiden werden Zellen und Zellwände verletzt und es entstehen chemische Verbindungen, die Augen und Nase reizen.
Verwendung: In allen Küchen der Welt sind Zwiebeln ein zentrales Würzmittel. Je nach Zubereitungsart entfalten sie einen anderen Geschmack. Zum Rohverzehr in Salaten oder Dips werden Zwiebeln oft gesalzen, wodurch sich die Schärfe stark reduziert. Beim Kochen und Schmoren geben Zwiebeln ihr Aroma ab und sind anschließend nicht mehr scharf. In Butter gedünstet sind sie Grundlage für viele Saucen – etwa für Pasta, Gemüse, Fisch oder Fleisch und verhelfen diesen zugleich zu einer leichten Bindung. Langsam in Öl oder Butterschmalz geröstete Zwiebelringe schmecken aromatisch süß und würzen als Röstzwiebeln Fleisch und Reis.

Zwiebeln existieren in zahlreichen Formen. Als **Perlzwiebeln** (2) oder **Silberzwiebeln** werden kleine, im Ganzen glasierte oder sauer eingelegte Zwiebeln bezeichnet. **Rote Zwiebeln** (3) sind optisch attraktiv und würzen Blatt- und Zitrussalate. Die großen milden **Gemüsezwiebeln** werden gern gefüllt. Die mehrjährigen **Winter(heck)zwiebeln** *(Allium fistulosum)* bilden nur kleine unterirdische Zwiebeln. Wichtigster Bestandteil sind hier die grünen Blätter, die als »Frühlingszwiebeln« in den Handel kommen und frisch zum Würzen Verwendung finden.

(1) **SPEISEZWIEBELN** haben meist eine braune Schale, welche die fleischig verdickten weißen Blätter, die Zwiebelschuppen, umschließt.

(2) **PERLZWIEBELN** oder **SILBERZWIEBELN** ist ein Sammelbegriff für kleine runde Nebenzwiebeln verschiedener Sorten.

(3) **ROTE ZWIEBELN** sind je nach Sorte rund bis länglich oval und im Geschmack meist milder als braunschalige Sorten.

Schalotten gelten als die feinsten und mildesten innerhalb der großen Zwiebelfamilie. Auch bei dieser roten, länglichen Sorte ist die sogenannte Mutterzwiebel im Innern von mehreren trockenen, rötlich violetten Schalenschichten umhüllt. Unverletzt ist das Würzgemüse geruchlos, erst beim Anschneiden entwickelt sich der intensive Geruch.

SCHALOTTE (4)

(Allium cepa var. *aggregatum, Syn. Allium cepa* var. *ascalonicum,* Syn. *Allium ascalonicum)*
Familie: Lauchgewächse, Syn. Zwiebelgewächse *(Alliaceae)*

andere dt. Bez. Edelzwiebel, Askalonzwiebel, Eschlauch, Esslauch; engl. shalott, eschalot; frz. échalotte.

Die Schalotte ist vermutlich im Nahen Osten sowie in Mittelasien beheimatet und ist dort bereits seit Jahrtausenden bekannt. Mit den Kreuzrittern gelangte sie im 12. Jahrhundert nach Europa. Der botanische Name leitet sich von der Stadt Askalon in Südisrael ab. Angebaut werden Schalotten heute in tropischen und subtropischen Regionen, etwa in Europa und dort vor allem in Frankreich, in Westafrika, Mexiko, der Karibik, Südamerika und Südostasien.

Merkmale: Die ausdauernde, frostharte Pflanze ist eine Unterart der Zwiebel und kann bis etwa 1 m hoch werden. Sie hat grüne, grundständige, röhrige Blätter. Die kugeligen Blütenstände tragen im Juni und Juli hellviolette Einzelblüten, hierzulande blühen die Pflanzen jedoch selten. Stattdessen bilden sich büschelig zusammengesetzte Zwiebeln (Bulben) mit Tochterzwiebeln aus. Schalotten sind im Aroma deutlich feiner, milder und süßer als andere Speisezwiebeln und besitzen weniger Schärfe.

Verwendung: Aus der gehobenen Küche sind Schalotten nicht mehr wegzudenken. Abgezogen, fein gewürfelt und in Butter hell angeschwitzt, sind sie Basis zahlreicher Saucen sowie Bestandteil des für Schmorgerichte benötigten Röstgemüses (Mire poix). Aufgrund ihrer geringeren Schärfe können sie auch roh in Salaten oder Dips verwendet werden. Zudem verfeinern sie Gemüse, Fisch, Meeresfrüchte, Fleisch, Marinaden und Weinessige. Jung geerntet, können auch die Blätter mitverwendet werden, etwa für Salate, Saucen und Marinaden.

(4) **SCHALOTTEN** können je nach Sorte kupferbraun-, grau- oder rotschalig sein. Ihre Form ist eiförmig rund bis birnenförmig länglich oval.

KÜCHENPRAXIS

KÜCHENPRAXIS

Der richtige Umgang mit Kräutern und Gewürzen in der Küche

Kräuter und Gewürze

Wertvolle Tipps zu Einkauf und Lagerung. Alle nötigen Handgriffe beim Schneiden, Reiben und Mahlen sowie Rezepte für Pasten und Marinaden.

Die Kunst, Aromen zu intensivieren

Die Geschmacksstoffe stecken meist im Innern der Blätter, Früchte, Samen und Rhizome. Um an sie zu gelangen, müssen die Kräuter und Gewürze erst zerkleinert werden, bevor sie ihr Aroma freigeben.

SCHON BEIM EINKAUF auf Qualität zu achten, empfiehlt sich bei Würzmitteln in ganz besonderem Maße. Denn ob Kräuter oder Gewürze, nur bei sorgfältiger Auswahl geeigneter Ware, den richtigen Sorten, bei optimaler Lagerung und entsprechender Vorbehandlung können Sie sicher gehen, später das gewünschte geschmackliche Erlebnis zu erzielen. Kräuter und Gewürze laden wie kein anderes kulinarisches Thema zum Experimentieren ein, lassen sich doch mit ein paar Körnchen Koriander hier und ein paar Stängeln Bohnenkraut dort überraschende Ergebnisse erzielen. Hilfreich dabei ist die kurze Übersicht auf der folgenden Seite, welche Garmethoden für welche Kräuter und Gewürze geeignet sind. Denn Basilikum ist eben nicht gleich Basilikum: Gekocht gibt es nicht viel her – aber welch herrliches Aroma verleihen die frischen Blätter einem Pesto! Für die überaus spannende Küche der Kräuter und Gewürze genügt ein überschaubares Sortiment hochwertiger Gewürze und Kräuter sowie einige wenige Spezialgerätschaften.

KRÄUTER RICHTIG VORBEREITEN

Messer oder Mörser, Blitzhacker oder Schere? Tatsächlich wirken sich bereits Art und Zeitpunkt des Zerkleinerns auf den Geschmack aus. Grundsätzlich gilt: Kräuter immer möglichst frisch kaufen oder ernten und nach dem Waschen vorsichtig trocken tupfen. Gehackt, in Chiffonade geschnitten oder für Kräuterbutter zerkleinert wird das aromatische Grün dann erst unmittelbar vor seiner Verwendung, damit sich die ätherischen Öle und andere Geschmacksstoffe nicht vorzeitig verflüchtigen. Zudem verfärben sich viele Kräuter bei längerem Liegen unansehnlich braun. Die meisten Würzkräuter haben im Frühjahr und Sommer Saison und schmecken dann besonders intensiv. Manche lassen sich zwar in Töpfen überwintern, dennoch ist ein kleiner Vorrat für die kalte Jahreszeit sehr nützlich. Wie sich welches der köstlichen Aromen am besten konservieren lässt, ist eine Wissenschaft für sich. In diesem Kapitel erfahren Sie, wie Sie Kräuter trocknen, in Öl und Salz einlegen oder tiefkühlen.

GEWÜRZE RÖSTEN UND ZERKLEINERN

Je frischer, desto besser. Kaufen Sie deshalb getrocknete Gewürze stets nur in überschaubaren Mengen – sich mehr als einen Jahresvorrat zuzulegen, ist wenig ratsam. Gemahlen halten die Körner und Samen bis zu sechs Monate, im Ganzen etwa doppelt so lange. Besonders intensiv schmecken die meisten Gewürze, wenn sie kurz angeröstet und anschließend im Mörser oder in der Gewürzmühle zerkleinert werden. Wer auf optimalen Geschmack von Pfeffer, Piment und Kardamom setzt, wird diese Handgriffe gerne auf sich nehmen – das kulinarische Erlebnis macht alle Mühen wett. Aber auch frische Gewürze wie die Ingwer- und Kurkumawurzeln, Zitronengras und Chili benötigen eine gewisse Vorbereitung. Sie werden geschält, geputzt oder entkernt und je nach Verwendungszweck grob oder fein geschnitten. In duftenden Mischungen kombiniert oder mit frischen Zutaten zu würzigen Pasten verarbeitet, versprechen Gewürze neue geschmackliche Überraschungen. Rezepte dafür finden Sie am Ende des Kapitels.

ÖLE, ESSIGE & MARINADEN

Öl, Essig und Salz nehmen die Aromen der Kräuter und Gewürze sehr gut auf und eignen sich deshalb ausgezeichnet als Würzmittel. Gewusst wie, sind sie schnell angesetzt und benötigen dann nur noch ein paar Wochen Zeit zum Reifen. In Flaschen abgefüllt, sind Würzessige und -öle später schnell zur Hand und bringen je nach Zusammensetzung eine mediterrane oder asiatische Note an die Gerichte. Zudem eignen sie sich prima als kleine Aufmerksamkeit für Freunde und Familie.

Kleiner Exkurs: Blüten

Die Blüten vieler Küchenkräuter, aber auch Gartenblumen wie Rosen, Malven und Nelken ergeben frisch, kandiert oder als Eiswürfel umwerfende Garnituren für Salate, Kuchen und Drinks für Ihre nächste Party.

Garmethoden und geeignete Gewürze

Nicht jede Garmethode ist für jedes Kraut oder Gewürz gleichermaßen geeignet: Manches verträgt keine oder nur wenig Hitze, anderes laugt beim Garen aus. Im Folgenden finden Sie eine Übersicht, zu welchen Kräutern und Gewürzen Sie beim Dünsten, Kochen, Braten oder Grillen greifen können. Zu welchen Produkten und Gerichten ein Kraut oder Gewürz speziell passt, finden Sie jeweils unter dem Punkt Verwendung in der Warenkunde.

KOCHEN – Garen von Lebensmitteln in viel siedender Flüssigkeit bei Temperaturen um 100 °C (Huhn, Suppenfleisch, Hülsenfrüchte oder Suppen und Eintöpfe).

Geeignete Kräuter: Bohnenkraut, Lavendel, Liebstöckel, Lorbeerblätter, Majoran, Petersilie, Sellerieblätter, Thymian.
Geeignete Gewürze: Kümmel, Pfefferkörner, Pimentkörner, Safran, Wacholderbeeren, Knoblauch, Zwiebel.

DÄMPFEN – Garen von Lebensmitteln in Wasserdampf bei Temperaturen um 100 °C (Gemüse, Fisch und zartes Fleisch mit sehr geringem Bindegewebsanteil).

Geeignete Kräuter: Borretsch, Curryblätter, Dill, Estragon, Kaffirlimettenblätter, Kerbel, Koriandergrün, Lavendel, Oregano, Petersilie, Portulak, Rosmarin, Salbei, Thymian, Zitronengras.
Geeignete Gewürze: Ingwer, Chili, Knoblauch.

POCHIEREN – langsames Garen von Lebensmitteln in viel Flüssigkeit bei Temperaturen unter dem Siedepunkt (Fisch oder Fleisch).

Geeignete Kräuter: Dill, Estragon, Lavendel, Liebstöckel, Lorbeerblätter, Petersilie, Sellerieblätter, Thymian.
Geeignete Gewürze: Kümmel, Pfefferkörner, Pimentkörner, Safran.

DÜNSTEN – Garen in wenig Flüssigkeit oder Fett im geschlossenen Topf bei Temperaturen um 100 °C (Gemüse, Fisch).

Geeignete Kräuter: Bärlauch, Borretsch, Dill, Estragon, Kerbel, Lavendel, Liebstöckel, Majoran, Melisse, Petersilie, Portulak, Rucola, Thymian, Ysop, Zitronenverbene.
Geeignete Gewürze: Chili, Fenchelsamen, Ingwer, Knoblauch, Koriander, Kreuzkümmel, Kümmel, Zwiebel.

SCHMOREN – kombinierte Garmethode aus Braten (offen) und Dünsten (zugedeckt) bei Temperaturen von 100 bis 200 °C (große Fleischstücke mit viel Bindegewebe, Lammkeule, Rouladen, Gulasch, Geflügel, gefülltes Gemüse) – Kräuter und gemahlene Gewürze kommen in der Regel erst nach dem Anbraten hinzu.

Geeignete Kräuter: Borretsch, Liebstöckel, Lorbeerblätter, Majoran, Oregano, Petersilie, Rosmarin, Salbei, Sellerieblätter, Thymian.
Geeignete Gewürze: Chili, Fenchelsamen, Gewürznelken, Ingwer, Knoblauch, Kurkuma, Kreuzkümmel, Paprikapulver, Pfeffer, Piment, Wacholderbeeren, Zimt, Currygewürzmischungen.

BRATEN IN DER PFANNE – Kurzbraten von Lebensmitteln in der offenen Pfanne auf dem Herd in etwas Fett, bei hohen Anfangstemperaturen zwischen 160 und 200 °C (zartfaseriges Fleisch, Fisch und Gemüse).

Geeignete Kräuter: Limettenblätter, Oregano, Petersilie, Rosmarin, Salbei, Thymian, Zitronengras.
Geeignete Gewürze: Ajowan, Anis, Bockshornkleesamen, Chili, Fenchelsamen, Gewürznelken, Ingwer, Kardamom, Knoblauch, Korianderkörner, Kreuzkümmel, Kurkuma, Pfefferkörner, Pimentkörner, Schwarzkümmel, Senfkörner, Sesam, Sternanis, Szechuan-Pfeffer, Zimt, Zwiebel.

BRATEN IM OFEN – längeres Braten von Lebensmitteln im offenen Topf oder Bräter in etwas Fett, meist bei hohen Anfangstemperaturen um 200 °C (Lammkeule, große Fleischstücke, Fisch oder Geflügel im Ganzen, Kartoffeln).

Geeignete Kräuter: Beifuß, frische Lorbeerblätter, Oregano, Rosmarin, Salbei, Thymian, Zitronengras.
Geeignete Gewürze: Ajowan, Anis, Bockshornkleesamen, Chili, Gewürznelken, Knoblauch, Koriander, Kreuzkümmel, Kümmel, Paprikapulver, Pfeffer, Wacholderbeeren.

BACKEN – Garen von Lebensmitteln in oder auf Teig bei hohen Temperaturen im Ofen oder das Garen von Teig im Ofen (Brot, Fladen, Pizza, Pastete).

Geeignete Kräuter: Bärlauch, Rucola (im Teig), Petersilie, Oregano, Rosmarin, Salbei, Thymian (auf der Teigoberfläche).
Geeignete Gewürze: Anis, Gewürznelken, Ingwer, Knoblauch, Koriander, Pfeffer, Schwarzkümmel, Sesam, Vanille, Zimt.

GRILLEN – Garen von Lebensmitteln am Spieß oder auf dem Rost durch Kontaktwärme oder Strahlung bei hohen Temperaturen (Fleisch, Gemüse). Kräuter und Gewürze aromatisieren Grillmarinaden und Gegrilltes, werden jedoch meist nicht mitgegrillt.

Geeignete Kräuter: Thymian, Rosmarin, Oregano, Zitronengras.
Geeignete Gewürze: Chili, Paprikapulver, Knoblauch (Marinade) sowie Grill-Gewürzmischungen und Kräutersalze.

RÄUCHERN – Garen von Lebensmitteln im heißen Rauch bei etwa 80 °C (Fisch, Hähnchenkeulen, Schweinefilet).

Geeignete Kräuter: Lorbeerblätter, Petersilie, Rosmarin, Thymian.
Geeignete Gewürze: Koriander, Wacholderbeeren.

FRITTIEREN – Ausbacken von Lebensmitteln in bis zu 175 °C heißem Fett, häufig durch eine Teighülle oder Panade geschützt (Fleisch-, Fisch- oder Gemüsestücke, Blüten- und Kräuterblätter).

Geeignete Kräuter: Estragon, Kerbel, Petersilie, Rosmarin, Rucola; zum Ausbacken in Teig: Borretsch, Melisse, Salbei.

Kräuter kaufen und frisch halten

Ein Grundsortiment an frischen Kräutern findet sich heute schon im Supermarkt, noch besser sortiert ist das Angebot auf Märkten. Echte Raritäten liefern auf Kräuter spezialisierte Gärtnereien.

SCHNITTLAUCH UND PETERSILIE sind heute fast überall erhältlich, ebenso Basilikum, Thymian und Rosmarin. Der Einkauf im Topf empfiehlt sich, weil die Kräuter länger frisch bleiben und den Transport gut überstehen. Bei entsprechender Pflege hat man so gleich einen Vorrat für längere Zeit. Wer auf Balkon, Terrasse oder im Garten genügend Platz hat, kann seine Kräuter selbst ziehen. Das erfordert zwar etwas Geduld, ist jedoch die günstigste Möglichkeit, an das aromatische Grün zu kommen. Liebhabern, die nach verschiedenen Thymian-, Basilikum-, Minze- oder Salbeisorten suchen, sei ein Besuch beim Spezialisten angeraten. Der kann allerdings auch virtuell sein: Viele Kräutergärtnereien bieten inzwischen ihr Sortiment im Internet an (Bezugsquellen S. 328). Beim Kauf von Bundware ist Frische oberstes Gebot, die Blätter sollen fest und voller Saft sein. Befinden sich dazwischen einzelne vergilbte Stängel, ist dies kein gutes Zeichen. Die Schnittflächen der Kräuter müssen frisch und der Geruch sollte an-

Bereits geerntete, nicht sofort benötigte Kräuter lassen sich im Wasserglas bei Zimmertemperatur 1 bis 2 Tage aufbewahren. Stellt man die Kräuter im Becher oder Glas dann noch in den Kühlschrank, halten sie länger frisch.

genehm sein. Riechen die Stängel muffig und sind die Blätter welk, liegen die Kräuter bereits länger.

KRÄUTER WASCHEN UND TROCKNEN

Kräuter – auch aus dem eigenen Garten – sind staubig und sollten stets gewaschen werden. Dafür die Zweige und Stängel kurz kalt oder lauwarm (nicht heiß!) abbrausen oder kurz in kaltem Wasser schwenken, wie unten gezeigt. Anschließend werden die Kräuter trocken geschüttelt oder vorsichtig mit Küchenpapier trocken getupft. Robustere Kräuter wie Petersilie lassen sich in der Salatschleuder trocknen, empfindliche schwenkt man in einem Sieb oder Küchentuch trocken.

KRÄUTER KURZFRISTIG AUFBEWAHREN

Kräuter werden möglichst frisch verwendet, nur in Ausnahmefällen entfalten sie ihr Aroma besser leicht verwelkt, wie etwa Waldmeister. Daher die Zweige oder Stängel von Topf- oder Gartenpflanzen immer erst kurz vor der Verwendung mit der Schere oder einem scharfen Messer abschneiden. Bundware stellt man entweder im Wasserglas in den Kühlschrank, so bleiben Kräuter 1 bis 2 Tage frisch, oder Sie füllen die Kräuter in einen Beutel oder in eine gut schließende Dose und besprühen sie mit Wasser, wie unten gezeigt, und legen Sie dann ins Gemüsefach des Kühlschranks. Sie können die Kräuter aber auch in ein feuchtes Tuch einschlagen (Step 4).

KRÄUTER WASCHEN UND TROCKNEN

(1) Kräuter abbrausen: Die Kräuterstängel unter fließendem kaltem oder lauwarmem Wasser kurz abbrausen.

(2) Kräuter trocken schwenken: Die Stängel in einem Sieb oder in der Salatschleuder schwenken, bis die Blättchen trocken sind.

(3) Kräuter trocken schütteln: Robuste Kräuter bündeln, an den Stängeln halten und die Wassertropfen abschütteln.

(4) Kräuter trocken tupfen: Empfindliche Kräuter auf ein Tuch oder auf Küchenpapier legen und das Wasser vorsichtig abtupfen.

KRÄUTER KURZFRISTIG AUFBEWAHREN

(1) In Folie: Die frischen Kräuterstängel, hier Melisse, in einen Gefrierbeutel geben und leicht mit Wasser besprühen.

(2) Den Beutel verschließen und die Kräuter ins Gemüsefach des Kühlschranks legen.

(3) In der Frischhaltebox: Die Kräuter locker einlegen, die Box mit dem Deckel verschließen und ins Gemüsefach stellen.

(4) Im Tuch: Die Kräuter in ein feuchtes Küchentuch einschlagen und kühl stellen.

Kräuter abzupfen und zerkleinern

Mit gut geschärften Messern und Scheren ist das Hacken und Schneiden von Kräutern kein Problem. Allerdings dürfen sie dann nicht mehr allzu lange stehen, denn die Aromen verflüchtigten sich schnell.

KRÄUTERSTÄNGEL IM GANZEN finden in der Küche relativ selten Verwendung, in den meisten Fällen werden die Blätter und Blüten von den Stielen getrennt und dann weiter zerkleinert. Grundsätzlich sollten die Kräuter vorher gewaschen und trocken geschwenkt werden (S. 137), bevor sie mit Schere, Messer oder Wiegemesser weiterbearbeitet werden. Das Abzupfen, Hacken oder Schneiden von Hand ist zwar etwas zeitaufwendiger als das Zerkleinern der Blätter in der elektrischen Kräutermühle oder im Mixer, bringt aber ein besseres Ergebnis, sofern die Kräuter später sichtbar bleiben sollen. Das schnellere Zerkleinern im Mixer ist nicht exakt kontrollierbar und liefert ein Mus, das nur dann Sinn macht, wenn es in einer Füllung versteckt wird oder Speisen würzen soll, die anschließend im Mixer oder Mörser zu einer feinen Paste verarbeitet werden (S. 142, 143).

KRÄUTER ABZUPFEN UND ABSTREIFEN

(1) Blätter abzupfen: Bei Kräutern mit größeren Blättern und festen Stielen wie Basilikum die Blätter einzeln vom Stängel zupfen.

(2) Nadeln abstreifen: Von harten Kräuterzweigen oder -stielen wie Rosmarin oder Thymian lassen sich die Blättchen meist gut abstreifen. Dafür den Zweig festhalten und mit Daumen und Zeigefinger langsam in Richtung Spitze entlangfahren und dabei die Nadeln oder Blättchen ablösen.

KRÄUTER ABZUPFEN UND ABSTREIFEN

Bei Kräutern mit weichen Stielen wie Fenchelkraut Dill oder Koriandergrün lassen sich auch die Stängel verwenden. Grobe Stiele sind dagegen unerwünscht und werden entfernt. Bei großblättrigen Arten wie Basilikum, Salbei oder Liebstöckel, werden die Blätter einzeln abgezupft, wie links gezeigt. Sie lassen sich teilweise aber auch von der Spitze zum Stielende hin abstreifen. Büschelig wachsende zarte Blätter wie Dill- oder Fenchelkrautspitzen kann man vom Stielende in Richtung Spitze nach oben abziehen und abzupfen. Kleine Blättchen an verholzten Stielen wie bei Thymian streift man in der Regel zur Spitze hin ab. Ebenso die Nadeln beim Rosmarin, wobei die weichere Stängelspitze am Schluss meist mit abbricht. Die weichen Spitzen können dann zusammen mit den anderen Nadeln oder Blättern weiterzerkleinert werden. Generell gilt: Harte Stängel eher abstreifen, zarte Stiele besser abzupfen, weil diese leicht reißen oder brechen.

KRÄUTER ZERKLEINERN

Wie stark die vorbereiteten Kräuterblättchen dann weiterzerkleinert werden, richtet sich in erster Linie nach dem Verwendungszweck: Fein gehackt würzen Kräuter Vinaigrettes und kalte Saucen. Die durch das Zerkleinern frei gesetzten ätherischen Öle können sich gut mit den anderen Zutaten verbinden. Zum Erhitzen sind dagegen grob gehackte oder geschnittene Kräuter besser geeignet.

KRÄUTER HACKEN UND SCHNEIDEN

Unentbehrlich zum Zerkleinern von Kräutern ist ein großes, sehr scharfes Kochmesser, damit die empfindlichen Blätter nicht gequetscht, sondern sauber durchtrennt werden. Für Zubereitungen, bei denen Kräuter als Garnitur oder sichtbare Einlage dienen, sind gerade Schnittkanten erwünscht. Daher empfiehlt es sich, die Blätter oder Halme mit der Schere abzutrennen oder mit dem Messer in Streifen zu schneiden, wie unten gezeigt. Erfordert ein Rezept dagegen stärker zerkleinerte Kräuter, etwa für eine Sauce oder zum Dünsten, zupft man die Blättchen ab und häuft sie auf einem Schneidebrett an. Zum Hacken dann die Messerspitze mit den Fingern einer Hand auf das Brett drücken und mit der anderen Hand das Messer auf und ab bewegen, die Kräuter dabei immer wieder in der Mitte zusammenschieben und bis zum gewünschten Grad zerkleinern. Größere Mengen robuster Kräuter, wie beispielsweise glatte oder krause Petersilie, lassen sich auch gut mit einem einfachen oder doppelten Wiegemesser hacken. Dafür die abgezupfte Petersilie mittig auf einem Brett anhäufen und durch leichtes Auf- und Abbewegen der Schneide(n) bis zum gewünschten Grad zerkleinern.

CHIFFONADE SCHNEIDEN

Als Chiffonade (frz. Zerknittertes) bezeichnet man frische Kräuter- oder Salatblätter, die in lange, sehr schmale Streifen geschnitten werden. Die feinen Streifen dienen überwiegend als Garnitur, aber auch als attraktive Einlage in Saucen und Suppen. Einmal geschnitten, halten die Kräuter nicht mehr lange und sollten umgehend weiterverarbeitet werden.

KRÄUTER SCHNEIDEN UND HACKEN

(1) Schneiden mit der Schere: Ein Bündel Schnittlauchhalme mit der Küchenschere in Röllchen der gewünschten Länge schneiden. Das Schneiden mit der Schere ergibt gerade Schnittkanten und eignet sich für kleinere Mengen und Garnituren.

(2) Hacken: Die Kräuter mit einem großen Messer hacken, dabei die Messerspitze mit den Fingern auf das Brett drücken.

(3) Mit dem Wiegemesser hacken: Das Zerkleinern mit dem Wiegemesser eignet sich nur für sehr robuste Kräuter.

CHIFFONADE SCHNEIDEN

(1) Einige etwa gleich große Kräuterblätter, hier Basilikum, aufeinanderlegen und möglichst eng aufrollen.

(2) Die Blattrolle gut festhalten und mit einem großen scharfen Messer quer in sehr feine Streifen schneiden. Die hauchdünnen Kräuterstreifen eignen sich gut zum Garnieren von Salaten oder anderen Vorspeisen.

Spezielle Geräte und wie Profis sie verwenden

Im Zeitalter des Barock und Rokoko waren Muskatreiben in Mode, die als kleine Preziosen in mit Perlmutt, Elfenbein oder Edelsteinen verzierten Etuis am Gürtel stilbewusster, betuchter Damen getragen wurden. Sie waren demonstrative und dekorative Zeichen des Wohlstands, die zugleich leiblichen Genuss versprachen: Mit frisch geriebener Muskatnuss würzte man damals nicht nur Speisen, sondern auch Bier und Wein, und sie galt zudem als Aphrodisiakum. Heutzutage schmückt man sich nicht unbedingt mit Küchengeräten. Ein hübsches Sümmchen dafür ausgeben kann man trotzdem.

PRAKTISCHES

Angesichts des riesigen Arsenals an Spezialwerkzeugen, mit dem man in der Kräuterküche zu Werk schreiten kann, gibt es einige Basics, die unverzichtbar sind: allen voran ein gut geschärftes Kochmesser sowie eine scharfe Schere zum Schneiden von Schnittlauch und großblättrigen Kräutern, Küchengarn zum Binden von Bouquets garnis und zum Trocknen von Kräutersträußen an der Luft und ein Sparschäler oder ein Zestenreißer, der hauchzarte Streifen von Zitrusfrüchten abzieht. Dazu sind feine Raspeln und Reiben (etwa für Zitronenschale, Ingwer, Meerrettich) unterschiedlicher Größen nützlich. Praktisch ist zudem ein Tee-Ei oder Teefilterpapier, das mit Garn zugebunden zum perfekten Kräutersäckchen wird. Man kann Kräutersäckchen auch aus kleinen Stücken Gazestoff selbst herstellen und mit Garn zusammenbinden. Damit lassen sich Kräuter und Gewürze dann vollständig entfernen, bevor man eine Sauce oder ein Ragout tafelfein macht. Für Kenner gibt es zudem Spicknadeln mit Hülsen für ganze Kräuterzweige. Die Grundausstattung dessen, was für den Einsatz von Kräutern und Gewürzen in der Küche notwendig ist, unterscheidet sich heute nicht wesentlich von dem, womit Heilkundige seit Jahrtausenden Pasten und Pülverchen hergestellt haben: Messer, Mörser und Mühlen. Obwohl die Handhabung kaum Kraft erfordert, ist heute aber vieles elektrifiziert.

MESSER UND BLITZHACKER

Mit dem großen Küchenmesser schneiden geübte Köche ruck, zuck Kräuter, Zwiebeln und Knoblauch klein und auch Gewürze können damit mehr oder weniger fein zerkleinert werden. Ein spezielles Wie-

Unten: Gefäße zur Aufbewahrung von Gewürzen sollten nach Möglichkeit luftdicht schließen. Unten rechts: Schneidebretter, Messer und Reiben sind zur Verarbeitung von Kräutern und Gewürzen unverzichtbar.

Oben: Zum Herstellen von Pasten und Mahlen von Gewürzen eignen sich Blitzhacker und Mörser. Links: Mit speziellen Hülsenspicknadeln (hier von FEUMA) lassen sich sogar ganze Kräuterzweige ins Fleisch einziehen.

gemesser ist nicht unbedingt notwendig, zum Hacken robuster Kräuter eignet es sich jedoch gut. Nach einigem Hin und Her ist das Ergebnis erstaunlich fein, vorausgesetzt, das Wiegemesser ist richtig scharf und die Unterlage nicht zu knapp bemessen. Denn je größer das Schneidebrett, desto angenehmer und effizienter geht die Sache von der Hand.

Zur Zubereitung eines Kräuterpürees oder einer Würzbutter empfiehlt sich ein Blitzhacker, der auch größere Mengen Kräuter und Gewürze sehr fein zerkleinert. Elektrische Blitzhacker und Pürierstäbe können jedoch Kräuter leicht zu Mus zerquetschen. Das ist nur dann sinnvoll, wenn homogene Saucen und Pasten erwünscht sind. Geschmacklich besser ist es, frische Kräuter von Hand zu hacken. Will man sie nicht unnötig zerquetschen, sind nach wie vor scharfe Messer das A und O.

MÖRSER UND MÜHLEN

Der Star unter den Werkzeugen im Reich der Kräuter und Gewürze ist der Mörser. Hier lohnt sich eine kleine Investition, die auch im Antiquitätengeschäft oder Auktionshaus getätigt werden kann, wo immer wieder reich verzierte Beispiele alter Handwerkskunst auftauchen. Mit Mörsern hat der Mensch seit Urzeiten Pflanzenteile nicht nur für kulinarische Zwecke aufgeschlossen und zerkleinert, sondern auch Arzneien oder Farben hergestellt.

Ein Gewürzmörser besteht aus einem stabilen, tiefen, dickwandigen Gefäß aus Stein, Metall, Porzellan oder Holz. Am besten eignet sich rauer Granit, der verhindert, dass Pfeffer-, Piment-, Salzkörner, Senfsaat und andere Samen allzu leicht davonspringen, was bei einem glattwandigen Marmormörser schneller passiert. Der abgerundete, keulenförmige Stößel, mit dem man die Gewürze zerstößt und zermalmt, ist meist aus dem gleichen stabilen Material wie das Gefäß. Zur Reinigung spült man beides mit heißem Wasser aus, dem nach Bedarf etwas Zitronensaft oder Haushaltsnatron zugesetzt werden kann, wenn sich die ätherischen Öle, die beim Aufspalten der Gewürze freigesetzt werden, hartnäckig halten. In Italien und Frankreich, wo Mörser unter anderem für Aioli, Pesto oder Tapenade häufig zum Einsatz kommen, hat man meist zwei im Haus: »Il mortaio sa sempre d'aglio« – eben weil der Mörser, vor allem der hölzerne, immer nach Knoblauch riecht, wie man in Italien sagt.

Was im Mörser zerkleinert wird, ist gröber und unregelmäßiger als Gemahlenes, Püriertes und Gemixtes. Es riecht und schmeckt weniger dominant und ist doch sehr aromatisch. Kurz, der Mörser ist für den Profi die erste Wahl. Dennoch gibt es Fälle, in denen man Gewürze lieber mahlen will, zum Beispiel für asiatische oder arabische Gewürzmischungen. Für das Mahlen von Kümmel, Koriander, Chili, rosa Pfefferbeeren, Thymian und anderem gibt es spezielle Gewürzmühlen, die sich von Pfeffer- und Salzmühlen im Mahlwerk unterscheiden. Als Materialien haben sich Edelstahl und Keramik bestens bewährt, wobei Keramik für Salzmühlen aufgrund der Unempfindlichkeit gegenüber chemischen Reaktionen besser geeignet ist als Edelstahl.

AUFBEWAHRUNG

Für die Aufbewahrung von Kräutern und Gewürzen eignen sich gut schließende Weißblechdosen oder Gläser mit dunklem Glas und Schraubdeckel. Einmal geöffnete Packungen füllt man am besten separat in Dosen, da Gewürze und Kräuter Duft- und Aromastoffe an ihre Umgebung abgeben und leicht fremde Gerüche annehmen.

Ingrid Schindler

Arbeiten mit Mörser und Mixer

Fein zerrieben oder püriert entfalten Kräuter in kalten Saucen, Salz- oder Buttermischungen ihr Aroma aufs Beste. Pasten und Pestos bestechen zudem durch ihre frische, intensive, leuchtend grüne Farbe.

Durch das langsame Zerreiben im Mörser werden die Aromen, etwa die flüchtigen ätherischen Öle der Kräuterblätter, freigesetzt, die den Geschmack von Kräutersalz, Pesto und anderen kalten Kräutersaucen entscheidend beeinflussen. Puristen zerreiben die Kräutermischung für einen Pesto auch heute noch im Mörser – der Name kommt schließlich von ital. *pestare*, zerstoßen. Wenn es aber mal schnell gehen soll, können Sie die Kräuter auch einfach – zusammen mit den übrigen Zutaten – auf kleinster Stufe im Mixer zerkleinern. Da die Aromen sich rasch verflüchtigen, sollten zerriebene Kräuter nicht lange stehen, sondern zügig weiterverarbeitet werden. Für den Klassiker aus Ligurien wird – ebenso wie für sein Pendant aus der Provence – nur Basilikum verwendet. Allerdings fehlen bei der französischen Variante die Pinienkerne, dafür wird Pistou mit Tomaten zubereitet. Aber auch aus anderen Kräutern wie Rucola, Minze und Koriandergrün oder auch aus Kräutermischungen (etwa Koriander, Dill, Kerbel, Petersilie und Schnittlauch) lässt sich ein Pesto herstellen. Frisch zubereitet, hält er sich gut verschlossen in einem Schraubdeckelglas und mit einer dünnen Schicht Olivenöl bedeckt im Kühlschrank mehrere Tage.

PESTO ALLA GENOVESE

- 120 g Basilikum, 4 Knoblauchzehen
- 50 g Pinienkerne, ½ TL Salz
- 50 g Parmesan, frisch gerieben
- 50 g Pecorino, frisch gerieben
- etwa 150 ml Olivenöl

Das Basilikum waschen, mit Küchenpapier vorsichtig trocken tupfen und die Blätter abzupfen. Den Knoblauch abziehen und grob hacken. Stellen Sie

KRÄUTER IM MÖRSER ZERREIBEN

am Beispiel Pesto alla genovese

(1) Die Pinienkerne mit dem Salz und dem grob gehackten Knoblauch kräftig zerstoßen.
(2) Die Basilikumblätter grob schneiden, in den Mörser geben und mit dem Stößel fein zerreiben.
(3) Den geriebenen Parmesan und Pecorino zufügen und nach und nach sorgfältig einarbeiten.
(4) Zum Schluss das Öl in dünnem Strahl einlaufen lassen und gut untermischen.

aus den oben genannten Zutaten einen Pesto her, wie in Step 1 bis 4 unten gezeigt. Soll der Pesto alla genovese zu gekochter Pasta serviert werden, rühren Sie noch 3 bis 4 Löffel Nudelkochwasser unter.

GRÜNE KRÄUTERBUTTER HERSTELLEN

Mit frischer Butter vermengt, verfeinern Kräuter Suppen und Saucen. Kräuterbutter ist aber auch ideal zum Abrunden von Gegrilltem, die Kräuter können dabei je nach Verwendung variieren.

- je 1 Bund Schnittlauch und glatte Petersilie
- 2 Knoblauchzehen, abgezogen und grob gehackt
- 250 g weiche Butter, Salz
- frisch gemahlener Pfeffer, etwas Zitronensaft

Die Kräuter waschen, trocken schleudern, die Petersilienblättchen abzupfen und weiterarbeiten, wie unten in Step 1 bis 4 gezeigt. Sie können diese Kräuterbutter zusätzlich noch mit 50 g fein geriebenen Mandeln und 2 fein geschnittenen Sardellenfilets verfeinern, sie passt dann besonders gut zu Fisch, hellem Geflügel und Kalbfleisch.

KRÄUTERSALZ HERSTELLEN

Hierfür benötigen Sie 1 Teil frische, geschnittene Kräuterblättchen und 3 Teile Salz, zum Beispiel unraffiniertes Meersalz oder Fleur de Sel. Die Kräuter mit der Hälfte des Salzes im Mörser fein zerreiben. Die Mischung sieben, um vorhandene Stängel und holzige Teile zu entfernen, dann das restliche Salz untermischen. In einer Dose dunkel aufbewahrt, halten sich Aroma und die appetitliche Farbe eine Woche. Also nicht zu viel auf einmal herstellen, sondern lieber öfter zu Mörser und Stößel greifen.

KRÄUTER IM BLITZHACKER ZERKLEINERN UND KRÄUTERBUTTER HERSTELLEN

(1) Die Petersilie und den Schnittlauch grob schneiden und im Blitzhacker mit dem Knoblauch in mehreren Durchgängen zerkleinern.

(2) Die weiche Butter mit dem Schneebesen glatt, aber nicht schaumig rühren. Die Butter mit Salz, Pfeffer und Zitronensaft würzen.

(3) Zuletzt die gehackten Kräuter zufügen und rasch unterheben. Alles gut vermengen und die Butter etwas fest werden lassen.

(4) Die Kräuterbutter auf ein Stück Pergamentpapier geben und vorsichtig mit beiden Händen zu einer dünnen Rolle formen.

(5) Die Kräuterbutter im Kühlschrank fest werden lassen und mit einem Messer in dünne Scheiben schneiden. So lässt sich die Kräuterbutter leicht portionieren.

Kräuter trocknen und einlegen

Getrocknet oder eingelegt in Öl, Essig oder Salz verfeinern Kräuter das ganze Jahr über Salate, Saucen, Fleisch, Fisch und Gemüse. Schon mit wenigen Handgriffen lässt sich die Fülle der Aromen konservieren.

FÜR DEN WINTERVORRAT sollte man grundsätzlich nur gesunde, einwandfreie Pflanzen ernten. Zarte Triebe, einzelne Blätter oder Blüten zupft man von Hand, härtere Stängel und Zweige lassen sich mit einem scharfen Messer oder mit der Schere abtrennen. Der beste Erntezeitpunkt für Kräuter zum Konservieren ist der späte Vormittag eines sonnigen Tages, so zwischen 10 und 11 Uhr, wenn der Tau bereits getrocknet ist, die Kräuter aber noch kraftvoll und frisch sind. Zum Trocknen vorgesehene Kräuter und Blüten sollte man nach Möglichkeit nicht waschen, sondern nur kräftig ausschütteln, um eventuell vorhandene kleine Insekten zu entfernen. Müssen die Kräuter doch einmal gewaschen werden, nur in kaltem Wasser schwenken und sorgfältig mit Küchenpapier trocken tupfen.

Zum Trocknen werden die locker gebundenen Kräutersträuße an einem schattigen und gut belüfteten Platz aufgehängt.

KRÄUTER TROCKNEN

Gut trocknen lassen sich Kräuter mit harten Stielen und festen, ledrigen Blättern, wie etwa Thymian, Rosmarin, Salbei, Oregano oder Zitronenverbene, aber auch Minze, Majoran, Beifuß, Bohnenkraut oder Dill eignen sich. Wärme in Verbindung mit einer guten Luftzirkulation sind die wichtigsten Voraussetzungen zum erfolgreichen Trocknen. Mit Bast oder Bindfaden locker zu Sträußen zusammengebunden, werden die Kräuter dann an einem luftigen, schattigen Ort aufgehängt, etwa auf dem Dachboden oder auch in einem gut belüfteten Raum, dort trocknen sie in wenigen Tagen. Wer ausreichend Platz zur Verfügung hat, breitet die Kräuter am besten auf einem Holzgitter aus, wie rechts in Step 1 gezeigt, oder legt die Stängel locker nebeneinander in eine mit Papier ausgelegte Holzkiste und stellt diese an einen luftigen, warmen und schattigen Ort. Ist die Luftfeuchtigkeit zu hoch oder kein geeigneter Raum vorhanden, lassen sich Kräuter auch in einem Dörrapparat oder im Mikrowellenherd trocknen. Die Kräuter locker auf Küchenpapier ausbreiten, wie rechts in Step 2 gezeigt, auf eine geeignete Platte setzen und mit Papier bedeckt 2 bis 4 Minuten auf höchster Stufe im Mikrowellenherd trocknen. Alternativ funktioniert das Trocknen auf einem Rost im Backofen, die Temperatur darf dabei 30 °C nicht übersteigen und während des Trocknens muss die Ofentür einen Spalt offen bleiben.

GETROCKNETE KRÄUTER ZERKLEINERN

Die Kräuter sind ausreichend trocken, wenn die dürren Blätter rascheln und sich leicht zerreiben lassen. Die Kräuterblättchen dann von den Stängeln streifen, wie in Step 3 gezeigt, und in ein Schraubdeckelglas füllen. Oder die Blättchen abstreifen und mit den Fingern oder zwischen den Handflächen zerrebeln, wie in Step 4 gezeigt. Größere Mengen getrockneter Kräuter auf Pergamentpapier legen und mit dem Nudelholz zerkleinern. Die zerrebelten Kräuter in ein Glas füllen und luftdicht verschließen.

Einlegen in Öl, Essig oder Salz ist für die meisten Küchen- und Wildkräuter eine ideale Möglichkeit, Geschmack und Aroma zu konservieren. Welcher Methode dabei der Vorzug gegeben wird, entscheidet die spätere Verwendungsabsicht – in Öl konservierte Kräuter sind am vielseitigsten einsetzbar.

KRÄUTER IN ÖL ODER ESSIG EINLEGEN

Vor dem Einlegen in Öl, Essig oder Salz werden die Kräuter kurz kalt abgebraust und vorsichtig mit Küchenpapier trocken getupft. Anschließend die abgezupften Blätter grob hacken, fein schneiden oder pürieren und in saubere Schraubdeckelgläser füllen. Die Kräuter etwa 1 cm hoch mit Essig oder Öl bedecken, es darf kein Blatt herausschauen, denn es würde rasch verderben. Zum Konservieren eignen sich alle länger haltbaren, kalt gepressten Öle. Ideal ist beispielsweise Olivenöl, das weniger schnell ranzig wird als Sonnenblumenöl. Im Ölbad bewahren die Kräuter ihr Aroma weitgehend und lassen sich später beim Entnehmen gut dosieren. Kräuter in Öl sind in der Küche sehr vielseitig einsetzbar. Mit einem guten Weinessig bedeckt eignen sich Kräuter vor allem für Zubereitungen, die eine gewisse Säure erfordern, zum Beispiel für Dips und Dressings. Nach 2 bis 3 Wochen sind die eingelegten Kräuter dann verzehrfertig. Luftdicht verschlossen halten sie in einem Glas mehrere Monate, wenn die Oberfläche nach dem Entnehmen sofort wieder mit Essig oder Öl bedeckt wird.

KRÄUTER IN SALZ EINLEGEN

In Salz eingelegt, lässt sich das Aroma der Kräuter ebenfalls über den Winter retten. Auf 1 Teil Salz kommen dabei etwa 4 Teile zerkleinerte Kräuter. Beides wird abwechselnd Schicht für Schicht in ein gut verschließbares Gefäß, etwa ein Schraubdeckelglas gefüllt. In Salz konserviert halten Kräuter auch mehrere Monate, sollten jedoch aufgrund des hohen Salzanteils nur sehr sparsam dosiert werden.

KRÄUTER TROCKNEN,
die Blätter von den Stängeln streifen und zerkleinern

(1) Trocknen an der Luft: Kräuter und Blüten auf einem Holzgitter ausbreiten und an einem warmen Ort trocknen.
(2) Trocknen im Mikrowellenherd: Die Kräuter auf eine mit Küchenpapier belegte Platte legen und in das Gerät stellen.
(3) Getrocknete Kräuterblättchen – hier Estragon – von den Stängeln streifen und nach Belieben weiter zerkleinern.
(4) Feine Blättchen – hier Thymian – abstreifen und zwischen den Handflächen oder mit dem Nudelholz zerrebeln.

Tiefkühlen: für viele Kräuter ideal

Aroma, Inhaltsstoffe und Farbe bleiben beim Tiefkühlen weitgehend erhalten, wenn die Kräuter absolut frisch verarbeitet werden. Abgepackt in kleinen Mengen lassen sie sich später gut dosieren.

EINEN VORRAT FÜR MEHRERE MONATE hat man mit Kräutern aus dem Tiefkühlgerät stets griffbereit zur Hand. Geeignet sind mit Ausnahme von sehr empfindlichen Gewächsen wie Basilikum fast alle Küchen- und Wildkräuter. Ideal ist das Tiefkühlen für zartblättrige Kräuter mit weichen Stängeln, die sich schlecht trocknen lassen. Küchenkräuter wie Petersilie, Estragon, Kerbel oder Dill werden dafür am Vormittag nach Abtrocknen des Taus geerntet und kurz kalt abgebraust. Dann die Blätter mit Küchenpapier trocken tupfen und die Kräuter entweder nach Sorten getrennt oder gemischt zerkleinern und portionsweise tiefkühlen. Das hat den Vorteil, dass die Kräuter bereits küchenfertig sind und direkt ohne vorheriges Auftauen zum Aromatisieren verwendet werden können.

KRÄUTEREISWÜRFEL HERSTELLEN

Praktisch und beliebt ist das Tiefkühlen von zerkleinerten Kräutern oder Kräuterpüree (S. 150) in handelsüblichen Eiswürfelschalen oder in kleinen Behältern für jeweils einen Kräutereiswürfel. Letztere sind zwar etwas aufwendiger in der Anschaffung, haben aber den Vorteil, dass das anschließende Verpacken entfällt. Dafür die Kräuter vorbereiten wie beschrieben, einfüllen und mit Wasser aufgießen, wie rechts in Step 1 gezeigt. Kräutermischungen für spezielle Gerichte können Sie auch mit Gemüse-, Geflügel-, Kalbs- oder Fischfond aufgießen, die noch mehr Geschmack mitbringen. Anschließend die Portionsbehälter verschließen, beschriften und ins Tiefkühlgerät stellen. In Eiswürfelbehältern hergestellte Kräutereiswürfel werden nach dem Durch-

frieren wieder aus dem Tiefkühlgerät genommen und aus der Schale gelöst. Die Eiswürfel dann entweder in Gefrierbeuteln oder Dosen aufbewahren oder einzeln in Alufolie verpacken und genau beschriften, wie in Step 2 gezeigt. So hat man die würzigen Kräuter noch schneller zur Hand.

TIEFKÜHLEN IN BEUTEL UND DOSE

Zum Tiefkühlen ganzer Stängel oder Zweige – etwa für Kräuterbouquets (S. 149) – eignen sich Gefrierbeutel gut, wie in Step 3 gezeigt. Größere Mengen zerkleinerter Kräuter lassen sich am besten in handelsüblichen Kunststoffdosen tiefkühlen, wie in Step 4 gezeigt. Wem das Schneiden oder Hacken der Kräuter zu aufwendig ist, kann sie auch auf einem Blech auslegen und kurz tiefkühlen. Dann wieder herausnehmen, die starren Kräuter fein zerrebeln und portionsweise erneut tiefkühlen.

KRÄUTERBLÄTTER EINZELN TIEFKÜHLEN

Etwas aufwendiger ist das Tiefkühlen ganzer Blätter. Die sind hilfreich, wenn für ein Gericht einzelne Kräuterblätter verlangt werden, wie etwa bei Salbeibutter oder bei Curryblättern. Dafür mehrere Lagen Pergamentpapier passend zurechtschneiden, die Kräuter waschen, trocken tupfen und die Blätter abzupfen. Ein Stück Pergamentpapier mit Olivenöl bepinseln und weiterarbeiten, wie unten in Step 5 gezeigt. Ein zweites Pergamentpapier mit Öl bestreichen, mit der geölten Seite nach unten auflegen und weiterarbeiten, wie in Step 6 gezeigt. Sind alle Kräuterblätter zwischen Ölpapier gelegt, das Päckchen in Alufolie einschlagen, beschriften und tiefkühlen. Bei dieser Methode bleibt die Farbe besonders gut erhalten – etwa beim Bärlauch, der sich beim Zerkleinern dunkel verfärben würde, zudem können die Blätter einzeln entnommen werden.

KRÄUTEREISWÜRFEL HERSTELLEN

(1) Die vorbereiteten Kräuter nach Sorten getrennt oder gemischt zerkleinern, in Portionsbehälter füllen, mit Wasser oder Fond aufgießen, verschließen und tiefkühlen.

(2) Die vorbereiteten Kräuter in eine Eiswürfelschale füllen, mit Wasser oder Fond aufgießen und tiefkühlen. Die Kräutereiswürfel aus der Schale lösen und einzeln in Alufolie verpacken.

KRÄUTER IN BEUTEL UND DOSE TIEFKÜHLEN

(3) Triebspitzen und ganze Stängel portionsweise in einen Gefrierbeutel füllen, diesen luftdicht verschließen und tiefkühlen.

(4) Größere Mengen zerkleinerter Kräuter und -mischungen in Dosen füllen, mit dem Deckel verschließen und tiefkühlen.

KRÄUTERBLÄTTER EINZELN TIEFKÜHLEN

(5) Ein Stück Pergamentpapier dünn mit Öl bepinseln und die vorbereiteten, abgezupften Kräuterblättchen auflegen.

(6) Eine zweite Lage Kräuterblätter auflegen und mit einem Stück geöltem Pergamentpapier bedecken.

Mit Kräutern aromatisieren

Für Spieße, zum Spicken und Mitbraten eignen sich nur robuste Kräuter mit festen, ledrigen Blättern oder Nadeln wie Rosmarin, Thymian oder Salbei, die beim Garen ihr volles Aroma entfalten.

KRÄUTERSPIESSE vom Grill, bestückt mit saftigem Rind- oder Schweinefleisch oder mit Fisch, sind eine echte Bereicherung jeder Grillparty, zumal ihre Herstellung ganz einfach ist. Dafür die Blätter oder Nadeln vom Zweig abstreifen und weiterarbeiten, wie unten gezeigt. Zweige oder Stängel statt Metallspießen zu verwenden hat gleich zwei Vorteile: Zum einen würden die Kräuter rasch verbrennen, wenn man sie lose mit auf den Rost legt, zum andern gelangt durch das Aufspießen der Fleisch- und Fischwürfel oder Geflügelteile das Aroma von Rosmarin, Lorbeer oder Zitronengras direkt in das Grillgut. Ist die Hitzequelle weiter entfernt, wie beim Kotelettbraten aus dem Ofen, können die Kräuterstängel aufgelegt und fixiert werden, wie unten in Step 1 und 2 beschrieben. Allerdings dringt das würzige Aroma weniger tief ein als beim klassischen Spicken. Dafür das Fleisch mit einem kleinen, spitzen Messer leicht einstechen und Kräuterspitzen oder -blätter einstecken, wie unten gezeigt.

Kräuterspieße herstellen: Von den Kräuterzweigen alle Blätter oder Nadeln bis auf ein paar an der Spitze abstreifen. Das Ende etwas anspitzen und Fleisch- oder Fischwürfel nach Belieben abwechselnd mit Paprika- und Zwiebelstücken aufspießen.

KOTELETTSTRANG MIT KRÄUTERN WÜRZEN

(1) Die vorbereiteten Kräuterstängel locker nebeneinander auf die Fettschicht des Bratenstücks legen.

(2) Die Kräuter mit Küchengarn fixieren, dafür das Fleisch wie einen Rollbraten in Form binden.

LAMMKEULE MIT KRÄUTERN SPICKEN

(1) Mit einem spitzen Messer die Haut oder das Fleisch in gleichem Abstand leicht schräg einstechen.

(2) Sofort vorbereitete Kräuterspitzen und -zweige – hier Rosmarin und Thymian – einschieben.

WÜRZEN MIT EINEM BOUQUET GARNI

Werden Kräuter in viel Flüssigkeit mitgegart, bindet man sie mit Küchengarn zu einem Sträußchen zusammen. So können sie ihr Aroma abgeben und anschließend mühelos wieder entfernt werden. Im einfachsten Fall besteht ein solches Kräutersträußchen – Bouquet garni, wie der Fachmann sagt – nur aus 1 Zweig Thymian, 1 Lorbeerblatt und 3 Stängeln Petersilie – eine Kombination, die immer passt. Die folgenden Bouquets garnis sind dagegen auf die Hauptzutaten verschiedener Fonds abgestimmt.

BOUQUET GARNI FÜR HELLES FLEISCH (1)

Je 1 Möhre und Petersilienwurzel waschen und putzen. 3 bis 4 Stängel Petersilie und je 1 Zweig Liebstöckel, Bohnenkraut und Zitronenthymian sowie nach Belieben noch etwas Oregano waschen und mit Küchenpapier trocken tupfen. Alles zusammen mit 1 ungeschälten Knoblauchzehe zu einem Bouquet garni binden und das Garn fest verknoten.

BOUQUET GARNI FÜR DUNKLES FLEISCH (2)

Je 1 Frühlingszwiebel und Petersilienwurzel waschen und putzen. 1 kleiner Zweig Rosmarin, 1 Zweig Thymian, 2 bis 3 Stängel Petersilie, 2 Salbei- und Lorbeerblätter sowie 4 bis 5 Sellerieblätter waschen und mit Küchenpapier trocken tupfen. Die Schale von ½ unbehandelten Orange möglichst dünn abschälen. Alles mit Küchengarn zu einem Bouquet garni binden und fest verknoten.

BOUQUET GARNI FÜR GEFLÜGELFOND (3)

Je 1 Möhre und Frühlingszwiebel waschen und putzen. Etwas Fenchelgrün sowie 3 bis 4 Stängel Petersilie und 1 Stängel Estragon ebenfalls waschen und mit Küchenpapier trocken tupfen. Möhre und Frühlingszwiebel und die Kräuterstängel mit Küchengarn zu einem Bouqet garni binden und das Garn fest verknoten.

BOUQUET GARNI FÜR FISCHFOND (4)

Jeweils 1 bis 2 Estragonstängel und Thymianzweige, 3 Stängel Petersilie sowie einige Sellerieblätter waschen und mit Küchenpapier trocken tupfen. Dann ½ Stange Staudensellerie waschen und putzen, ½ unbehandelte Zitrone dünn abschälen und alles zusammen mit einer ½ Chilischote ohne Stiel und Samen mit Küchengarn zusammenbinden und fest verknoten.

BOUQUETS GARNIS FÜR FONDS

(1) **ZU HELLEM FLEISCH**, etwa zu Kalb, passen aromatische Kräuter wie Bohnenkraut, Zitronenthymian, Liebstöckel, Oregano und Petersilie, ergänzt durch etwas Knoblauch, Petersilienwurzel und Möhre.

(2) **RIND UND WILD** vertragen kräftige Aromen wie Rosmarin, Thymian, Salbei und Lorbeer. Ergänzt werden sie durch Petersilie, Sellerieblätter, Petersilienwurzel, Frühlingszwiebel und Orangenschale.

(3) **MIT GEFLÜGEL** harmonieren die Aromen von Petersilie, Estragon, Fenchelgrün und Frühlingszwiebel. Eine Möhre rundet das Bouquet mit ihrer leichten Süße zudem angenehm ab.

(4) **ZU FISCH** passen Estragon, Thymian, Petersilie, Staudensellerie und Selleriegrün. Die ½ Chilischote bringt zudem noch einen Hauch Schärfe mit, für die frische Note sorgt ein Streifen unbehandelte Zitronenschale.

Würzen und färben mit frischem Grün

Überall dort, wo die Struktur etwas feiner sein darf, empfiehlt sich der Einsatz von Mixer oder Blitzhacker. Zu Püree verarbeitet, würzen Kräuter Pasten, Füllungen, Saucen, Dips und Butter.

IM HANDUMDREHEN FERTIG sind im Mixer hergestellte Kräuterpürees, das mühsame Zerkleinern mit dem Messer entfällt. In der Regel werden die gewaschenen Kräuterblättchen von den Stängeln gezupft, 30 Sekunden blanchiert, abgeschreckt und püriert, wie unten in Step 1 bis 5 gezeigt. Kräuterpürees finden als Mousse, in Saucen, Füllungen sowie zum Aromatisieren und Würzen Verwendung.

KRÄUTERMATTE ZUM FÄRBEN

Um eine sehr gleichmäßige Färbung ohne dunkle Einsprengsel zu erzielen, stellt man am besten eine sogenannte Kräutermatte her. Die Basis dafür ist ein Kräuterpüree, das auf 65 °C erhitzt wird. Bei dieser Temperatur zieht sich das Blattgrün (Chlorophyll) zusammen und kann mit einem Teesieb abgeschöpft werden (Step 1 bis 6 unten rechts). Die

KRÄUTERPÜREE HERSTELLEN

(1) Die gewaschenen und von den Stängeln gezupften Kräuterblättchen – hier Koriandergrün – einige Sekunden in kochendem Wasser blanchieren.

(2) Die blanchierten Kräuter in Eiswasser abschrecken, um den Garprozess zu stoppen und die Farbe zu erhalten.

(3) Die Kräuter in ein feinmaschiges Sieb schütten und gut abtropfen lassen, aber nicht ausdrücken.

(4) Die Kräuter im Mixer oder im Blitzhacker rasch zu einem feinen Püree verarbeiten.

(5) Das fertige Kräuterpüree kann abgeschmeckt direkt zum Würzen verwendet werden. Es dient aber auch zum Aromatisieren von Füllungen, Pasten, Knödeln oder Saucen.

Kräuteraufguss herstellen: Etwa 2 TL gewaschene, abgezupfte Kräutertriebe – hier Zitronenverbene – in eine Schüssel geben und mit ¼ l heißem Wasser übergießen. Die Wasser-Kräuter-Mischung anschließend 5 bis 10 Minuten ziehen lassen, dann durch ein feines Sieb passieren.

Kräutermatte färbt Nudelteig schön gleichmäßig grün, ist im Aroma aber deutlich schwächer als das Püree. Geeignet dafür sind robuste, stark färbende Kräuter wie Petersilie oder junge Spinatblätter.

KRÄUTERSAFT, AUSZUG UND AUFGUSS

Manchmal sind die Aromen der Kräuter, nicht jedoch die Pflanzenteile selbst erwünscht, beispielsweise für die Herstellung von Rosmarin- oder Basilikumeis, Limonaden, Cremes, Konfitüren oder Schokolade. Zum Separieren der Geschmacksstoffe gibt es mehrere Möglichkeiten. Füllt man stark zerkleinerte frische Kräuter ungekocht in ein Tuch und presst sie fest aus, erhält man würzigen Kräuterdirektsaft. Ebenfalls ohne Hitzezufuhr kommt ein Kräuterauszug aus. Weil die Aromen hier in Wasser gelöst werden, müssen die Kräuter lange darin ziehen. Dafür 2 TL gewaschene Kräuterblättchen in eine Schüssel geben, mit ¼ l kaltem Wasser übergießen und mindestens 3, besser noch 8 bis 10 Stunden zugedeckt bei Zimmertemperatur ziehen lassen, dann passieren. Meist wird jedoch ein Aufguss hergestellt, dafür die Kräuter heiß übergießen, wie oben gezeigt. Zum Aromatisieren von Cremes oder Kuchen einige gewaschene Kräuterstängel, etwa Lavendel, Thymian oder Estragon, mit der erforderlichen Menge Milch oder Sahne übergießen und ebenfalls 5 bis 10 Minuten ziehen lassen.

KRÄUTERMATTE HERSTELLEN

(1) Die abgezupften Petersilienblättchen portionsweise jeweils mit 2 bis 3 EL Wasser im Blitzhacker oder im Mixer fein pürieren, dann herausnehmen.

(2) Das Petersilienpüree in ein Passiertuch füllen und dieses von den Enden her zusammendrehen.

(3) Das Tuch weiter zusammendrehen, dabei das Püree fest auspressen und den Saft in einer Schüssel auffangen.

(4) Den leuchtend grünen Petersiliensaft in eine Kasserolle füllen und auf 65 °C erhitzen.

(5) Das sich an der Oberfläche zusammenziehende Blattgrün vorsichtig mit einem Teesieb abschöpfen.

(6) Das extrahierte Blattgrün durch ein Sieb passieren und die »Kräutermatte« je nach Rezept weiterverarbeiten.

Gewürzekauf ist Vertrauenssache

Die Vielfalt an würzigen Körnern, Samen, Rinden und Kapseln ist heute größer denn je – selbst im Supermarkt ist die Auswahl beträchtlich. Beim Einkauf von Gewürzen sollte man auf gute Qualität achten.

QUALITATIV HOCHWERTIGE Gewürze haben ihren Preis, schließlich haben viele von ihnen eine lange Reise hinter sich. Sehr günstige Angebote sind eher verdächtig – insbesondere bei Vanille oder Safran sind keine Schnäppchen zu erwarten. Im Urlaub locken oft besondere Angebote, sie unterliegen jedoch nicht den strengen Qualitätsanforderungen, die an hierzulande verkaufte Gewürze gestellt werden.

GEWÜRZE EINKAUFEN

Gewürze kauft man stattdessen besser im Feinkostladen, in den gut sortierten Delikatessabteilungen der Kaufhäuser oder – noch besser – bei einem Fachhändler, der auch Ausgefallenes bereithält. Viele der getrockneten Blätter, Wurzeln und Samen sind zudem in Apotheken erhältlich und eine gute Auswahl landestypischer Gewürze bieten Asialäden sowie Geschäfte für mexikanische, türkische oder arabische Lebensmittel. Raritäten wie Bergpfeffer, auch Tasmanischer Pfeffer genannt, australische Akaziensamen oder die milde Chilisorte Piment d'Espelette aus dem französischen Baskenland sind jedoch nach wie vor schwer erhältlich, können aber über das Internet bezogen werden (Bezugsquellen S. 328). Getrocknete ganze Gewürze halten etwa 1 Jahr und damit doppelt so lange wie das Pulver. Es empfiehlt sich daher, nach Möglichkeit immer ganze Körner oder Kapseln zu kaufen – und zwar in kleinen Mengen –, um sie dann bei Bedarf frisch zu mahlen oder im Mörser zu zerreiben. Nur wenige Gewürze wie Muskatblüte, Zimt oder die getrockneten Rhizome von Kurkuma und Ingwer lassen sich schlecht selbst zu Pulver verarbeiten. In diesem Fall kauft man besser das gemahlene Gewürz. Sobald die Farbe verblasst oder wenn Gewürze einen muffigen, dumpfen Geruch aufweisen, sind sie überlagert und sollten in jedem Fall gegen frische Ware ausgetauscht werden, denn von ihrer ursprünglichen Würzkraft ist nicht mehr viel übrig.

GEWÜRZE RICHTIG LAGERN

Meist stehen Pfeffer, Kardamom und Co. in Gläsern im Gewürzregal in der Küche. Da Licht jedoch die Farbpigmente zerstört und Wärme das Aroma beeinträchtigt, sollten Gewürze besser an einem kühlen, dunklen, trockenen Ort aufbewahrt werden. Ideal sind gut schließende Dosen aus Edelstahl oder Gläser mit luftdichtem Verschluss, wenn diese dunkel gelagert werden. Frische Gewürze wie Ingwer, Kaffirlimettenblätter oder Zitronengras halten sich in einem Gefrierbeutel im Gemüsefach des Kühlschranks mehrere Tage. Werden sie erst später gebraucht, kommen sie ins Tiefkühlgerät. Gewürzpasten im Glas halten im Kühlschrank 1 bis 2 Wochen, tiefgekühlt etwa 6 Monate.

Gut geeignet zum Aufbewahren von aromatischen Gewürzen sind luftdicht schließende Dosen aus Metall oder Gläser. Der richtige Aufbewahrungsort ist übrigens nicht neben dem Herd, sondern ein dunkler, kühler und trockener Ort.

Herrlich würzige Düfte

Nach kurzem Rösten in einer schweren Pfanne schmecken Gewürze besonders intensiv. Anschließend werden sie gehackt, im Mörser zerrieben oder in der Gewürzmühle zu feinem Pulver zermahlen.

BEIM RÖSTEN entfalten trockene Gewürze wie Koriander, Kreuzkümmel oder Gewürznelken ihr volles Aroma. Diesen Effekt machen sich viele asiatische Köche zunutze, vor allem in Indien wird das Aroma vieler Gewürze vor der Verwendung durch Rösten intensiviert. Sollen die Gewürze, beispielsweise für eine Würzmischung, im Anschluss noch gemahlen werden, empfiehlt sich ein Rösten ohne Fett. Werden sie nicht weiterzerkleinert, kann man die Gewürze auch in etwas Öl oder Butterschmalz rösten. Bei der Zubereitung von Würzölen wie Chili- oder Annattoöl empfiehlt sich ein kurzes Rösten der Gewürze in Öl, um das Aroma zu verstärken.

GEWÜRZE RÖSTEN

Zunächst eine schwere Pfanne ohne Fett erhitzen, dann die Gewürze zufügen und die Hitze etwas reduzieren und alles unter ständigem Rühren rösten, bis die Gewürze leicht zu duften beginnen. Das kann $\frac{1}{2}$ bis 2 Minuten oder auch etwas länger dauern. Dabei darf die Hitze aber nicht zu stark werden, sonst verbrennen die Körner und Samen und schmecken bitter. Vor dem Zerkleinern die Gewürze etwas abkühlen lassen, um sich nicht zu verbrennen. Weil die Aromastoffe wie ätherische Öle sich rasch verflüchtigen, sollte das Rösten und Zerkleinern immer erst unmittelbar vor Gebrauch erfolgen.

Durch das Anrösten entwickeln viele ganze Gewürze ein besonders intensives Aroma.

GEWÜRZE IM GANZEN MITGAREN

(1) Im Gewürzsäckchen: Die Gewürze in ein Stoffsäckchen füllen und dieses mit Küchengarn fest zusammenbinden.

(2) In der Gewürzkugel aus Drahtgeflecht: Beide Hälften auseinander drücken, die Gewürze einfüllen und die Kugel wieder schließen.

GEWÜRZSÄCKCHEN, GEWÜRZEI (1, 2 LINKS)

Um Gewürze nach dem Garen besser entfernen zu können, füllt man sie in ein Gewürzsäckchen aus Mulltuch oder Teefilterpapier. Die Aromen können sich während des Garens gut entfalten und das Säckchen lässt sich anschließend mit einem Griff wieder herausnehmen. Eine Alternative sind Kugeln oder Körbchen aus Drahtgeflecht, die wie ein Tee-Ei gefüllt und verschlossen werden – auch sie lassen sich nach dem Garen leicht entnehmen.

GEWÜRZE ANDRÜCKEN UND HACKEN (1, 2)

Kleine Mengen an festen Gewürzen wie Pfefferkörner werden mittels Druck auf die flache Messerklinge oder mit dem Boden eines stabilen Topfes grob zerdrückt. Auch für Wacholderbeeren, die man meist nur leicht andrückt, empfiehlt sich diese Methode. Zum Hacken wiederum dient die Schneide des Messers. Viele Gewürze wie Senf oder Kümmel neigen jedoch dazu, in alle Richtungen zu springen. Um dies zu verhindern, beträufelt man sie vorher mit ein paar Tropfen Öl.

GEWÜRZE IM MÖRSER ZERKLEINERN (3, 4)

Das Zerstoßen oder Zerreiben von Gewürzen wie Pfeffer- und Korianderkörner oder Kreuzkümmel in einem Mörser aus Granit, Marmor oder Porzellan ist eine gute Methode für kleinere Mengen. Das mechanische grobe oder feine Zerreiben erfordert zwar etwas Kraft und Geduld, funktioniert dafür aber auch mit ölhaltigen oder in Fett gerösteten Gewürzen. Wichtig dabei ist, dass die Oberfläche des Mörsers innen leicht angeraut ist.

GEWÜRZE ZU PULVER VERMAHLEN (5–8)

Größere Mengen an Gewürzen lassen sich kraftsparend in einer elektrischen Kaffeemühle mit Schlagmessern mahlen. Hier gilt: pro Mahlgang nur 1 bis 2 EL einfüllen und den Mahlvorgang immer wieder unterbrechen. Andere Kaffeemühlen sind weniger geeignet, aufgrund der in den Körnern und Samen enthaltenen Öle verkleben sie schnell. Auch Blitzhacker bringen nicht das erwünschte Ergebnis. Durch den weiten Abstand der Messer springen die Gewürze und werden kaum erfasst. Sehr gut funktionieren Gewürzmühlen, deren Mahlwerk wie eine Pfeffermühle arbeitet. Kleine Mengen Piment und Koriander oder andere harte, trockene Gewürze lassen sich damit leicht zu Pulver vermahlen.

GETROCKNETE GEWÜRZE ZERKLEINERN

(1) Mit dem Messer andrücken: Die Gewürze zusammenschieben und durch Druck auf die flache Klinge zerkleinern.

(2) Das Ergebnis: Die Gewürze sind nur grob zerkleinert. Geeignet beispielsweise für Pfefferkörner und Wacholderbeeren.

(3) Im Mörser zerreiben: 1 bis 2 EL Gewürze in den Mörser geben und mit dem Stößel kreisend zerreiben.

(4) Das Ergebnis: Je nach Bearbeitungsdauer können die Gewürze nur grob zerkleinert oder auch fein zerrieben werden.

(5) In der elektrischen Kaffeemühle mahlen: Jeweils 1 bis 2 EL Gewürze einfüllen und bis zum gewünschten Grad mahlen.

(6) Das Ergebnis: Je nach Dauer und Zahl der Mahlgänge sind die Gewürze grob zerkleinert oder zu feinem Pulver vermahlen.

(7) Mit der Gewürzmühle mahlen: Die Gewürze einfüllen und drehend – wie in einer Pfeffermühle – fein zermahlen.

(8) Das Ergebnis: Ein feines Pulver. Das Mahlen mit dieser Mühle eignet sich für kleine Mengen harter, trockener Gewürze.

Knoblauch – in vielen Ländern eine beliebte Würzzutat

Aus den Küchen rund ums Mittelmeer ist er nicht wegzudenken und auch in Asien spielt der »in Zehen gespaltene Lauch« eine große Rolle. Sein prägnantes Aroma ist jedoch nicht jedermanns Sache.

MEHR ODER WENIGER INTENSIV kann das Aroma der weißen oder rötlich gefärbten Knollen ausfallen, je nach Alter, Sorte und Art der Zubereitung. Generell ist junger frischer Knoblauch deutlich milder in Geschmack und Geruch als getrocknete Knollen – ihn können Sie großzügig verwenden. Zudem kommt es auch auf die Farbe an: Sorten mit rötlich-violetter Haut weisen in der Regel ein feineres Aroma auf als weiße Knollen. Viele schätzen Knoblauch in der Küche, doch soll er nicht über andere Aromen dominieren. Wie stark der typische Geschmack und durchdringende Geruch kann in einzelnen Gerichten auftritt, hängt zudem sehr von deren Zubereitung ab. Roh ist Knoblauch am intensivsten.

KNOBLAUCH ABZIEHEN UND ...

(1) Von der Zehe Wurzelansatz und Spitze mit einem kleinen Messer abschneiden, dann die Schale abziehen.

(2) Die abgezogene Knoblauchzehe anschließend mit dem Messer der Länge nach mittig halbieren.

(3) Mit einem kleinen spitzen Messer den innen liegenden Keim anheben und entfernen. Er schmeckt bei getrockneten Zehen oft bitter und muffig und verfärbt sich bei längerer Lagerung grün.

... VORBEREITEN

(1) Andrücken: Die Knoblauchzehe auf einem Brett mit einem breiten Messer leicht andrücken.

(2) Pressen: Die Knoblauchzehen mit oder ohne Schale in die Presse geben und durchdrücken.

(3) Würfeln: Die abgezogene Zehe erst längs in Streifen, dann quer in feine Würfel schneiden.

(4) Zerdrücken: Zehen mit etwas Salz mit der breiten Messerklinge oder einer Gabel kräftig drücken.

Frischer Knoblauch (im Vordergrund) ist milder als getrockneter (im Hintergrund). Geräucherter Knoblauch (Mitte) zeichnet sich durch leichten Rauchgeschmack aus.

KNOBLAUCH IN DER KÜCHE

Gehackt und roh verzehrt schmecken getrocknete Zehen brennend-scharf. Daher genügt es oft schon, eine Schüssel mit einer halbierten rohen Zehe auszureiben, um ein leichtes Knoblaucharoma an den Salat zu bringen. Etwas stärker kommt sein Aroma zur Geltung, wenn geröstete Brotscheiben mit einer Knoblauchzehe abgerieben werden. Werden die rohen Zehen fein gehackt oder zerquetscht, wird das Aroma noch intensiver. Zerdrückter Knoblauch sollte nicht lange stehen, sondern rasch weiterverwendet werden, durch die Oxidation verändern sich Geruch und Geschmack sonst unangenehm. Beim Garen verringert sich die Schärfe wieder, der Knoblauch wird – abhängig von Temperatur und Wassermenge im Topf – zunehmend milder. So kann die Intensität des Knoblaucharomas gezielt gesteuert werden, ebenso wie durch den Grad der Zerkleinerung: Nur leicht angedrückte, im Ganzen mitgegarte Zehen sind deutlich milder als stark zerkleinerter Knoblauch. Außerdem sind ganze, in Butter oder Öl angebräunte Zehen später wieder leicht zu entfernen. Wird für ein Gericht, etwa für eine Sauce, stark zerkleinerter Knoblauch benötigt, mildert vorheriges Blanchieren in kochendem Wasser sein durchdringendes Aroma angenehm ab. Auch das Einlegen oder Kochen in Milch entschärft die Zehen. Beim Braten heißt es aufpassen, denn gehackt, gewürfelt, in Scheiben geschnitten oder zerdrückt verbrennen die Zehen sehr schnell und zu stark gebräunter Knoblauch schmeckt unangenehm bitter.

KNOBLAUCH VORBEREITEN

Nur die Zehen von jungem frischem Knoblauch können ungeschält verzehrt werden, da die Schale noch sehr weich ist. Getrockneter Knoblauch wird dagegen meist von der Schale befreit. Sie lässt sich mit einem kleinen scharfen Messer abziehen, wie links in Step 1 und 2 gezeigt, kann aber auch durch leichtes Drücken oder Rollen der Zehen auf einer festen Unterlage entfernt werden. Wer Knoblauchgeruch an den Händen vermeiden möchte, kann einen Knoblauchschäler verwenden. Dabei handelt es sich um eine Art Schlauch, die Schale wird dabei durch Hin-und-her-Rollen der Zehe entfernt.

KNOBLAUCHGERUCH ENTFERNEN

Der an den Fingern anhaftende Knoblauchgeruch lässt sich durch Abreiben mit Salz und anschließendem Waschen mit Seife wieder entfernen.

Ingwer, Zitronengras, Chili

Die drei Zutaten – in Asiens Küchen absolut unentbehrlich – bürgern sich auch bei uns zunehmend ein. Mit ein paar Tricks bringen Sie Ingwer, Zitronengras und Chilischoten schnell in die richtige Form.

JE NACH GEWÜNSCHTER INTENSITÄT wird Ingwer anders vorbereitet: Für Gerichte, die ein starkes Ingweraroma erfordern, schält man die Rhizome – so heißen die »Wurzeln« botanisch korrekt – zunächst einmal dünn ab, wie unten gezeigt, bevor man sie dann fein gewürfelt und oft mit Knoblauch und Chili im heißen Öl brät. Stark zerkleinert kommt das typische Ingweraroma besonders gut zur Geltung. Ist jedoch für ein Gericht nur eine leichte Ingwernote erwünscht, kann er ungeschält in größeren Stücken mitgegart werden, die dann vor dem Verzehr wieder entfernt werden. Oder Sie verwenden sehr jungen Ingwer, zu erkennen an der blassen Schale und dem fast cremeweißen Fleisch, er ist deutlich milder im Geschmack. Für Dressings oder Marinaden wird gelegentlich Ingwersaft benötigt. Dafür den Ingwer entweder reiben und im Tuch ausdrücken oder pressen, wie unten gezeigt.

INGWER SCHÄLEN UND VORBEREITEN

(1) Ingwer schälen: Das Ingwerstück gut festhalten und mit einem kleinen scharfen Messer flach abschälen. Dabei alle braunen Flecken und Sprossansätze mit entfernen.

(2) Ingwer reiben: Den geschälten Ingwer auf einer feinen Küchenreibe raspeln. Für Saft die Raspel in einem Tuch auspressen.

(3) Ingwer auspressen: Den geschälten Ingwer grob würfeln, durch die Knoblauchpresse drücken und den Saft auffangen.

(4) Ingwer in Scheiben schneiden: Vom Ingwer mit einem scharfen Messer quer zur Faser runde Scheiben abtrennen.

(5) Ingwer in Streifen schneiden: Mehrere Scheiben aufeinanderlegen und diese längs in feine Streifen schneiden.

(6) Ingwer würfeln: Einige Ingwerstreifen nebeneinanderlegen und mit einem scharfen Messer quer in feine Würfel schneiden.

ZITRONENGRAS VORBEREITEN

Zitronengrasblätter sind sehr faserig und hart, deshalb findet nur der untere, etwa 15 cm lange, blassgrüne Teil Verwendung. Um sein Aroma zu erschließen, ist es am einfachsten, ganze Stängel leicht anzudrücken oder zu quetschen, wie unten in Step 1 gezeigt. Die ätherischen Öle werden frei und das Zitronengras kann anschließend mit einem Griff wieder entfernt werden. Auch größere Stücke sollten nach dem Garen immer entfernt werden. Wird das Zitronengras mitgegessen, etwa in Reisgerichten, Suppen und Saucen, muss es vorher stark zerkleinert werden. Zwar lassen sich die Blätter auch hacken, viel einfacher ist es aber, die Stängel in feine Ringe zu schneiden, wie unten in Step 2 gezeigt. Dank der rötlichen Musterung sind die Scheibchen sehr dekorativ und eignen sich daher auch gut als Garnitur für asiatische Gerichte.

CHILISCHOTEN VORBEREITEN

Da die Schärfe der Chilis vor allem in den Samen und Scheidewänden sitzt, wird beides meist entfernt, wie unten in Step 1 und 2 gezeigt. Am besten, Sie tragen dabei Handschuhe, der Schärfewirkstoff Capsaicin kann auf der Haut stark brennen. In jedem Fall wird er sehr unangenehm, wenn er in die Augen gelangt – dann sofort mit kaltem Wasser spülen! Häufig werden die feurigen Schoten weiterzerkleinert, wie in Step 3 und 4 gezeigt. Um Ringe zu erhalten, genügt es, den Stielansatz zu entfernen und die Chilis im Abstand von 1 mm quer zu durchtrennen, dabei können die Samen gut entfernt werden. In der Schale stecken ebenfalls Schärfestoffe, daher wird sie manchmal ebenfalls entfernt. Dafür die Chilis unter dem Grill bräunen, bis die Haut schwarze Flecken aufweist, in einem Gefrierbeutel 10 Minuten schwitzen lassen und häuten.

ZITRONENGRAS VORBEREITEN

(1) Zitronengras andrücken: Die Stängel oben und unten etwas kürzen, dann mit dem Fleischklopfer oder dem Messerrücken das dickere Ende leicht flach klopfen oder quetschen, um die ätherischen Öle freizusetzen.

(2) Zitronengras in Ringe schneiden: Die Enden abtrennen und die Stängel mit einem scharfen Messer quer in sehr feine Ringe schneiden.

CHILISCHOTEN ENTKERNEN UND ZERKLEINERN

(1) Chilis entkernen: Den Stielansatz mit einem scharfen Messer quer abtrennen und die Chilischote längs aufschneiden.

(2) Die Kerne mit dem Messer abstreifen und dabei auch die weißen Scheidewände mit entfernen.

(3) Chilis in Streifen schneiden: Die Chilihälften mit einem scharfen Messer längs in sehr feine Streifen schneiden.

(4) Chilis würfeln: Einige Chilistreifen nebeneinanderlegen und mit dem Messer quer in sehr feine Würfel schneiden.

Vanille, Muskat, Safran

Gemahlen sind Gewürze nicht lange haltbar und verlieren schnell an Aroma. Daher empfiehlt sich, Vanilleschoten, Muskatnüsse oder auch den teuren Safran selbst auszulösen oder zu zerreiben.

WENIG AUFWAND erfordert etwa das Auslösen von Vanillemark. Das lohnt sich umso mehr, als die Geschmacksstoffe größtenteils in den Schoten stecken und weniger im Mark selbst, das aus den Samen der Vanillepflanze und dem sie umgebenden Öl besteht. Gerade bei Vanille sollten Sie immer guter Qualität den Vorzug geben. Echte Vanille ist zwar nicht gerade preiswert, doch können die Schoten mehrfach verwendet werden. Beim Mitgaren in Milch oder Sahne für Vanillecremes und -saucen gibt die aufgeschlitzte Schote bereits Aroma ab. Anschließend wird sie herausgenommen, ausgekratzt und das Mark dann wieder zurückgegeben. Heiß gewaschen und wieder sorgfältig getrocknet, eignen sich Vanilleschoten nach dem Auskochen noch zur Herstellung von Vanillezucker oder -sirup. So können Sie beispielsweise die ausgekratzten Schoten mit Zucker in eine gut schließende Dose füllen und

VANILLESCHOTEN AUSKRATZEN

(1) Die Vanilleschote auf ein Brett legen, am Stielansatz festhalten und mit einem scharfen, spitzen Messer der Länge nach aufschneiden.

(2) Mit dem Messer die halbierten Schoten flach drücken, mit leichtem Druck entlangstreichen, dabei das Mark auslösen.

(3) Die ausgekratzten Schoten nicht wegwerfen, sondern zum Aromatisieren verwenden, etwa für Vanillezucker oder -sirup.

MUSKAT REIBEN

(1) Die Muskatnüsse sind hier bereits ausgelöst. Ist die harte Schale noch vorhanden, muss sie entfernt werden.

(2) Die Muskatnuss mit einer speziellen Muskatreibe (im Bild) oder auf einer feinen Raspel reiben. Da sich das Aroma rasch verflüchtigt, Muskat bei Bedarf stets frisch über die Speisen reiben.

Bei der Vanille steckt das meiste Aroma in den Schoten. Deshalb wäre es schade, sie einfach wegzuwerfen. Gibt man sie stattdessen mit Zucker in ein gut schließendes Gefäß, erhält man bereits nach kurzer Zeit einen natürlich hergestellten, herrlich aromatischen Vanillezucker.

haben nach 1 bis 2 Wochen einen vorzüglichen Vanillezucker. Oder Sie stecken sie in eine Flasche und bedecken die Vanilleschoten mit Läuterzucker (Zuckersirup). Dann erhalten Sie nach kurzer Zeit einen Vanillesirup, der sich bestens zum Süßen und Aromatisieren von Desserts und Saucen eignet. Er ist 4 bis 6 Monate haltbar.

MUSKATNUSS IMMER FRISCH REIBEN

Die getrockneten Samenkerne des Muskatbaumes, umgangssprachlich und botanisch nicht ganz korrekt als »Nüsse« bezeichnet, enthalten ein flüchtiges ätherisches Öl, weshalb Muskat stets frisch gerieben wird. Im Handel sind dafür spezielle gerundete Reiben mit einem integrierten Fach zum Aufbewahren der Muskatnüsse erhältlich. Aber Muskat lässt sich auch auf jeder anderen feinen Reibe gut zerkleinern.

SAFRANFÄDEN AUFLÖSEN

Nach wie vor ist Safran das teuerste Gewürz der Welt. Um böse Überraschungen zu vermeiden, empfiehlt sich, stets Fäden einzukaufen. Denn nur anhand der ganzen getrockneten Blütennarben können Sie die Qualität des Safrans überprüfen. Pulverisierter Safran ist häufig mit anderen rötlichen Pflanzenbestandteilen gestreckt, zudem hält sein Aroma weniger lange. Safranfäden guter Qualität sind tiefrot, dünn und leicht zerbrechlich. In Gerichten mit viel Flüssigkeit können sie im Ganzen mitgegart werden. Je früher sie hinzukommen, desto gleichmäßiger fällt die Färbung aus. Wird in einem Rezept Safranpulver verlangt, lassen sich die Fäden zwischen den Fingerspitzen leicht selbst zu Pulver zerreiben. Für Gerichte mit weniger Flüssigkeit weichen Sie ganze oder zerstoßene Safranfäden am besten einige Minuten in warmem Wasser oder in Milch ein und verwenden dann die intensiv gelbe Flüssigkeit zum Würzen und Färben.

»Mit Gewürzen färben«

Einige Gewürze bringen nicht nur Geschmack, sondern auch Farbe ins Essen. Safran zum Beispiel würzt und färbt gleichzeitig intensiv gelb, wie auch das als arabischer Safran oder Gelbwurz bezeichnete, leicht scharfe Rhizom der Kurkumapflanze, die Currypulver und -pasten die leuchtend gelbe Farbe verleiht. In Indien galt das Pulver einst als heilig, heute färbt es Dals, Gemüse- und Kartoffel-, aber auch Reisgerichte. Nasi kuning, gelber Reis, wird auf Bali noch immer als heilige Speise den Göttern geopfert. Aromatisieren und färben zugleich lässt sich aber auch mit Paprika- oder Chilipulver, je nach Sorte und Menge ergeben sich verschiedene Rot- und Brauntöne. Annatto hingegen besitzt so gut wie keine Würzkraft, ist aber dennoch beliebt. Schon die Mayas schätzten ihn und bis heute spielen die dreikantig abgerundeten Samen in Mittel- und Südamerika eine Rolle. Eingeweicht oder in Öl geröstet färben sie Suppen, Eintöpfe und Würzpasten intensiv orange. Die blassgelb färbenden, einst als Safranersatz gehandelten, getrockneten Blüten des Färbersaflor, auch Färberdistel genannt, finden dagegen in der Küche kaum noch Verwendung.

Katrin Wittmann

Wer würzt wie? Würztraditionen rund um die Welt

Kochtraditionen unterscheiden sich weltweit durch die verwendeten Grundzutaten, vor allem aber sind es bestimmte Kräuter und Gewürze, raffinierte Kombinationen verschiedener Aromen, die den Geschmack der Speisen prägen. Dabei haben sich kulinarische Vorlieben durch Ein- und Auswanderer, aber auch durch die Entdeckung und Verbreitung neuer Produkte immer wieder geändert. So brachten die Portugiesen Chilis aus der Neuen Welt mit und beeinflussten damit nachhaltig die Küchen ganzer Kontinente. In Asien und Afrika waren die scharfen Schoten zuvor nämlich gänzlich unbekannt – heute unvorstellbar. Daneben spielen Klima, geographische Verhältnisse und politische Faktoren eine Rolle. Entlang der alten Handelswege, auf denen man Pfeffer, Muskat oder Zimt von der indischen Malabarküste und den Molukken nach Europa transportierte und Gewürze aus dem Mittelmeerraum wieder zurück, wurde mit Aromen viel und gern experimentiert. Besonders einfallsreich erwiesen sich dabei jene Länder, die selbst über einen großen Reichtum an Gewürzen verfügten oder eine wichtige Station auf den Gewürzrouten darstellten.

EUROPA UND MITTELMEERRAUM

Trotz der immensen Gewürzimporte im Mittelalter zeigte sich Europa in der Kreation eigener Kompositionen wenig erfinderisch. Nur einige wenige, aus der späteren Kolonialzeit bekannte Mixturen sind heute noch verbreitet, wie beispielsweise das Currypulver oder »Quatre Épices«, ein aus vier Komponenten (Pfeffer, Gewürznelken, Muskat und Zimt oder Ingwer) bestehendes französisches Gewürz für Pasteten, Wildragouts und Würste.

Im westlichen Mittelmeerraum stehen dafür Kräuter hoch im Kurs. Beliebt sind Saucen und Pasten aus Basilikum, Petersilie oder Koriandergrün, Olivenöl und Knoblauch, wie Pesto und Pistou bezeugen. »Fines herbes«, ein Klassiker der französischen Küche, ist schon etwas zurückhaltender, er vereint die Aromen von Petersilie, Kerbel, Schnittlauch und Estragon. In Mittel- und Nordeuropa gehen die Köche mit Gewürzen sparsamer um: Neben Salz und Pfeffer sind dort Senf, Dill, Kümmel, Meerrettich und Wacholder die Favoriten.

Ganz anders dagegen die Türkei und der Nahe Osten: Kreuzkümmel, Zimt und Piment, Anis, Fenchel, Koriander, Muskat, Gewürznelken und Schwarzkümmel erfreuen sich größter Beliebtheit. Frische Kräuter sind weniger gebräuchlich, abgesehen von Koriandergrün, Minze und Petersilie. Im 14. und 15. Jahrhundert entwickelte sich Kairo neben Venedig zum wichtigsten Gewürzhandelszentrum im Mittelmeerraum, nicht von ungefähr wird der Gewürzmarkt in Istanbul bis heute »Ägyptischer Bazar« genannt. Sehr beliebt und in der arabischen Welt verbereitet ist »Zatar«. Die Mischung aus Kräutern (Arabischer Majoran, Oregano, Thymian oder Bohnenkraut), geröstetem Sesam und Sumach würzt Fladenbrot, Fleisch und Gemüse. »Zug« oder »Zhug« ist eine scharfe Paste aus dem Jemen, sie besteht aus Chilis, Kardamom, Kreuzkümmel, Knoblauch und Pfeffer. In Ägypten dient »Dukka« oder »Dukkah«, eine Mischung aus verschiedenen Nüssen und Gewürzen wie Kreuzkümmel, Thymian und Pfeffer zum Würzen von Lamm. Das arabische »Baharat« (S. 166) verfeinert Füllungen und Saucen – jede Region hat ihr eigenes Rezept. Eher mild schmecken die meisten der »Advieh« genannten iranischen Würzmischungen, die oft Zimt, Koriander, Muskat und Kardamom enthalten.

AFRIKA

In Afrika sind Gewürze überaus beliebt, wenngleich die wenigsten dort beheimatet sind. Viele Orte an den afrikanischen Küsten waren aber seit jeher mit einer Vielzahl von Gewürzen vertraut, da verschiedene Gewürzrouten einst um den Kontinent herumführten. Zudem sind die Inseln vor der ostafrikanischen Küste bis heute Weltmarkt-Lieferanten für Gewürznelken, Vanille und Piment. Afrikanische Würzmischungen bestehen oft aus erstaunlich vielen Zutaten. Das marokkanische »Ras el Hanout« (S. 166) kann 25 und mehr verschiedene Gewürze enthalten und auch »Berbere«, die scharfe aromatische Würzmischung aus Äthiopien, vereint eine Vielzahl arabischer und indischer Aromen. Das tunesische »Gâlat dagga« für Eintöpfe besteht dagegen neben Paradieskörnern und Pfeffer nur aus Zimt, Nelken und Muskat. In Tunesien werden wie in Westafrika höllisch scharfe Pasten wie »Harissa« (S. 169) auf Chilibasis bevorzugt – »Piri piri« heißen die in ganz Afrika beliebten feurigen Schoten.

ASIEN

In den meisten asiatischen Ländern – der Heimat vieler Würzpflanzen – werden Gewürze gern und reichlich verwendet. Besonders die indischen Regionalküchen sind dafür bekannt. Masalas können schon einmal aus über 30 Zutaten bestehen. Nicht ganz so viele sind es bei »Garam masala« (S. 164), einer Grundmischung für Fleisch und Geflügel auf Basis von Kardamom, Kreuzkümmel, Gewürznelken und Koriander. In Nepal wird »Garam masala« mit Muskatblüte, Sternanis und Zimt variiert. Masalas sind oft Bestandteil von Currypasten, bei denen dann frische Zutaten wie Chilis, Ingwer und Knoblauch hinzukommen. Mediterrane und asiatische Elemente vereint das bengalische »Panch Phoron«, eine Mischung aus Bockshornklee- und Fenchelsamen, Koriander, Kreuz- und Schwarzkümmel. Im Gegensatz dazu arbeitet die thailändische Küche bei ihren Würzpasten viel mit frischen Komponenten wie Zitronengras, Kaffirlimetten, Galgant und Koriandergrün.

In Indien und im Nahen Osten, aber auch entlang der alten Gewürzrouten werden mediterrane und asiatische Gewürze besonders üppig und fantasievoll kombiniert.

In China werden Gewürze zurückhaltender dosiert, neben Ingwer und Chilis sind Koriander, Sternanis, Gewürznelken und Sesam die bevorzugten Aromen. Einige davon finden sich in der chinesischen Fünf-Gewürze-Mischung wieder, die Fenchel, Sternanis, Gewürznelken, Szechuan-Pfeffer und Zimt vereint. Das japanische »Sichimi« (S. 165) kombiniert sogar sieben Gewürze, dennoch würzen dortige Köche sehr zurückhaltend. Der Eigengeschmack der Speisen darf nach japanischer Kochtradition nicht überdeckt werden. Als Tischwürze dient »Gomasio« – eine Mischung aus schwarzem Sesam und Meersalz.

AMERIKA UND AUSTRALIEN

In Nordamerika mischen sich – bedingt durch die vielen Einwanderer – unterschiedlichste Vorlieben, tendenziell wird im Süden, in Texas oder Lousiana, schärfer gewürzt als im Norden. Chilis und Cayennepfeffer kommen zum Einsatz, ergänzt durch Koriandergrün. Auch in Mittel- und Südamerika spielen die scharfen Schoten eine herausragende Rolle, wobei die Gerichte selbst nicht unbedingt sehr scharf sind, sondern die Schärfe – wie in Mexiko – in der Sauce steckt, die durch grüne Tomatillos teils auch eine säuerliche Komponente hat. Currypulver, Annatto und Piment sind beliebte karibische Gewürze. Letzterer gehört zu »Jerk« (S. 168), einer jamaikanischen Würzpaste für Schwein und Huhn. »Adobo«, eine Mischung aus mediterranen Kräutern, Koriandergrün, Kreuzkümmel, Pfeffer und Zitrussaft, ist als würzige Marinade auf Kuba wie in ganz Mittel- und Südamerika geschätzt.

Australien hat ganz eigene kulinarische Traditionen. Gewürze wie Akaziensamen (S. 76), Bergpfeffer (S. 78) oder Buschtomaten (S. 79) sind bei uns kaum bekannt. Auf die Suche zu gehen, die verschiedenen Würzvorlieben zu entdecken, ist jedoch ein lohnendes Unterfangen, das viele kulinarische Überraschungen bereithält.

Katrin Wittmann

Gewürzmischungen aus Asien und Nordamerika

Leicht geröstet, im Mörser zerstoßen oder in der Gewürzmühle zu einem feinen Pulver zermahlen – frisch hergestellt entfalten die verschiedenen Würzmischungen ein unglaubliches Aroma.

In vielen Regionalküchen Asiens stellen die Köche eigens auf die Hauptzutaten abgestimmte Würzmischungen selbst her. Häufig werden die Gewürze vor dem Zermahlen noch kurz geröstet, bis sie zu duften beginnen. Auf den folgenden vier Seiten finden Sie eine Reihe interessanter Würzmischungen aus verschiedenen Ländern.

CHAT MASALA

- 10 g Kreuzkümmel, 12 g Pfefferkörner
- 2 g Korianderkörner, 6 Gewürznelken
- 1 g Ajowan, 4 getrocknete rote Chilischoten
- 10 g getrocknete Granatapfelkerne (S. 89)
- 1 TL getrocknete Minze, 20 g schwarzes Steinsalz
- 5 g gemahlener Ingwer, 10 g Amchoor (S. 77)
- ¼ TL gemahlener Asant, 10 g Salz

Die gewogenen und abgezählten Gewürze in Schälchen bereitstellen, wie rechts in Step 1 gezeigt. Eine Pfanne nicht zu stark erhitzen und die ganzen Gewürze sowie nach Belieben die Granatapfelkerne darin kurz rösten, wie in Step 2 gezeigt. Die Gewürze abkühlen lassen und zu Pulver verarbeiten, wie in Step 3 gezeigt. Das Steinsalz ebenfalls fein mahlen, dann weiterarbeiten, wie in Step 4 gezeigt. Das indische, erfrischend säuerliche Chat masala würzt Gemüse und Salate, aber auch Obst.

GARAM MASALA

- 30 g Kreuzkümmel, 10 g Korianderkörner
- 10 Pfefferkörner, 10 Kapseln grüner Kardamom
- 5 Kapseln schwarzer Kardamom
- 8 Gewürznelken, 4 ganze Sternanis

- 4 Muskatblüten, 4 Zimtstangen, je 5 cm lang
- 3 getrocknete Zimtblätter
- 3 g frisch geriebene Muskatnuss

Die ganzen Gewürze ohne Fett kurz rösten, dabei ständig rühren, damit sie nicht verbrennen. Etwas abkühlen lassen und die Gewürze im Mörser oder Mixer fein zermahlen. Zum Schluss den geriebenen Muskat untermischen. Indisches Garam masala wird in vielen Varianten hergestellt und zum Würzen von Fleisch, Geflügel oder Reisgerichten verwendet.

SCHARFES MADRAS-CURRYPULVER

- 25 g Korianderkörner, 2 g Pimentkörner
- 8 g Kreuzkümmel, 6 g schwarze Senfsamen
- 12 g schwarze Pfefferkörner, 20 g Salz
- 1 Döschen Safranfäden, 5 g Chilipulver
- 10 g gemahlene Kurkuma, 5 g gemahlener Ingwer

Ganze Gewürze ohne Fett unter Rühren kurz anrösten, abkühlen lassen und fein mahlen. Dann mit den gemahlenen Gewürzen und Salz vermischen.

FÜNF-GEWÜRZE-PULVER

- 1 TL Szechuan-Pfeffer, 3 ganze Sternanis
- 1 TL Fenchelsamen, 1 TL Gewürznelken
- 1 TL gemahlener Kassiazimt

Die ganzen Gewürze fein mahlen, das Pulver sieben und mit dem Zimt vermischen. In China würzt man damit Schweine- und Rindfleisch sowie Geflügel.

SICHIMI-GEWÜRZMISCHUNG

- 4 kleine getrocknete Chilischoten, 1 TL Mohn
- 1 TL zerkleinerte getrocknete Orangenschale
- 2 TL Aonori (getrocknete Seetangflocken)
- 1 TL Leinsamen, 2 TL helle Sesamsamen
- gemahlener Sansho (japanischer Pfeffer, S. 54)

Chilischoten zerbröseln, dabei Stielansatz und Samen entfernen. Dann alles in der Gewürzmühle fein mahlen. In Japan würzt man damit Suppen, Eintöpfe und Yakitori (Hähnchen- und Gemüsespießchen).

BARBECUE-MISCHUNG

- 1 TL Pfefferkörner, 1 TL getrockneter Thymian
- ½ TL getrockneter Majoran, ½ TL Cayennepfeffer
- 1 TL edelsüßes Paprikapulver
- 1 TL Senfpulver, 1 EL Zucker, ½ TL Salz

Die Pfefferkörner im Mörser zerstoßen und mit den Kräutern fein zerreiben. Gemahlene Gewürze und Zucker unterrühren und alles gut vermischen. In den USA werden damit Steaks und Koteletts 2 bis 3 Stunden mariniert und kurz vor dem Grillen gesalzen.

GEWÜRZMISCHUNGEN

herstellen am Beispiel Chat masala

(1) Die Gewürze abwiegen oder abzählen und jeweils in kleinen Schälchen bereitstellen.

(2) Die ganzen Gewürze bei nicht zu starker Hitze ohne Fett unter ständigem Rühren 2 bis 3 Minuten rösten.

(3) Die abgekühlten Gewürze in eine Gewürzmühle füllen und zu einem feinen Pulver vermahlen.

(4) Die gemahlenen Gewürze zufügen, alles gut vermischen. Anschließend das Chat masala in eine Dose füllen.

Würzmischungen aus Afrika, der Karibik und den Südstaaten

Jeder Händler hat seine eigene, streng geheime Rezeptur – hier einige der spannendsten Varianten aus verschiedenen Kontinenten.

Für das marokkanische Ras el Hanout, eine Gewürzmischung für viele nordafrikanische Fleisch-, Gemüse- und Reisgerichte, aber auch für Couscous und Tajines, werden oft 20 bis 30 verschiedene Zutaten miteinander kombiniert. Jeder Hersteller verlässt sich dabei auf seine Nase, oft sind neben den rechts aufgeführten Zutaten noch getrocknete Rosenblätter oder -knospen, Kreuzkümmel, Safran, Sternanis und Koriander mit von der Partie, manchmal auch Paradieskörner, Bockshornklee, Mönchspfeffer und Langer Pfeffer.

In den Verkauf kommen Würzmischungen wie diese meist nur grob oder nicht zerkleinert, gemahlen werden sie dann erst kurz vor Gebrauch.

RAS EL HANOUT

- 1 EL Kubebenpfeffer, 1 EL Pfefferkörner
- 8 Zimtstangen, je etwa 10 cm, 8 Gewürznelken
- 20 Kapseln grüner Kardamom, Samen ausgelöst
- 3 getrocknete Chilischoten, 30 Pimentkörner
- 2 ganze Muskatnüsse, mit dem Hammer grob zerkleinert

RAS EL HANOUT heißt diese Würzmischung aus Marokko, die in ganz Nordafrika beliebt ist und aus weit mehr als 20 verschiedenen Zutaten bestehen kann.

BAHARAT ist im arabischen Raum in zahlreichen Varianten verbreitet. Mit dazu gehören in jedem Fall Zimt, grüner Kardamom, Koriander, Kreuzkümmel und Pfeffer.

COLOMBO POWDER ist eine Würzmischung aus der Karibik und geschmackliche Grundlage der gleichnamigen Gerichte. Sie dient auch zum Marinieren von Grillfleisch.

CAJUN-MISCHUNG – ein scharfer Mix aus den Südstaaten der USA. Unmittelbar vor der Verwendung wird das Pulver noch mit Knoblauch und Zwiebelstreifen püriert.

Die Händler der arabischen Souks bieten eine Fülle an aromatischen, farbenprächtigen Gewürzen aus aller Herren Länder an.

- 2 TL Anissamen, 4 Lorbeerblätter
- 4 EL gemahlener Ingwer oder Galgant (16 g)
- 1 EL Lavendelblüten, 10 ganze Muskatblüten
- 2 EL gemahlene Kurkuma (8 g)

Nach Belieben die ganzen Gewürze in einer Pfanne ohne Fett 2 bis 3 Minuten bei mittlerer Hitze unter Rühren rösten, dann vom Herd stellen und abkühlen lassen. Anschließend die Gewürze grob zerkleinern und in einer Gewürzmühle fein mahlen.

BAHARAT

- 1 kleines Stück Zimt
- ½ Muskatnuss, 3 TL Pfefferkörner
- 3 TL Korianderkörner
- 2 TL Gewürznelken
- 3 TL Kreuzkümmel
- 5 Kapseln grüner Kardamom, Samen ausgelöst
- 2 TL gemahlener Ingwer, 1 TL Chilipulver
- 5 TL edelsüßes Paprikapulver

Zimt und Muskatnuss grob zerkleinern und mit den ganzen Gewürzen im Mörser zerreiben oder in der Gewürzmühle zermahlen. Das Pulver in ein Sieb schütten, um grobe Bestandteile auszusieben. Zum Schluss alles mit den übrigen Gewürzen vermengen. Diese Würzmischung ist im arabischen Raum in vielen Varianten verbreitet. Baharat würzt Fleisch- und Fischgerichte, wird aber auch zum Verfeinern von Füllungen und Saucen verwendet.

COLOMBO POWDER

- 20 g Langkornreis
- 10 g Korianderkörner
- 10 g Kreuzkümmel
- 5 g schwarze Senfkörner
- 4 g schwarze Pfefferkörner
- 5 g Bockshornkleesamen, 8 Gewürznelken
- 1 EL gemahlene Kurkuma (4 g)

Für diese karibische Würzmischung von den Antillen zunächst den Reis in einer Pfanne bei nicht zu starker Hitze ohne Fett hell anrösten, herausnehmen, in eine Schüssel geben und etwas abkühlen lassen. In der Zwischenzeit die anderen ganzen Gewürze in der Pfanne 2 bis 3 Minuten anrösten. Alles kurz abkühlen lassen, dann Gewürze und den Reis für die Bindung in einer Gewürzmühle fein zermahlen. Zum Schluss die gemahlene Kurkuma unterrühren und alles gut vermengen. Diese Gewürzmischung, die gelegentlich auch noch Piment enthält, wird gerne für Lamm, Zicklein und Schweinefleisch verwendet, würzt aber auch Geflügel oder Gemüse.

CAJUN-MISCHUNG

- je 1 TL weiße und schwarze Pfefferkörner
- ¼ TL helle Senfkörner, 2 TL Cayennepfeffer
- 1 Msp. gemahlene Nelken
- 1 TL scharfes Paprikapulver, 75 g Salz

Die ganzen Gewürze kurz in einer Pfanne ohne Fett unter ständigem Rühren 2 bis 3 Minuten rösten, dann vom Herd nehmen und etwas abkühlen lassen. Die gerösteten Gewürze im Mörser oder in einer Gewürzmühle fein zermahlen. Anschließend die übrigen gemahlenen Gewürze und das Salz untermischen. So vorbereitet, lässt sich diese Würzmischung aus den Südstaaten der USA gut aufbewahren. Kurz vor der Verwendung wird das Pulver dann mit zwei gehackten Knoblauchzehen und einer in Scheiben geschnittenen Zwiebel im Mixer püriert. Diese Mischung würzt gebratenen oder gegrillten Fisch, Geflügel und Fleisch, aber auch regionale Spezialitäten wie Jambalya und Gumbo.

Gewürzpasten aus frischen Zutaten herstellen

Traditionell werden Chilis, Knoblauch und Gewürze im Mörser oder auf dem Mahlstein zerrieben, schneller geht's jedoch im Blitzhacker.

Basis vieler Würzpasten sind Chilis, Ingwer, Knoblauch oder Zwiebeln, die Sie am besten vor dem Zerreiben etwas zerkleinern. Im Mörser werden dann zuerst die festen, anschließend die weicheren Zutaten zu einer feinen Paste zerrieben.

JERK-PASTE

- 5 Frühlingszwiebeln, 3 Knoblauchzehen
- 25 g frische Ingwerwurzel, 1 Lampion-Chili
- 1 TL Pimentkörner, ½ TL gemahlener Zimt
- je ½ TL Pfeffer- und Korianderkörner
- ½ TL frisch geriebene Muskatnuss
- 2 frische Lorbeerblätter, in Streifen
- 2 EL Thymianblättchen, 100 ml Erdnussöl
- Saft von ½ Limette, ½ TL Salz

Für diese Würzpaste aus Jamaika die Frühlingszwiebeln putzen, Knoblauch und Ingwer schälen. Halbieren Sie die Chilischote und entfernen Sie Samen

(1) Die Frühlingszwiebeln mit einem scharfen Messer in dünne Ringe schneiden. Die Knoblauchzehen, den Ingwer sowie die Chilischote in feine Würfel schneiden. Knoblauch und Ingwer in einen Mörser geben und zu einer Paste verreiben.

JERK-PASTE HERSTELLEN

(2) Alle Gewürze außer Salz zufügen und mit dem Stößel in kreisenden Bewegungen fein zermahlen.

(3) Frühlingszwiebeln, Lorbeerblätter, Thymian und Chiliwürfel zufügen und alles zu einer feinen Paste zerreiben.

(4) Dann nach und nach das Erdnussöl unterrühren und weiterrühren, bis die Masse eine homogene Konsistenz hat.

(5) Zum Schluss die Jerk-Paste mit dem Limettensaft abschmecken und nach Belieben zwei küchenfertige Hähnchen oder Schweinefleisch damit marinieren und alles mindestens 3 Stunden, besser noch über Nacht, durchziehen lassen.

Höllisch scharf und aromatisch: Frisch hergestellt, entfalten Würzpasten mit Chilis oder Pfeffer ihren vollen Geschmack. Von links nach rechts: Harissa aus Nordafrika, Recado aus Mexiko, rote Currypaste aus Thailand und Sambal Oelek aus Indonesien.

und Scheidewände. Die Zutaten vorbereiten und zu einer Paste verarbeiten, wie unten in Step 1 bis 5 gezeigt. Anschließend entweder helles Geflügel oder Schweinefleisch mit der Jerk-Paste einreiben, in eine Form legen und zugedeckt 3 bis 6 Stunden kühl marinieren, dann salzen und grillen oder braten.

HARISSA

- 14 getrocknete rote Chilischoten
- 1 EL Korianderkörner, 3 TL Kreuzkümmel
- 3 Knoblauchzehen, abgezogen und grob gehackt
- ½ TL Salz, 1 TL Tomatenmark, 4–6 EL Olivenöl

Die Chilischoten von Samen und Scheidewänden befreien und 30 Minuten in warmem Wasser einweichen. Rösten Sie inzwischen den Koriander und Kreuzkümmel ohne Fett, bis die Gewürze zu duften beginnen. Dann beides zu Pulver zermahlen. Knoblauch und Salz im Mörser fein zerreiben, die abgetropften Chilis zufügen und alles zu einer glatten Paste verarbeiten. Zum Schluss Kreuzkümmel und Koriander, Tomatenmark und das Öl untermischen. Harissa würzt Dips zu gegrilltem Fleisch, vor allem aber Couscous und Tagines.

RECADO

- 10 Knoblauchzehen, abgezogen
- je 1 TL Piment- und Pfefferkörner
- 2 TL Korianderkörner, ¼ TL Kreuzkümmel
- ¼ Zimtstange, grob zerkleinert, 2 Gewürznelken
- 1 TL getrockneter Oregano, ½ TL Salz
- 1 EL Aceto balsamico bianco oder Weißweinessig

Den Knoblauch grob hacken und entweder mit den anderen Zutaten im Mörser oder im Blitzhacker zu einer Paste verarbeiten. Lassen Sie die Recado-Paste vor der Verwendung noch einen Tag kühl durchziehen. Recados gibt es im Süden Mexikos, auf der Halbinsel Yucatan, in verschiedenen Varianten mit und ohne Chilis und färbenden Annattosamen. Sie würzen Fleisch, Geflügel oder Fisch vor dem Grillen.

ROTE CURRYPASTE

- 8 getrocknete rote Chilischoten
- 20 g Zitronengras (nur der helle Teil)
- 20 g frischer Galgant, 3 Knoblauchzehen
- 40 rote thailändische Zwiebelchen
- 1 EL Korianderkörner (6 g), 1 TL Kümmel (3 g)
- 1 EL fein gehackte Kaffirlimettenschale
- 1 TL Garnelenpaste (Asialaden)

Entfernen Sie von den Chilis Samen und Scheidewände und weichen Sie die Schoten 30 Minuten in warmem Wasser ein. Das Zitronengras in dünne Ringe schneiden. Galgant schälen und fein hacken. Knoblauch und rote Zwiebelchen ebenfalls schälen und grob hacken. Die gut abgetropften Chilischoten zusammen mit den restlichen Zutaten im Mörser oder Mixer zu einer feinen Paste verarbeiten. Diese recht scharfe Currypaste würzt Fisch, Meeresfrüchte und Geflügel, aber auch Rind.

SAMBAL OELEK

- 250 g kleine rote Chilischoten, 1 EL Meersalz
- 2–3 EL Zitronensaft oder Weißweinessig
- 2–3 EL Palmzucker oder brauner Zucker

Die Chilis längs halbieren, je nach gewünschtem Schärfegrad die Samen und Scheidewände vollständig entfernen oder einen Teil mitverwenden, und die Chilis fein hacken. Verarbeiten Sie dann die Chilis mit den übrigen Zutaten im Mörser oder Mixer zu einer feinen Paste. Sambal Oelek oder Ulek ist eine klassische indonesische Chilipaste, die als Basis für viele Saucen und Gerichte benötigt wird.

Würzöle und Würzessige

Mit Kräutern und Gewürzen aromatisierte Öle und Essige sind ideal zum Würzen. Sie verleihen vielen Gerichten die besondere Note und sind mit wenig Aufwand leicht selbst herzustellen.

WÜRZÖLE

Das Grundrezept für Würzöle ist einfach: Die Kräuter werden nur gewaschen und gründlich abgetrocknet. Gewürze können zur Intensivierung des Aromas zerdrückt und kurz geröstet werden, sie lassen sich aber auch so verwenden. Die ausgewählten Zutaten kommen in ein Gefäß aus Glas, das bis zum Rand mit Öl aufgefüllt wird. Dann muss das Würzöl 2 Wochen an einem kühlen dunklen Ort durchziehen. Meist werden Gewürze und Kräuter anschließend wieder entfernt, sie können aber auch im Öl verbleiben. Dann müssen jedoch alle Zutaten immer vollständig mit Öl bedeckt sein, sonst verderben sie. Würzöle werden an einem kühlen, dunklen Ort aufbewahrt, so halten sie mehrere Monate. Für mediterrane Öle empfiehlt sich ein gutes, kalt gepresstes Olivenöl, für asiatische Kombinationen ist Erdnussöl eine gute Wahl.

BASILIKUMÖL FÜR TOMATEN UND SALATE

- 20–25 Basilikumblätter
- etwas unbehandelte Zitronenschale und 1 Knoblauchzehe, nach Belieben
- ½ l Olivenöl

Die Basilikumblätter waschen und trocknen. Basilikum und nach Belieben Zitronenschale und Knoblauch in ein Glas füllen, mit Olivenöl übergießen und zwei Wochen an einem kühlen, dunklen Ort durchziehen lassen. Das Basilikumöl durch ein Sieb passieren, in eine vorbereitete saubere Flasche umfüllen und kühl und dunkel aufbewahren.

CHILIÖL FÜR PIZZA, MEERESFRÜCHTE

- 10–15 getrocknete rote Chilischoten oder 4–6 frische rote Chilischoten, halbiert
- ½ l Erdnuss- oder Olivenöl

Die Chilischoten in eine Flasche füllen, mit Öl aufgießen und 2 Wochen durchziehen lassen. Für die mediterrane Variante Olivenöl verwenden. Eine noch stärkere Rotfärbung erhält das Öl, wenn die getrockneten, grob gehackten Chilis vorher in dem Öl geröstet werden. Anschließend abkühlen lassen, das Chiliöl durch ein Sieb gießen und in eine vorbereitete saubere Flasche füllen.

MEDITERRANES WÜRZÖL FÜR PASTA

- je 2 Zweige Rosmarin und Thymian, 1 Schalotte
- 3 Knoblauchzehen, 1 Peperoncino, halbiert
- 1 Lorbeerblatt, 5–10 Pfefferkörner, ½ l Olivenöl

Würzessige zum Aromatisieren von links nach rechts: Ingweressig harmoniert mit asiatischen Gerichten, Estragonessig für Dressings, Marinaden und Saucen und vorne rechts der Gewürzessig, der sehr gut zu Gegrilltem passt.

Die Kräuter waschen und trocknen. Schalotte und Knoblauch schälen. Alle Zutaten in ein Glas geben und mit dem Öl auffüllen. Nach 2 Wochen passieren und das Würzöl in eine Flasche umfüllen.

WÜRZESSIGE

Auch für das Ansetzen aromatischer Würzessige benötigen Sie nicht viel: einen guten Essig, entsprechende Kräuter und Gewürze und etwas Geduld. Weniger bei der Herstellung, denn das ist im Handumdrehen geschehen, sondern während des Reifens. Nach 2 bis 4 Wochen kann der Würzessig dann passiert und in Flaschen abgefüllt werden.

INGWERESSIG FÜR ASIATISCHE GERICHTE

- 50 g frische Ingwerwurzel, ½ l Reisessig
- 1 Stängel Zitronengras, leicht angedrückt
- 2 Kaffirlimettenblätter

Den Ingwer schälen und in Stücke schneiden, dann weiterarbeiten, wie unten in Step 1 und 2 gezeigt. Übrigen Essig zugießen, das Glas verschließen und den Würzessig fertigstellen, wie in Step 3 und 4 gezeigt.

ESTRAGONESSIG FÜR SALATE

- 50 g Estragon, ½ l Aceto balsamico bianco

Den Estragon waschen, trocken tupfen, in eine Flasche füllen und mit ¼ l heißem Essig übergießen, dann 10 Minuten ziehen lassen. Übrigen Essig zufügen, alles 2 Wochen ziehen lassen und passieren.

GEWÜRZESSIG FÜR GEGRILLTES

- 1 Schalotte, 1 cm frische Ingwerwurzel
- 1 Muskatblüte, 2 Gewürznelken
- ½ TL Senfkörner, ½ TL Pfefferkörner, 1 TL Salz
- 1 TL Zesten von 1 unbehandelten Orange
- ½ l Weißweinessig

Die Schalotte und den Ingwer schälen und in Stücke schneiden. Beides mit den anderen Zutaten in ein Gefäß geben, dieses verschließen und den Essig 3 bis 4 Wochen an einem warmen Ort oder in der Sonne stehen lassen. Anschließend den Gewürzessig durch ein Sieb passieren und in Flaschen füllen.

INGWERESSIG
herstellen und abfüllen

(1) Die Hälfte des Essigs kurz aufkochen. Ingwer, Zitronengras und Limettenblätter in ein Glas füllen.
(2) Den heißen Essig über die Zutaten im Glas gießen und alles 10 Minuten abkühlen lassen.
(3) Den gut durchgezogenen Ingweressig nach 2 Wochen durch ein Sieb gießen.
(4) Den fertigen Ingweressig in eine vorbereitete saubere Flasche füllen und kühl und dunkel aufbewahren.

Kräuterwürzige Marinaden

Fleisch und Geflügel legt man vor dem Grillen oder Braten häufig in eine würzige Marinade ein, um ihnen mehr Geschmack zu verleihen. Auf dieser Seite finden Sie einige spannende Rezepte aus aller Welt.

KRÄUTERMARINADE

- 4 Kaffirlimettenblätter, 1 Stängel Zitronengras
- 1 grüne Chilischote, ohne Samen
- 4 EL geschnittene Zitronenverbene
- 2 TL grünes Teepulver, 20 ml Reisessig
- 1 EL Feigensenf, 100 ml Zitronenöl

Limettenblätter in sehr feine Streifen, das Zitronengras in Stücke schneiden und fein hacken. Die Chilischote fein hacken. Pürieren Sie alle Zutaten etwa 5 Minuten im Mixer. Diese asiatisch inspirierte Kräutermarinade mit ihrem feinen Zitronenaroma eignet sich gut zum Marinieren von hellem Fleisch und Geflügel, bevor es auf den Grill kommt.

BARBECUE-MARINADE (1, 2)

- 2 reife Tomaten, 1 rote Zwiebel, geschält
- 1 Knoblauchzehe, 1–2 EL Olivenöl
- ½ EL Tomatenmark, 1 EL mildes Currypulver
- 1 rote Chilischote, halbiert, ohne Samen
- 1 Dose geschälte Tomaten (250 g), zerkleinert
- 1 EL Honig, ½ unbehandelte Zitrone, in Scheiben
- 100 ml Sojasauce, 80 g Schinkenschwarte (beim Fleischer vorbestellen)
- frisch gemahlener Pfeffer

Die Tomaten vom Stielansatz befreien und achteln, die Zwiebel in Ringe schneiden. Die Knoblauchzehe andrücken. Zwiebel und Knoblauch in Öl glasig

Die Kräutermarinade mit ihrem angenehmen Zitronenaroma verleiht Grillfleisch eine frische Würze.

anschwitzen. Tomatenmark und Curry unterrühren, dann die geschälten Tomaten untermischen. Alle restlichen Zutaten zufügen, aufkochen, abschäumen und abschmecken. Die Mischung noch 30 Minuten bei schwacher Hitze köcheln lassen, passieren und abkühlen lassen.

ESCABECHE (3, 4)

- 100 g weiße Zwiebeln, geschält, in Ringen
- 1 Knoblauchzehe, abgezogen und fein gehackt
- 3 EL Olivenöl, 200 g rote Spitzpaprika, geputzt und in Streifen geschnitten
- 1 grüne Peperoni, in Ringen, ohne Samen
- 1 TL gemahlener Kreuzkümmel, 5 Safranfäden, in 2 EL heißem Wasser eingeweicht
- 2 EL Weißweinessig
- abgeriebene Schale und Saft (150 ml) von 1 unbehandelten Orange
- grobes Meersalz, grober Pfeffer

Zwiebeln und Knoblauch in Öl hell anschwitzen, Paprika und Peperoni kurz mit anschwitzen. Dann Kreuzkümmel, Safran mit Einweichwasser, Essig und Orangenschale untermischen. Orangensaft zugießen, alles noch 1 bis 2 Minuten köcheln lassen. Die Marinade mit Salz und Pfeffer würzen, abkühlen lassen.

KOKOS-KORIANDER-MARINADE (5, 6)

- 2 Knoblauchzehen, 10 g frische Galgantwurzel
- 3 EL Fischsauce, 3 EL helle Sojasauce
- 1/8 l Kokosmilch, 1/8 l Erdnussöl, 15 g Palmzucker
- 1/2 TL frisch gemahlener weißer Pfeffer
- 10 g Zitronengras, in Ringe geschnitten
- 1 EL fein geschnittenes Koriandergrün

Knoblauch und Galgant schälen, beides fein hacken und mit Fisch- und Sojasauce, Kokosmilch, Öl, Palmzucker und Pfeffer in einer flachen Form vermischen, zuletzt Zitronengras und Koriander zufügen.

ZITRONENGRAS-SOJA-MARINADE (7, 8)

- 3 Frühlingszwiebeln, 1 Stängel Zitronengras
- 1 rote Chilischote, 10 g Ingwerwurzel, geschält
- frisch gemahlener weißer Pfeffer
- 3 EL Erdnussöl, 2 TL Palmzucker
- 3 EL Fischsauce, 2 EL helle Sojasauce

Die Frühlingszwiebeln putzen und wie das Zitronengras in feine Ringe schneiden. Chilischote ohne Samen und Scheidewände in feine Streifen, den Ingwer in Scheibchen schneiden. Alle Zutaten für die Marinade in einer Schüssel vermischen.

MARINADEN UND IHRE VERWENDUNG

(1) BARBECUE-MARINADE: Tomaten, Zwiebel, Knoblauch, Tomatenmark, Curry und Honig sind die Hauptbestandteile.

(2) Spareribs, Hähnchenfleisch sowie Lammkoteletts mit der Marinade bedecken und 24 Stunden kühl marinieren.

(3) ESCABECHE: eine Mischung aus Peperoni, Zwiebeln, Knoblauch, Paprika, Kreuzkümmel, Safran, Essig und Orangensaft.

(4) Gebratenen Fisch, etwa Seeteufel oder Heilbuttfilets, in die fruchtige Essigmarinade einlegen und 12 Stunden marinieren.

(5) KOKOS-KORIANDER-MARINADE: Kokosmilch, aromatisiert mit Galgant, Koriander, Zitronengras, Fisch- und Sojasauce.

(6) Saté-Spieße mit Schweine- oder Hähnchenfleisch in der Marinade vor dem Braten 1 Stunde ziehen lassen.

(7) ZITRONENGRAS-SOJA-MARINADE: Öl, Fisch- und Sojasauce als Basis, Ingwer, Chili und Pfeffer bringen die Schärfe.

(8) Halbierte Hähnchen mit je 1/2 Stängel Zitronengras spicken, mit der Marinade übergießen, 40 Minuten kühl marinieren.

Blüten bringen Farbe und Aroma ins Spiel

Essbare Blüten sind eine Bereicherung in der Küche. Frisch gepflückt, getrocknet oder tiefgekühlt verfeinern sie Salate, Desserts und Drinks.

ZUM WEGWERFEN VIEL ZU SCHADE: Die Blüten von Schnittlauch, Basilikum, Borretsch, Rosmarin oder Thymian werden beim Schneiden oder Hacken meist entfernt. Dabei sind sie wundervolle Garnituren für Vorspeisen und Salate, Desserts und Gebäck. Alle blühenden Küchenkräuter eignen sich hierfür, aber auch Veilchen, Rosen oder Flieder, Nelken, Malven, Stiefmütterchen und Ringelblumen sind essbar.

BLÜTEN ERNTEN UND VORBEREITEN

Für die Küche kommen nur die Blüten ungespritzter, sauberer und gesunder Pflanzen in Frage. Gepflückt oder geschnitten werden sie bei trockenem warmem Wetter, am besten am Vormittag, wenn der Tau getrocknet ist. Ideal sind Blüten, die sich gerade geöffnet haben, sie bringen das meiste Aroma mit. Welke Blüten sind ungeeignet. Die Blüten nach Möglich-

BLÜTEN VORBEREITEN

(1) Bei großblättrigen Blüten wie Rosen, Stockrosen oder Ringelblumen die Blütenblätter (Petalen) einzeln abzupfen oder mit einer Schere abschneiden.

(2) Bei ganzen Blüten die Staubgefäße entfernen – am besten mit einer kleinen spitzen Schere abschneiden – und die grünen Kelchblätter sowie den Stiel abtrennen. Anhaftende Pollen ebenfalls entfernen.

BLÜTEN TROCKNEN

(1) Vorbereitete ganze Blüten mit etwas Abstand auf Papier auslegen und an einem luftigen, warmen, dunklen Ort trocknen.

(2) Blütenblätter lassen sich auch in einem Dörrapparat trocknen, dabei darf die Temperatur jedoch nicht höher als 40 °C sein.

EISWÜRFEL MIT BLÜTEN HERSTELLEN

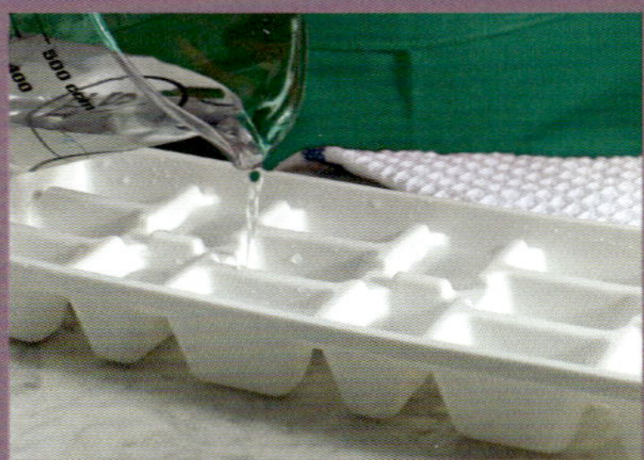

(1) Die Fächer der Eiswürfelschale etwa knapp zur Hälfte mit kaltem Wasser oder mit Limonade füllen.

(2) Die vorbereiteten ganzen Blüten oder einzelne Blütenblätter einlegen und den Behälter ins Tiefkühlgerät stellen.

Der Duft wohlriechender Blüten lässt sich in Zucker konservieren. Blütenzucker kann zum Aromatisieren und Verfeinern von Desserts und Gebäck verwendet werden.

keit nicht waschen, sondern nur leicht ausschütteln. Befinden sich jedoch kleine Insekten daran, wie es bei Holunder oft der Fall ist, können Sie die Blüten in Salzwasser (1 EL Salz auf 1 l Wasser) tauchen, kurz darin schwenken und vorsichtig mit Küchenpapier trocken tupfen. Oder Sie stellen die Blüten mit Papier abgedunkelt beiseite, kleine Käfer kommen dann zum Vorschein und wandern zum Licht. Bei großen Blüten müssen vor dem Verzehr die Staubgefäße und alle grünen Teile entfernt werden, wie links in Step 1 und 2 gezeigt. Bei Blütendolden mit zahlreichen kleinen Einzelblüten, wie bei Dill oder Fenchel, wird dagegen nur der Stiel entfernt.

BLÜTEN TROCKNEN

Getrocknete Blüten werden für Tees oder Würzmischungen benötigt. Dafür die Blüten in der Vollblüte ernten und entweder auf Papier oder im Dörrapparat trocknen, wie links oben in Step 1 und 2 gezeigt.

BLÜTENEISWÜRFEL HERSTELLEN

In Eis eingschlossene Blüten sind eine reizvolle Garnitur und eignen sich zudem zum Kühlen von Bowle und anderen sommerlichen Getränken oder auch zum Garnieren von kalten Suppen. Ihre Herstellung ist ganz einfach: Je nach Größe werden entweder die Blüten im Ganzen oder einzelne Blütenblätter in die zur Hälfte mit Wasser gefüllten Eiswürfelfächer gelegt, wie links unten in Step 1 und 2 gezeigt, und dann tiefgekühlt. Ist das Wasser gefroren, die Schale herausnehmen, mit Wasser auffüllen und erneut ins Tiefkühlgerät stellen. Geeignet sind alle essbaren Blüten, allen voran Minze- und Borretschblüten, Nelken, Rosenblätter oder Duftpelargonien.

ROSENBLÜTENSIRUP

Der Duft von Rosen lässt sich wunderbar in Sirup konservieren. Dafür in einem großen Topf 3 l Wasser mit 2 kg Zucker aufkochen und erkalten lassen. 60 g Zitronensäure (Apotheke) und 1 in Scheiben geschnittene unbehandelte Zitrone einlegen. 300 g ungespritzte Rosenblätter unterrühren und alles an einem kühlen Ort 5 bis 6 Tage ziehen lassen. Den Rosensirup durch ein Sieb passieren und für Sorbets, Cremes sowie zum Aromatisieren von fruchtigen Desserts oder einer Sommerbowle verwenden.

BLÜTENZUCKER HERSTELLEN

Vorbereitete Blüten und Zucker abwechselnd in ein Glas schichten oder 8 bis 12 EL zerkleinerte Blütenblätter mit 250 g feinem Zucker vermischen. Den Blütenzucker 4 Wochen kühl ziehen lassen, das Aroma hält sich 3 bis 6 Monate. Besonders geeignet sind Rosen, Veilchen, Minze-, Lavendel- und Fliederblüten.

Blüten kandieren und Blätter frittieren

Durch das Überzuckern bleiben Blüten länger haltbar. Knusprig ausgebacken verwöhnen sie den Gaumen – ebenso wie würzige Kräuter.

ZUM ANBEISSEN SCHÖN – kandierte Rosen, Kornblumen oder Veilchen setzen farbige Akzente auf Torten, Kuchen und Desserts. Dabei bleiben die Blüten durch den dünnen Zuckerüberzug nicht nur länger in Form, er intensiviert zudem ihr feines Aroma. Als Grundierung empfiehlt sich Eiweiß oder Gummiarabikum: Mit Eiweiß kandierte Blüten halten in einer Dose bis zu 2 Tage. Dient Gummiarabikum als Grundlage, können die kandierten Blüten sogar mehrere Monate aufbewahrt werden. Bei Methode 1 die Blüten und Blätter entweder in Eischnee oder in verquirltes Eiweiß tauchen und weiterarbeiten, wie unten in Step 1 bis 3 gezeigt. Sollen die Blüten länger halten, 1 TL Gummiarabikum in 2 EL Wasser oder klarem Schnaps auflösen und weiterarbeiten, wie unten in Step 1 und 2 gezeigt.

BLÜTEN KANDIEREN AUF EIWEISSBASIS

(1) Ein Eiweiß in einem tiefen Teller leicht verquirlen und die vorbereiteten Blüten und -blätter darin wenden oder ringsum mit Hilfe eines Pinsels mit Eiweiß bestreichen.

(2) Die ganzen Blüten oder Blütenblätter von beiden Seiten mit feinem Zucker bestreuen, er haftet an feuchten Oberflächen.

(3) Die überzuckerten Blüten und Blätter auf Pergamentpapier legen und über Nacht an einem warmen Ort trocknen lassen.

BLÜTEN KANDIEREN MIT GUMMIARABIKUM

(1) Die Blütenblätter in Gummiarabikum tauchen oder die Blüten mit Hilfe eines Pinsels rundherum damit bestreichen.

(2) Die Blütenblätter anschließend in feinem Zucker wälzen oder damit bestreuen und trocknen lassen, wie oben beschrieben. Größere ganze Blüten wie etwa Rosen mit einem Stück Blumendraht fixieren und mit der Blüte nach unten an einem warmen Ort zum Trocknen aufhängen.

BLÜTEN UND KRÄUTER FRITTIEREN

In Teig getaucht und in heißem Fett ausgebacken, lassen sich würzige Kräuterblätter von Salbei, Borretsch oder Beinwell sehr gut zum Aperitif genießen. Frittiert und mit Puderzucker bestaubt, ergeben erfrischende Kräuter wie Minze, Melisse oder auch Blütenblätter raffinierte Garnituren für Desserts. Die süße Variante eignet sich aber auch als kleine Aufmerksamkeit zum Tee oder Kaffee. Wichtig auch hier: Immer nur ungespritzte, frische Blätter verwenden. Zunächst die Blüten- und Kräuterblättchen vorbereiten, wie unten in Step 1 beschrieben. Dann den Ausbackteig herstellen. Dafür 1 Ei trennen und das Eiweiß halb steif schlagen. In einer Schüssel 40 g Mehl mit 30 g Speisestärke, ½ TL Salz sowie 2 EL Wasser verrühren und weiterarbeiten, wie in Step 2 gezeigt. Anschließend in einem entsprechend großen Topf ausreichend Öl auf 175 °C erhitzen und die Kräuter- und Blütenblätter frittieren und entfetten, wie in Step 3 bis 7 gezeigt.

BLÜTEN-/KRÄUTERBLÄTTER FRITTIEREN

(1) Die Kräuter- und Blütenblätter nur bei Bedarf kurz abbrausen und auf einem Tuch abtropfen lassen oder mit Küchenpapier vorsichtig trocken tupfen. Von den Rosenblättern vor dem Frittieren den bitteren, weißen Blütenansatz enfernen.

(2) Das Eigelb zufügen und alles mit dem Schneebesen glatt rühren. Dann den Eischnee unterheben.

(3) Die vorbereiteten, trockenen Kräuter- und Blütenblätter vorsichtig durch den Ausbackteig ziehen.

(4) Den überschüssigen Teig wieder gut abtropfen lassen und die Kräuter- und Blütenblätter ins heiße Öl gleiten lassen.

(5) Die Kräuter- und Blütenblätter von beiden Seiten goldgelb und knusprig ausbacken.

(6) Die frittierten Blätter mit der Schaumkelle herausnehmen und auf Küchenpapier gut abtropfen lassen.

(7) Die ausgebackenen Kräuter- und Blütenblätter auf einem Teller anrichten und pur oder mit einem pikanten Dip zum Aperitif servieren. Gebackene Blütenblätter vor dem Servieren noch mit etwas Puderzucker bestreuen.

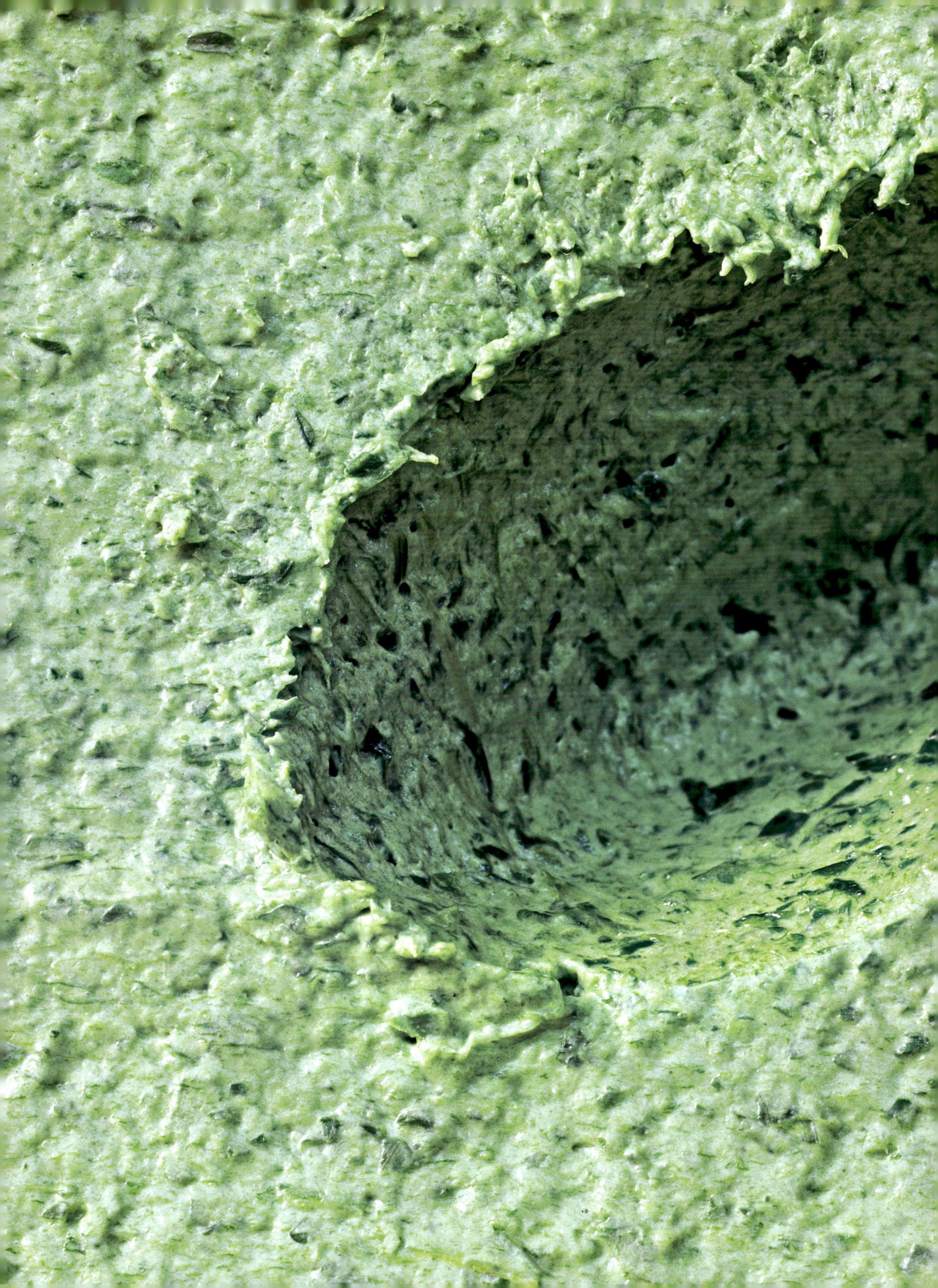

REZEPTE

REZEPTE

Würziger Genuss

Vorspeisen und Salate

Luftig, leicht und locker: Als Mousse, Sorbet oder Salat – Kräuter und Gewürze sorgen für Abwechslung und bringen Frische, Aroma und Geschmack.

Aromen raffiniert kombiniert

Kräuter und Gewürze sind eine Herausforderung für versierte Köche – die immense Vielfalt an Geschmacksrichtungen fordert zum Experimentieren heraus. Im folgenden Kapitel finden Sie zahlreiche sehr spannende Ideen.

KRÄUTER UND GEWÜRZE sollen den Eigengeschmack von Lebensmitteln ergänzen, nach Möglichkeit noch hervorheben oder unterstreichen, jedoch keinesfalls überdecken, lautet das Credo vieler renommierter Spitzenköche. Befolgt man diese Empfehlung, sind der Fantasie keinerlei Grenzen mehr gesetzt. Altbewährtes und Bekanntes mit Neuem zu kombinieren verlockt ebenso, wie sich von fernöstlichen, arabischen oder mediterranen Würztraditionen inspirieren zu lassen. Entdecken Sie auf den folgenden Seiten viele neue Vorschläge für derartige Experimente.

ERFRISCHENDES GRÜN

Zarte aromatische Kräuter wie Kerbel, Brunnenkresse oder Pimpinelle sind geradezu für Salate und Vorspeisen prädestiniert. Sie vertragen keine Hitze und sind daher besonders für die kalte Küche interessant. Zum einen verfeinern sie jede Art von Blattsalaten sowie Salate mit Gemüse, Fisch oder Fleisch, dienen fein geschnitten als Garnitur oder aromatisieren Kräuterbutter. Zum anderen übernehmen sie aber auch gerne einmal die Hauptrolle, wie etwa Portulak oder Brunnenkresse. Letztere harmoniert mit ihrer angenehmen Schärfe aufs Beste mit einem Rosen-Litchi-Dressing. Zudem bringen Wildkräuter ganz neue, bislang wenig bekannte herbwürzige Noten mit ins Spiel. Mischen Sie einmal ein paar Blättchen Wiesenlabkraut oder Gundermann unter ihren Salat – Sie werden staunen.

ELEGANT: SORBET UND MOUSSE

Auch als geschmackliche Grundlage von Mousses und Sorbets eignen sich frische Kräuter ganz wunderbar. So verwandelt sich ein Bund Basilikum, fein püriert, mit etwas Limettensaft, Pinienkernen und Pfeffer angereichert und tiefgekühlt, in ein leuchtend grünes Sorbet mit intensivem Basilikumaroma. Serviert mit einem Carpaccio vom Wolfsbarsch wird es zur optisch wie geschmacklich überzeugenden Vorspeise. Die robustere Petersilie sollte man hingegen einige Minuten blanchieren, bevor sie dann püriert, gewürzt und mit Mascarpone vermischt als sattgrüne Mousse ihren Auftritt hat. In Kombination mit gedämpftem Kaninchenrücken ist auch sie eine elegante Vorspeisen-Kreation.

INTERESSANT KOMBINIERT

Aber nicht nur zu kalten Vorspeisen, auch mit gebratenen, gegrillten und gebackenen Entrees harmonieren aromatische Kräuter und Gewürze. Sie regen den Appetit an, machen Lust auf weitere Genüsse und sorgen für die Bekömmlichkeit des Menüs. Zudem setzen sie in Beizen und Marinaden spannende Akzente, etwa bei der klassischen Dill-Beize für Graved Lachs, aber auch in einer neuen Variante mit Kaffee, Zucker und Salz. Sie macht Sardinen in Verbindung mit fruchtiger Ananas, Zitronengras, Espresso, Limettenblättern und Minze zu einem echten Geschmackserlebnis. Estragon wiederum ergänzt einen Salat aus gegarten Artischocken. Fleisch- oder Fischwürfel erhalten beim Braten und Grillen noch mehr Geschmack, wenn sie vorher auf verholzte Kräuterzweige gesteckt werden. Stabile Triebe von Lorbeer und Rosmarin eignen sich hierfür ganz wunderbar.

BROTE RAFFINIERT GEWÜRZT

Zum besonderen Highlight werden selbst einfache Kräuterquarks und -dips, wenn sie mit selbst gebackenem, mit Sesam oder Schwarzkümmel gewürztem Brot auf den Tisch kommen. Köstlich duftet es dabei schon beim Backen aus dem Ofen, wie bei den mit Akaziensamen gewürzten Kartoffelbrötchen. Serviert mit Wildkräuter-Salat oder Kräuterbutter sind sie ein Gedicht. Die Rezepte für diese Köstlichkeiten finden Sie auf den folgenden Seiten.

Dressings und Dips

Die Mehrzahl der Küchenkräuter eignet sich fein geschnitten zur Herstellung von Salatsaucen auf Vinaigrette-Basis. Verrührt mit etwas Quark, Joghurt oder auch Crème fraîche ergeben sie köstliche Brotaufstriche und Dips zu Grillgemüse oder Fleisch.

Kräutersalat mit Lorbeer-Kabeljau-Spieß

ZUBEREITUNGSZEIT 40 Min.

FÜR DEN SALAT
- 2 braune Champignons
- 60 g Radieschen, geputzt
- 60 g Salatgurke
- 120 g gemischte Blattsalate der Saison, geputzt, etwa Löwenzahn, Brunnenkresse, Ölrauke, Kopfsalat, Neuseelandspinat oder Feldsalat
- 6 rote Basilikumblätter
- 1 EL Tomatenwürfel
- 1 EL ganze Estragonblätter
- 1 TL geschnittene Dillspitzen
- 1 EL in Chiffonade geschnittene glatte Petersilie
- 1 EL feine Schnittlauchröllchen
- 1 TL in Chiffonade geschnittene Minze
- 1 TL in Chiffonade geschnittene junge Borretschblätter
- 12–20 Blüten nach Belieben und Saison, etwa Gänseblümchen oder Stiefmütterchen

FÜR DIE VINAIGRETTE
- 2 EL Estragonessig
- 2 EL Geflügel- oder Gemüsefond
- Salz, frisch gemahlener Pfeffer
- 1 Prise Zucker
- 4 EL Walnussöl oder Sonnenblumenöl

FÜR DIE KABELJAU-SPIESSE
- 4 kräftige, gerade gewachsene Zweige frischer Lorbeer, etwa 17 cm lang
- 500 g Kabeljaufilet
- Salz, frisch gemahlener Pfeffer
- 12 dünne Scheiben Tiroler Speck
- 2 EL Öl zum Braten

1. Für den Salat die Champignons putzen, die Stiele kürzen und die Pilze erst in Scheiben, dann in feine Streifen schneiden. Die Radieschen waschen, trocknen und in dünne Scheiben schneiden. Die Gurke waschen, trocknen und halbieren. Entfernen Sie die Kerne und schneiden Sie das Gurkenfruchtfleisch in 5 mm große Würfel.

2. Die Blattsalate waschen und trocken schleudern. Die Basilikumblätter waschen, trocken tupfen und grob schneiden. Vermischen Sie in einer Schüssel Champignons, Radieschen, Gurken- und Tomatenwürfel mit den Blattsalaten und den Kräutern. Die Blüten zufügen, alles vorsichtig vermengen und bis zum Anrichten kühl stellen.

3. Für die Vinaigrette den Estragonessig mit dem Fond verrühren und mit Salz, Pfeffer und Zucker würzen. Rühren Sie die Mischung mit dem Schneebesen kräftig durch, bis sich die Salz- und Zuckerkristalle gelöst haben. Zum Schluss das Walnussöl kräftig unterschlagen und die Vinaigrette abschmecken.

4. Für die Spieße die Lorbeerzweige vorbereiten, wie im ersten Step unten gezeigt. Schneiden Sie das Kabeljaufilet in 12 gleich große, etwa 40 g schwere Würfel. Die Fischwürfel mit Salz und Pfeffer würzen, in Speck wickeln und aufspießen, wie in Step 2 gezeigt. In einer Pfanne das Öl erhitzen und die Spieße darin braten, wie im letzten Step unten gezeigt.

5. In der Zwischenzeit die Vinaigrette über den Salat träufeln und alles vorsichtig durchmischen. Den Kräutersalat als Streifen oder mittig auf Tellern oder einer länglichen Platte anrichten. Die Lorbeer-Kabeljau-Spieße danebenlegen und nach Belieben mit der übrigen Vinaigrette beträufeln oder mit einem Streifen Rucola-Pesto (S. 306) garniert servieren.

Mit Meeresfrüchten

Bestückt mit Kaisergranat oder Tiefseegarnelen schmecken die Lorbeerspieße ebenfalls ganz vorzüglich. Das Anbraten funktioniert hier – wie auch beim Fisch – am besten in einer beschichteten Pfanne. Als Bratfett eignet sich Olivenöl oder auch ein neutrales Pflanzenöl.

S. 35
WARENKUNDE Lorbeer

S. 139
KÜCHENPRAXIS Chiffonade schneiden

LORBEER-KABELJAU-SPIESSE

vorbereiten und braten

(1) Die Lorbeerblätter bis auf ein oder zwei Stück am Zweigende abzupfen.
(2) Die Kabeljauwürfel jeweils mit 1 Scheibe Tiroler Speck umwickeln. Je 3 Würfel auf einen Lorbeerspieß stecken.
(3) Die Spieße im heißen Öl von jeder Seite in etwa 2 Minuten knusprig braten.

S. 38
WARENKUNDE Majoran

S. 139
KÜCHENPRAXIS Kräuter hacken

Eiskrautsalat mit Majoran-Dressing

ZUBEREITUNGSZEIT 30 Min.

FÜR DEN SALAT

- 500 g Eiskrautsalat
  (Ersatz: Feldsalat oder junger Spinat)

FÜR DAS DRESSING

- 1 Eigelb (Zimmertemperatur)
- 50 ml Kürbiskernöl
- 50 ml Sonnenblumenöl
- 100 ml Maracujasaft (Ersatz: 50 ml Maracujasirup mit 50 ml Wasser angerührt, dann den Zucker weglassen)
- ½ EL Salz
- 1 EL Zucker
- ½ TL scharfer Meerrettich (aus dem Glas) oder Wasabipaste
- 1 EL Aceto balsamico bianco
- 1 große Maracuja
- ½ EL fein gehackte Majoranblättchen

AUSSERDEM

- ½ EL Olivenöl
- 2 EL Kürbiskerne

1. Den Eiskrautsalat vorsichtig waschen, aber nicht schleudern, sondern in einem Sieb gut abtropfen lassen (auch Feldsalat oder jungen Spinat nicht trocken schleudern, sondern abtropfen lassen). Schneiden Sie die Salatblätter nach Belieben in etwa 1 cm breite Streifen.

2. Für das Dressing das Eigelb in einen Rührbecher geben, dann tropfenweise Kürbiskernöl und Sonnenblumenöl zufügen und mit dem Handrührgerät unterrühren, bis die Masse cremig zu werden beginnt. Gießen Sie dann das restliche Öl in dünnem Strahl zu. Die Mischung weiterrühren, bis eine Mayonnaise entsteht und kühl stellen.

3. Verrühren Sie inzwischen den Maracujasaft mit Salz, Zucker, Meerrettich und dem Essig in einer kleinen Schüssel zu einem Dressing. Die Maracuja halbieren, mit einem Löffel das Fruchtfleisch auslösen und zusammen mit dem Majoran unter das Dressing rühren. Anschließend das Maracuja-Majoran-Dressing mit der gekühlten Mayonnaise vermischen.

4. Erhitzen Sie in einer Pfanne das Olivenöl und rösten Sie die Kürbiskerne darin an. Das Dressing und die gerösteten Kürbiskerne vorsichtig unter den Salat heben. Den Eiskrautsalat auf Tellern anrichten und sofort servieren.

Mit Kräutern variieren

Statt des Majorans können Sie das Dressing auch mit frischer Minze oder Liebstöckel aromatisieren und alles zudem mit frisch gehobeltem Parmesan verfeinern. Der fruchtige Salat schmeckt wunderbar zu auf der Haut gebratenem Fisch wie Zander oder Wolfsbarsch, kann aber auch zu Rinderbraten oder Wild serviert werden.

Brunnenkressesalat mit Dill und Rosen-Litchi-Dressing

ZUBEREITUNGSZEIT 25 Min.

FÜR DEN SALAT
- 500 g verschiedene Blattsalate der Saison, etwa Brunnenkresse, Radicchio Trevisano, Löwenzahn oder Portulak

FÜR DAS DRESSING
- 100 ml Olivenöl, 100 ml Apfelsaft
- 50 ml Estragonessig oder Aceto balsamico bianco
- 1 TL Dijon-Senf, ½ EL Salz, 2 EL Zucker
- 2 EL unbehandelte Rosenblüten (Apotheke), (Ersatz: 2 EL Rosenwasser, Asialaden)
- 1 TL Szechuan-Pfeffer oder weißer Pfeffer
- 8 frische Litchis oder Rambutan (Ersatz: 1 Dose ungesüßte Litchis)
- 1 EL geschnittene Dillspitzen

1. Die Blattsalate putzen, in kaltem Wasser kurz waschen und die Blätter trocken schleudern. Zupfen Sie anschließend die Salatblätter in mundgerechte Stücke.

2. Für das Dressing das Olivenöl mit dem Apfelsaft, Estragonessig, Senf, Salz und Zucker verrühren. Zerkleinern Sie die Rosenblüten mit dem Szechuan-Pfeffer fein im Mörser und rühren Sie beides unter das Dressing.

3. Anschließend die Litchis mit einem kleinen Messer schälen, vom Kern befreien, achteln, untermengen und das Dressing mit dem Dill abschmecken. Vermischen Sie die Blattsalate vorsichtig mit dem Dressing und richten Sie den Salat auf Tellern an. Dazu passen sehr gut einige Scheiben rosa gebratene Entenbrust mit Honigglasur und Rosmarin oder auch Tintenfisch vom Grill.

Bitterstoffe entfernen

Wenn Sie Radicchio und Löwenzahn kurz in lauwarmes Wasser legen, werden ihnen Bitterstoffe entzogen. Statt mit Dill können Sie das Dressing auch mal mit Koriandergrün oder Basilikum verfeinern und die Litchis durch weißen Pfirsich ersetzen.

Bulgur mit Koriandergrün und Fenchelwürstchen

ZUBEREITUNGSZEIT 50 Min.

FÜR DEN BULGUR
- 1 rote Zwiebel, geschält
- 2 Tomaten
- je ½ rote und gelbe Paprikaschote, geputzt, ohne Samen und Scheidewände
- 3 Stängel Koriandergrün, Olivenöl
- 1 Knoblauchzehe mit Schale, angedrückt
- Salz, frisch gemahlener Pfeffer
- 2 g Safranfäden (= 2 Döschen)
- 50 ml Weißwein
- 600 ml Geflügelfond
- 200 g Bulgur, Saft von 1 Limette

AUSSERDEM
- 100 g Fenchelwürstchen von der Loire, in feine Würfel geschnitten
- 4 Metallringe, 6–8 cm Ø
- 4 Limettenspalten, Limettenzesten
- Korianderblättchen für die Garnitur

S. 33
WARENKUNDE Koriandergrün
S. 138
KÜCHENPRAXIS Kräuter vorbereiten

1. Die Zwiebel würfeln. Die Tomaten vom Stielansatz befreien und wie die beiden Paprikahälften etwa 5 mm groß würfeln. Zupfen Sie das Koriandergrün ab und schneiden Sie die Blättchen in Streifen.

2. In einem Topf 1 EL Öl erhitzen und das Gemüse mit Korianderstängeln und Knoblauch darin hell andünsten. Salzen, pfeffern, den Safran zufügen und kurz mitdünsten. Löschen Sie das Gemüse mit dem Wein ab und füllen Sie alles mit dem Geflügelfond auf. Die Flüssigkeit bei schwacher Hitze um ein Drittel reduzieren und durch ein Sieb passieren.

3. Den Bulgur in ein Gefäß mit Deckel füllen und mit dem Fond übergießen. Lassen Sie den Bulgur etwa 15 Minuten zugedeckt quellen, dann mit Olivenöl und Limettensaft abschmecken.

4. Die Korianderstreifen und Fenchelwürstchen unter den Bulgur heben. Legen Sie einen Metallring auf jeden Teller und füllen Sie den Bulgur ein. Leicht andrücken, die Ringe vorsichtig abziehen und den Bulgur mit Limette und Koriander garniert servieren.

Parmesan im Speckmantel mit Portulak

ZUBEREITUNGSZEIT 2 Std. 20 Min.

FÜR DIE TOMATENMARMELADE
- 10 grüne (unreife) feste Tomaten
- 20 g brauner Rohrzucker

FÜR DEN PARMESAN
- 500 g Parmesan
- 1 Zweig Rosmarin, 4 Zweige Thymian
- 80 g Lardo di Colonnata, in 32 dünne Scheiben geschnitten (Ersatz: gewürzter Schweinerückenspeck)

FÜR DEN SALAT
- 200 g Portulak, gewaschen
- 4 EL Aceto-balsamico-Vinaigrette
- Fleur de Sel
- Malabar-Pfeffer oder anderer frisch gemahlener schwarzer Pfeffer

AUSSERDEM
- Zahnstocher zum Fixieren

S. 50, 106
WARENKUNDE Portulak, Malabar-Pfeffer

S. 139
KÜCHENPRAXIS Kräuter zerkleinern

1. Für die Tomatenmarmelade die grünen Tomaten mit einem Sparschäler von der Haut befreien, vierteln und die Samen entfernen. Vermischen Sie die Tomatenviertel in einem Topf mit dem Zucker und lassen Sie alles bei schwacher Hitze etwa 2 Stunden offen köcheln, bis die Flüssigkeit beinahe ganz eingekocht ist.

2. Schneiden Sie den Parmesan in 16 je 8 x 1,5 x 1,5 cm große Blöcke. Es werden pro Person vier Blöcke benötigt.

3. Den Backofen auf 160 °C (Umluft) vorheizen. Rosmarinnadeln und Thymianblättchen abzupfen und beides fein hacken. Je zwei Speckscheiben nebeneinander leicht überlappend auslegen und mit den Kräutern bestreuen. Legen Sie jeweils ein Stück Parmesan darauf und schlagen Sie den Käse in die Speckscheiben ein. Die Enden dann jeweils mit einem Zahnstocher fixieren.

4. Braten Sie den Parmesan im Speckmantel in einer beschichteten Pfanne auf jeder Seite etwa 1 Minute an. Dann auf ein Blech setzen und den Parmesan im Ofen in etwa 4 Minuten fertig garen. Den Portulak trocken schleudern, mit der Vinaigrette beträufeln, mit Fleur de Sel und Pfeffer abschmecken und alles kurz durchziehen lassen.

5. Setzen Sie je zwei Parmesanblöcke parallel im Abstand von 6 cm mittig auf die Teller. Darauf jeweils quer zwei weitere Parmesanblöcke setzen. In der Mitte den Salat anrichten und die Tomatenmarmelade ringsum verteilen.

Grana als Ersatz

Statt Parmesan können Sie auch den etwas preiswerteren Grana Padano oder Trentino verwenden, allerdings erreichen beide die geschmackliche Dichte des Parmesans nicht ganz.

Carpaccio mit Basilikumsorbet

ZUBEREITUNGSZEIT 1 Std.
KÜHLZEIT 2–3 Std.

FÜR DAS CARPACCIO
- 300 g absolut frisches Wolfsbarschfilet mit Haut, geschuppt und entgrätet
- 2–4 EL Olivenöl, grobes Meersalz
- grob zerstoßener schwarzer Pfeffer
- Saft von ½ Limette

FÜR DAS BASILIKUMSORBET
- 1 kleines Bund Basilikum
- 20 ml Mineralwasser, 100 ml Läuterzucker
- Saft von 1 Limette
- 1 EL Pinienkerne, geröstet
- Salz, zerstoßener schwarzer Pfeffer
- 1 Blatt Gelatine, kalt eingeweicht

AUSSERDEM
- 1 Kopf Escorialsalat (gelber Winter-Endiviensalat; nur die gelben Blätter verwenden, Ersatz: Chicorée)
- 1–2 EL Olivenöl
- ¼ TL mildes Madras-Currypulver oder ein anderes mildes gelbes Currypulver
- Salz, Zucker

1. Für das Carpaccio das Wolfsbarschfilet 10 Minuten tiefkühlen. Inzwischen die Basilikumblätter für das Sorbet abzupfen, waschen und abtrocknen.

2. Das Basilikum mit dem Mineralwasser, dem Läuterzucker, dem Limettensaft sowie den Pinienkernen fein pürieren und die Masse durch ein Sieb streichen. Schmecken Sie das Püree mit Salz und zerstoßenem Pfeffer ab.

3. In einem kleinen Topf 1 TL des Pürees vorsichtig erwärmen und die gut ausgedrückte Gelatine darin auflösen. Die Mischung zum restlichen Püree geben und alles in einer Sorbetiere cremig frieren. Sie können die Masse aber auch in kleine Schüsseln füllen und 2 bis 3 Stunden tiefkühlen, dabei dann wiederholt kräftig durchrühren.

4. Schneiden Sie das Wolfsbarschfilet mit einem scharfen, dünnen Messer quer zur Faser in sehr dünne Scheiben. In einem Schälchen das Olivenöl, Salz und Pfeffer gut miteinander verrühren. Vier Teller mit dem Öl ausstreichen und die Wolfsbarschscheiben mittig auflegen. Den Fisch auf der Oberseite ebenfalls mit dem gewürzten Öl bestreichen und mit Limettensaft beträufeln.

5. Den Salat putzen, waschen und trocken schleudern. In einer Pfanne das Olivenöl erhitzen. Schwenken Sie die Salatblätter kurz darin und schmecken Sie den Salat mit Currypulver, Salz und Zucker ab. Die Salatblätter kurz auf Küchenpapier abtropfen lassen und auf dem Carpaccio verteilen. Von dem Sorbet mit Hilfe zweier Esslöffel gleichmäßige Nocken abstechen und formen. Je zwei Nocken Basilikumsorbet auf dem Carpaccio anrichten und servieren.

S. 20–23
WARENKUNDE Basilikum
S. 150
KÜCHENPRAXIS Kräuter pürieren

Läuterzucker

In vielen gut sortierten Supermärkten ist Läuterzucker – ein reiner Zuckersirup – bereits fertig in Flaschen erhältlich. Sollten Sie kein Glück haben, lässt er sich leicht selbst herstellen: Einfach 100 g Zucker mit 100 ml Wasser aufkochen, ein paar Minuten köcheln lassen, fertig!

Kaffee-Sardinen mit Minze

ZUBEREITUNGSZEIT 1 Std.
BEIZZEIT 20 Min.

FÜR DIE BEIZE
- 2 EL frisch gemahlene Kaffeebohnen
- 4 EL Salz, 2 EL Zucker

FÜR DIE SARDINEN
- 8 Sardinen, auf der Bauchseite bis zum Schwanz aufgeschnitten und entgrätet
- 1 Stängel Zitronengras
- 400 ml Ananassaft, 50 ml Sherryessig
- 2 Tassen Espresso, 1 Kaffirlimettenblatt

FÜR DAS DINKEL-SESAM-BAGUETTE
- ¾ Würfel frische Hefe (etwa 30 g)
- 500 g Dinkelmehl, 1 TL Currypulver
- 2 EL schwarzer Sesam, 50 g Quark (40 % Fett i. Tr.)
- 1 TL Salz, 50 ml Olivenöl
- 2 Knoblauchzehen, angedrückt

AUSSERDEM
- 2 EL Mehl, 2–3 EL Öl zum Braten
- 2 EL fein geschnittene Pfefferminze

S. 65
WARENKUNDE Zitronengras

S. 40–43
WARENKUNDE Minze

1. Für die Beize das Kaffeepulver mit Salz und Zucker in einer kleinen Schüssel verrühren. Verteilen Sie die Beize auf der Fleischseite der Sardinen und lassen Sie diese dann 20 Minuten kühl durchziehen. Anschließend die Sardinen kalt abwaschen und mit Küchenpapier trocken tupfen.

2. Inzwischen das Zitronengras waschen und in feine Ringe schneiden. Geben Sie den Ananassaft, den Essig sowie den Espresso mit dem Kaffirlimettenblatt in einen Topf und bringen Sie die Mischung zum Kochen. Den Fond 2 Minuten köcheln, dann abkühlen lassen und durch ein Sieb gießen.

3. Den Backofen auf 200 °C vorheizen. Die Hefe in 200 ml lauwarmem Wasser auflösen. Verkneten Sie Mehl, Currypulver, Sesam, Quark, aufgelöste Hefe und Salz miteinander. Den Teig zu einem Baguette formen und auf einem geölten Blech an einem warmen Ort 30 Minuten gehen lassen, dann auf der mittleren Schiene 15 Minuten backen, herausnehmen, abkühlen lassen und in Scheiben schneiden.

4. Die Sardinen auf der Hautseite leicht mit Mehl bestauben. Erhitzen Sie das Öl in einer Pfanne und braten Sie die Sardinen darin etwa 2 Minuten auf der Hautseite goldgelb an. Den kalten Ananasfond in eine Form gießen und die Sardinen mit der Fleischseite nach unten 30 Minuten einlegen.

5. Erhitzen Sie in einer Pfanne das übrige Olivenöl mit dem Knoblauch und rösten Sie die Baguettescheiben darin goldgelb an. Die kalten Sardinen auf dem warmen Brot anrichten und mit Minze bestreut servieren.

Salbei statt Minze

Würziger Salbei ist eine interessante Alternative zum Abschmecken der Sardinen. Und den Espresso im Würzfond können Sie auch einmal durch braunen Rum ersetzen.

»Klassisch beizen mit Dill: Graved Lachs«

Kaffee und Sardinen vertragen sich wunderbar, wobei ich den Klassiker Graved Lachs auch sehr gern esse. Für diese klassische Beize nehme ich jeweils 2 TL weiße Pfeffer-, Senf- und Korianderkörner, 2 TL Fenchelsamen, 2 TL Wacholderbeeren und 2 Lorbeerblätter, die ich im Mörser fein zerstoße. Dazu gebe ich dann 4 Bund gehackten Dill, 300 g Meersalz und 200 g Zucker. Dann lege ich 1 kg Lachsfilet mit der Hautseite nach unten auf ein großes Schneidebrett und bedecke es großzügig mit der Salz-Kräuter-Mischung. Nachdem ich alles rundum gut angedrückt habe, lege ich ein schweres Holzbrett auf den Fisch und stelle obenauf einige Konservendosen oder schwere gusseiserne Töpfe.

Anschließend den Fisch mindestens 12 Stunden im Kühlschrank marinieren. Erst dann schabe ich die Salz-Kräuter-Mischung mit einer Teigkarte ab, reibe den Lachs mit Olivenöl ein und lasse ihn, fest in Folie gewickelt, nochmals 6 Stunden durchziehen, bevor ich ihn in hauchdünne Scheiben schneide und mit einer Honig-Senf-Sauce oder mit zart schmelzendem Sahnemeerrettich serviere.

Bernd Arold

Petersilienmousse mit gedämpftem Kaninchenrücken

S. 48
WARENKUNDE Petersilie

S. 150
KÜCHENPRAXIS Kräuterpüree

ZUBEREITUNGSZEIT 1 Std.
MARINIER- UND KÜHLZEIT 2–3 Std.

FÜR DIE PETERSILIENMOUSSE
- 280 g glatte oder krause Petersilie
- Salz, 1 TL Apfelessig
- frisch gemahlener Pfeffer
- 120 g Mascarpone
- abgeriebene Schale von ½ unbehandelten Zitrone

FÜR DIE KANINCHENRÜCKEN
- 4 Kaninchenrückenfilets, je 50–70 g
- 1 EL Rapsöl
- abgeriebene Schale von ½ unbehandelten Zitrone
- Salz, grob gemahlener Pfeffer

AUSSERDEM
- 2 mittelgroße Möhren, Salz
- 60 g glatte Petersilie
- Meersalz aus der Mühle
- einige Stiefmütterchen- oder Borretschblüten

1. Für die Mousse die Petersilie waschen, von den Stielen befreien, in kochendes Salzwasser legen und 6 Minuten garen, dann mit dem Schaumlöffel herausheben und gut ausdrücken. Pürieren Sie die Petersilie 30 Sekunden im Mixer. Das Petersilienpüree in eine Rührschüssel füllen, mit Essig, Salz und Pfeffer würzen und auskühlen lassen. Rühren Sie dann den Mascarpone unter, wie rechts in Step 1 gezeigt. Zum Schluss die Zitronenschale untermischen, alles mit Salz und Pfeffer abschmecken und die Mousse 2 bis 3 Stunden in den Kühlschrank stellen.

2. Die Kaninchenrückenfilets parieren. Schneiden Sie jeweils die Spitzen und ein wenig des Kopfstücks ab – alle vier Filets sollen etwa gleich groß sein. Geben Sie das Rapsöl, die Zitronenschale, Salz und Pfeffer in eine flache Form und marinieren Sie die Kaninchenfilets darin 2 bis 3 Stunden.

3. Inzwischen die Möhren schälen und in leicht gesalzenem Wasser weich garen. Dann herausnehmen, die Möhren kalt abschrecken und lauwarm abkühlen lassen. Nehmen Sie anschließend die Kaninchenfilets aus der Marinade und arbeiten Sie weiter, wie rechts in Step 2 gezeigt. Die Päckchen auf einen passenden Dämpfeinsatz legen und die Kaninchenfilets in einem Topf über wenig kochendem Wasser etwa 3 Minuten zugedeckt dämpfen.

4. Die glatte Petersilie waschen, trocken schütteln und die Blättchen abzupfen. Schneiden Sie die beiden Möhren schräg in Scheiben. Die Kaninchenfilets aus der Folie wickeln und ebenfalls schräg in Scheiben schneiden. Die Mousse mit Möhren und Kaninchenfilets anrichten, wie in Step 3 gezeigt, und servieren.

PETERSILIENMOUSSE
herstellen und anrichten

(1) Den Mascarpone löffelweise zum Petersilienpüree geben und nach und nach mit dem Schneebesen unterrühren.

(2) Die Kaninchenfilets kurz abtropfen lassen und einzeln in ein entsprechend großes Stück Alufolie wickeln.

(3) Die Petersilienblätter auf Tellern auslegen. Mit zwei Esslöffeln oder einem Eisportionierer eine Nocke Petersilienmousse abstechen, mittig auf den Tellern anrichten und mit Meersalz aus der Mühle würzen. Dann die Möhren- und Kaninchenfiletscheiben abwechselnd ringsum verteilen und alles mit den Blüten garnieren.

Kartoffelbrötchen mit Akaziensamen

ZUBEREITUNGSZEIT 2 Std.
GEHZEIT DES TEIGES 1 Std. 40 Min.

FÜR DEN TEIG
- 50 g mehlig kochende Kartoffel, geschält
- Salz, ⅓ Würfel frische Hefe (14 g)
- 1 ½ EL Olivenöl (15 ml)
- 250 g Mehl
- 1 Prise Zucker
- 2–3 TL gemahlene Akaziensamen

AUSSERDEM
- 1 Eigelb, mit etwas Wasser verquirlt

S. 76
WARENKUNDE Akaziensamen

1. Kochen Sie die Kartoffel in leicht gesalzenem Wasser in etwa 20 Minuten weich. Dann abgießen, dabei das Kochwasser auffangen und die Kartoffel vor dem Zerdrücken etwas ausdampfen lassen.

2. Von dem lauwarmen Kartoffelkochwasser 120 ml abmessen und die Hefe darin auflösen. Anschließend das Olivenöl, 1 TL Salz, die zerdrückte Kartoffel, das Mehl sowie den Zucker zufügen und alles zu einem Teig verkneten. Arbeiten Sie dann die gemahlenen Akaziensamen unter und lassen Sie den Teig an einem warmen Ort gehen, bis er das doppelte Volumen erreicht hat.

3. Den Backofen auf 180 °C vorheizen. Den Teig zu einer Rolle formen und in 8 gleiche Portionen teilen. Formen Sie daraus jeweils kleine runde Brötchen. Die Teiglinge auf ein mit Backpapier ausgelegtes Blech setzen und erneut gehen lassen, bis sie das doppelte Volumen erreicht haben.

4. Bestreichen Sie die Teiglinge vorsichtig mit verquirltem Eigelb. Die Brötchen dann im Backofen in 15 bis 18 Minuten goldgelb backen. Herausnehmen und die Kartoffelbrötchen lauwarm mit frischer Butter servieren.

Schüttelbrot mit Schwarzkümmel

ZUBEREITUNGSZEIT 2 Std. 30 Min.

FÜR DAS BROT
- 180 g Mehl
- ⅛ Würfel frische Hefe (4–5 g)
- 1 TL Schwarzkümmel
- 1 TL Salz

FÜR DEN KRÄUTERQUARK
- 1 kleines Bund Schnittlauch
- 1 kleines Bund glatte Petersilie
- 1 kleines Bund Kerbel
- 1 Schalotte, 3 Cornichons
- 250 g Quark (20 % Fett i. Tr.)
- 1 TL edelsüßes Paprikapulver
- Saft von 1 Limette
- 2 EL Walnussöl (20 ml)
- Salz, frisch gemahlener Pfeffer

AUSSERDEM
- einige Kräuterblättchen oder Schnittlauchhalme für die Garnitur

S. 112
WARENKUNDE Schwarzkümmel

S. 139
KÜCHENPRAXIS Kräuter schneiden

1. Den Backofen auf 110 °C vorheizen. Verrühren Sie das Mehl, die Hefe, den Schwarzkümmel und das Salz in einer Schüssel nach und nach mit 350 ml lauwarmem Wasser zu einem glatten Teig.

2. Den Teig sofort auf einem Backpapier mit einer Palette hauchdünn aufstreichen, mit einer weiteren Lage Backpapier bedecken und mit einem Blech beschweren. Dann das Schüttelbrot im Backofen 1 bis 1 ½ Stunden trocknen, bis das Brot knusprig ist und sich gut lösen lässt.

3. Für den Kräuterquark Schnittlauch, Petersilie und Kerbel waschen und trocken schütteln oder schleudern. Die Petersilien- und Kerbelblättchen von den Stängeln zupfen und fein schneiden. Den Schnittlauch in feine Röllchen schneiden. Die Schalotte schälen, fein würfeln, blanchieren und gut abtropfen lassen. Die Cornichons ebenfalls in feine Würfel schneiden. Verrühren Sie den Quark mit den vorbereiteten Zutaten. Dann das Paprikapulver, den Limettensaft und das Walnussöl untermischen. Den Kräuterquark zum Schluss mit Salz und Pfeffer abschmecken.

4. Brechen Sie das Schüttelbrot von Hand in kleine Stücke. Den Quark mit ein paar Kräuterblättchen oder Schnittlauchhalmen garnieren und separat dazu reichen.

Dünn und knusprig

Schüttelbrot – ursprünglich eine Südtiroler Spezialität – ist lange haltbar. Die dünnen Fladen werden dort meist aus Roggenmehl gebacken und mit Kümmel, Fenchelsamen, Anis, Korianderkörnern oder Schabzigerkleesamen gewürzt.

Gelee vom Tafelspitz mit Brunnenkresse

ZUBEREITUNGSZEIT 3 Std.
KÜHLZEIT 6–8 Std.
FÜR 8 PORTIONEN

FÜR DEN TAFELSPITZ

- 1 Kalbstafelspitz von etwa 1 kg (beim Fleischer vorbestellen)
- 100 g Lauch
- 1 Petersilienwurzel
- 1 Zwiebel
- 1 ½ l heller Kalbsfond
- ⅛ l Weißwein
- 10 weiße Pfefferkörner
- 2 Lorbeerblätter
- 1 Zweig Thymian
- 6 Stängel glatte Petersilie

FÜR DAS GELEE

- 7 Blatt Gelatine
- Salz, 2 EL Champagneressig

FÜR DIE BRUNNENKRESSESAUCE

- 50 g abgezupfte Brunnenkresseblättchen
- ⅛ l Kefir
- Salz, frisch gemahlener Pfeffer
- 1–2 EL Zitronensaft

AUSSERDEM

- 1 Terrinenform von 1 l Inhalt
- Frischhaltefolie zum Auskleiden der Form
- Blattsalate und Rote-Bete-Sprossen für die Garnitur
- 3–4 EL Vinaigrette zum Marinieren

1. Den Kalbstafelspitz parieren und beiseitestellen. Den Lauch waschen und in Ringe schneiden. Die Petersilienwurzel schälen und grob würfeln, die ungeschälte Zwiebel halbieren. Bringen Sie in einem Topf Kalbsfond und Weißwein mit dem vorbereiteten Gemüse, Gewürzen und Kräutern zum Kochen. Den Kalbstafelspitz einlegen und etwa 1 Stunde 25 Minuten im heißen Fond bei etwa 90 °C gar ziehen lassen. Vom Herd nehmen und das Fleisch im Fond erkalten lassen. Anschließend den Tafelspitz herausnehmen und in etwa 3 mm dicke Scheiben schneiden.

2. Für das Gelee die Gelatine in kaltem Wasser einweichen. Den Tafelspitzfond durch ein Sieb passieren und ½ l abmessen. Erwärmen Sie ein Viertel des Fonds in einem Topf. Anschließend die gut ausgedrückte Gelatine darin auflösen und die Mischung unter den restlichen Kalbsfond rühren. Den Fond mit Salz und Essig abschmecken.

3. Kleiden Sie die Form mit Folie aus und überziehen Sie den Boden mit gelierendem Fond, dann weiterarbeiten, wie unten in Step 1 gezeigt. Schichten Sie auf diese Weise jeweils Fleischscheiben und gelierenden Fond ein, bis alle Zutaten verbraucht sind, dabei mit einer Schicht Fond abschließen. Das Gelee mindestens 6 Stunden durchkühlen lassen.

4. Für die Sauce die Brunnenkresse waschen und trocken tupfen. Pürieren Sie zwei Drittel der Brunnenkresse zusammen mit dem Kefir im Mixer. Die Sauce dann mit Salz, Pfeffer und Zitronensaft würzen.

5. Das Tafelspitzgelee auf ein Brett stürzen, wie in Step 2 gezeigt. Schneiden Sie das Gelee mit dem elektrischen Schneidemesser oder einem scharfen Messer in 1 ½ cm dicke Scheiben. Die restliche Brunnenkresse sowie die Blattsalate mit der Vinaigrette vermischen und kurz marinieren. Je 1 Scheibe Tafelspitzgelee auf einen Teller legen, Blattsalate und Brunnenkresse daneben anrichten, alles mit Rote-Bete-Sprossen garnieren und die Brunnenkressesauce separat dazu reichen.

Auch als Hauptgericht

Mit Bratkartoffeln wird das Tafelspitzgelee zum Hauptgericht – die Menge reicht dann für 6 Portionen. Wenn Sie ein paar Brunnenkressestiele im heißen Fond einige Stunden ziehen lassen, erhält schon die Terrine ein zartes Brunnenkressearoma.

S. 26
WARENKUNDE Brunnenkresse

S. 150
KÜCHENPRAXIS Kräuterpüree

TAFELSPITZ
einschichten und stürzen

(1) Eine Lage Tafelspitzscheiben leicht überlappend auf die erste Geleeschicht legen und mit gelierendem Fond bedecken. Die Form in den Kühlschrank stellen, bis das Gelee erstarrt ist. Dann weiter abwechselnd Fleisch und gelierenden Fond einfüllen, bis die Zutaten aufgebraucht sind, den Fond zwischendurch gelieren lassen.

(2) Die Form kurz in heißes Wasser tauchen, das Tafelspitzgelee auf ein Küchenbrett stürzen und die Form mitsamt der Folie vorsichtig abheben.

(1)

(2)

Artischockensalat mit Estragon

ZUBEREITUNGSZEIT 1 Std.

FÜR DEN SALAT
- 4 mittelgroße Bretagne-Artischocken
- ½ Zitrone, 2 Schalotten
- 40 g Möhre, 40 g Knollensellerie
- 30 g magerer Räucherspeck, in Scheiben
- 8 EL Haselnussöl
- 200 ml heller Gemüsefond
- Salz, frisch gemahlener Pfeffer
- 1–2 Stängel Estragon
- 10 Stängel glatte Petersilie
- 2 Stängel Estragon, Blätter abgezupft
- 160 g kleine ganze Pfifferlinge, Steinpilze oder Champignons, geputzt
- 6 EL Aceto balsamico bianco

AUSSERDEM
- 1 Stück mit Butter bestrichenes Pergamentpapier
- Kapuzinerkresseblätter und -blüten

S. 30
WARENKUNDE Estragon

S. 174
KÜCHENPRAXIS Mit Blüten garnieren

1. Brechen Sie den Stiel der Artischocken ab und entfernen Sie mit einem kleinen Messer sauber den Rest. Die äußeren Blätter ablösen, dann die Artischocken etwa 1 ½ cm über dem Boden mit einem Sägemesser quer durchschneiden und mit einem Teelöffel das Heu entfernen. Die Artischocken mit der Zitrone einreiben und in Achtel schneiden. Die Schalotten schälen und fein würfeln. Möhre und Knollensellerie schälen und wie den Speck in kleine Würfel schneiden.

2. Den Backofen auf 200 °C vorheizen. Erhitzen Sie das Öl in einer hohen Pfanne und dünsten Sie Speck und Schalotten darin hell an. Gemüsewürfel kurz mitdünsten, nach 2 Minuten die Artischocken zufügen. Alles kurz weitergaren, dann mit dem Fond ablöschen, salzen, pfeffern und mit den Estragonstängeln belegen. Das Pergamentpapier auflegen, mit einem Teller beschweren und die Artischocken im Ofen etwa 12 Minuten schmoren. Die Petersilienblättchen abzupfen und zusammen mit den Estragonblättchen fein schneiden. Die Pfanne aus dem Ofen nehmen, das Papier entfernen und die Pilze untermischen. Stellen Sie die Pfanne in den heißen Ofen zurück und garen Sie die Pilze etwa 5 Minuten offen mit. Die Flüssigkeit sollte dann sirupartig eingekocht sein.

Ideal zu Fisch

Dieser Salat passt ausgezeichnet zu gegrilltem Lachs oder zu gebratenem Welsfilet. Wenn Sie den Estragon durch wilden Majoran und Bohnenkraut ersetzen, erhält der Artischockensalat eine mediterrane Note.

3. Die Artischocken aus dem Ofen nehmen, Balsamico zufügen, alles mit Salz und Pfeffer abschmecken und vorsichtig vermischen. Bestreuen Sie den Artischockensalat mit Petersilie und Estragon und richten Sie ihn auf Tellern an. Den Salat mit Kapuzinerkresseblättern und -blüten garniert servieren.

Apfel-Zwiebel-Salat mit Zitronenthymian

ZUBEREITUNGSZEIT 45 Min.

FÜR DEN SALAT
- 200 g säuerliche Äpfel, etwa Boskop
- ½ Knoblauchzehe, 200 g rote Zwiebeln
- 1 TL Butterschmalz
- 25 g durchwachsener Speck, fein gewürfelt
- Salz, frisch gemahlener Pfeffer
- 1 TL Apfel-Balsamico oder Rotwein-Balsamico
- 2 Eier, getrennt, 150 g Ziegenfrischkäse
- 150 g Magerquark, 2 TL Speisestärke
- ½ unbehandelte Zitrone
- 10 Stängel Zitronenthymian, Blättchen abgezupft

AUSSERDEM
- 4 Kaffeetassen, 8 Espressotassen oder 4 Metallringe mit 5–6 cm Durchmesser
- 1 EL zerlassene Butter

»Der fruchtig-pikante Salat mit der luftigen Ziegenkäse-Haube eignet sich, in Espressotassen gefüllt, auch wunderbar für ein Fingerfood-Buffet. Die Salatbasis lässt sich gut vorbereiten, nur das Soufflé wird vor dem Backen frisch zubereitet und aufgesetzt.«

1. Die Äpfel schälen, vierteln und etwa 1 cm groß würfeln. Den Knoblauch schälen und fein würfeln. Die Zwiebeln schälen, halbieren und in feine Streifen schneiden. Dünsten Sie die Zwiebeln und den Knoblauch im heißen Butterschmalz hell an.

2. Anschließend die Speck- und Apfelwürfel zugeben und 2 bis 4 Minuten mitbraten. Salzen, pfeffern und alles mit dem Essig ablöschen. Die Tassen oder Ringe auf ein Backblech setzen und mit Butter auspinseln. Verteilen Sie den Apfel-Zwiebel-Salat darin und drücken Sie ihn mit einem Löffel leicht an.

3. Den Backofen auf 180 °C vorheizen. Die Eiweiße mit 1 Prise Salz steif schlagen. Die Eigelbe mit dem Ziegenfrischkäse, Quark, der Speisestärke sowie etwas abgeriebener Zitronenschale und ein paar Tropfen Zitronensaft verrühren. Zitronenthymian unterrühren und die Soufflé-Masse mit Salz und Pfeffer abschmecken. Heben Sie den Eischnee vorsichtig unter und verteilen Sie die Masse in die Tassen oder Ringe. Alles im Ofen 20 bis 25 Minuten backen und den soufflierten Salat in den Tassen oder auf vorgewärmten Tellern – dann ohne Ring – servieren.

S. 61
WARENKUNDE Zitronenthymian

Suppen und Eintöpfe

Von klassisch bis asiatisch: Kulinarische Überraschungen aus Teller, Schale und Tasse – mit Kräutern aromatisiert und würzig abgeschmeckt.

Kalt und warm ein würziger Genuss

Minze und Majoran, Sternanis und Safran: Kräuter und Gewürze verfeinern gebundene Cremesuppen und klare Consommés. Aber nicht alles eignet sich zum Mitgaren – zartblättriges Grün kommt immer erst zum Schluss hinzu.

DAS KOCHEN überstehen robuste Kräuter wie Petersilie oder Selleriegrün. Beides sind typische Suppenkräuter, die Fisch-, Fleisch-, Geflügel- oder Gemüsefonds viel Würze verleihen. Auch mediterrane Gewächse mit ledrigen Blättern, wie etwa Lorbeer, vertragen das Mitgaren in kochender Flüssigkeit. Sie sind zwar nicht immer mit von der Partie, in Kombination mit Petersilie und klassischem Suppengrün bereichern sie aber viele Fonds. So passen etwa die Aromen von Bohnenkraut, Zitronenthymian, Liebstöckel und Oregano gut zu Kalb. Rinder- und Wildfonds vertragen kräftige Kräuter wie Rosmarin, Thymian, Salbei und Lorbeer. Etwas Fenchelgrün und Estragon köcheln im Geflügelfond mit, während Fischfond durch etwas Thymian, Selleriegrün und Zitronenschale abgerundet wird. Fonds, die später als Grundlage für Suppen oder Saucen dienen, dürfen anfangs nicht zu stark gewürzt werden, da durch weiteres Reduzieren die Aromen stärker konzentriert werden. Dasselbe gilt auch für die meisten Suppen, Kräuter und Gewürze sollen das Aroma der Hauptzutat unterstreichen, nicht aber überdecken.

GEWÜRZSÄCKCHEN UND BOUQUET GARNI

Wird der Fond oder die Suppe nach dem Garen durch ein feines Sieb passiert, können die würzenden Zutaten lose mitköcheln. Ist das Passieren nicht vorgesehen oder nicht möglich, wie bei Eintopfgerichten der Fall, empfiehlt es sich, Kräuter und Blätter, Zitrusschalen, Frühlingszwiebeln und Ähnliches vor dem Einlegen zu einem Bouquet garni (S. 149) zu binden. Ganze oder zerstoßene Gewürze, die nach dem Kochen wieder entfernt werden sollten, wie beispielsweise Pfefferkörner, Wacholderbeeren, Lorbeerblätter, Gewürznelken oder Chilischoten, füllt man dagegen am besten in eine Gewürzkugel oder in ein Gewürzsäckchen (S. 154). Beide lassen sich später wie auch das Bouquet garni mit einem Griff wieder entfernen.

FEINE KRÄUTERSUPPEN

Manchmal übernehmen einzelne Kräuter oder Kräutermischungen auch die Hauptrolle, beispielsweise in gebundenen Cremesuppen oder bei Püreesuppen auf Kartoffelbasis. Vor allem zarte Frühlingskräuter wie Brunnenkresse, Bärlauch oder Kerbel kommen hierfür in Frage. Da sie beim Mitgaren ihr feines Aroma sowie die frische grüne Farbe verlieren würden, püriert man zartblättrige Kräuter zunächst mit ein wenig Wasser, Fond oder Sahne (S. 150). In die Suppe gerührt werden sie dann immer erst wenige Minuten vor Ende der Garzeit oder kurz vor dem Servieren.

RAFFINIERT SERVIERT

In der Regel stecken die geschmacksgebenden Zutaten in der Suppe selbst, manchmal werden sie aber auch dazu serviert, wie bei der »Kartoffelessenz« im folgenden Kapitel der Fall. Hier stecken würzige Majoranblättchen zwischen zwei Lagen Strudelteig, der die Suppentasse verschließt und vor dem Servieren noch kurz im Ofen gebacken wird. Beim Öffnen der knusprigen Teighaube vermischen sich dann die Aromen von Suppe und Majoran. Raffiniert auch das mit Kreuzkümmel-Joghurtschaum und Minze verfeinerte kalte Gurkensüppchen, das begleitet von gebratenen Garnelen ein idealer Menüauftakt für heiße Tage ist.

Asiatische Aromen

Zum Mitgaren in asiatischen Suppen und saucenreichen Gerichten auf Kokosmilchbasis eignen sich neben den jeweils auf die Hauptzutat abgestimmten Gewürzen Ingwer und Knoblauch. Zitronengras oder Kaffirlimettenblätter bringen eine erfrischende Note.

HERZHAFTE GENÜSSE

In kühleren Zeiten wärmt eine kümmelwürzige Sauerkrautsuppe oder ein klassischer Rindfleischtopf mit Bohnenkraut. Und wie wäre es mit einem Pot-au-feu, jedoch nicht mit Rinderwade und Wurzelgemüse, sondern mit Maracujasaft und Sternanis? Anregungen und Rezepte finden Sie in diesem Kapitel.

Gurkenkaltschale mit Minze

ZUBEREITUNGSZEIT 45 Min.

FÜR DIE SUPPE
- 900 g Gartengurken, gewaschen
- 1 Tasse abgezupfte Minzeblätter, am besten türkische Nane-Minze
- 30 ml Sushi-Essig, 2 Blatt Gelatine, eingeweicht
- Cayennepfeffer, Estragonessig
- Minzeblättchen zum Garnieren

FÜR DEN JOGHURTSCHAUM
- 1 TL Kreuzkümmelsamen
- Meersalz
- 1 EL Saft und abgeriebene Schale von ½ unbehandelten Zitrone
- 200 g griechischer Joghurt (Sahnejoghurt aus Kuhmilch mit 10 % Fett)
- Milch nach Bedarf

FÜR DIE GARNELEN
- 8 küchenfertige Black Tiger Garnelen (Seawater-Qualität, Größe 8–12)
- 8 Scheiben Frühstücksspeck, 20 g Butter
- 1 Knoblauchzehe, angedrückt, 1 Zweig Rosmarin

S. 40–43
WARENKUNDE Minze
S. 154
KÜCHENPRAXIS Gewürze rösten

1. Die Gurken von den Enden befreien, 800 g mit der Schale in Stücke schneiden und im Entsafter mit der Minze zu Saft verarbeiten. Die übrige Gurke schälen und in feine Streifen schneiden. Erwärmen Sie 25 ml Sushi-Essig, lösen Sie die ausgedrückte Gelatine darin auf und rühren Sie die Mischung unter den Saft. Alles durch ein Sieb passieren und mit Cayennepfeffer und Estragonessig abschmecken.

2. Für den Schaum den Kreuzkümmel ohne Fett bei mittlerer Hitze rösten, bis er zu duften beginnt, dann im Mörser fein zerstoßen. Vermischen Sie Kreuzkümmel, Salz, Zitronensaft und -schale. Alles mit dem Joghurt aufmixen, bei Bedarf etwas Milch zugießen.

3. Die Gurkensuppe auf Eis rühren, bis sie zu gelieren beginnt. Die Garnelen jeweils in eine Speckscheibe wickeln und in Butter mit Knoblauch und Rosmarin braten. Gurkenstreifen mit 3 EL Joghurtschaum und dem restlichen Sushi-Essig verrühren.

4. Rühren Sie zwei Drittel des übrigen Joghurtschaums unter den gelierenden Gurkensaft. Aufschäumen, die Gurkensuppe in kalte Gläser füllen und mit Joghurtschaum, je zwei Garnelen, den Gurkenstreifen und Minze garnieren.

Sauerampfer-Melonen-Möhren-Suppe

ZUBEREITUNGSZEIT 1 Std.
KÜHLZEIT 4–5 Std.

FÜR DIE SUPPE

- 300 g Möhren
- ½ l Gemüsefond
- ¼ Honigmelone
- ¼ Netzmelone
- 1 EL Perltapioka (Ersatz: Perlsago)
- 250 g Naturjoghurt
- Saft von 2 Orangen
- abgeriebene Schale und Saft von 1 unbehandelten Zitrone
- 10 Sauerampferblätter ohne Stiel, in feine Streifen geschnitten

AUSSERDEM

- 100 g Sahne, geschlagen
- 4 Blättchen Sauerampfer

S. 69
WARENKUNDE Sauerampfer

S. 139
KÜCHENPRAXIS Kräuter schneiden

1. Die Möhren schälen und in grobe Scheiben schneiden. Den Gemüsefond in einem Topf erhitzen und die Möhren darin weich garen, dann vom Herd nehmen und erkalten lassen. Entfernen Sie die Kerne von den beiden Melonenvierteln und lösen Sie aus dem Fruchtfleisch mit einem Kugelausstecher jeweils 4 Kugeln aus. Die Melonenkugeln beiseitestellen. Das übrige Melonenfruchtfleisch mit einem Löffel aus der Schale lösen.

2. Kochen Sie in der Zwischenzeit die Tapiokakügelchen in 200 ml Wasser glasig weich. Dann den Perltapioka in ein Sieb schütten, kalt abspülen und abtropfen lassen.

3. Die abgekühlten Möhren mit dem Melonenfruchtfleisch im Mixer fein pürieren. Joghurt, Orangensaft, Zitronenschale und -saft zufügen und alles weiter im Mixer zu einem feinen Püree verarbeiten.

4. Rühren Sie den Perltapioka sowie die Hälfte der Sauerampferstreifen unter. Die Suppe für 4 bis 5 Stunden in den Kühlschrank stellen.

5. Die Suppe auf vier gekühlte Suppenteller oder Schalen verteilen. Richten Sie die kalte Suppe mit dem restlichen geschnittenen Sauerampfer sowie den Melonenkugeln an. Zum Schluss jede Portion mit einer Sahnerosette und einem Blatt Sauerampfer garnieren und servieren.

Wenig bekannt

Tapioka ist eine nahezu geschmacksneutrale Stärke und wird aus Maniokwurzeln hergestellt. Statt des Sauerampfers können Sie für die Kaltschale auch eine Handvoll Sauerkleeblättchen verwenden und die Melonen durch Williamsbirnen ersetzen.

Entenconsommé »chinois«

ZUBEREITUNGSZEIT 4 Std. 30 Min.
KÜHLZEIT 12 Std.

FÜR DIE CONSOMMÉ
- 2 küchenfertige Enten, je etwa 1,8 kg
- 2 Knoblauchzehen
- 2 weiße Zwiebeln
- ½ Stange Lauch
- 1 Stange Staudensellerie
- 30 g frische Ingwerwurzel
- 1 Stängel Zitronengras
- 1 Chilischote
- 2 EL Sesamöl
- 3 Zitronengras- oder 2 Kaffirlimettenblätter
- 1 TL gemahlene Kurkuma
- 1 TL mildes Currypulver
- 1 EL Tomatenmark
- 100 ml helle Sojasoße
- 100 ml Weißwein
- 50 ml Pflaumenwein
- grobes Salz
- zerstoßener Szechuan-Pfeffer

ZUM KLÄREN
- 200 g Rinderwade
- Salz
- 2 Eiweiße, leicht verquirlt

FÜR DIE EINLAGE
- ½ rote Paprikaschote
- ½ gelbe Paprikaschote
- 1 Stange Frühlingslauch
- ½–1 EL Sesamöl
- 50 g Sojasprossen, Salz

S. 90, 96
WARENKUNDE Ingwer, Kurkuma

S. 159
KÜCHENPRAXIS Zitronengras vorbereiten

1. Die Enten waschen, trocken tupfen, jeweils die Brüste und Keulen auslösen und anderweitig verwenden. Hacken Sie die Entenkarkassen in kleine Stücke. Die ungeschälten Knoblauchzehen leicht andrücken. Die Zwiebeln schälen, den Lauch und Staudensellerie waschen, putzen und das Gemüse in grobe Würfel schneiden. Schälen Sie den Ingwer und schneiden Sie ihn in feine Scheiben. Das Zitronengras mit dem Messerrücken leicht anschlagen und in 5 Stücke schneiden. Die Chilischote halbieren, Stielansatz und Samen entfernen.

2. Erhitzen Sie das Sesamöl in einem weiten, flachen Topf und rösten Sie die Entenkarkassen darin bei mittlerer Hitze unter ständigem Rühren hellbraun an. Den Knoblauch sowie das vorbereitete Gemüse zufügen und kurz mitbraten. Anschließend Ingwer, Zitronengras, Chilischote sowie die Zitronengras- oder Kaffirlimettenblätter zufügen und alles mit Kurkuma und Currypulver würzen.

3. Das Tomatenmark unterrühren und die Karkassen mit Sojasauce, Weißwein und Pflaumenwein ablöschen. Anschließend die Flüssigkeit etwa auf die Hälfte reduzieren. Füllen Sie alles mit 3 l Wasser auf und bringen Sie den Fond erneut zum Kochen. Das Fett abschöpfen und alles 2 bis 3 Stunden köcheln lassen. Den Entenfond anschließend durch ein feines Spitzsieb gießen und über Nacht auskühlen lassen.

4. Die Rinderwade zum Klären durch die grobe Scheibe des Fleischwolfs drehen, leicht salzen und mit dem Eiweiß vermengen. Entenfond und Klärfleisch vermischen und alles unter ständigem Rühren zum Kochen bringen. Die Hitze reduzieren und die Mischung noch 1 Stunde bei geringer Hitze simmern lassen, dabei aber nicht mehr rühren. Passieren Sie den Fond anschließend durch ein mit einem Tuch ausgelegtes Sieb und schmecken Sie die Consommé mit grobem Salz und Szechuan-Pfeffer ab.

5. Für die Einlage die beiden Paprikaschoten mit dem Sparschäler schälen, den Frühlingslauch putzen und alles in feine Streifen schneiden. Erhitzen Sie in einer kleinen Pfanne das Sesamöl und dünsten Sie das Gemüse und die Sojasprossen darin kurz an. Anschließend salzen, die Einlage gleichmäßig auf vorgewärmte tiefe Teller verteilen, mit der heißen Enten-Consommé übergießen und servieren.

Elegante Einlage

Befreien Sie eine Entenbrust von Haut und Fett und schneiden Sie das Fleisch in hauchdünne Scheiben. Diese ergeben – roh in die Teller gelegt und mit der kochend heißen Consommé übergossen – eine delikate Einlage. Und wem das Durchdrehen der Rinderwade zu viel Aufwand ist, der kann auch seinen Fleischer darum bitten.

Kartoffelessenz im Majoranstrudel gebacken

ZUBEREITUNGSZEIT 2 Std.
KÜHLZEIT 12 Std.

FÜR DIE ESSENZ
- 250 g Rinderwade, Salz, 10 Eiswürfel
- 1 l Tafelspitz- oder Rinderbrühe (S. 198)
- 450 g festkochende Kartoffeln
- je 40 g Möhre, Knollensellerie und Lauch
- 250 g Tafelspitz, gekocht

AUSSERDEM
- 6 Stängel Majoran, gewaschen und trocken getupft oder ½ TL getrockneter Majoran
- 8 Strudelteigblätter, 50 g Butter, zerlassen
- ½ TL Sesam, 1 Msp. Senfpulver, 2 Eigelbe

S. 38
WARENKUNDE Majoran
S. 139
KÜCHENPRAXIS Kräuter schneiden

1. Die Rinderwade durch die grobe Scheibe des Fleischwolfs drehen, salzen und mit den Eiswürfeln vermengen. Brühe und Klärfleisch in einen Topf geben und alles verrühren. Bringen Sie den Topfinhalt langsam zum Kochen und schöpfen Sie den sich bildenden Schaum vorsichtig ab. Die Temperatur stark reduzieren und die Brühe noch etwa 20 Minuten ziehen lassen.

2. Die Kartoffeln schälen, waschen und klein würfeln. Die Kartoffelwürfel in einer Schüssel großzügig mit kaltem Wasser bedecken und 15 Minuten ziehen lassen. Dadurch wird die Stärke entfernt und eine spätere Trübung der Essenz verhindert. Passieren Sie die Tafelspitzbrühe durch ein mit einem Tuch ausgelegtes Sieb. Die Brühe dann noch einmal aufkochen und den eventuell entstandenen Schaum erneut abschöpfen.

3. Die Kartoffeln vorsichtig herausheben und in einem Sieb kalt abspülen, dann in die sehr heiße Brühe geben und diese sofort vom Herd ziehen. Achtung, die Essenz darf jetzt nicht mehr kochen! Lassen Sie alles noch 20 bis 30 Minuten ziehen.

4. Inzwischen Möhre, Sellerie und Lauch schälen oder putzen und sehr fein würfeln. Das Gemüse in kochendem Wasser blanchieren, eiskalt abschrecken und trocken tupfen. Schneiden Sie den Tafelspitz ebenfalls in feine Würfel. Gemüse und Fleisch vermischen und kalt stellen. Die Kartoffeln aus dem Topf heben und wie die Essenz abkühlen lassen, am besten alles über Nacht in den Kühlschrank stellen.

5. Vom Majoran die Blättchen abzupfen und fein hacken. Die Fleisch-Gemüse-Mischung sowie die Kartoffeln auf vier Suppentassen verteilen und diese zu zwei Dritteln mit der Essenz auffüllen. Die Teigblätter auslegen, mit zerlassener Butter bestreichen, mit Majoran, Sesam und mit ein wenig Senfpulver bestreuen. Legen Sie je zwei Strudelblätter so aufeinander, dass der Majoran darin eingeschlossen ist.

6. Den Backofen auf 200 °C vorheizen. Mit einem Ausstechring (etwa 3 cm größer als die Suppentassen), vier Teigplatten ausstechen. Die Eigelbe verquirlen und die Teigränder damit bestreichen. Legen Sie die Teigplatten über die Suppentassen und drücken Sie die Ränder gut an. Den Teig dabei nicht zu stark spannen, sonst reißt er beim Backen ein. Die Oberfläche erneut mit etwas Butter bestreichen. Die Tassen in den Ofen stellen und die Teighaube in 10 bis 18 Minuten knusprig braun backen. Wölbt sich der Teig leicht nach oben, herausnehmen, alles kurz abkühlen lassen und die Kartoffelessenz servieren.

Sauerkrautsuppe mit Kümmel

ZUBEREITUNGSZEIT 35 Min.

FÜR DIE SUPPE
- ½ Zwiebel, 1 Knoblauchzehe
- 50 g mehlig kochende Kartoffel
- 20 g Butter
- 200 g Sauerkraut
- 1 l Geflügelfond
- 1 EL Kümmel
- 2 EL Crème fraîche
- Salz, frisch gemahlener Pfeffer

AUSSERDEM
- 2 EL Schnittlauchröllchen

S. 95
WARENKUNDE Kümmel

S. 156
KÜCHENPRAXIS Knoblauch vorbereiten

1. Die Zwiebel schälen und in feine Streifen schneiden. Den Knoblauch abziehen und fein würfeln. Die Kartoffel schälen und in kleine Würfel schneiden. In einer Pfanne die Hälfte der Butter zerlassen und die Zwiebelstreifen darin glasig anschwitzen. Anschließend die Hälfte des Sauerkrauts, den Knoblauch, die Kartoffel sowie den Geflügelfond zufügen. Würzen Sie alles mit der Hälfte des Kümmels und lassen Sie die Suppe etwa 25 Minuten köcheln.

2. Die Suppe mit dem Pürierstab kurz aufmixen, dann durch ein feines Sieb passieren. Fügen Sie die Crème fraîche zu und lassen Sie die Suppe noch einmal kurz aufkochen. Alles erneut aufmixen und die Sauerkrautsuppe mit Salz und Pfeffer abschmecken.

3. Die zweite Hälfte des Sauerkrauts gut ausdrücken und mit einem Messer grob hacken. Zerlassen Sie die restliche Butter in einer Pfanne und braten Sie das Kraut mit dem restlichen Kümmel darin langsam hellbraun an. Das gebratene Kraut vom Herd stellen und mit Salz und Pfeffer abschmecken.

4. Verteilen Sie die Sauerkrautsuppe in vorgewärmte tiefe Teller. Das gebratene Kraut darauf anrichten, die Suppe großzügig mit Schnittlauch bestreuen und servieren.

Winterlicher Genuss!

Besonders herzhaft schmeckt die Suppe, wenn Sie Schweineschmalz statt Butter verwenden und vor dem Servieren noch ein paar geröstete Schwarzbrotwürfel oder knusprige Kartoffelwürfel darüberstreuen. Als Vorspeise reichen die links angegebenen Mengen für 4 Portionen. Soll die Sauerkrautsuppe als Hauptgang serviert werden, einfach die Menge der Zutaten verdoppeln.

Pot-au-feu vom Knurrhahn mit Sternanis und Safran

ZUBEREITUNGSZEIT 2 Std.
FÜR 4–6 PORTIONEN

FÜR DAS POT-AU-FEU
- 500 g Rindertafelspitz
- 2 weiße Zwiebeln, 2 Möhren
- 4 Pastinaken, je etwa 200 g
- 1 Fenchelknolle
- 70 ml Olivenöl
- 2 EL fein gehackte frische Ingwerwurzel
- Salz, 1 Prise Zucker, 6 ganze Sternanis
- ½ l trockener Weißwein
- ¾ l klarer Apfelsaft
- ½ l Maracujasaft
- 4–6 Knurrhahnfilets
- etwas Mehl zum Bestauben
- 2 Stängel Majoran
- 100 g Shiitake-Pilze
- 200 ml Madeira
- 1 g Safranfäden
- 10–20 g Süßholzwurzel, gemahlen
- 50 g grüne Oliven, entsteint
- 2 EL Basilikum- oder Majoranblättchen
- Fleur de Sel, grob zerstoßener Pfeffer

S. 110, 116
WARENKUNDE Safran, Süßholz

S. 139
KÜCHENPRAXIS Kräuter zerkleinern

1. Schneiden Sie den Rindertafelspitz in etwa 2 cm große Würfel. Die Zwiebeln, Möhren und Pastinaken schälen, den Fenchel putzen, waschen und alles grob würfeln. In einem Topf 50 ml Olivenöl erhitzen und die Fleischwürfel zusammen mit dem vorbereiteten Gemüse sowie dem gehackten Ingwer darin kurz anbraten.

2. Würzen Sie Fleisch und Gemüse mit Salz und Zucker und fügen Sie dann den Sternanis zu. Anschließend alles mit Weißwein, Apfel- und Maracujasaft ablöschen und das Fleisch im Fond noch etwa 1 Stunde offen köcheln lassen.

3. Die Fischfilets mit Küchenpapier abtupfen, salzen und auf der Hautseite leicht mit Mehl bestauben. In einer Pfanne das restliche Öl erhitzen. Braten Sie die Fischfilets darin auf der Hautseite goldgelb an. Anschließend aus der Pfanne nehmen und die Knurrhahnfilets beiseitestellen.

4. Den Majoran waschen, trocken schütteln, die Blättchen abzupfen und fein schneiden. Putzen Sie die Shiitake und halbieren oder vierteln Sie die Pilze. Wenn das Rindfleisch weich ist – es sollte jedoch nicht zerfallen –, den Fond mit Madei-

ra, Majoran, Safran und Süßholz würzen. Fügen Sie die Shiitake-Pilze sowie die Oliven zu und lassen Sie alles noch weitere 5 Minuten köcheln, bis sich das Süßholzpulver gelöst hat.

5. Die Basilikum- oder Majoranblättchen waschen, mit Küchenpapier trocken tupfen und in grobe Streifen schneiden. Legen Sie die gebratenen Knurrhahnfilets in den Topf mit dem Pot-au-feu und lassen Sie den Fisch darin noch etwa 2 Minuten ziehen.

6. Verteilen Sie Fleisch, Gemüse, Pilze und Oliven zusammen mit dem Fond auf vorgewärmte tiefe Teller und richten Sie jeweils ein halbiertes Knurrhahnfilet darauf an. Die Fischfilets mit Fleur de Sel und grob zerstoßenem Pfeffer würzen, alles mit Basilikum oder Majoran bestreuen und das Pot-au-feu sofort servieren.

Variante mit Minze

Dieser Eintopf erhält eine andere geschmackliche Note, wenn Sie statt Süßholzpulver 2 EL zerstoßene Kaffeebohnen mitkochen und das Basilikum durch Minzestreifen ersetzen. Sollte Knurrhahn gerade nicht erhältlich sein, können Sie auch Riesengarnelen oder Jakobsmuscheln verwenden.

Kräftiger Rindfleischtopf mit Bohnenkraut

S. 25
WARENKUNDE Bohnenkraut

S. 154
KÜCHENPRAXIS Gewürzsäckchen

ZUBEREITUNGSZEIT 1 Std. 40 Min.

FÜR DEN EINTOPF
- 500 g Rinderschulter
- 100 g geräucherter durchwachsener Bauchspeck
- 120 g Zwiebeln, 2 Knoblauchzehen
- 1 ½ l Rinderbrühe
- 1 Gewürzsäckchen mit 1 Lorbeerblatt, 2 Gewürznelken, 3 Wacholderbeeren und 8 schwarzen Pfefferkörnern
- 200 g breite Bohnen
- 200 g Wachsbohnen (gelbe Buschbohnen)
- 180 g festkochende Kartoffeln
- 100 g Möhren, 50 g Knollensellerie, 80 g Lauch
- 1–2 EL frisch gezupfte Bergbohnenkraut- oder Bohnenkrautblättchen
- Salz

AUSSERDEM
- Bohnenkraut oder glatte Petersilie zum Garnieren
- frisch gehobelte Meerrettichspäne

1. Die Rinderschulter mit Küchenpapier trocken tupfen, in etwa 2 cm große Würfel schneiden und diese erneut trocken tupfen. Schneiden Sie den Speck in etwa 5 mm große Würfel. Die Zwiebeln schälen und klein würfeln, den Knoblauch abziehen und fein würfeln. Die Rinderbrühe in einem Topf aufkochen.

2. Den Speck in einem hohen Topf auslassen, aber nicht zu stark bräunen. Braten Sie dann darin die Fleischwürfel ringsum an. Anschließend die Zwiebel- und Knoblauchwürfel zufügen und kurz mit anschwitzen. Mit der heißen Brühe auffüllen, das Gewürzsäckchen einlegen und alles etwa 45 Minuten bei geringer Hitze köcheln lassen.

3. Inzwischen das Gemüse vorbereiten: Beide Bohnensorten putzen, die breiten Bohnen in etwa 2 cm große Rauten, die Wachsbohnen in 2 cm lange Stücke schneiden. Die Kartoffeln, die Möhren sowie den Sellerie schälen, den Lauch gut waschen und alles in etwa 1 cm große Würfel schneiden. Geben Sie das Gemüse mit dem Bohnenkraut zum Fleisch in den Topf, würzen Sie alles leicht mit Salz und lassen Sie das Gemüse noch etwa 25 Minuten mitköcheln.

4. Den fertigen Eintopf mit Salz abschmecken und in eine Terrine umfüllen. Garnieren Sie den Rindfleischtopf vor dem Servieren mit etwas Bohnenkraut und frisch gehobelten Meerrettichspänen.

»Mit weißen Bohnen«

Wer sich die Zeit zum Schneiden des Fleisches sparen will, dem empfehle ich, die Rinderschulter einfach im Ganzen in der Brühe zu garen. Braten Sie dazu das Fleisch rundum in ausgelassenem gewürfeltem Räucherspeck an. Anschließend die Hitze etwas reduzieren und die gewürfelten Zwiebeln sowie den Knoblauch kurz mitbraten. Gießen Sie alles mit der heißen Brühe auf und fügen Sie das links beschriebene Gewürzsäckchen hinzu. Achten Sie dabei darauf, dass die Brühe auch wirklich heiß ist – das Fleisch gart so gleich weiter und bleibt schön saftig. Nach etwa einer Stunde können Sie dann die vorbereiteten Gemüse- und Kartoffelwürfel zufügen. Anschließend alles noch 25 Minuten bei geringer Hitze köcheln lassen.
Wer noch mehr Zeit bei der Vorbereitung sparen will, nimmt statt der frischen Bohnen eingeweichte und vorgegarte weiße Bohnenkerne. In diesem Fall können Sie den Eintopf dann anstelle von Bohnenkraut auch mit Majoran oder Oregano würzen. Das gibt dem Gericht ein eher mediterranes Aroma. Nach dem Garen nehmen Sie die Rinderschulter aus der Brühe und schneiden sie in Scheiben. Die Fleischscheiben dann mit dem Gemüse in einer Terrine servieren oder portionsweise in vorgewärmten tiefen Tellern mit etwas Brühe und dem Gemüse anrichten. Auch mit Lammfleisch von Hals oder Schulter – dann allerdings wieder 2 cm groß gewürfelt und nach dem Anbraten mit Lamm- oder Kalbsfond aufgefüllt – schmeckt dieser kräftige Eintopf ganz vorzüglich.

Ingo Bockler

Fisch und Meeresfrüchte

Klassisch gewürzt mit Senf und Dill, mediterran serviert mit Thymian, Lorbeer und Koriander oder raffiniert mit Vanille und Fruchtaromen.

Eigengeschmack unterstreichen

Einerseits fordern die Salz- und Süßwasserbewohner zum Experimentieren heraus, andererseits vertragen sie keine großen Mengen intensiver Gewürze, da von ihrem feinen Eigengeschmack sonst nichts übrig bleibt.

MIT MASS UND GEFÜHL lautet also bei diesem kulinarischen Thema die Devise. Bei ganzen Fischen können die Gewürze und Kräuter entweder direkt in den Bauch gefüllt oder auch auf der Oberfläche verteilt werden. Manchmal steckt das Fisch oder Meeresfrüchte ergänzende Aroma auch in einer feinen Füllung, ein andermal in der begleitenden Sauce – die einfachste Möglichkeit, Fisch mit Gewürzen zu kombinieren. Eine Sauce lässt sich beliebig portionieren und bei Bedarf auch wieder etwas im Geschmack zurücknehmen, beispielsweise durch die Zugabe von Wasser, Fond oder Sahne. Eine Saucengrundlage, die zu fast allen Fischen und Meeresfrüchten passt und nach Belieben weiter aromatisiert werden kann, besteht aus fein gewürfelten Schalotten und gehackter Petersilie, in etwas Butter hell angeschwitzt und nach Belieben mit einem Schuss trockenem Wermut (Noilly Prat) und Weißwein abgelöscht und dann mit Fischfond ergänzt.

DILL, SENF UND FENCHEL – DIE KLASSIKER

Vor allem in Norddeutschland und in den skandinavischen Ländern sind zahlreiche Fischgerichte ohne Dill – oft in Kombination mit hellen Senfkörnern – undenkbar, auch Krabben und Krebse werden damit gewürzt und der gebeizte Graved Lachs verdankt unter anderem Dill seinen charakteristischen Geschmack. Aber auch andere feinblättrige Gewächse aus dem Kräutergarten harmonieren gut mit weißem Fisch. Aromatischer Kerbel beispielsweise oder das im Aroma noch kräftigere Fenchelgrün ergänzen Saibling und Zander ausgezeichnet. Das Fenchelaroma passt aber auch zu Meeresfischen ausgezeichnet. Oft wird die Anisnote dabei durch einen Schuss Anisschnaps (Pernod, Ricard, Ouzo oder Raki) verstärkt. Auch Kräuter und Gewürze mit einer leichten Zitrusnote eignen sich gut für Fisch – beispielsweise Zitronenmelisse oder die speziell in Frankreich beliebte Zitronenverbene. Letztere ist übrigens ein guter Ersatz für die in asiatischen Fischrezepten häufig benötigten Limettenblätter und Zitronengrasstängel, sollten diese einmal nicht zur Hand sein. Ein leichtes Zitrusaroma kombiniert mit prickelnder Schärfe steckt in Szechuan-Pfeffer, der sich in kleinen Dosen ebenfalls zum Würzen von Fisch eignet, etwa von Steinbutt, wie in einem der Rezepte des folgenden Kapitels vorgeschlagen.

MEDITERRANE KOMBINATIONEN

An den Mittelmeerküsten gibt es eine Vielzahl klassischer Fischtöpfe, denen Safran nicht nur die schöne Farbe, sondern auch das typische Aroma verleiht, wie etwa die Bouillabaisse in Frankreich oder Paella und Zarzuela in Spanien. Das Aroma frischer Lorbeerblätter ergänzt geschmorten Fisch, wie beispielsweise Aal oder Meeraal. Zu gebratenen Meeresfischen wie Doraden, Rotbarben oder Seeteufel passt die ganze Palette mediterraner Käuter, angefangen von Thymian über Oregano und Salbei bis hin zu Rosmarin – und natürlich Knoblauch. Ganze Fische, beispielsweise Wolfsbarsch, bleiben wunderbar saftig, wenn sie in einer mit Kräutern aromatisierten Kruste aus Meersalz gebacken werden. In aromatischem Würzöl sanft pochierte Fischfilets, etwa von der Rotbarbe, schmecken ebenfalls köstlich, das Rezept dafür finden Sie in diesem Kapitel.

Auf Kräutern gedämpft

Fischfilets geraten auf einem Bett aus duftenden Kräutern wunderbar zart. Dafür eignet sich etwa Anis-Ysop oder Zitronenthymian, aber auch Zitronengras, Kaffirlimettenblätter und Limettenscheiben bringen eine aromatische Zitrusnote, die mit Fisch harmoniert.

ÜBERRASCHEND: VANILLE UND LAVENDEL

Etwas Mut erfordern die neuesten Kreationen unserer Spitzenköche, zum Beispiel die raffinierte Kombination von Jakobsmuscheln mit Vanille und Limette. Oder Zander, der durch die Aromen von Vanille, Kreuzkümmel, Curry und Lavendel ergänzt wird und bei dem säuerlicher Rhabarber den geschmacklichen Kontrapunkt setzt. Aber Sie werden sehen, der Versuch überzeugt!

Jakobsmuscheln mit Vanille

ZUBEREITUNGSZEIT 50 Min.

FÜR DIE LIMETTENBUTTER
· 40 g weiße Zwiebel, geschält
· 30 g Knollensellerie, geschält
· 1 TL Butter, ⅛ l trockener Weißwein
· ¼ l Geflügelfond
· Salz, frisch gemahlener Pfeffer
· Saft von ½ Limette
· Zesten von ¼ Limette
· 80 g eiskalte Butter, in Stücken

FÜR DIE MUSCHELN
· 2 Vanilleschoten
· 12 Jakobsmuscheln, ausgelöst und geputzt
· Salz, frisch gemahlener weißer Pfeffer
· Zitronensaft, 10 g Butter
· 1 Stängel Zitronengras, angeschlagen

S. 118
WARENKUNDE Vanille
S. 160
KÜCHENPRAXIS Vanilleschoten vorbereiten

1. Für die Limettenbutter die Zwiebel und den Sellerie in feine Scheiben schneiden. In einer Kasserolle die Butter zerlassen und die Zwiebel- und Selleriescheiben darin hell anschwitzen. Löschen Sie beides mit dem Weißwein ab. Dann mit Geflügelfond auffüllen und die Flüssigkeit auf ⅛ l reduzieren.

2. Die Sauce durch ein feines Sieb passieren. Schmecken Sie die Reduktion mit Salz, Pfeffer, Limettensaft und -zesten ab. Anschließend die Sauce mit der kalten Butter mit dem Pürierstab aufschlagen.

3. Die Vanilleschoten längs halbieren. Das Muschelfleisch mit Salz, Pfeffer und Zitronensaft würzen. Braten Sie dann die Jakobsmuscheln in der Butter zusammen mit den halbierten Vanilleschoten und dem Zitronengras von jeder Seite in 1 bis 2 Minuten goldbraun an.

4. Die Limettenbutter vorsichtig erhitzen – die Sauce darf nicht kochen! Richten Sie die Jakobsmuscheln mit der Limettenbutter auf vorgewärmten Tellern an und garnieren Sie alles mit den halbierten Vanilleschoten. Dazu passt ausgezeichnet ein Erbsen-Koriander-Püree oder kurz gebratener Pak Choi.

Muscheltopf mit Senf und Dill

ZUBEREITUNGSZEIT 30 Min.

FÜR DIE MUSCHELN
- 1,6 kg Miesmuscheln, etwa Föhrer Muscheln
- 500 g Salatgurke
- 2 Stangen Staudensellerie
- 70 g Butter
- 200 ml trockener Weißwein
- 1 kleines Bund Dill, fein gehackt

FÜR DIE SENFKÖRNER
- 100 ml Weißwein
- 100 ml Apfelsaft
- 1 EL Cidre- oder Apfelessig
- 2 EL helle Senfkörner

AUSSERDEM
- 1 Baguette
- 1 Knoblauchzehe, abgezogen und halbiert

S. 112
WARENKUNDE Senfkörner

S. 136
KÜCHENPRAXIS Kräuter waschen

1. Zunächst die Miesmuscheln putzen, sorgfältig waschen und weit geöffnete oder beschädigte Exemplare aussortieren. Bringen Sie für die Senfkörner in einem Topf den Weißwein mit dem Apfelsaft und dem Cidreessig zum Kochen. Die Senfkörner zufügen und etwa 10 Minuten köcheln lassen, bis sie die Flüssigkeit vollständig aufgesogen haben, dann beiseitestellen.

2. Für die Muscheln die Gurke schälen, halbieren und die Samen entfernen, dann 350 g Fruchtfleisch abwiegen und in feine Würfel schneiden. Den Staudensellerie putzen, eventuell vorhandene grobe Fäden abziehen und ebenfalls in feine Würfel schneiden. Zerlassen Sie die Butter in einem Topf und dünsten Sie die Gurken- und Selleriewürfel darin kurz an. Anschließend die Muscheln zufügen, den Weißwein angießen und den Topf mit einem Deckel verschließen. Alles zugedeckt köcheln lassen, bis die Muscheln sich geöffnet haben, dabei gelegentlich mit einem Kochlöffel umrühren.

3. Schneiden Sie in der Zwischenzeit das Baguette in dünne Scheiben. Die Baguettescheiben dann in der Pfanne auf einer Seite kurz rösten und mit Knoblauch einreiben.

4. Den Dill waschen, mit Küchenpapier vorsichtig trocken tupfen und fein hacken. Heben Sie die aromatisierten Senfkörner unter die Muscheln und bestreuen Sie alles mit gehacktem Dill. Den Muscheltopf mit den gerösteten Baguettescheiben heiß servieren.

Föhrer Muscheln

Die täglich frisch angelandeten »Föhrer Muscheln« stammen aus der Nordsee, sind bereits küchenfertig geputzt und so gut wie sandfrei. Sie brauchen daher im Gegensatz zu anderen Miesmuscheln vor der Verwendung nur noch kurz mit kaltem Wasser abgespült zu werden.

Weißer Heilbutt mit Koriandersauce

ZUBEREITUNGSZEIT 1 Std. 30 Min.

FÜR DIE KORIANDERSAUCE
- 2 EL Butter, 1 EL Korianderkörner
- 10 Limettenfilets, 4 EL dunkler Kalbsfond
- 400 ml heller Geflügelfond, 50 g Sahne
- Salz, etwas Limettensaft
- ein paar Tropfen alter Aceto balsamico
- 50 g geschlagene Sahne

FÜR DEN HEILBUTT
- 1 kg weißer Heilbutt mit Gräte und Haut
- 2 EL Olivenöl, 3 EL Butter
- 1 TL zerstoßene Korianderkörner
- 2 Zweige Thymian, 1–2 Knoblauchzehen
- je 150 g Blumenkohl- und Romanescoröschen, geputzt
- Salz
- Fleur de Sel, frisch gemahlener Pfeffer
- 1 EL fein geschnittene glatte Petersilie

1. Für die Sauce die Butter aufschäumen und die Korianderkörner darin leicht bräunen. Die Limettenfilets zufügen und beide Fonds angießen. Reduzieren Sie die Flüssigkeit um ein Drittel und geben Sie die Sahne zu. Alles erneut aufkochen lassen, die Sauce mit dem Pürierstab aufmixen, durch ein Sieb passieren und mit Salz, Limettensaft und Essig abschmecken.

2. Den Backofen auf 80 °C vorheizen. Den Heilbutt waschen und trocken tupfen. In einer Pfanne das Öl erhitzen und den Fisch darin ringsum leicht bräunen. Das Öl abgießen und 2 EL Butter, den Koriander, Thymian und den angedrückten Knoblauch zufügen. Übergießen Sie den Fisch mehrmals mit der schäumenden Korianderbutter und garen Sie ihn dann im Ofen noch 20 bis 25 Minuten. Blumenkohl und Romanesco getrennt in reichlich Salzwasser bissfest garen, dann in gesalzenem Eiswasser abschrecken.

3. Die restliche Butter in einer Pfanne aufschäumen lassen. Braten Sie die Blumenkohl- und Romanescoröschen darin goldbraun an und würzen Sie das Gemüse mit Fleur de Sel, Pfeffer und Petersilie.

4. Die Sauce kurz aufkochen. Entfernen Sie nach Belieben die Haut und lösen Sie die Heilbuttfilets von der Gräte. Die Filets mit dem Gemüse auf vorgewärmten Tellern anrichten. Die Koriandersauce noch einmal aufmixen, die geschlagene Sahne unterziehen, den Fisch damit umgießen und servieren.

Seeteufel mit Paprika und Polenta

ZUBEREITUNGSZEIT 1 Std. 40 Min.
KÜHLZEIT 3 Std.

FÜR DEN FISCH
- 4 Seeteufelkoteletts, je etwa 140 g
- 1 EL Olivenöl, Salz, frisch gemahlener Pfeffer
- 8 Salbeiblätter, in feine Streifen geschnitten

FÜR DIE EINGELEGTEN PAPRIKA
- 2 rote Paprikaschoten
- 2 gelbe Paprikaschoten
- 250 g grobes Meersalz
- 3–4 EL Olivenöl, 1 EL alter Aceto balsamcio
- Fleur de Sel
- zerstoßener Bergpfeffer (Tasmanischer Pfeffer)

FÜR DIE POLENTA
- 150 ml Milch
- Salz, frisch gemahlener Pfeffer
- frisch geriebene Muskatnuss
- 2–3 EL Olivenöl
- 120 g feiner Polentagrieß
- 30 g Parmesan, frisch gerieben
- 2 EL Mehl

»Bergpfeffer oder Tasmanischer Pfeffer ist hierzulande noch wenig bekannt. Die getrockneten Beeren bereichern Gerichte mit ihrem süßen Aroma und einer intensiven Schärfe.«

1. Den Backofen auf 150 °C vorheizen. Die Seeteufelkoteletts mit Küchenpapier trocken tupfen, mit etwas Olivenöl beträufeln und mit Folie bedeckt kühl stellen. Die Paprikaschoten auf ein Meersalzbett setzen und im Ofen 25 bis 30 Minuten backen. Herausnehmen, die Paprika in einer Plastiktüte schwitzen lassen, häuten, vierteln, dann Samen und Scheidewände entfernen. Geben Sie die Paprikaviertel mit Olivenöl, Essig, Fleur de Sel und Bergpfeffer zum Marinieren in eine Form.

2. Für die Polenta die Milch mit Salz, Pfeffer und Muskat würzen. 1 EL Olivenöl zufügen und die Milch zum Kochen bringen. Auf kleiner Flamme den Polentagrieß einrühren und köcheln lassen, bis die Masse trocken und fest ist, dann den Parmesan unterrühren. Füllen Sie die Masse etwa 2 cm hoch in eine mit Frischhaltefolie ausgelegte Form und stellen Sie die Polenta 3 Stunden kalt.

3. Die Polenta herausnehmen, auf eine Platte stürzen, in gleichmäßige Streifen schneiden und leicht mit Mehl bestauben. Braten Sie die Polentastreifen dann im restlichen Olivenöl von allen Seiten goldgelb an. Aus der Pfanne nehmen und die gebratene Polenta warm halten.

4. Die Seeteufelkoteletts mit Salz und Pfeffer würzen. Grillen Sie den Fisch auf oder unter dem vorgeheizten Grill oder in der Grillpfanne bei mittlerer Hitze von beiden Seiten jeweils 3 bis 4 Minuten. Die Seeteufelkoteletts kurz vor Ende der Grillzeit mit Salbei bestreuen.

5. Verteilen Sie die marinierten Paprikaviertel auf vorgewärmte Teller und legen Sie jeweils ein Seeteufelkotelett darauf. Die gebratenen Polentastreifen daneben anrichten und den Fisch servieren.

S. 78
WARENKUNDE Bergpfeffer

S. 155
KÜCHENPRAXIS Gewürze mörsern

Vanillin – kein vollwertiger Ersatz für das natürliche Gewürz

Die Vanille, die einzige Nutzpflanze in der großen Familie der Orchideengewächse, wuchs ursprünglich ausschließlich in den tropischen Regenwäldern Mittelamerikas und Südost-Mexikos. Der spanische Eroberer Mexikos, Hernán Cortés (1485–1547), wurde 1519 angeblich vom Aztekenherrscher Montezuma mit einem »chocolatl« genannten, mit Vanille aromatisierten Kakaogetränk bewirtet. Aus der Neuen Welt gelangten die raren, extrem teuren »Vanilleschoten« schon bald nach der Eroberung Mexikos an den spanischen Hof und begannen von dort aus ihren Siegeszug an den europäischen Königs- und Fürstenhöfen. Heiße, mit Vanille aromatisierte Trinkschokolade wurde zum Modegetränk der Oberschicht.

Im 18. Jahrhundert versuchten europäische Pflanzenliebhaber vergeblich, die Vanille in heimischen Gewächshäusern oder in tropischen Regionen außerhalb Mexikos zu kultivieren. Zwar war es in Europa gelungen, Stecklinge großzuziehen und die Vanille in Treibhäusern zu üppiger Blüte zu bringen, doch bildeten sich nie Fruchtansätze oder gar Früchte. Erst 1836/37 erkannte man die Ursache dieses Misserfolgs: Nur im Ökosystem Mexikos existieren Kolibris und bestimmte Insektenarten, die die komplizierte Bestäubung der Orchidee besorgen. Seit man ihre Funktion durch die manuelle Bestäubung nachahmen konnte, ließ sich Vanille im Gewächshaus kultivieren. Diese Entdeckung läutete das Ende des mexikanisch-spanischen Vanillemonopols ein. Nun stand den Kolonialmächten der Weg frei, in klimatisch geeigneten überseeischen Besitzungen großflächig neue Kulturen anzulegen.

SYNTHETISCHES VANILLIN

Die Plantagenkultur der Vanille erfordert in allen Phasen des Anbaus und der Aufbereitung extrem viel zeit- und personalintensive Handarbeit. Das erklärt den seit jeher hohen Preis dieses Naturprodukts: Vanille war und ist nach Safran das teuerste Gewürz der Welt. Daher war es ein großer wirtschaftlicher Erfolg, als 1874 die beiden deutschen Chemiker Wilhelm Haarmann (1847–1931) und Ferdinand Tiemann (1848–1899) eine Möglichkeit entdeckten, Vanillin künstlich in der Retorte herzustellen.

Die technische Nutzung der Vanillin-Synthese war für die seit Mitte des 19. Jahrhunderts aufstrebende europäische Schokoladenindustrie wirtschaftlich hochinteressant, besonders für alle Länder, die – wie Deutschland – keine eigenen Vanille produzierenden Kolonien besaßen.

Die Vanillin-Synthese wurde zum Ausgangspunkt für die Entwicklung der Industrie synthetischer Duft- und Aromastoffe, die 1875 mit der Gründung von »Haarmann's Vanillinfabrik« in Holzminden begann. Die Synthese wurde Industriemaßstäben angepasst und alternative Wege gefunden, sodass man heute je nach Rohstofflage auf dem Weltmarkt die Synthesestrategie variieren kann. Das ist wichtig, denn synthetisches Vanillin ist heute weltweit der am meisten gebrauchte Aromastoff: 12 bis 15 Tonnen benötigt die Industrie pro Jahr!

NATÜRLICH – NATURIDENTISCH – KÜNSTLICH

Auf jedem industriell produzierten Lebensmittel muss in der EU genau angegeben werden, welche Zutaten und Aromen zu seiner Herstellung verwendet worden sind. Das Gesetz unterscheidet zwischen natürlichen, naturidentischen und künstlichen Aromastoffen.

»Natürliche« Aromastoffe nennt man solche, die ausschließlich durch physikalische Verfahren, wie etwa durch Extraktion oder Destillation, aus geeigneten natürlichen Ausgangsmaterialien gewonnen werden. Seit etwa 20 Jahren werden auch biotechnologische Verfahren zur Erzeugung natürlicher Aromastoffe verwendet. Wenn auf einer Lebensmittelpackung die Aufschrift »natürliches Vanillin« aufgedruckt ist, bedeutet das also nicht unbedingt, dass dieses Vanillin tatsächlich aus »echten« Vanilleschoten stammt, der Aromastoff kann auch biotechnologisch (also von Mikroorganismen oder enzymatisch) hergestellt worden sein. Biotechnologisch hergestelltes Vanillin wird heute oft aus Kostengründen verwendet, da es nur halb so teuer wie Vanillin ist, das aus echten Vanilleschoten isoliert wurde. »Naturidentische« Aromastoffe werden dagegen durch chemische Synthese hergestellt. Sie sind hinsichtlich ihres Aufbaus und ihrer Strukturformel mit den entsprechenden natürlichen Aromastoffen chemisch völlig identisch, nur werden sie eben durch andere Verfahren und aus anderen Ausgangsmaterialien als die natürlichen gewonnen. Um als »naturidentisch« zu gelten, muss der Aromastoff in pflanzlichen oder tierischen Materialien nachgewiesen worden sein, die traditionell als Lebensmittel verwendet werden. Synthetisch hergestelltes Vanillin gilt im lebensmittelrechtlichen Sinn also als naturidentischer Aromastoff. Da synthetisches Vanillin viel billiger ist als natürliches, wird es heute in großen Mengen industriell hergestellt. Vanillin, das aus echten Vanilleschoten isoliert wurde, könnte den riesigen Bedarf gar nicht mehr decken.

Ein vollwertiger Ersatz für echte Naturvanille ist derzeit nicht zu haben – das Vanillearoma ist eben nicht durch eine einzige Aromakomponente, das Vanillin, zu ersetzen. Ein Hoch auf das Naturprodukt!

Als »künstlich« bezeichnet man Aromastoffe, die durch chemische Synthese gewonnen werden, aber in der Natur nicht vorkommen. Ein Beispiel ist das Ethylvanillin, ein naher chemischer »Verwandter« des Vanillins. Ethylvanillin riecht und schmeckt wie Vanillin, sogar etwa dreimal so intensiv wie dieses, hat aber kein natürliches Vorbild. Künstliche Aromastoffe sind beim deutschen Verbraucher inzwischen sehr unbeliebt und werden deshalb in der Lebensmittelindustrie kaum mehr verwendet.

Ob die verwendeten Aromastoffe der Deklaration eines Lebensmittels entsprechen, kann mit der sogenannten Isotopenverhältnis-Massenspektrometrie geprüft werden. Mit dieser Methode kann man nicht nur »natürliche« von »naturidentischen« Aromastoffen unterscheiden, sondern man kann auch nachweisen, ob natürliches Material mit Spuren synthetischer Substanz »gestreckt« wurde.

DAS AROMAPROFIL DER VANILLE

Nun ist Vanillin aber nur eine von etwa 400 Komponenten, die im natürlichen Vanillearoma vorkommen. Mit etwa zwei Prozent ist es die mengenmäßig bedeutendste und Wert bestimmende Aromakomponente. Die übrigen Begleitstoffe des Vanillearomas kommen zwar nur in sehr geringen Mengen vor, sind aber für den Gesamteindruck trotzdem sehr wichtig, denn gerade diese etwa 399 Spurenkomponenten machen das volle Aroma aus. Um das Vanillearoma in seiner ganzen Komplexität genießen zu können, sollte ein wirklicher Feinschmecker daher nur echte, natürliche Vanille verwenden.

Dr. Elisabeth Vaupel

Steinbuttfilet mit würziger Muskatbutter-Haselnuss-Kruste

ZUBEREITUNGSZEIT 1 Std. 10 Min.

FÜR DIE KRUSTE
- 80 g fein gemahlene Haselnüsse
- 120 g Butter, 1 Eigelb
- 1 Zweig Thymian, die Blättchen abgezupft und gehackt
- 70 g Mie de pain (fein geriebenes Weißbrot ohne Rinde, Ersatz: Semmelbrösel)
- Salz, ½ TL gemahlene Muskatblüte (Ersatz: Muskatnuss, allerdings ist Muskatblüte feiner im Geschmack)
- etwas fein zerstoßener Szechuan-Pfeffer

FÜR DIE RÄUCHERAALBRANDADE
- 150 g geräucherter Aal
- 2 Schalotten
- 1 Stück Lauch, nur der weiße Teil, etwa 5 cm lang
- 15 g Butter, 100 ml Geflügelfond, 250 g Sahne
- 500 g mehlig kochende Kartoffeln
- Salz, 1 TL fein geschnittene Kerbelblätter

FÜR DEN FISCH
- 4 Steinbuttfilets, je etwa 150 g, ohne Haut
- Salz, 25 g Butter

AUSSERDEM
- 150 g Zuckerschoten, geputzt, in stark gesalzenem Wasser blanchiert und schräg halbiert
- 15 g Butter
- nach Belieben etwa 200 ml klassische Weißweinsauce

1. Für die Kruste die Haselnüsse ohne Fett goldbraun rösten, abkühlen lassen und weiterarbeiten, wie unten in Step 1 gezeigt. Schmecken Sie die Butter-Nuss-Mischung mit Salz, Muskatblüte und Szechuan-Pfeffer ab. Anschließend die Masse für die Kruste formen, wie in Step 2 gezeigt.

2. Für die Brandade (S. 316) den Aal von Haut und Gräte befreien, den Fisch und die Abschnitte beiseitestellen. Die Schalotten schälen, den Lauch putzen und gut waschen, dann beides fein würfeln. Zerlassen Sie die Butter in einem Topf und dünsten Sie die Schalotten- und Lauchwürfel darin hell an. Die Aalabschnitte zugeben, alles mit dem Fond und der Sahne ablöschen und 15 Minuten bei schwacher Hitze köcheln lassen, dann durch ein feines Sieb passieren.

3. Die Kartoffeln schälen, grob würfeln und in Salzwasser weich kochen. Abgießen und die Kartoffeln gut ausdampfen lassen, dann durch die Kartoffelpresse in die heiße Sahnemischung drücken und alles zu einem geschmeidigen Püree verarbeiten. Den Aal in kleine Würfel schneiden. Mischen Sie die Aalwürfel und Kerbelblätter unter das Püree. Die Räucheraalbrandade warm halten.

4. Die Fischfilets mit Salz würzen und in 15 g aufgeschäumter Butter auf der Fleischseite bei mittlerer Hitze etwa 2 Minuten hell anbraten. Die Steinbuttfilets mit der gebratenen Seite nach oben auf ein mit der übrigen Butter gefettetes Blech geben und kurz abkühlen lassen.

5. Den Backofengrill vorheizen. Die Buttermasse aus dem Kühlschrank nehmen, eine Folienhälfte abziehen, die Masse in vier passende Stücke schneiden und jeweils eines auf ein Fischfilet legen. Ziehen Sie die zweite Folienhälfte ab und drücken Sie die Kruste leicht an. Die Fischfilets unter dem Grill auf der mittleren Schiene etwa 3 Minuten überbacken, bis die Kruste goldbraun und der Fisch auf den Punkt gegart ist – das kann je nach Dicke der Filets etwas kürzer oder länger dauern.

6. Die Zuckerschoten in der Butter glasieren. Verteilen Sie die Räucheraalbrandade auf vorgewärmten Tellern und richten Sie das Steinbuttfilet und die Zuckerschoten darauf an. Nach Belieben noch etwas aufgeschäumte Weißweinsauce dazu reichen.

S. 100
WARENKUNDE Muskatblüte

S. 155
KÜCHENPRAXIS Gewürze zerkleinern

BUTTER-NUSS-KRUSTE
herstellen und portionieren

(1) Die Butter in einer Rührschüssel mit dem Schneebesen schaumig schlagen, das Eigelb sowie die gehackten Thymianblättchen zufügen und alles gut durchmischen. Dann die Haselnüsse sowie das Mie de pain unterrühren.

(2) Die Butter-Nuss-Mischung in einen aufgeschnittenen Gefrierbeutel geben und mit dem Fleischklopfer oder einer Kasserolle zwischen der Folie platt klopfen. Die Masse anschließend im Kühlschrank fest werden lassen.

(1)

(2)

Rotbarbenfilet in Würzöl confiert

ZUBEREITUNGSZEIT 45 Min.

FÜR DEN FISCH
- 4 Rotbarben, je 300–400 g
- Salz

FÜR DAS WÜRZÖL
- ½ l Olivenöl
- 1 Kräutersträußchen aus:
  1 Stängel Basilikum, 1 Zweig Thymian,
  1 Zweig Rosmarin und 1 Lorbeerblatt
- 1 Knoblauchzehe, abgezogen
- 1 TL Korianderkörner, zerstoßen

FÜR DEN GESCHMORTEN KOPFSALAT
- 1 Scheibe durchwachsener Bauchspeck, etwa 2 mm dick
- 1 Schalotte, ¼ Möhre, ¼ Stange Lauch
- ¼ Stange Staudensellerie
- 2 EL Olivenöl
- Salz, frisch gemahlener Pfeffer
- 100 ml Geflügel- oder Fischfond
- 4 Kopfsalatherzen, längs halbiert
- Saft von ½ Limette, Limettenzesten

S. 94
WARENKUNDE Koriander

S. 148
KÜCHENPRAXIS Kräutersträußchen

1. Die Rotbarben schuppen und filetieren, dabei die Schwanzflossen nicht abtrennen. Entfernen Sie alle noch vorhandenen Gräten und stellen Sie die Fischfilets beiseite.

2. Für das Würzöl in einem Topf das Öl auf etwa 80 °C erhitzen. Fügen Sie das Kräutersträußchen, den Knoblauch und die Korianderkörner zu und lassen Sie alles 10 bis 15 Minuten im heißen Öl ziehen.

3. Inzwischen für den geschmorten Salat den Speck fein würfeln. Das Gemüse schälen oder putzen und ebenfalls in feine Würfel schneiden. Den Backofen auf 160 °C vorheizen. Braten Sie die Speckwürfel in einem flachen Topf in 1 EL Öl kurz an, dann die Gemüsewürfel zufügen und kurz mitbraten. Alles mit Salz und Pfeffer würzen und den Fond angießen. Die Kopfsalatherzen einlegen und im Backofen 10 bis 12 Minuten schmoren, dabei ständig mit dem Fond übergießen.

4. Die Fischfilets salzen und vorsichtig in das Würzöl geben. Lassen Sie die Rotbarbenfilets in 5 bis 8 Minuten darin gar ziehen. Die Fischfilets herausnehmen und warm stellen. Den Kopfsalat herausnehmen, ebenfalls kurz warm stellen und den Fond mit dem restlichen Olivenöl und dem Limettensaft sämig binden. Richten Sie je zwei Kopfsalathälften auf vorgewärmten Tellern an und beträufeln Sie diese mit der Sauce. Die Rotbarbenfilets darauflegen, mit Limettenzesten bestreuen und den Fisch sofort servieren. Als Beilage dazu schmeckt gekochter Reis oder Pellkartoffeln.

Auch gut mit Kabeljau

Kabeljau eignet sich ebenfalls ausgezeichnet für diese Zubereitung. Auch er wird mit der geschuppten Haut im heißen Würzöl pochiert. Am besten, Sie bitten Ihren Fischhändler, Ihnen die Fische vorzubereiten, das heißt, zu schuppen und zu filetieren.

»Raffiniert: Garen in Würzöl«

Garen in Öl – Confieren, wie der Fachbegriff lautet – ist eine besonders sanfte Garmethode, bei der das Produkt vollständig mit Öl bedeckt wird, um dann bei Temperaturen zwischen 70 und 80 °C langsam zu garen. Für diese Art der Zubereitung eignen sich alle Fleischstücke vom Rinderfilet bis zur Entenkeule, aber auch Fischfilets, Meeresfrüchte und viele Gemüsesorten wie Kartoffeln, Paprika oder Zucchini. Fleisch und Gemüse bleiben dabei herrlich zart und saftig und können ihr Aroma voll entfalten. Wichtig ist es, ein hochwertiges Öl zu verwenden. Ich persönlich nehme gern kalt gepresstes Olivenöl. Geschmacklich reizvoller wird es, wenn dem Öl würzende Zutaten wie frische oder getrocknete Kräuter, Knoblauch, Zwiebeln oder Chilis zugesetzt werden. Die Auswahl orientiert sich dabei am Gargut: Zartes Gemüse, Fisch und helles Fleisch wollen nicht von dominanten Aromen überdeckt werden. Kräftiges Fleisch wie Lamm oder Rind verträgt dagegen kräftige Gewürze – etwa Salbei, Knoblauch und Rosmarin. Achten Sie jedoch darauf, dass das Öl nicht zu heiß wird, da viele Kräuter bei zu großer Hitze verbrennen und dann bitter schmecken.

Bobby Bräuer

Vanille-Zander auf Topinambur-Rhabarber mit Lavendel

ZUBEREITUNGSZEIT 50 Min.

FÜR DEN FISCH
- 4 Zanderfilets mit Haut, entgrätet, je etwa 150 g
- 4 Vanilleschoten, 2 EL Mehl, Salz
- frisch gemahlener Pfeffer, 2–3 EL Öl zum Braten
- 4 Topinamburknollen, insgesamt etwa 200 g
- 1 rote Zwiebel, 3 Stängel Rhabarber, etwa 100 g (Ersatz: weißer Pfirsich oder Stachelbeeren)
- 2 EL Olivenöl, Salz, Zucker
- ½ TL gemahlener Kreuzkümmel
- 1 TL Currypulver, 4 EL Madeira
- 4 Stängel Lavendel mit Blüten oder Rosmarin

AUSSERDEM
- 4 Stück Pergament- oder Backpapier, 35 x 35 cm
- 1 Eiweiß zum Bestreichen

S. 118
WARENKUNDE Vanille

S. 34
WARENKUNDE Lavendel

1. Die Zanderfilets mit Küchenpapier abtupfen und die Haut mit einem scharfen Messer leicht einschneiden, damit der Fisch beim Braten in Form bleibt. Jeden zweiten Einschnitt etwas anheben und pro Filet eine Vanilleschote unter die Haut ziehen, sodass die Vanilleschote mal unter, mal oberhalb der Haut liegt. Die Hautseite leicht mit Mehl bestauben und mit Salz und Pfeffer würzen. Erhitzen Sie das Öl in einer Pfanne und braten Sie die Zanderfilets nur auf der Hautseite goldgelb an. Die Fischfilets herausnehmen und beiseitestellen.

2. Topinamburknollen waschen, abbürsten, aber nicht schälen, und in dünne Scheiben schneiden. Die Zwiebel schälen, halbieren und in Scheiben schneiden. Den Rhabarber dünn schälen und in kleine Stifte schneiden. Erhitzen Sie das Olivenöl in einer Pfanne und braten Sie die Zwiebel- und Topinamburscheiben darin 2 Minuten an. Alles mit Salz, Zucker, Kreuzkümmel und Curry würzen, den Rhabarber zufügen, mit Madeira ablöschen und 2 Minuten weiterbraten.

3. Den Backofen auf 200 °C vorheizen. Die Ränder der Papierstücke mit Eiweiß bestreichen und das warme Topinambur-Rhabarber-Gemüse in die Mitte geben. Die Zanderfilets, Hautseite nach oben, auf das Gemüse legen und mit je 1 Stängel Lavendel belegen. Schlagen Sie das Papier zusammen und falten Sie die Ränder halbkreisförmig ein. Die Päckchen auf ein Blech setzen und im Ofen in etwa 8 Minuten fertig braten. Herausnehmen und den Fisch in der Papierhülle servieren.

Oktopus in grünem Curry

ZUBEREITUNGSZEIT 1 Std. 45 Min.

FÜR DEN OKTOPUS
- 1 Oktopus, etwa 1 kg, 1 Möhre, 1 Zwiebel
- 2 Stangen Staudensellerie, 80 g Fenchelknolle
- 1 Knoblauchzehe, abgezogen, 1 Zweig Thymian
- 2 Lorbeerblätter, 10 weiße Pfefferkörner
- 10 Korianderkörner, 10 Fenchelsamen
- ⅛ l Weißwein, 1 Weißweinkorken, 2 EL Olivenöl
- Salz, frisch gemahlener Pfeffer, Limettensaft

FÜR DAS BLUMENKOHLPÜREE
- 200 g Blumenkohl, 10 g Butter
- gemahlener Koriander, Salz
- frisch gemahlener Pfeffer, 100 ml Kokosmilch
- Limettensaft, 1 EL Kokosraspel

FÜR DIE SAUCE
- ½ Zwiebel, ½ Knoblauchzehe, 10 g Butter
- 60 ml Weißwein, 2 EL Kokosmilch
- ⅛ l Geflügelfond, 1 EL grüne Currypaste
- 20 g Frühlingszwiebelgrün, fein geschnitten
- 1 TL in Streifen geschnittenes Koriandergrün
- Salz, frisch gemahlener Pfeffer, Limettensaft

S. 86
WARENKUNDE Fenchelsamen

S. 33, 94
WARENKUNDE Koriander

1. Den Oktopus putzen und gründlich waschen. Das Gemüse putzen oder schälen und in kleine Stücke schneiden. Geben Sie 1 ½ l Wasser, den Oktopus und das Gemüse in einen Topf. Die Kräuter und Gewürze, den Wein sowie den Korken zufügen, dann alles langsam zum Kochen bringen und etwa 1 Stunde leicht köcheln lassen. Wenn der Oktopus weich ist, herausnehmen, in Stücke schneiden und erkalten lassen. 2 EL des Kochsuds abmessen und für die Sauce beiseitestellen.

2. Den Backofen auf 180 °C vorheizen. Den Blumenkohl für das Püree in walnussgroße Röschen teilen. Braten Sie den Blumenkohl in einem ofenfesten Topf in Butter leicht an. Die Röschen mit Koriander, Salz und Pfeffer würzen und im Backofen in etwa 5 Minuten weich garen. Mit Kokosmilch auffüllen, alles pürieren und mit Salz, Pfeffer und Limettensaft abschmecken und warm halten. Die Kokosraspel ohne Fett hellbraun rösten.

3. Für die Sauce Zwiebel und Knoblauch schälen, beides fein würfeln und in der Butter hellbraun anschwitzen. Löschen Sie die Zwiebel-Knoblauch-Mischung mit Weißwein ab. Alles mit der Kokosmilch, dem Geflügelfond sowie dem Oktopuskochsud auffüllen und zum Kochen bringen. Dann die Currypaste unterrühren, alles erneut aufkochen, mit dem Pürierstab aufmixen und die Sauce durch ein feines Sieb passieren.

4. Die Oktopusstücke in Olivenöl kurz braten, dann mit Salz, Pfeffer und Limettensaft würzen. Die Currysauce mit Frühlingszwiebel- und Koriandergrün verfeinern und mit Salz, Pfeffer und Limettensaft abschmecken. Den gebratenen Oktopus auf der Currysauce anrichten, das Blumenkohlpüree mit gerösteten Kokosraspeln bestreuen und dazu servieren.

Gefüllte Saiblingfilets auf Dillblüten

ZUBEREITUNGSZEIT 2 Std.

FÜR DIE SAIBLINGFILETS
- 200 g Zanderfilet ohne Haut, Salz, Tabasco
- 2 Eiweiße, Größe M (50 g)
- 250 g frischer Spinat, große Blätter, geputzt
- 70 g Möhre, 70 g Knollensellerie
- 50 g Lauch, 4 Schalotten
- 2 Knoblauchzehen, 200 g Sahne, gekühlt
- 8 Saiblingfilets, je etwa 60 g, ohne Haut
- frisch gemahlener Pfeffer
- 20 g Butter
- 150 ml Weißwein, 1/4 l Fischfond
- 60 ml trockener Wermut, etwa Noilly Prat
- 4 große Dillblüten, Dillstängel, 1 EL Dillsamen
- 1 TL weiße Pfefferkörner, 1 Lorbeerblatt

FÜR DIE SAUCE
- 100 g kalte Butterwürfel, Salz
- 4 TL Saiblingkaviar (Ersatz: Forellenkaviar)
- 1 TL fein geschnittener Dill

FÜR DEN SPINAT
- 25 g Butter, 2 Schalotten und 1 Knoblauchzehe, beides geschält und fein gewürfelt
- 320 g geputzter Blattspinat
- Salz, frisch gemahlener Pfeffer
- 2 EL Pinienkerne, geröstet
- 40 g frisch geriebener Parmesan

AUSSERDEM
- 4 Stücke hitzebeständige Frischhalte- oder Alufolie
- 4 schöne Dillblüten (Dillkronen) oder Dillspitzen

S. 28
WARENKUNDE Dill

S. 139
KÜCHENPRAXIS Kräuter schneiden

1. Schneiden Sie das Zanderfilet in Würfel und würzen Sie es mit Salz und Tabasco. Die Fischwürfel mit dem Eiweiß vermengen und etwa 15 Minuten tiefkühlen.

2. Inzwischen das Gemüse vorbereiten: Den Spinat in Salzwasser blanchieren, kalt abschrecken und gut ausdrücken. Die Möhre und den Sellerie schälen und beides in etwa 5 mm große Würfel schneiden. Den Lauch putzen, gut waschen und in dünne Ringe schneiden. Schalotten und Knoblauch schälen, die Schalotten in feine Ringe schneiden, die Knoblauchzehen halbieren.

3. Die eiskalte Fisch-Eiweiß-Mischung mit der gekühlten Sahne im Blitzhacker zu einer geschmeidigen Farce verarbeiten und durch ein Sieb passieren. Legen Sie die Spinatblätter auf hitzebeständiger Frischhalte- oder Alufolie zu 4 Rechtecken in Größe der Saiblingfilets aus. Dann die Rouladen fertigstellen, wie rechts unten in Step 1 und 2 gezeigt. Die vier Rouladen auf den Dämpfeinsatz des Dämpftopfes setzen.

4. Die Butter in den Dämpftopf geben, kurz aufschäumen lassen und das Gemüse darin hell anschwitzen. Löschen Sie alles mit Weißwein, Fischfond und Wermut ab. Dillblüten, Dillstängel und Dillsamen, die weißen Pfefferkörner sowie das Lorbeerblatt zufügen. Alles zusammen aufkochen, den Dämpfeinsatz einlegen und die Saibling-Rouladen 15 bis 20 Minuten dämpfen, das Fischfilet soll noch leicht glasig sein.

5. Für die Sauce von dem Dämpffond 200 ml abmessen und durch ein feines Sieb in eine Kasserolle passieren. Reduzieren Sie die Flüssigkeit rasch bei starker Hitze auf ein Drittel. Die Sauce von der Herdplatte nehmen und nach und nach die kalte Butter einrühren, die Sauce darf jetzt nicht mehr kochen. Dann mit Salz abschmecken und die Sauce warm halten.

6. Für den Spinat die Butter in einer Kasserolle aufschäumen lassen, Schalotten und Knoblauch darin glasig anschwitzen. Den Spinat zufügen und zusammenfallen lassen. Drücken Sie die Blätter mit einer Schaumkelle gut aus und würzen Sie den Spinat mit Salz und Pfeffer. Zum Schluss die Pinienkerne sowie den Parmesan unterrühren und den Spinat abschmecken.

7. Den Blattspinat mittig auf vorgewärmten Tellern anrichten. Die Rouladen in breite Scheiben schneiden und auf dem Spinat arrangieren. Die Sauce kurz erwärmen, Saiblingkaviar und Dill einrühren und den Spinat damit umgießen. Alles mit Dillblüten oder Dill garniert servieren. Als Beilage schmeckt Basmati- oder Jasminreis.

SAIBLINGFILETS

mit Farce bestreichen und aufrollen

(1) Den Spinat jeweils dünn mit Zanderfarce bestreichen. Die Saiblingfilets salzen, pfeffern und mittig auf den Spinat legen. Die Saiblingfilets erneut mit etwas Farce bestreichen.

(2) Die von Farce umhüllten Filets mit Hilfe der Folie zu Rouladen aufrollen, die Folie an beiden Enden wie ein Bonbon zusammendrehen und die Enden nach unten einklappen.

Huchen mit Champignons und Oregano

ZUBEREITUNGSZEIT 1 Std. 20 Min.

FÜR DIE CHAMPIGNONSAUCE
- 50 g Schalotten, 2 Knoblauchzehen
- 150 g kleine weiße Champignons, 40 g Butter
- 50 ml Champagner- oder Weißweinessig
- 150 ml trockener Wermut, etwa Noilly Prat
- 400 ml Fischfond
- 50 g Beurre manié (Mehlbutter 1:1, bei Zimmertemperatur verknetet)
- 500 g Sahne, 400 g Karkassen von 1 Huchen, ohne Kopf, gehackt und gewässert
- 130 g Champignons, geputzt, in Scheiben
- etwa 10 g englisches Meersalz

FÜR DEN HUCHEN
- 1 EL weiche Butter, 150 ml Fischfond
- 4 Huchenfilets, je etwa 200 g (Ersatz: Waller oder Zander)
- Salz, 120 g kleine weiße Champignons, gehobelt
- 2–3 EL abgezupfte Oreganoblättchen

S. 46
WARENKUNDE Oregano

S. 138
KÜCHENPRAXIS Kräuter abzupfen

1. Für die Champignonsauce die Schalotten und den Knoblauch schälen, die Schalotten in feine Streifen, den Knoblauch in dünne Scheiben schneiden. Die Champignons putzen, abreiben und klein würfeln. Zerlassen Sie die Butter in einer weiten Kasserolle und dünsten Sie die Schalotten, den Knoblauch sowie die gewürfelten Champignons darin unter Rühren in etwa 5 Minuten hell an. Alles mit dem Champagneressig ablöschen und offen weitergaren, bis die Flüssigkeit verdampft ist.

2. Dann Wermut und Fischfond angießen, die Mehlbutter unterrühren und alles 20 Minuten bei schwacher Hitze offen köcheln lassen. Rühren Sie dabei regelmäßig am Topfboden, damit nichts anbrennt. Anschließend Sahne, Fischkarkassen und die Champignonscheiben zugeben, alles einmal aufkochen und dann 20 Minuten ziehen lassen.

3. Passieren Sie den Topfinhalt durch ein Spitzsieb und mixen Sie die Champignonsauce mit dem Pürierstab auf. Die Sauce anschließend erneut durch ein feines Sieb passieren, um das restliche Pilzpüree vollständig zu entfernen, dann mit Meersalz abschmecken.

4. Heizen Sie den Backofen auf 110 °C (Umluft) vor. Streichen Sie ein Backblech dünn mit Butter aus und gießen Sie den heißen Fischfond an. Die Huchenfilets leicht salzen, auf das Blech legen, einmal wenden und etwa 8 Minuten im Backofen pochieren.

5. Die Sauce mit dem Pürierstab aufschäumen. Richten Sie die Huchenfilets auf vorgewärmten tiefen Tellern mittig an und umgießen Sie den Fisch großzügig mit der aufgeschäumten Sauce. Dann alles mit Champignonscheiben und Oreganoblättchen garniert servieren.

»Zander in der Pfanne gebraten«

Eine ganz schnelle Variante ist das auf der Haut gebratene Fischfilet. Sehr gut eignen sich hierfür Waller oder Zander. Damit die Haut schön kross wird, bestauben Sie diese vor dem Braten leicht mit Mehl. Nach dem Wenden schalten Sie dann die Hitzequelle aus und lassen Sie den Fisch mit etwas Butter und angedrücktem Knoblauch gar ziehen. Mein Kollege Bernd Arold serviert dazu gern einen Kaiserschmarrn, verfeinert mit Sternanis und Rucola: Trennen Sie dafür 4 Eier und verrühren Sie die Eigelbe mit 50 ml Kürbiskernöl, 1 TL Salz, etwas Zucker, 1 TL Sternanispulver, 300 ml Kokosmilch und 320 g Dinkelmehl zu einem zähen Teig. Das steif geschlagene Eiweiß vorsichtig unterheben. Den Teig dann in einer großen Pfanne in heißem Olivenöl von jeder Seite in etwa 5 Minuten goldbraun ausbacken. Nach dem Zerrupfen wird der Schmarren noch 2 Minuten in 20 g Butter geschwenkt. Geben Sie 1 EL Rosinen, 1 TL braunen Zucker sowie 1 Bund grob gehackte Rucolablätter hinzu und hobeln Sie nach Belieben noch frische Meerrettichspäne über den Schmarren.

Peter Scharff

Sashimi mit Sansho-Salat und Fisch-Consommé

ZUBEREITUNGSZEIT 1 Std. 50 Min.

FÜR DIE CONSOMMÉ
- 1 absolut frischer Wolfsbarsch, etwa 1 kg
- 4 Eiweiße zum Klären, 2 EL Earl-Grey-Tee
- 100 g Staudensellerie, 100 g Fenchelknolle
- 50 g Champignons, 100 g weiße Zwiebeln
- 1 grüne Thai-Chilischote, Zitronenöl, Salz
- 1 TL Pimentkörner, 2 Kaffirlimettenblätter
- 2 Lorbeerblätter, 6 cl Gin, etwa Bombay Sapphire
- ¾ l Weißwein, etwa eine Riesling-Spätlese
- Zitronensaft

FÜR DIE ZITRONEN-MARINADE
- 4 EL Zitronenöl, 2 EL Zitronensaft
- 1 TL thailändische Fischsauce, 1 TL Fleur de Sel

FÜR DEN SALAT
- 15 g Sanshoblätter, 15 g Sojasprossen
- 40 g Möhre, in feine Streifen geschnitten
- Zesten von 1 Limette (10 g)

AUSSERDEM
- Fenchelgrün für die Garnitur

S. 54
WARENKUNDE Sansho

S. 139
KÜCHENPRAXIS Chiffonade schneiden

1. Den Wolfsbarsch kalt abspülen, trocken tupfen, filetieren und kühl stellen. Die Karkassen in Stücke hacken und 30 Minuten kalt wässern. Vermengen Sie die Filetabschnitte mit dem Eiweiß und dem Earl-Grey-Tee und stellen Sie die Klärmischung kühl.

2. Staudensellerie und Fenchel putzen, beides klein würfeln. Die Champignons putzen und in dünne Scheiben schneiden. Die weißen Zwiebeln schälen und fein würfeln. Entfernen Sie von der Chilischote Stielansatz, Samen und Scheidewände und schneiden Sie das Fruchtfleisch in feine Würfel.

3. Den Boden eines Topfes mit Zitronenöl bedecken. Das Gemüse in dem Öl leicht anschwitzen und salzen. Fügen Sie Pimentkörner, Limetten- und Lorbeerblätter zu und dünsten Sie alles weitere 3 bis 4 Minuten. Die abgetropften Karkassen untermischen. Alles mit dem Gin ablöschen und mit Riesling und 1 l Wasser auffüllen. Dann alles langsam aufkochen und den Fond 20 Minuten köcheln lassen.

4. Verrühren Sie inzwischen für die Marinade Zitronenöl, Zitronensaft, Fischsauce und Fleur de Sel in einem Schälchen miteinander.

Varianten

Wenn Sie die in Japan als Gewürz und Garnitur gleichermaßen beliebten Sanshoblätter nicht frisch im Angebot finden, können sie diese auch einmal durch Minze- und Basilikumblätter ersetzen.

5. Für den Salat die Sanshoblätter waschen, trocken tupfen und in feine Streifen (Chiffonade) schneiden. Sojasprossen abbrausen und abtropfen lassen. Vermengen Sie beides mit den Möhrenstreifen und den Limettenzesten. Den Salat auf vier tiefe Teller verteilen, jeweils zu einem Häufchen schichten und mit der Zitronen-Marinade beträufeln.

6. Die Filets häuten, von Tran und Gräten befreien. Schneiden Sie die Filets in fingerdicke Scheiben und arrangieren Sie das Sashimi neben dem Salat auf etwas Marinade.

7. Den Fischfond vorsichtig durch ein mit einem Tuch ausgelegtes Sieb in einen Topf passieren und auf 1 l reduzieren. Vom Herd ziehen und den Fond 10 Minuten abkühlen lassen. Dann den Fond erneut auf den Herd stellen und die Klärmischung unterrühren. Alles bei starker Hitze und unter ständigem, vorsichtigem Rühren zum Kochen bringen – sobald die Klärmischung zu stocken beginnt, nicht mehr weiterrühren.

8. Alles noch etwa 5 Minuten ziehen lassen, dann erneut vorsichtig durch ein Tuch passieren. Die Consommé darf jetzt nicht mehr kochen, sondern nur vorsichtig erwärmt werden, damit das Aroma nicht verloren geht. Die Consommé mit Salz und Zitronensaft abschmecken, in 4 Schälchen füllen und mit Fenchelgrün garnieren. Die Fisch-Consommé zum Wolfsbarsch-Sashimi reichen.

Fleisch, Wild und Geflügel

In der Pfanne gebraten, auf Heu gedämpft oder rosa gegrillt: Entsprechend gewürzt werden Filet, Keule, Brust und Rücken zum echten Genuss.

Kräftige Aromen sind gefragt

Neben der Zubereitungsart sind es die verschiedenen Kräuter und Gewürze, die den Geschmack beeinflussen und Abwechslung in die Fleisch-, Wild- und Geflügelküche bringen.

MEDITERRAN ODER ASIATISCH, mild oder scharf, klassisch oder neu kombiniert? Es gibt unzählige Möglichkeiten für das Aromatisieren von Fleisch, Wild und Geflügel, da sie im Gegensatz zu Fisch auch intensive Aromen, Schärfe oder eine bittere Note vertragen. Die einfachste Möglichkeit, kurz gebratenes oder gegrilltes Rind-, Kalb- oder Schweinefleisch zu würzen, ist eine Kombination von frisch gemahlenem oder zerstoßenem Pfeffer und Salz. Der Eigengeschmack des Fleisches bleibt erhalten und wird ideal ergänzt. Dabei muss es jedoch nicht immer der schwarze Pfeffer sein, warum nicht einmal eine der anderen, einst mindestens ebenso beliebten Pfefferarten (S. 108) ausprobieren? Oder statt einfach zum Salzstreuer zu greifen, einmal eine Prise der milden, handgeschöpften Salzkristalle (S. 103) über das Steak verteilen – die Raffinesse liegt im Detail.

GEWÜRZE UND KRÄUTER FÜR FLEISCH

Wird dagegen eine ganze Lamm- oder Zickleinkeule im Ofen gebraten, bilden sich kräftige Röstaromen, die eine intensivere Würzung wünschenswert machen. Hierfür sind mediterrane Kräuter wie Thymian, Rosmarin und Lorbeer, häufig in Verbindung mit Knoblauch, wie geschaffen. Letzterer muss allerdings entsprechend dosiert werden – nicht zu wenig, aber auch nicht zu viel – sonst ergibt sich nach der langen Bratzeit eine süße Note, die nicht unbedingt erwünscht ist. Bleibt die Ofentemperatur niedrig (80 °C), lässt sich das milde Knoblaucharoma des Bärlauchs nutzen, bei stärkerer Hitze werden die Blätter jedoch dunkel und bitter. Salbei ergänzt den Geschmack von Kalbfleisch ideal – man denke nur an Saltimbocca –, aber auch Schweinefleisch oder Innereien wie Leber und Kutteln. Zartem Rind- oder Kalbsfilet verleihen getrocknete Kräuter und duftendes Heu ein besonderes Aroma. Beim Kochen von Fleisch spielen sowohl Kräuter (Petersilie, Selleriegrün, Liebstöckel, Lorbeerblätter, Thymian) als auch Gewürze (Pfefferkörner, Gewürznelken, Knoblauch) eine wichtige Rolle. Aber auch fernöstliche und exotische Aromen harmonieren gut mit Fleisch, beispielsweise Ingwer und Zitronengras, Kaffirlimettenblätter und Kardamom, Chilis, Sternanis und Szechuan-Pfeffer.

NELKEN UND ZIMT ZU WILD UND GEFLÜGEL

Schwere, aromatische Gewürze mit einer blumigen oder süßen Note gehen mit dunklem Wildfleisch immer eine gute Verbindung ein: Piment, Gewürznelken, Zimt und Muskat bieten sich hier an, ebenso der schärfende Pfeffer oder Paprikapulver. Von den Kräutern werden Rosmarin, Petersilie und Lorbeer, Thymian oder Majoran gern zum Aromatisieren von Wild und Wildpasteten verwendet. Das klassische Kraut für dunkles Geflügel wie Gans und Ente ist Beifuß, der auch einmal durch die verwandte Eberraute ersetzt werden kann. Helles Geflügel wie Hähnchen oder Pute verträgt dagegen Salbei oder zitronig frische Aromen gut: Zitronenverbene oder -thymian sind hier die Favoriten. Immer überzeugend, egal ob Hähnchen, Pute oder Ente, ist Geflügel aus dem Wok, wenn es mit der Schärfe von Ingwer, Chili und Knoblauch sowie den Aromen von Kreuzkümmel und Koriander in Verbindung gebracht wird.

Sparsam dosieren

Auch bittere Kräuter, die zugleich eine verdauungsfördernde Wirkung haben, wie etwa Wein- und Eberraute oder Wermut, eignen sich zum Aromatisieren von Fleisch (Lamm, Schwein). Es genügen jedoch oft schon ein paar Blättchen, sonst wird das Aroma zu stark.

NEUE IDEEN FÜR DIE FLEISCHKÜCHE

Neue Kreationen zeichnen sich meist durch spannende Würzkombinationen aus. So wird der Spanferkelrücken aus dem Ofen im folgenden Kapitel von einem Minzpesto begleitet, Lammhüfte mit einer Koriandermarinade verfeinert und ein Hähnchen beim Braten mit Lavendelsud übergossen. Rezepte und Anregungen für diese und viele weitere Köstlichkeiten finden Sie auf den folgenden Seiten.

Rinderfilet mit Eukalyptuscreme

ZUBEREITUNGSZEIT 30 Min.

FÜR DIE EUKALYPTUSCREME
- 300 g Sahne
- 100 ml Guavensaft (Asialaden, Ersatz: Birnensaft)
- 2 EL getrocknete Eukalyptusblätter (im Kräuter- oder Teeladen erhältlich)
- 500 g junger Löwenzahn (gelbe oder grüne Sorte)
- 1 rote Zwiebel
- 1 EL Öl
- 20 g Pinienkerne
- Salz, Zucker

FÜR DAS FLEISCH
- 4 Rinderfilets, je etwa 140 g, 2 EL Olivenöl
- 1 EL Oliven- oder Vanillesalz (Feinkosthandel, Ersatz: Fleur de Sel, mit 1 Msp. Vanillemark vermischt)
- 20 g Butter
- 2 Zweige Rosmarin
- 2 Knoblauchzehen, angedrückt
- 1 EL Schnittlauchröllchen
- Fleur de Sel

S. 31
WARENKUNDE Eukalyptusblätter

S. 151
KÜCHENPRAXIS Kräuterauszug

1. Für die Eukalyptuscreme Sahne und Guavensaft aufkochen und 5 Minuten köcheln lassen. Übergießen Sie die Eukalyptusblätter damit und lassen Sie die Mischung abkühlen. In der Zwischenzeit den Löwenzahn waschen, trocken schleudern und die Stängel grob zerkleinern.

2. Die Rinderfilets mit Küchenpapier trocken tupfen. Das Öl in einer ofenfesten Pfanne erhitzen, das Fleisch mit Olivensalz würzen und sofort auf jeder Seite 1 Minute im heißen Öl anbraten. Nehmen Sie die Pfanne vom Herd und garen Sie die Rinderfilets anschließend bei 200 °C im vorgeheizten Ofen in etwa 8 Minuten fertig. Herausnehmen, das Fleisch in Alufolie einschlagen und 5 Minuten ruhen lassen.

3. Inzwischen die Zwiebel schälen und fein würfeln. In einer Pfanne das Öl erhitzen und die Zwiebelwürfel und Pinienkerne darin kurz anbraten. Passieren Sie die Eukalyptussahne durch ein Sieb und löschen Sie die Zwiebel-Pinienkern-Mischung damit ab. Alles mit Salz und Zucker würzen und noch 2 Minuten bei geringer Hitze ziehen lassen. Den Löwenzahn zufügen und 2 Minuten in der Eukalyptussauce mitgaren.

4. Das Fleisch aus der Folie nehmen. Die Butter in einer Pfanne aufschäumen lassen und die Filets mit Rosmarin und Knoblauch 2 Minuten in der Würzbutter schwenken. Die Eukalyptuscreme mit dem Löwenzahn auf vorgewärmten Tellern verteilen, die Rinderfilets darauf anrichten und mit Schnittlauch und Fleur de Sel bestreut servieren.

Spezial-Würzsalze

Inzwischen sind im Handel eine ganze Reihe verschiedener Würzsalze erhältlich. Gut zum gebratenen Rinderfilet passt eine Mischung aus Meersalz und fein gemahlenen Oliven oder auch mit Vanille aromatisiertes Meersalz.

»Mit Schwarzem Tee und Chicorée«

Das frische Aroma getrockneter Eukalyptusblätter können Sie auch durch die etwas herbe Note von schwarzem Tee ersetzen. Dazu übergießen Sie 2 EL Tee mit der Guavensahne. Die Mischung dann aber nicht zu lange ziehen lassen – die Schwarzteesahne könnte sonst bitter werden und den Geschmack der anderen Zutaten überdecken. Das kann besonders leicht passieren, wenn das Rezept mit Fisch anstelle des Rinderfilets zubereitet wird.
Bei Fisch habe ich gute Erfahrungen mit Forelle oder Makrele gemacht, die ich auf der Haut schön kross anbrate und dann ebenfalls auf einem Löwenzahnbett serviere. Wenn ich auf dem Markt einmal keinen jungen Löwenzahn bekommen kann, gibt es noch andere Möglichkeiten. Manchmal weiche ich dann auf Romanasalat aus, in den Wintermonaten auch auf roten oder gelben Chicorée. Das Gericht wird dadurch saisonunabhängig und dem Geschmack geht nichts von den anregenden Gegensätzen aus bitter und süß verloren.

Bernd Arold

Kalbskoteletts in der Pfeffer-Salz-Kruste

ZUBEREITUNGSZEIT 45 Min.

FÜR DIE KOTELETTS
- 4 Koteletts vom Milchkalb, je etwa 200 g (beim Fleischer vorbestellen)
- 8–12 Scheiben Lardo di Colonnata (Ersatz: gewürzter Schweinerückenspeck)
- 800 g grobes Meersalz, 2 Eiweiße
- 60 g grob geschroteter Pfeffer (Sorte beliebig)
- 1 ½ EL gehackte Rosmarinnadeln

AUSSERDEM
- einige Zweige Thymian und Rosmarin für die Garnitur

S. 51
WARENKUNDE Rosmarin
S. 155
KÜCHENPRAXIS Gewürze zerkleinern

1. Die Kalbskoteletts mit den Speckscheiben umwickeln. Vermischen Sie das Meersalz mit den Eiweißen, dem Pfeffer sowie dem gehackten Rosmarin. Den Backofen auf 180 °C vorheizen.

2. Den Boden eines Backbleches mit Backpapier auslegen. Streichen Sie für jedes Kotelett ein entsprechend großes, etwa 1 cm dickes Salzbett auf. Dann die eingepackten Koteletts darauflegen und die Päckchen so mit der restlichen Salzmischung bedecken, dass jedes Kotelett ringsum von einer etwa 1 cm dicken Salzschicht umhüllt ist.

3. Garen Sie die Koteletts im Backofen 15 bis 20 Minuten. Die Temperatur auf 80 °C reduzieren und das Fleisch 10 Minuten ruhen lassen.

4. Richten Sie die Koteletts im Salzmantel auf Tellern an, ganieren Sie jedes mit ein paar Kräuterzweigen und servieren Sie das Fleisch in der Kruste. Die Salzkruste erst am Tisch mit einem Messerrücken aufschlagen. Als Beilage passt Mangold, Blattspinat oder auch eine Pepperonata gut.

Am Stück gebraten

Sie können die Koteletts auch am Stück in Salz packen. Dafür kaufen Sie 800 g Milchkalbskarree mit Knochen. Das Fleisch in Speck einschlagen, dabei die Knochen freilassen, und bei 180 °C im Ofen 35 bis 40 Minuten braten.

Kalbsfilet in Heu gedämpft

ZUBEREITUNGSZEIT 1 Std. 20 Min.

FÜR DAS FLEISCH
- 2 Kalbsfilets (Mittelstück), je 240 g
- Salz, frisch gemahlener Pfeffer
- 50 ml Erdnussöl

FÜR DIE HEU-KRÄUTER-MISCHUNG
- 60 g Heublumen (Apotheke, Drogerie)
- 1 TL Kümmel
- 1 TL gerebelter getrockneter Thymian
- 2 EL getrocknete Salbeiblätter
- 1 Handvoll Heu von einer Alp- oder Magerwiese

1. Würzen Sie die beiden Kalbsfiletstücke mit Salz und Pfeffer. In einer Pfanne das Erdnussöl erhitzen und die Filetstücke darin von allen Seiten goldbraun anbraten, dann aus der Pfanne nehmen.

2. Vermischen Sie alle Zutaten für die Heu-Kräuter-Mischung in einem Suppenteller. Die angebratenen Filets auflegen und in das Heu einpacken. Dann alles mit einem zweiten Suppenteller bedecken und das Fleisch etwa 1 Stunde in der Heu-Kräuter-Mischung ziehen lassen.

3. Den Backofen auf 220 °C vorheizen. Füllen Sie 15 Minuten vor dem Servieren heißes Wasser in einen flachen Topf mit Siebeinsatz bis zur Siebunterkante. Das Wasser kurz aufkochen lassen, den Einsatz einlegen und die beiden Suppenteller mit den Filets daraufstellen. Einen Deckel auflegen und die Kalbsfilets dann im Ofen 12 bis 14 Minuten dämpfen. Herausnehmen, das Heu entfernen, die beiden Filetstücke in Scheiben schneiden und servieren. Dazu schmeckt Leipziger Allerlei oder Gemüse der Saison.

S. 95
WARENKUNDE Kümmel

S. 260
REZEPTE Leipziger Allerlei

»Wiesenduft im Glas«

Meine Kräuter-Heu-Mischung, auf der man auch Fisch und anderes zartes Fleisch garen kann, riecht wie der Alpsommerduft, wenn mein Vater die ungedüngten Magerwiesen gemäht hat. Wenn nicht direkt von der Alp, nehmen Sie vom Bio-Bauern eine Tragetasche voll Heu mit, am besten von der ersten Mahd. Im Einmachglas schließt man den Geist der Alp wie ein Alchimist ein. Wenn man jedem Esser ein eigenes Glas serviert und es erst am Tisch öffnet, ist der Duft am intensivsten.
Bei dieser Variante fülle ich 4 Einmachgläser (1 l) zur Hälfte mit dem Heu. Das Fleisch schneide ich in 4 Portionen zu je 120 g, brate sie goldbraun an und setze sie auf das Heu, decke sie damit ab und verschließe die Gläser (mit Gummiringen). 15 Minuten vor dem Servieren stelle ich sie in einen, mit einem Tuch ausgelegten, großen, weiten Topf und fülle ihn zu einem Viertel mit heißem Wasser. Zugedeckt lasse ich dann alles 12 bis 14 Minuten leicht köcheln. Als Beilage zu dem auf Heu gegarten Kalbfleisch passen zum Beispiel frische Nudeln mit Rahm und Pilzen.

Oskar Marti

Spanferkelrücken aus dem Ofen mit Minzpesto und Selleriepüree

ZUBEREITUNGSZEIT 1 Std. 20 Min.

FÜR DAS FLEISCH
- 1 Spanferkelrücken ohne Knochen, 600–800 g
- Salz, frisch gemahlener Pfeffer, 2–3 EL Öl
- 1 EL Butter, Minzeblättchen für die Garnitur

FÜR DAS SELLERIEPÜREE
- 1 Schalotte, 2 Champignons
- 250 g Knollensellerie, 30 g Butter
- 100 ml Geflügelfond, 100 g Sahne
- Salz, Zitronensaft

FÜR DEN MINZPESTO
- 1 kleines Bund Minze, Blättchen abgezupft
- 1 EL Pinienkerne, geröstet
- 1 EL frisch geriebener Parmesan
- abgeriebene Schale von ½ unbehandelten Orange
- 1 Msp. fein zerstoßener Kümmel
- 1 Msp. fein gehackter Knoblauch
- Salz, frisch gemahlener Pfeffer
- 200 ml Traubenkernöl, neutrales Öl nach Bedarf

1. Füllen Sie einen Topf etwa 1 cm hoch mit Wasser und bringen Sie es zum Kochen. Das Fleisch mit der Schwarte nach unten einlegen und 30 bis 40 Sekunden im kochenden Wasser garen, dann herausnehmen. Die Schwarte nach Belieben mit einem scharfen Messer oder mit einer Rasierklinge fein einritzen, ohne das Fleisch dabei zu verletzen.

2. Für das Püree die Schalotte schälen, die Champignons putzen und beides fein würfeln. Den Sellerie schälen und ebenfalls in feine Würfel schneiden. Den Backofen auf 160 °C vorheizen. In einem ofenfesten Topf die Butter zerlassen und die Schalotten und Champignons darin kurz anschwitzen. Den Sellerie zufügen und kurz mit anschwitzen. Löschen Sie alles mit dem Fond ab und garen Sie das Gemüse zugedeckt im Ofen in 10 bis 15 Minuten weich.

3. Verarbeiten Sie inzwischen die Minze für den Pesto mit den Pinienkernen, dem Parmesan, der Orangenschale, den Gewürzen sowie dem Traubenkernöl im Mixer zu einer homogenen Paste. Zum Schluss noch so viel neutrales Öl unterrühren, bis der Minzpesto die gewünschte Konsistenz hat.

4. Den Spanferkelrücken ringsum mit Salz und Pfeffer würzen. Braten Sie das Fleisch mit der Schwarte nach unten in einer ofenfesten Pfanne bei schwacher Hitze mindestens 10 Minuten in Öl an, bis das Fett austritt und die Schwarte schön knusprig ist.

5. Das Gemüse aus dem Ofen nehmen. Den Spanferkelrücken mit dem Bratfett übergießen, wenden und im heißen Backofen etwa 15 Minuten braten. Stellen Sie inzwischen das Selleriepüree fertig. Dafür die Sahne zufügen, das Gemüse pürieren, mit Salz und Zitronensaft abschmecken und das Püree kurz warm halten.

6. Den Spanferkelrücken aus dem Ofen nehmen und 10 Minuten ruhen lassen, dann in aufgeschäumter Butter kurz nachbraten. Schneiden Sie den Rücken in Scheiben und richten Sie ihn mit dem Selleriepüree an. Alles mit dem Minzpesto und Minzeblättchen garniert servieren.

S. 40–43
WARENKUNDE Minze

S. 142
KÜCHENPRAXIS Pesto herstellen

Kräuter-Variationen

Statt Minze können Sie für den Pesto auch einmal junge Bärlauchblätter oder Koriandergrün vewenden, vor allem Letzteres passt ebenfalls ausgezeichnet zum herzhaften Spanferkel.

Lammhüfte mit Mojo de Cilantro

ZUBEREITUNGSZEIT 1 Std. 20 Min.
MARINIERZEIT 2–3 Std.

FÜR DIE MOJO
- ½ TL Kreuzkümmelsamen
- 3 Knoblauchzehen, ½ TL Meersalz
- 1 Bund Koriandergrün
- 100–120 ml leicht fruchtiges Olivenöl, etwa Dauro aus Mallorca oder Jordans aus Griechenland
- frisch gemahlener weißer Pfeffer
- 1–2 TL Zitronensaft

FÜR DAS LAMM
- 4 Lammhüften mit Fettdeckel, je 180 g, gut abgehangen, etwa vom Müritz-Lamm
- 6 EL Naturjoghurt, Meersalz

FÜR DIE PAPAS ARRUGADAS
- 500 g kleine festkochende Kartoffeln mit dünner Schale, etwa Grenaille oder die kleinen Sorten der Kanaren wie Papa Negra oder Bonita
- 2 EL Fleur de Sel

S. 33
WARENKUNDE Koriander

S. 154
KÜCHENPRAXIS Gewürze rösten

1. Für die Mojo den Kreuzkümmel ohne Fett bei mittlerer Hitze 1 bis 2 Minuten rösten. Die Knoblauchzehen abziehen und grob würfeln. Zermahlen Sie den Kreuzkümmel mit Knoblauch und Meersalz im Mörser oder Mixer zu einer feinen Paste. Das Koriandergrün waschen, trocken schütteln, die Blättchen abzupfen und fein schneiden. Koriandergrün zufügen und im Mörser fein zerreiben. Dann nach und nach das zimmerwarme Öl unterrühren und die Mojo mit Pfeffer und Zitronensaft abschmecken.

2. Die Lammhüften parieren, den Fettdeckel am Fleisch belassen und kreuzweise einschneiden. Bestreichen Sie das Fleisch mit je 1 EL Mojo und 1 ½ EL Joghurt und lassen Sie es 2 bis 3 Stunden marinieren.

3. Die Kartoffeln gut waschen, ungeschält in einen Topf geben und knapp mit kaltem Wasser bedecken. Das Fleur de Sel zugeben und die Kartoffeln bei mittlerer Hitze in etwa 20 Minuten gar kochen. Abgießen, den Topf zurück auf den Herd stellen, die Hitzequelle ausschalten und die Kartoffeln ausdampfen lassen. Rütteln Sie dabei öfter am Topf, bis sich auf der Schale der Kartoffeln eine Salzkruste bildet.

4. Den Grill anheizen und den Backofen auf 70 °C vorheizen. Die Marinade entfernen, das Fleisch abtupfen, mit Meersalz würzen und in 15 bis 20 Minuten auf dem Grill bei indirekter Hitze rosa grillen. Die Kerntemperatur sollte 56 °C betragen. Lassen Sie das Fleisch dann noch 5 bis 10 Minuten im Ofen ruhen.

5. Schneiden Sie die Lammhüften jeweils in dünne Scheiben. Das Lamm mit der Mojo de Cilantro und den Kartoffeln anrichten und servieren. Dazu passen gegrilltes oder in einer Papillote gebackenes Gemüse und geschmorte kleine Artischocken.

Zickleinkeule mit Bärlauch aus dem Ofen

ZUBEREITUNGSZEIT 2 Std.

FÜR DAS ZICKLEIN
- 2 Milchzickleinkeulen mit Knochen, je 600 g
- Salz, frisch gemahlener Pfeffer, 80 g Möhren
- 80 g Knollensellerie, 240 g Zwiebeln
- 2–3 EL Öl, 300 ml brauner Kalbsfond
- 6 Blätter Bärlauch, gewaschen, trocken getupft und in feine Streifen geschnitten
- 70 ml Weißwein, 40 g Butter

AUSSERDEM
- einige Blätter Bärlauch zum Garnieren

S. 19
WARENKUNDE Bärlauch

S. 139
KÜCHENPRAXIS Kräuter schneiden

1. Von den Keulen jeweils den Beckenknochen auslösen, Oberschenkel- und Haxenknochen verbleiben im Fleisch. Die Keulen parieren, salzen und pfeffern. Das Gemüse schälen und etwa in 1 cm große Würfel schneiden.

2. Den Backofen auf 80 °C (Umluft) vorheizen. Die Keulen in einem Bräter auf dem Herd in Öl anbraten. Knochen und Parüren kurz mitbraten, das Röstgemüse zufügen und alles kurz weiterbraten. Anschließend die Keulen im Backofen etwa 1 Stunde garen, dabei ständig mit Bratensaft und etwas Kalbsfond übergießen. Messen Sie regelmäßig die Kerntemperatur: Hat sie 45 °C erreicht, die Hälfte des Bärlauchs zufügen. Nach etwa 1 Stunde sollte die Kerntemperatur an der dicksten Stelle 55 °C betragen. Die Keulen herausnehmen und 10 Minuten warm ruhen lassen.

3. Den Bräter auf den Herd stellen und den Wein, den übrigen Kalbsfond, den restlichen Bärlauch sowie die Butter unterrühren. Lassen Sie alles noch etwa 5 Minuten köcheln. Die Sauce passieren und abschmecken.

4. Die Keulen tranchieren. Richten Sie das Fleisch mit der Sauce, Bärlauchblättern und nach Belieben mit Gemüse der Saison an. Dazu passen grüne Bohnen, in Butter und Weißwein sautierte Pfifferlinge oder mit Honig glasierte Zuckerschoten. Die restliche Sauce separat dazu reichen.

Harmonie, Kontrast und Akzent: ein Plädoyer für pointiertes Würzen

Das Ereignis liegt schon ein paar Jahre zurück. Um genau zu sein, es war 1992 bei einem Kochwettbewerb, den eine große deutsche Zeitung ausgeschrieben hatte. Da standen wir also mit den Taschen voller Proviant, den wir unter den Augen einer mit allen Wassern gewaschenen Profi-Jury in ein Menü verwandeln wollten. Wir hatten uns ein paar Pointen mit Safran, Orangenschale und Kardamom zurechtgelegt, die wir nun, eine nach der anderen, penibel vorbereiteten und zündeten. Den Safran rührten wir nach dem Grundsatz – nicht kleckern, klotzen! – unter einen Fischfond, reduzierten und reduzierten bis nur noch eine puddingsteife Glace übrig war, und gossen das überwältigend duftende Gel auf die Teller, um einige Scheiben einer in Spinatblättern kunstvoll pochierten Hechtfarce darauf zu platzieren. Wir fanden, es sah grandios aus. Die frische Orangenschale schnitten wir in denkbar feinste Fäden, in Monofilamente, wie sie sonst nur Fabriken für technische Fasern aus ihren Spinndüsen für die Produktion von Nylon-Strümpfen zu pressen in der Lage sind. Diese hauchdünne Angelegenheit nutzten wir, um einem Stapel blanchierter und anschließend in Butter gegarter Wirsingblätter, die wir dem Farbverlauf von hellgelb nach dunkelgrün folgend, übereinanderschichteten, den entscheidenden Pepp zu geben. Dieses vegetabile Sonderkommando flankierte einen in der Persillade gegarten Lammrücken nebst allerliebsten Serviettenknödelchen. Wir fanden, das war der absolute Hammer.

Für den Apfelstrudel griffen wir zu Kardamom, öffneten ein gehöriges Quantum der grünlichen Kapseln, um die harzig-schwarzen Kerne freizulegen, die wir sogleich im Mörser zerstäubten und sie unter die mit Eigelb abgezogene Milch-Sahne-Mischung zu rühren. Darauf die Tranchen des Strudels und ein Wölkchen Puderzucker obendrauf. Wir fanden, das war ein furioses Finale.

Doch wie wir bei der Würdigung unserer Leistung zu hören bekamen, wichen unsere Vorstellungen vom richtigen Würzen um Lichtjahre von denen der Jury ab, die sich für den – wie wir fanden – spannungslosen, doch technisch und ästhetisch fehlerfreien Beitrag eines anderen Teilnehmers erwärmte und ihm den Lorbeerkranz aufsetzte.

Bei diesem Kochwettbewerb begegneten sich, das wissen wir heute, zwei völlig unterschiedliche Welten. Zum einen die auf sanfte, subtile Effekte spezialisierte Fraktion des professionellen Establishments: In der Jury saßen namhafte Zelebritäten der deutschen Koch- und Gourmetszene. Die würden ihr zahlendes Publikum natürlich niemals so provozieren, wie wir – sonst hätten sie ja bald keines mehr. Zum anderen die Welt außerhalb der Restaurants und Gasthäuser, die kümmert sich einen feuchten Kehricht um solche Hintergedanken und ist daher naturgemäß frei vom Sachzwang. Deshalb kochen Amateure anders als Profis, gehen mutiger und unbefangener ans Werk. Selbst in der Pizzeria ist ja der obligatorische Oregano inzwischen von den Teigscheiben verschwunden. Und auch in der Spitzengastronomie hat sich der Fluch der Anämie wie Mehltau aufs Gewürzregal gelegt. Mit dem Argument: »Das Produkt ist der Star. Wir wollen seinen Eigengeschmack in den Vordergrund stellen«, weichen viele Chefs dem Thema Würzen aus.

Die Würzphilosophie der Chinesen beruft sich auf Konfuzius: Harmonie ist nur Harmonie, wenn sie Kontrast und Akzent aufweist.

SPECIAL EFFECTS

Sind die Gewürze im Zeitalter von aromatisiertem Mineralwasser, Rohfischfetischismus, Induktion und Molekularküche aus der Mode gekommen? Gewinnt der technische Ansatz bei Zubereitung und Darbietung immer mehr an Bedeutung? Die Oliven-Aufpuster und Fischbonbon-Artisten werkeln mit wachsender Begeisterung an den Aggregatzuständen ihrer Zutaten herum und erinnern mit ihren Gimmicks eher an Varieté-Illusionisten als an Köche, die Nahrungsmittel in sinnvolle Geschmackszusammenhänge einbetten. Das Gewürz wird hier durch den Effekt und eine gepfefferte Portion Sensationalismus ersetzt.

Zu Hause ist das anders. Da darf der Amateur schalten und walten wie er will. Natürlich gibt es auch hier Regeln, nennen wir sie Leitplanken rechts und links vom Herd, die kulinarische Geisterfahrerei verhindern sollen. Die Ideallinie des pointierten Würzens lässt sich zum Glück nicht aufs Gramm genau determinieren, sonst wäre das Kochen ja berechenbar und damit seiner wichtigsten Attitude beraubt, der Einzigartigkeit. Ein Huhn ist ein Huhn. Aber was wird daraus, wenn man es zerlegt, in Butter anbrät und mit Knoblauch, Essig und Estragon schmort? Auf keinen Fall etwas für die Atmosphäre eines Gourmet-Tempels, in dem die Kritiker jedes Blatt Basilikum mustern, als stamme es vom Baum der Erkenntnis, sondern ein deftiges Essen, das umso länger in Erinnerung bleibt, je gekonnter sich der Koch oder die Köchin an die ideale Intensität herangetastet hat. Mehr Essig! Mehr Estragon!! Mehr Knoblauch!!!

Ein Gemüsegratin nimmt in Abhängigkeit der ihm zugedachten Gewürze eine völlig neue aromatische Gestalt an. Ein paar Nadeln Rosmarin oder Thymian in Tateinheit mit Olivenöl und Knoblauch zwischen Kartoffelscheiben, Fenchel und Tomaten. Das ist, was wir sinnvolle Geschmackszusammenhänge nennen – Kombinationen, die einander ergänzen und genau dort ihre Grenzen finden, wo sie die Freiheit und Entfaltungsfähigkeit anderer Ingredienzien beeinträchtigen. Oder Fenchel raus und Bohnen rein, dann aber anstelle von Rosmarin oder Thymian nur frisch gezupftes Bohnenkraut, das in unserer Küchenzivilisation merkwürdigerweise immer mit den Bohnen gekocht wird. Viel sinnvoller ist es, die fertigen Bohnen in heißer Butter und Bohnenkrautblättchen anzuschwenken. Dann schmeckt man es auch.

Auf keinen Fall aber sollte man eine andere, wichtige Dimension des Würzens vergessen. All die schönen Scharfmacher, die zwar selbst nur wenig Aromatik ans Essen bringen, sondern ein Mund-, Lippen-, Rachengefühl auslösen, einen taktil empfundenen Reiz, der eine Sensibilisierung unseres sensorischen Apparates nach sich zieht. Prächtiger Feuerzauber durch Cayenne, Chili, Peperoni & Co. Mal nur sanft angedeutet, mal ein brennendes Inferno. Das Gute daran: Schärfe konkurriert nicht mit anderen Gewürzen, sondern lässt ihnen jede Menge Platz zur Selbstverwirklichung.

Schon die alten Chinesen haben das Würzen mit einer Philosophie geadelt, die sich an den Begriffen Harmonie, Akzent und Kontrast orientiert. Mit ihnen lassen sich sämtliche Wirkungen beschreiben, die eine Speise auf der Zunge, am Gaumen und in der Nase entfalten kann.

In der Theorie muss man sich das Ganze wie ein Dreieck vorstellen. Im Prinzip lässt sich jede Speise mit diesem Modell auf ihre innere Spannung hin analysieren. Ein klassisches Beispiel: Munsterkäse, Honig und Kümmel. Aus dem scharfen, säuerlichen Käse und dem süßen Honig ergibt sich Kontrast. Der Kümmel liefert den Akzent. Die Widersprüche treffen aufeinander und lösen sich in Wohlgefallen auf – Harmonie entsteht. Im Idealfall prägt sie sich uns als unvergessliches Erlebnis ein. So sehr, dass wir uns ein Leben lang daran erinnern.

Fabian und Cornelius Lange

Kalbsniere mit Wacholder und Gin

ZUBEREITUNGSZEIT 1 Std. 45 Min.

FÜR DIE NIERE
- 2 Kalbsnieren mit Fett (Ersatz: Kalbsnieren ohne Fett)
- 1 Schalotte und 1 Knoblauchzehe, beides geschält und fein gewürfelt
- 30 g Butter
- 100 g junger Blattspinat, geputzt
- Salz, frisch gemahlener Pfeffer
- frisch geriebene Muskatnuss
- 4 Wacholderbeeren, fein gehackt
- 20 g kleine Toastbrotwürfel
- 1 EL Öl, 1 Zweig Rosmarin

FÜR DIE SAUCE
- 20 g Butter, 20 g Schalottenwürfel
- 4 cl Gin, 60 ml Weißwein
- ⅛ l Rinderbrühe, 2 EL Kalbsjus
- 1 EL Crème fraîche
- 1 EL geschlagene Sahne
- Salz, Pfeffer, Zitronensaft

S. 120
WARENKUNDE Wacholder
S. 155
WARENKUNDE Gewürze zerkleinern

1. Trennen Sie das Nierenfett bis auf eine 5 mm dicke Schicht ab. Die Nieren aufschneiden, das innen liegende Fett und die Röhren entfernen. Die Schalotte in 10 g Butter hell anschwitzen, dann den Spinat zufügen und mit Salz, Pfeffer, Muskat, Knoblauch und Wacholder würzen. Alles kurz dünsten, auf Eis abkühlen lassen und gut ausdrücken.

2. Die Brotwürfel in 10 g Butter goldgelb rösten, unter den Spinat mengen und die Nieren damit füllen. Den Backofen auf 200 °C vorheizen. Binden Sie die Nieren mit Küchengarn zusammen. Salzen, pfeffern und die Nieren in einer ofenfesten Pfanne in Öl ringsum kräftig anbraten. Übrige Butter und Rosmarin zufügen und die Nieren im Ofen noch etwa 20 Minuten braten, herausnehmen und bei 70 °C im Ofen warm halten.

3. Für die Sauce das Nierenbratfett abgießen, 10 g Butter zufügen und die Schalottenwürfel darin hellbraun braten, dann mit Gin und Weißwein ablöschen. Rinderbrühe und Kalbsjus angießen, auf die Hälfte reduzieren, die Crème fraîche unterrühren und alles mit dem Pürierstab aufmixen. Heben Sie die geschlagene Sahne unter und schmecken Sie die Sauce mit Salz, Pfeffer und Zitronensaft ab. Die Nieren in der übrigen Butter erhitzen, in Scheiben schneiden und mit der Sauce anrichten.

Leberknödel-Kartoffel-Torte mit Ysop

ZUBEREITUNGSZEIT 1 Std. 25 Min.
FÜR 4–6 PORTIONEN

FÜR DIE LEBERKNÖDELMASSE
- 80 g Zwiebeln, geschält
- 70 g geräucherter Bauchspeck, fein gewürfelt
- 80 g Kalbsleber, pariert und grob gewürfelt
- 80 g Kalbfleisch, grob gewürfelt
- 80 g Semmelbrösel, 2 Eier
- 4 EL fein geschnittene Petersilie
- Salz, frisch gemahlener Pfeffer
- frisch geriebene Muskatnuss
- 10 Stängel Ysop, gewaschen, trocken getupft, die Blättchen abgezupft und fein geschnitten

AUSSERDEM
- 6 große festkochende Kartoffeln
- 1 ofenfeste Pfanne ohne Stiel, 30 cm Ø
- 2 EL Butterschmalz

S. 64
WARENKUNDE Ysop

S. 139
KÜCHENPRAXIS Kräuter schneiden

1. Die Zwiebeln sehr fein würfeln. Den Speck auslassen, die Zwiebeln darin hell anschwitzen und auskühlen lassen. Drehen Sie die Leber- und Fleischwürfel durch die mittlere Scheibe des Fleischwolfs. Die Masse mit Bröseln, Eiern, Zwiebeln und Speck vermengen. Die Petersilie unterrühren, alles mit Salz, Pfeffer und Muskat würzen und die Masse 10 Minuten quellen lassen. Den Ysop untermischen und die Leberknödelmasse abschmecken.

2. Die Kartoffeln schälen und in sehr dünne Scheiben hobeln. Streichen Sie die Pfanne mit etwas Butterschmalz aus und legen Sie eine Schicht Kartoffeln leicht überlappend ein, die Scheiben sollen etwas über den Rand hinausstehen. Die Leberknödelmasse gleichmäßig auf den Kartoffeln verteilen, mit einem nassen Löffel glatt streichen und mit Kartoffelscheiben belegen. Überstehende Kartoffeln vom Rand nach unten einschlagen und die Oberfläche mit Butterschmalz bepinseln.

3. Den Backofen auf 170 °C (Umluft) vorheizen. Die Torte auf dem Herd bei mittlerer Temperatur langsam 4 bis 7 Minuten braten, dabei wiederholt etwas an der Pfanne rütteln, damit sich die Kartoffeln vom Boden lösen und mit einem Pinsel etwas Butterschmalz am Pfannenrand zugeben. Sobald die Kartoffeln leicht gebräunt sind, die Torte im Backofen 15 bis 20 Minuten backen. Herausnehmen und die Torte 5 Minuten ruhen lassen.

4. Stürzen Sie die Torte auf eine Platte. Die Leberknödel-Kartoffel-Torte in Stücke schneiden und servieren. Dazu passt sautierter Spitzkohl mit Kirschen oder Birnen (S. 251).

Gut vorzubereiten

Wenn Gäste kommen, können Sie die Leberknödel-Kartoffel-Torte gut im Voraus backen und in Stücke schneiden. Vor dem Servieren dann einfach die Tortenstücke bei 80 °C im Ofen erwärmen.

Kaninchenkeulen mit Piment

ZUBEREITUNGSZEIT 1 Std. 35 Min.
EINWEICHZEIT 12 Std.

FÜR DIE FRÜCHTE
- 120 g Dörrobst (zu gleichen Teilen Aprikosen, Backpflaumen, Äpfel, Birnen, Sultaninen)
- 5 g Ingwer, in Sirup eingelegt (Asialaden)
- 200 ml frisch gepresster Orangensaft
- 20 g Zucker

FÜR DIE KANINCHENKEULEN
- 4 küchenfertige Kaninchenkeulen, Salz
- frisch gemahlener Pfeffer, etwas Mehl, 2 EL Öl
- 40 g Räucherspeck mit Schwarte, in 1 cm große Würfel geschnitten
- 40 g Möhre, 40 g Knollensellerie und 120 g Zwiebeln, alles geschält und 1 cm groß gewürfelt
- 25 g Tomatenmark, 150 ml trockener Riesling
- 400 ml Geflügelfond, ½ Lorbeerblatt
- 2 Knoblauchzehen, angedrückt
- 10–12 Pimentkörner, grob zerstoßen

AUSSERDEM
- 100 g Sahne, 1 TL Dijon-Senf
- Cognac, Petersilie zum Garnieren

S. 109
WARENKUNDE Piment
S. 155
KÜCHENPRAXIS Mörsern

1. Schneiden Sie am Vortag das Dörrobst in grobe, den Ingwer in feine Würfel. Die Sultaninen ganz lassen. Alles in einen Topf geben, Orangensaft und Zucker zufügen, aufkochen und auskühlen lassen.

2. Kaninchenkeulen salzen, pfeffern und in Mehl wenden, dann in einem Bräter in Öl ringsum anbraten und herausnehmen. Rösten Sie die Speck-, Möhren- und Selleriewürfel im verbliebenen Öl leicht braun an. Zwiebeln zufügen und bräunen. Das Tomatenmark unterrühren und 2 Minuten mitrösten. Alles mit Weißwein ablöschen und mit dem Fond auffüllen, dann Lorbeer und Knoblauch zufügen.

3. Den Backofen auf 180 °C vorheizen. Den Fond mit Piment würzen, erhitzen und die Kaninchenkeulen einlegen. Lassen Sie alles zugedeckt im Ofen 45 Minuten schmoren, dabei die Keulen öfter wenden.

4. Wenn das Fleisch weich ist, die Keulen herausnehmen und warm stellen. Den Fond passieren, die Sahne, das abgetropfte Dörrobst sowie den Senf zufügen. Reduzieren Sie die Flüssigkeit rasch auf die gewünschte Konsistenz. Die Sauce mit Cognac abschmecken. Die Keulen auf vorgewärmten Tellern anrichten, mit der Sauce umgießen und mit Petersilie garnieren. Dazu passen grüne Bandnudeln.

Stubenküken mit Zitronenverbene

ZUBEREITUNGSZEIT 2 Std.

FÜR DIE STUBENKÜKEN

- 4 küchenfertige Stubenküken, je 400–450 g
- Fleur de Sel, Piment d'Espelette (Ersatz: ein anderes Chilipulver)
- 12 junge Knoblauchzehen, zerdrückt
- 4 Stängel Zitronenverbene (Ersatz: 20 g getrocknete Zitronenverbene)
- 4–8 Zweige Zitronenthymian
- 2 Kaffirlimettenblätter, halbiert
- 1 Limette, in 6 Spalten geschnitten
- Salz, Pfeffer, Zitronenverbene zum Garnieren

FÜR DIE ZITRONENBUTTER

- je 1 Stängel Zitronenverbene, Basilikum, glatte Petersilie, Kerbel und Estragon
- 120 g weiche Butter
- abgeriebene Schale von 2 unbehandelten Zitronen
- ein paar Tropfen Zitronensaft
- Fleur de Sel, Piment d'Espelette (Ersatz: ein anderes Chilipulver)
- ½ l Geflügelfond

S. 65
WARENKUNDE Zitronenverbene

S. 139
KÜCHENPRAXIS Kräuter schneiden

1. Die Stubenküken waschen und trocken tupfen. Lösen Sie die Brusthaut vom Hals aus vorsichtig vom Fleisch. Die Stubenküken von innen und außen kräftig mit Fleur de Sel und Piment d'Espelette würzen. Das Geflügel mit Knoblauch, Kräutern und je einer Limettenspalte füllen.

2. Für die Zitronenbutter die Kräuterblättchen von den Stängeln zupfen und fein schneiden. Vermischen Sie die Kräuter in einer Schüssel mit der Butter, der Zironenschale und dem -saft und schmecken Sie alles mit Fleur de Sel und Piment d'Espelette ab. Die Zitronenbutter dann vorsichtig unter die Haut der Brust und Keulen schieben.

3. Den Backofen auf 200 °C vorheizen. Die Stubenküken auf den Rost legen und auf der mittleren Schiene in den Ofen schieben. Füllen Sie ein tiefes Blech mit dem Geflügelfond und den übrigen Limettenspalten und schieben Sie es unter den Rost. Die Stubenküken 30 bis 40 Minuten braten, dabei wiederholt mit dem Fond übergießen. Den Fond dann durch ein Spitzsieb passieren, nach Belieben etwas einkochen und die Sauce mit Salz und Pfeffer abschmecken.

4. Die Stubenküken herausnehmen, tranchieren, auf vorgewärmten Tellern anrichten, mit der Sauce umgießen, mit Zitronenverbene garnieren und servieren.

Schön knusprig

Nicht jeder Ofen ist gleich, daher kann die Garzeit variieren. Ist das Geflügel nach 40 Minuten noch nicht gar, noch ein paar Minuten zugeben. Und wenn Sie die Stubenküken zudem wenige Minuten auf höchster Grillstufe nachbräunen, wird die Haut schön knusprig. Als Beilage schmeckt eine Polenta mit gerösteten Pinienkernen und Pecorino.

Lavendelhuhn aus dem Ofen

ZUBEREITUNGSZEIT 1 Std.

FÜR DAS HÄHNCHEN
- 1 küchenfertiges Freilandhähnchen, etwa 1,4 kg
- Salz, frisch gemahlener Pfeffer
- 4 EL Olivenöl

FÜR DEN LAVENDELSUD
- 4 Schalotten, 1 mittelgroße Möhre
- ¼ Knollensellerie
- 1 festkochende Kartoffel, ¼ Stange Lauch
- 1 l Geflügelconsommé oder Geflügelfond
- 5–6 Stängel frischer Lavendel, zu einem Sträußchen gebunden
- 50 g Butter

S. 34
WARENKUNDE Lavendel

S. 148
KÜCHENPRAXIS Kräutersträußchen

1. Das Hähnchen mit Küchenpapier gut abtupfen, dann innen und außen mit Salz und Pfeffer würzen. Erhitzen Sie in einer Pfanne 2 EL Olivenöl und braten Sie das Hähnchen darin ringsum hellbraun an. Herausnehmen, abtupfen und das Hähnchen auf einer Keulenseite in einen Bräter legen.

2. Für den Lavendelsud die Schalotten, die Möhre, den Sellerie und die Kartoffel schälen. Den Lauch halbieren und sorgfältig waschen. Schneiden Sie die Möhre, den Sellerie und die Kartoffel erst in Scheiben, dann in 3 x 2 cm große Rauten. Den Lauch ebenfalls in 3 x 2 cm große Rauten schneiden. Die Consommé erhitzen und die Schalotten, die Möhren-, Sellerie- und Kartoffelrauten sowie das Lavendelsträußchen zugeben.

3. Den Backofen auf 160 bis 180 °C vorheizen. Beträufeln Sie das Hähnchen mit dem übrigen Öl und braten Sie es anschließend im Backofen zunächst auf einer Keulenseite, dabei von Zeit zu Zeit mit dem Lavendelsud übergießen.

4. Wenden Sie das Hähnchen nach 15 Minuten und braten Sie es dann auf der anderen Keulenseite unter mehrfachem Übergießen mit Lavendelsud noch etwa 15 Minuten. Anschließend den Lauch zufügen und das Hähnchen mit der Brustseite nach oben in weiteren 15 Minuten fertig braten.

5. Das Hähnchen herausnehmen und warm stellen. Das Gemüse mit einem Schaumlöffel herausheben. Den Lavendelfond durch ein feines Sieb passieren, etwa 400 ml abmessen und in einer Kasserolle auf ein Drittel reduzieren. Rühren Sie die Butter unter und mixen Sie die Sauce dann mit dem Pürierstab schaumig auf. Von dem Hähnchen die Brustfilets und Keulen auslösen, in Scheiben schneiden und zusammen mit dem Gemüse auf vorgewärmten Tellern anrichten. Alles mit der Sauce umgießen und das Hähnchen sofort servieren.

Sparsam verwenden

Da Lavendel ein sehr intensives Aroma hat, sollte man ihn vorsichtig dosieren, sonst kann er leicht dominieren und einen seifigen Geschmack hervorrufen.

Geschmorte Bauernente mit Beifuß

ZUBEREITUNGSZEIT 2–3 Std.

FÜR DIE ENTE
- 1 küchenfertige Ente, etwa 1 ½ kg
- ½ unbehandelte Orange
- ½ Apfel, ½ weiße Zwiebel
- Salz, frisch gemahlener Pfeffer
- 3–4 Blätter getrockneter Beifuß
- ½ EL Tomatenmark
- 100 ml Weißwein
- ½ l Geflügeljus oder -fond
- nach Belieben etwas Pfeilwurzmehl oder Speisestärke
- 1 Sträußchen getrockneter Beifuß

FÜR DEN KIRSCH-SPITZKOHL
- 1 mittelgroßer Kopf Spitzkohl, ohne Strunk, geviertelt
- 1 Schalotte, geschält
- 20 Sauerkirschen (frisch oder aus dem Glas), entsteint
- 150 g Butter, Salz, Pfeffer, Zucker
- 50 ml Kirsch- oder Himbeeressig

S. 24
WARENKUNDE Beifuß

1. Die Entenflügel im Unterarmgelenk abtrennen und mit dem Hals in einen Bräter legen. Orange, Apfel und Zwiebel schälen und grob würfeln. Die Ente innen und außen kräftig salzen, pfeffern, mit der Hälfte der Obst- und Zwiebelwürfel und den Beifußblättern füllen. Binden Sie die Ente mit Küchengarn in Form: Zuerst das Garn um die Unterschenkel binden, dann links und rechts über die Oberschenkel nach hinten führen, die Ente auf die Brust drehen, das Garn unter den Flügeln durchziehen und verknoten.

2. Den Backofen auf 180 °C vorheizen. Die Ente auf einer Keulenseite in den Bräter legen, mit etwas Wasser übergießen und im Backofen 1 Stunde braten, dabei alle 10 bis 15 Minuten mit Wasser übergießen. Die Ente dann auf der anderen Keulenseite 1 Stunde braten, dabei erneut mit Wasser übergießen. Achten Sie darauf, dass das Wasser immer 2 bis 3 cm hoch im Bräter steht. Die Ente drehen und mit der Brust nach oben noch etwa 30 Minuten weiterbraten, bis sie schön gebräunt ist. Herausnehmen, die Ente vom Garn befreien und warm halten, den Fond anderweitig verwenden.

3. Den Bräter auf den Herd stellen, Hals und Flügel lösen. Rösten Sie die restlichen Obst- und Zwiebelwürfel kurz mit an. Dann das Tomatenmark zufügen, alles mit dem Weißwein ablöschen, diesen reduzieren, dann die Geflügeljus angießen und die Sauce 15 Minuten köcheln lassen.

4. Inzwischen den Kohl in feine Streifen schneiden. Die Schalotte fein würfeln. Schalotte und Kirschen in aufgeschäumter Butter kurz anschwitzen, dann den Kohl zufügen. Würzen Sie alles mit Salz, Pfeffer und etwas Zucker. Spitzkohl mit Essig ablöschen und bei schwacher Hitze knackig garen. Die Sauce passieren und mit Pfeilwurzmehl leicht binden. Den Kohl mit etwas Sauce auf einer vorgewärmten Platte anrichten, die Ente in die Mitte setzen, Beifuß in die Bauchhöhle stecken, anzünden und sofort servieren.

Fasanenbrust mit weißem Speck und jungem Lorbeer

S. 35
WARENKUNDE Lorbeer

S. 148
KÜCHENPRAXIS Mit Kräutern spicken

ZUBEREITUNGSZEIT 1 Std. 45 Min.

FÜR DIE FASANE

- 2 küchenfertige junge Fasane, je 800–900 g
- 8–12 junge, frische Lorbeerblätter
- 100 g Lardo di Colonnata oder anderer weißer Speck, in 4 mm dicke Scheiben geschnitten
- 2 Hühnerlebern, 2 Hühnerherzen
- 1 Bund Kerbel, 1 Bund glatte Petersilie
- 2 EL Butter, 4 cl Cognac, Salz, 4 EL Öl

FÜR DIE SCHWARZWURZELN

- 16 kleinere Schwarzwurzeln
- 2 EL Zitronensaft, 1 EL Essig, 40–50 g Butter
- 2 EL Barolo-Essig oder ein anderer roter Weinessig

1. Die Fasane nach Bedarf abspülen, trocken tupfen, dann jeweils Keulen, Flügel und die Rückenkarkasse abtrennen. Die Keulen entbeinen und die Sehnen entfernen. Die Unterkeulen abtrennen und wie die Flügel und Rückenkarkassen anderweitig verwenden, etwa als Basis für einen aromatischen Fond. Die Lorbeerblätter waschen und trocken tupfen. Den Speck vorbereiten, wie rechts in Step 1 gezeigt.

2. Die Fasanenbrüste spicken, wie in Step 2 und 3 gezeigt. Entfernen Sie von den Hühnerlebern und -herzen alle Häute und Sehnen. Anschließend die Innereien und den restlichen Speck klein würfeln. Die Kräuter waschen, trocken schütteln und die Blättchen fein schneiden.

3. Braten Sie Innereien und Speck in 1 EL Butter kurz an. Alles mit dem Cognac ablöschen und 5 Minuten weiterköcheln. Die Kräuter unterrühren und das Ragout salzen.

4. Den Backofen auf 180 °C vorheizen. Die Keulen leicht plattieren, mit Ragout bestreichen, aufrollen und mit Küchengarn fixieren. In einer ofenfesten Pfanne 2 EL Öl erhitzen, die Rouladen darin ringsum anbraten und im Backofen in etwa 30 Minuten fertig garen. Braten Sie die Brüste in einer zweiten ofenfesten Pfanne im übrigen Öl von beiden Seiten an. Die restliche Butter zufügen und die Brüste in etwa 10 Minuten im Ofen fertig garen.

5. Die Schwarzwurzeln schälen, dabei Handschuhe tragen (!), in 12 cm lange dünne Stifte schneiden und in kaltes Zitronen-Essig-Wasser legen. Braten Sie die abgetropften Schwarzwurzeln in aufgeschäumter Butter 2 Minuten an. Mit Barolo-Essig ablöschen und das Gemüse noch 10 bis 15 Minuten bei schwacher Hitze köcheln lassen. Die Fasanenbrüste aus dem Ofen nehmen und die Brustfilets auslösen. Die Schwarzwurzeln auf Tellern anrichten, je ein Brustfilet und eine gefüllte Keule darauf anrichten. Alles mit Lorbeer garniert servieren.

FASANENBRUST

mit Lorbeer und Speck spicken

(1) Den Speck in 4 mm breite und 12 cm lange Streifen schneiden, auf ein Blech legen und 15 Minuten tiefkühlen.

(2) Die Brustfilets mit Hilfe einer Spicknadel mehrmals durchstechen und jeweils zwei Speckstreifen längs einziehen.

(3) Jeweils ein Lorbeerblatt unter die freiliegenden Speckabschnitte stecken, das sind 2 bis 3 Blätter pro Speckstreifen.

Wildhase, geschmort mit Zimt und Schokolade

ZUBEREITUNGSZEIT 1 Std. 50 Min.

FÜR DIE HASENSCHULTERN
- 8 Wildhasenschultern, pariert
- Salz, frisch gemahlener Pfeffer
- 2 EL Öl zum Braten
- 40 g durchwachsener Räucherspeck
- 60 g Möhre, 240 g Zwiebeln
- 40 g Staudensellerie, 30 g Butter
- 30 g Tomatenmark
- 400 ml kräftiger Rotwein
- ½ l dunkler Wildfond (Ersatz: dunkler Rinderfond)
- 4 Knoblauchzehen, abgezogen
- 2 Zweige Thymian
- ½ Lorbeerblatt
- 1 TL weiße Pfefferkörner
- 2 Stangen Zimt
- 60 g dunkle Kuvertüre, 70 % Kakaoanteil

1. Die Hasenschultern gründlich auf eventuell vorhandene Schrotkugeln untersuchen und diese gegebenenfalls entfernen. Die Schultern mit Küchenpapier trocken tupfen und mit Salz und Pfeffer würzen. Erhitzen Sie das Öl in einem großen Bräter und braten Sie das Fleisch darin ringsum an. Die Schultern herausnehmen und beiseitestellen.

2. Den Speck grob würfeln. Die Möhre und die Zwiebeln schälen, den Sellerie putzen und alles in Würfel schneiden. Gießen Sie das Bratfett ab und fügen Sie die Butter zu. Anschließend Speck-, Möhren- und Selleriewürfel in den Bräter geben und anbraten. Wenn das Gemüse leicht gebräunt ist, die Zwiebeln zugeben und ebenfalls gleichmäßig bräunen. Anschließend das Tomatenmark unterrühren und noch etwa 2 Minuten mitrösten.

3. Den Backofen auf 180 °C vorheizen. Das Gemüse mit etwas Rotwein ablöschen und diesen reduzieren. Füllen Sie dann alles mit dem übrigen Rotwein und dem Wildfond auf. Knoblauch, Kräuter und Gewürze zugeben, alles aufkochen, die Hasenschultern wieder in den Bräter legen und im Backofen etwa 1 Stunde 20 Minuten schmoren.

4. Die Schultern aus dem Bräter nehmen und warm stellen. Passieren Sie dann die Sauce durch ein feines Sieb in eine Kasserolle. Die Sauce auf die gewünschte Konsistenz einkochen lassen. In der Zwischenzeit die Kuvertüre hacken. Die Temperatur reduzieren und die Kuvertüre in der heißen Sauce auflösen, sie darf jetzt aber nicht mehr kochen.

Dunkle Kuvertüre

Für die Sauce wird eine gute Kuvertüre benötigt, wie sie inzwischen fast überall im Handel erhältlich ist. Verwenden Sie keine Kochschokolade!

5. Richten Sie die Schultern auf vorgewärmten Tellern an und überziehen Sie das Fleisch mit etwas Sauce. Als Beilagen empfehlen sich glasierte Staudenselleriestifte, Möhren, ein Selleriepüree mit Walnüssen sowie Schupfnudeln.

S. 35
WARENKUNDE Lorbeer

S. 122
WARENKUNDE Zimt

Mit Nelken gespickte Maibockschulter

ZUBEREITUNGSZEIT 2 Std. 30 Min.

FÜR DAS REH
- 2 parierte Maibockschultern mit Blattknochen, etwa 1 kg (beim Wildhändler vorbestellen)
- 18 Gewürznelken, Salz, Pfeffer
- 2–3 EL Öl zum Braten, 40 g Möhre
- 120 g Zwiebeln, 40 g Staudensellerie
- 40 g durchwachsener Räucherspeck
- 30 g Butter, 30 g Tomatenmark
- 50 ml roter Portwein
- 150 ml kräftiger Rotwein, etwa Merlot
- ½ l Wild- oder dunkler Kalbsfond
- 1 Zweig Rosmarin, 1 Lorbeerblatt
- 4 Wacholderbeeren, 8 weiße Pfefferkörner
- 4 Knoblauchzehen, abgezogen, 1 EL Dijon-Senf
- 1 EL Rotes oder Schwarzes Johannisbeergelee

NACH BELIEBEN
- 100 g Waldpilze, geputzt, 1 EL Butter
- 4 EL Crème fraîche, glatt gerührt
- 1 EL in feine Streifen geschnittene Petersilie
- 2 EL Rotes oder Schwarzes Johannisbeergelee

S. 88
WARENKUNDE Gewürznelken

S. 139
KÜCHENPRAXIS Kräuter schneiden

1. Die Schultern auf der fleischigen Seite 9-mal mit der Spicknadel oder einem spitzen Messer 1 cm tief einstechen – je 3 Reihen mit je 3 Einstichen – und die Schultern mit den Nelken spicken. Das Fleisch mit Salz und Pfeffer würzen. Braten Sie die Schultern in einem Bräter in Öl von allen Seiten an.

2. Möhre und Zwiebeln schälen, Sellerie putzen und wie den Speck 1 cm groß würfeln. Die Schultern herausnehmen, das Öl abgießen und die Butter zufügen. Braten Sie Speck, Möhre und Sellerie darin hellbraun an. Die Zwiebeln zufügen, braun rösten, dann das Tomatenmark noch 2 Minuten mitrösten.

3. Den Backofen auf 180 °C vorheizen. Alles mit Portwein ablöschen und diesen fast ganz reduzieren. Rotwein, Wildfond, Kräuter, Gewürze und Knoblauch zufügen und aufkochen. Verrühren Sie Senf und Johannisbeergelee und geben Sie es in den Bräter. Die Schultern einlegen und im Ofen etwa 1 ½ Stunden auf der unteren Schiene schmoren, dabei mehrfach wenden.

4. Wenn das Fleisch weich ist, die Schultern herausheben, von den Blattknochen befreien und zugedeckt warm stellen. Den Fond passieren und rasch auf die gewünschte Konsistenz einkochen. Braten Sie die Pilze in der Butter an. Inzwischen die Schultern tranchieren. Die Pilze auf vorgewärmte Teller verteilen, das Fleisch darauf anrichten, mit Sauce überziehen und alles mit der Crème fraîche, Petersilie und Johannisbeergelee garnieren. Als Beilage passen mit Speck und Zwiebelwürfeln sautierte Rosenkohlblätter sowie kleine Brezenknödel.

Orientalische Variante

Die Nelken über Nacht mit 18 Korinthen in Portwein marinieren. Je 1 Korinthe auf jede Nelke stecken und die Rehschultern damit spicken, den Portwein in den Schmorfond geben. So gewürzt, erhält das Rehfleisch eine orientalische Note.

Hirschschnitzel-Variationen

HIRSCHSCHNITZEL IN GEWÜRZBUTTER

ZUBEREITUNGSZEIT 10 Min.

FÜR DIE SCHNITZEL
- 8–12 dünne Schnitzel aus der Hirschkeule (Oberschale), je 70–80 g
- Salz, frisch gemahlener Pfeffer
- 1 EL Butterschmalz
- 1 ½ EL Butter
- 4 Wacholderbeeren, angedrückt
- 3 Kapseln grüner Kardamom, angedrückt
- 1 Gewürznelke, 2 cl Gin

1. Die Hirschschnitzel eventuell leicht plattieren und von beiden Seiten mit Salz und Pfeffer würzen. In einer Pfanne das Butterschmalz erhitzen. Braten Sie die Schnitzel darin von beiden Seiten kurz an. Dann die Butter zufügen und die Wacholderbeeren, Kardamomkapseln sowie die Gewürznelke zugeben.

2. Ziehen Sie die Pfanne vom Herd und lassen Sie die Schnitzel in der aufschäumenden Butter von den Gewürzen aromatisieren. Alles mit dem Gin ablöschen, kurz durchschwenken und die Hirschschnitzel sofort servieren.

HIRSCHSCHNITZEL MIT BACKPFLAUMEN IN ZIMTBUTTER

ZUBEREITUNGSZEIT 15–20 Min.

FÜR DIE SCHNITZELRÖLLCHEN
- 8–12 dünne Schnitzel aus der Hirschkeule (Oberschale), je 70–80 g
- Salz, frisch gemahlener Pfeffer
- 8–12 Backpflaumen
- ½ rote Zwiebel, 1 EL Butterschmalz
- 1 ½ EL Butter
- 2 Stangen Zimt, ⅛ l Rotwein

AUSSERDEM
- 8–12 Zahnstocher zum Fixieren

1. Die Hirschschnitzel von beiden Seiten salzen und pfeffern. Belegen Sie die Schnitzel jeweils mit einer Backpflaume und rollen Sie das Fleisch auf. Die Röllchen dann mit einem Zahnstocher fixieren.

2. Die rote Zwiebel schälen und sehr fein würfeln. In einer Pfanne das Butterschmalz erhitzen. Braten Sie die Schnitzelröllchen darin ringsum kurz an. Die Zwiebelwürfel kurz mitbraten, dann die Butter und die Zimtstangen zugeben.

3. Die Schnitzelröllchen bei geringer Hitze in der aufschäumenden Butter kurz aromatisieren. Löschen Sie zum Schluss alles mit dem Rotwein ab. Den Wein etwas reduzieren, das Fleisch mit einer Prise Salz und Pfeffer abschmecken und die Hirschröllchen in der Zimtbutter sofort servieren.

Gemüsebeilage

Zu den Hirschschnitzeln schmecken glasierte Möhren, geschmorter Fenchel, Kartoffelgratin oder auch gegrillte Zucchini.

HIRSCHSCHNITZEL IN APRIKOSEN-MANDEL-BUTTER MIT KORIANDER

ZUBEREITUNGSZEIT 10–15 Min.

FÜR DIE SCHNITZEL

- 8–12 dünne Schnitzel aus der Hirschkeule (Oberschale), je 70–80 g, Salz, Pfeffer
- 1 EL Butterschmalz, 1 ½ EL Butter
- 8 getrocknete Aprikosen, in feinen Streifen
- 2 EL gehobelte Mandeln
- 2 EL geschnittenes Koriandergrün

1. Die Schnitzel salzen und pfeffern. Braten Sie das Fleisch in Butterschmalz von beiden Seiten kurz an.

2. Die Pfanne vom Herd ziehen, die Butter zugeben, dann Aprikosen und Mandeln untermischen. Lassen Sie die Butter kurz aufschäumen, sodass das Fleisch von Aprikosen und Mandeln aromatisiert wird. Die Schnitzel mit Koriandergrün bestreut servieren.

HIRSCHSCHNITZEL MIT MANGO UND SZECHUAN-PFEFFER SAUTIERT

ZUBEREITUNGSZEIT 10–15 Min.

FÜR DIE SCHNITZEL

- ½ reife Mango, 2 Schalotten, 1 EL Olivenöl
- 8–12 dünne Schnitzel aus der Hirschkeule (Oberschale), je 70–80 g, halbiert
- Salz, Pfeffer, ½ TL Szechuan-Pfeffer

1. Schälen Sie die Mango und schneiden Sie das Fruchtfleisch in dünne Spalten. Die Schalotten schälen und in sehr feine Streifen schneiden.

2. In einer Pfanne das Öl erhitzen. Würzen Sie das Fleisch mit Salz und Pfeffer und braten Sie die Schnitzel mit den Mango- und Schalottenstreifen sowie dem Szechuan-Pfeffer von beiden Seiten in Öl an. Alles kurz durchschwenken, die Schnitzelchen mit der Sauce anrichten und sofort servieren.

Kartoffeln, Gemüse und Hülsenfrüchte

Klassiker in neuem Gewand, asiatische Gemüsevariationen und raffiniert gewürzte Knollen.

Experimente wagen

Gemüse eignet sich wie kaum ein anderes Lebensmittel zum Kombinieren mit heimischen wie exotischen Gewürzen. Dank der scharfen, süßen oder fruchtigen Aromen sorgen Kürbis und Co. für Überraschung.

VOR ALLEM DIE KÜCHEN jener Länder, in denen Gemüse gern und oft gegessen wird, verfügen über einen reichen Fundus an überlieferten Rezepten, aus denen mit Fantasie und Kreativität immer wieder Neues entsteht. In Italien bespielsweise wird Gemüse nicht wie hierzulande in verschwindend kleinen, optisch gerade noch wahrnehmbaren Mengen als Beilage zu Fleisch gereicht, sondern meist separat als eigenständiger Gang serviert. *Contorni* sind im ganzen Land beliebt und entsprechend wichtig. Bereits beim Einkauf wird auf beste Qualität geachtet, ebenso wie auf die größtmögliche Sorgfalt bei der Zubereitung. Mediterrane Kräuter ergänzen Auberginen, Paprika, Tomaten und Zucchini ideal, oft in Verbindung mit Knoblauch und Petersilie. Frisches Basilikum verbindet sich mit dem Aroma reifer Tomaten aufs Beste, kann jedoch an heißen Tagen auch einmal durch frische Minze ersetzt werden. Im östlichen Mittelmeerraum würzt man Gemüse gern mit Kreuzkümmel und Koriander, Letzterer passt gut zu Möhren und Kartoffeln.

UNGLAUBLICHE VIELFALT

Kartoffeln sind ein geschätztes Lebensmittel, das von Indien bis Italien immer wieder anders zubereitet wird. Mal haben die Knollen einen eleganten Soloauftritt, mal sind sie in würzigen Eintopfgerichten zu finden. In puncto Gewürze zeigt sich die Kartoffel ausgesprochen vielseitig, sie harmoniert selbst mit asiatischen Gewürzen wie Kardamom und Kreuzkümmel, Chili und Zimt. Mit einer cremigen Füllung versehen und mit Petersilie, Rosmarin oder Oregano bestreut, kommt sie in der Folie aus dem Ofen und ist dann eine beliebte Beilage zu gegrilltem Fleisch. Aber auch in Scheiben geschnitten und mit Ingwer, Curry und Korianderkraut oder mit Szechuan-Pfeffer, Sternanis und Salbei gewürzt, machen die braun-, rot- oder violettschaligen Knollen eine gute Figur. Sehr interessant ist die Kombination von Kartoffeln mit Majoran, Vanille und Basilikum – eine Aromenfülle, die Sie unbedingt einmal probieren sollten. Ebenso wie die mit Rosmarin, Räucherspeck, Knoblauch und Zitronenschale in einer Hülle aus Backpapier im Ofen gegarten Kartoffeln, die beim Öffnen der Papillote einen herrlichen Duft verströmen. Eine Prise selbst gemachtes Rosmarinsalz (S. 262) verleiht ihnen noch zusätzliches mediterranes Flair.

GEMÜSE-VARIATIONEN

Kürbis wird gern mit Ingwer verfeinert, dessen leichte Schärfe ergänzt das zurückhaltende, leicht süße Kürbisaroma ideal. Kürbis kann aber auch mit Kümmel und Paprikapulver abgeschmeckt oder wie Spinat und helles Gemüse (Blumenkohl, weißer Spargel), mit einer Prise Muskatnuss verfeinert werden. Aber auch die asiatischen Küchen, allen voran die gewürzreiche indische Küche, haben in Sachen Gemüse und Hülsenfrüchte viel zu bieten: Ingwer, Zitronengras, Koriander, Kreuzkümmel und Kurkuma, Szechuan-Pfeffer und immer wieder Chilis würzen Spinat, Auberginen und Kohl, aber auch *dals* (Hülsenfrüchte) wie Kichererbsen und Linsen. In Italien schmort man diese, etwa die kleinen braunen Berglinsen aus Umbrien, gern mit Fenchelsamen und Rotwein. Getrocknete Bohnen werden dagegen häufig mit Salbei verfeinert.

Klassiker variieren

Auch Klassiker wie das Leipziger Allerlei können, zubereitet mit zartem Gemüse und aromatisiert mit frischen Zitrusnoten, raffiniert variiert werden. Testen Sie selbst.

RAFFINIERTE KREATIONEN

Manche Gemüsearten wie zum Beispiel Rote Bete vertragen auch opulente Aromen – Gewürznelken, Zimt und Orangen setzen hier Akzente. Eine ganz besondere Kreation ist der in knusprigem Brickteig servierte, mit Kardamom, Limette und Tannenhonig aromatisierte grüne Spargel. Das Rezept dafür sowie zahlreiche weitere Anregungen für spannende Gemüsegerichte finden Sie in diesem Kapitel.

Leipziger Allerlei mit Zitronenmelisse

ZUBEREITUNGSZEIT 1 Std. 50 Min.

FÜR DAS GEMÜSE
- 20 junge Möhren mit Grün, etwa so dick wie ein kleiner Finger
- 10 Radieschen
- 12 junge kleine weiße Zwiebeln
- 220 g sehr kleine neue Kartoffeln
- 150 g Frühstücksspeck
- 90 g Butter
- 250 g ausgepalte Erbsen (1 kg Erbsen in der Schale)
- 1 TL Salz
- 2 Stängel Zitronenmelisse, die Blätter abgezupft, gewaschen und abgetupft
- 120 g kleine Pfifferlinge, geputzt
- abgeriebene Schale von 1 unbehandelten Zitrone

S. 39
WARENKUNDE Zitronenmelisse

1. Schälen Sie die Möhren dünn und kürzen Sie das Grün auf 1 ½ cm. Die Radieschen waschen, die Wurzel entfernen und die Blattstiele auf 1 cm kürzen. Die Zwiebeln schälen. Die Kartoffeln gründlich waschen, abstehende Schalenhäute abreiben und die Kartoffeln trocken reiben.

2. Den Backofen auf 180 °C vorheizen. Schneiden Sie den Speck in feine Streifen. In einem ofenfesten Schmortopf 30 g Butter zerlassen und die Speckstreifen darin unter Wenden hell anschwitzen. Die vorbereiteten Möhren, Radieschen, Zwiebeln, Kartoffeln sowie die Erbsen zufügen, alles mit 200 ml Wasser auffüllen und salzen.

3. Das Gemüse im Backofen zugedeckt 40 bis 45 Minuten schmoren. Kontrollieren Sie ab und zu, ob ausreichend Schmorflüssigkeit vorhanden ist, bei Bedarf etwas Wasser angießen, und prüfen Sie gegen Ende den Gargrad: Wenn sich die Kartoffeln mit einem Messer leicht einstechen lassen, ist auch das übrige Gemüse gar. Anschließend die Melisseblätter auf das Gemüse legen und den Topf wieder zudecken.

4. Erhitzen Sie in einer Pfanne die übrigen 60 g Butter und braten Sie die Pfifferlinge darin kräftig an. Die Pilze leicht salzen und das Gemüse abschmecken.

5. Verteilen Sie die Pilze auf dem Gemüse. Zum Schluss das Leipziger Allerlei mit der abgeriebenen Zitronenschale bestreuen und sofort servieren.

Köstliche Beilage

Leipziger Allerlei kann Hauptgericht, dann meist klassisch mit Flusskrebsen serviert, oder wie hier, auch Beilage sein. Zu dem feinen Gemüsegericht schmeckt gebratener Wels oder Lachs sehr gut, aber auch helles Fleisch wie Geflügel oder Kalb. Ausgezeichnet passt es übrigens auch zum Kalbsfilet in Heu (S. 239). Alternativ zur Melisse können Sie das Gemüse auch mit Estragon aromatisieren.

Bohnencassoulet mit wildem Bohnenkraut

ZUBEREITUNGSZEIT 2 Std. 45 Min.
EINWEICHZEIT 8–12 Std.

FÜR DAS CASSOULET

- 120 g getrocknete weiße Bohnenkerne
- 1–2 Koblauchzehen, abgezogen
- 80 g magerer Speck, in Scheiben
- 3 Zweige Bergbohnenkraut oder Bohnenkraut
- 1 Zweig Thymian
- 600 ml Rinderbrühe oder Geflügelfond
- 400 g dünne grüne Buschbohnen, geputzt
- 2–3 mittelgroße Tomaten
- 20 schwarze Oliven, entsteint
- Salz, frisch gemahlener Pfeffer
- 30 g Butter, 60 g Weißbrotkrumen

1. Weichen Sie die Bohnenkerne 8 bis 12 Stunden in kaltem Wasser ein. Die Bohnen dann abgießen und abtropfen lassen. Den Knoblauch in dicke Scheiben, den Speck in feine Streifen schneiden.

2. Den Backofen auf 200 °C vorheizen. Dünsten Sie Speck und Knoblauch in einem kleinen Schmortopf kurz an. Die abgetropften Bohnen zufügen, umrühren und 2 Zweige Bohnenkraut sowie den Thymian zufügen. Alles mit dem Fond auffüllen und die Bohnen im Backofen 1 ½ bis 2 Stunden schmoren, dabei bei Bedarf noch etwas Wasser angießen.

3. Inzwischen die grünen Bohnen blanchieren, kalt abschrecken und in 3 cm lange Stücke schneiden. Die Tomaten blanchieren, häuten, Stielansatz und Samen entfernen und das Fruchtfleisch grob würfeln. Die Oliven vierteln. Zupfen Sie vom restlichen Bohnenkraut die Blättchen ab und schneiden Sie diese fein.

4. Die grünen unter die weißen Bohnen mischen und 10 Minuten zugedeckt mitgaren, bei Bedarf noch etwas Wasser angießen. Dann die Tomatenwürfel und Oliven zufügen. Am Ende der Garzeit Thymian und Bohnenkrautzweige entfernen. Würzen Sie das Cassoulet mit Salz, Pfeffer und dem geschnittenen Bohnenkraut. Das Bohnencassoulet auf einer Platte anrichten. In einer Pfanne die Butter aufschäumen lassen, die Brotkrumen darin kurz rösten und über das Cassoulet verteilen.

»Im Sommer ist das Cassoulet mit zweierlei Bohnen eine wunderbare Beilage zu gegrilltem Fleisch. Serviert mit gekochten neuen Kartoffeln wird es zum eigenständigen Gericht.«

S. 25
WARENKUNDE Bohnenkraut

S. 139
KÜCHENPRAXIS Kräuter schneiden

Kartoffeln in der Papillote gegart, mit Speckbutter und Rosmarinsalz

ZUBEREITUNGSZEIT 1 Std. 50 Min.

FÜR DIE KARTOFFELN
- 100 g Räucherspeck oder Bacon, in Scheiben
- 600–800 g sehr kleine, festkochende Kartoffeln, etwa Grenaille oder Bamberger Hörnchen
- 20 g frische Rosmarinnadeln, 60 g Meersalz
- 1 Stück (1 x 3 cm) unbehandelte Zitronenschale
- 100 g Butter, grob geschroteter Pfeffer
- 4 Zweige Rosmarin
- 4 Knoblauchzehen, angedrückt, 1 Ei, verquirlt

AUSSERDEM
- 4 Stück Backpapier, je 30 x 40 cm, in der Mitte einmal gefaltet

S. 51
WARENKUNDE Rosmarin

S. 142
KÜCHENPRAXIS Kräutersalz

1. Den Backofen auf 180 °C vorheizen. Die Speckscheiben auf ein Backblech legen, mit einem zweiten Blech beschweren und im Ofen in 20 bis 25 Minuten sehr knusprig backen, herausnehmen und etwas abkühlen lassen. Die Kartoffeln gut waschen und trocken tupfen. Schneiden Sie die Rosmarinnadeln so fein wie möglich. Den Rosmarin mit 30 g Salz im Mörser fein zerreiben, die Mischung sieben, um holzige Teile zu entfernen und das restliche Salz untermischen.

2. Speck und Zitronenschale separat sehr fein hacken. Rühren Sie die Butter schaumig und mischen Sie Speck und Zitronenschale unter. Je ein Viertel der Kartoffeln auf eine Hälfte des Backpapiers setzen und mit etwas Rosmarinsalz und Pfeffer würzen. Dann je einen Rosmarinzweig sowie eine Knoblauchzehe zufügen und die Speckbutter in Flocken gleichmäßig auf den Kartoffeln verteilen. Die restliche Speckbutter anderweitig verwenden, sie hält im Kühlschrank mehrere Tage.

3. Den Backofen auf 200 °C vorheizen. Die Papierränder mit Ei bestreichen, das Backpapier über den Kartoffeln zusammenschlagen und alle 1 bis 2 cm halbmondförmig umfalzen. Die Kartoffeln im Backofen 25 bis 30 Minuten backen, dabei sollen sich die Taschen durch den Dampf schön aufplustern. Servieren Sie die fertigen Kartoffeln in der »Papillote« und reichen Sie etwas Rosmarinsalz separat dazu.

»Gewürze sollen nicht dominieren«

Ob Mönchspfeffer, Paradieskörner, Süßholz, oder Sumach, Ingo Holland weiß, wie man mit Gewürzen jongliert. Der Sternekoch hat seine Schürze inzwischen an den Nagel gehängt, um sich ganz dem Gewürzhandel zu widmen. In seinem »Alten Gewürzamt« in Klingenberg am Main findet man die ausgefallensten Spezereien und Mischungen (www.ingo-holland.de). Allein Vanille bietet er in über zehn, Pfeffer in über 20 und Salz in über 30 Sorten an.

WIE LERNT MAN WÜRZEN?

Man muss nicht viel wissen, sondern schmecken und riechen lernen. Man merkt schnell, dass manches nicht zusammenpasst, wie hochgradig Süßes und Saures. Die wichtigste Regel lautet: sparsam dosieren, um Krieg auf dem Teller zu vermeiden. Gewürze sollen unterstützen, nicht dominieren. Sogar mit teurem Safran gehen viele oft verschwenderisch um und wundern sich dann, wenn das Ergebnis staubig-erdig schmeckt. Auch Pfeffersteaks mit Unmengen ganzer Pfefferkörner zu würzen, ist bei guter Fleischqualität Unsinn. Weniger ist mehr, wenn man die Körner mit dem Stößel im Mörser aufbricht und sich dabei das Aroma voll entfaltet.

WELCHE PFEFFERSORTEN BRAUCHT MAN?

Nicht mehr als zwei oder drei. In der Hauptsache weißen Pfeffer für dunkles Fleisch mit hohem Blutanteil (Weiderind, Bison, Wild), dann schwarzen Pfeffer und allenfalls eine ausgefallene Sorte wie den frischen Kubebenpfeffer. Der weiße stammt von reifen Pfefferbeeren und schmeckt schärfer und intensiver als der schwarze.

IHR LIEBLINGSGEWÜRZ?

Vanille. Ein eher herbes als süßes Gewürz, das mit seinen weichen, runden Tabak-, Leder-, Oliven-, Holz- und Erdtönen wunderbar mit Garnelen, Langusten, Kalmaren, Jakobsmuscheln, Geflügel oder Gänseleber harmoniert. Mir gefällt die große Pompona aus Madagaskar besonders gut, weil sie atemberaubend präsent im Aroma ist.

WORAN ERKENNT MAN GUTE VANILLE?

Ausgetretene Glukosekristalle, die sie glitzern lassen, signalisieren einen hohen Vanillingehalt. Dicke Stangen haben den Vorteil, weniger schnell auszutrocknen. Kaufen Sie sich verschiedene Sorten und testen Sie, welche Nuancen Ihnen am meisten zusagen. Unterschiedliche Bedingungen (Klima, Boden, Anbau etc.) und Fermentation bewirken oft gravierende Geschmacksdifferenzen. Welche Vanille die beste ist, kann man nicht sagen. Das ist wie beim Tee: Dem einen liegt Assamtee mehr, dem anderen Darjeeling, dem Dritten Lapsang Suchong.

DARF MAN GEWÜRZE ANBRATEN?

Manche Gewürze muss man sogar anrösten, damit sie sich voll entfalten. Aber nie zu heiß! Bockshornklee etwa, damit er Bitterstoffe abbaut. Fenchel, Senfsaat, Bockshornklee, Kreuzkümmel und Nigella in Butterschmalz kurz geröstet, ergeben übrigens eine tolle Currymischung. Fein gemahlene Gewürze wie Curry brät man nur kurz sanft an, weil sie sonst verbrennen und bitter schmecken.

WORAUF KOMMT ES BEIM EINKAUF AN?

Kaufen Sie Gewürze wie Pfeffer, Nelken, Piment, Wacholderbeeren, Koriander, Kardamom, Senfsaat oder Kreuzkümmel möglichst ganz. Ihr Aroma ist frisch gemahlen und gemörsert am stärksten, wobei sie zerstoßen nicht ganz so dominant sind wie gemahlen. Legen Sie nur kleine Vorräte an. Gewürze sind zwar in der Regel über das Verfallsdatum hinaus verwendbar, mit der Zeit lässt aber ihre Intensität nach.

Mit Ingo Holland sprach Ingrid Schindler

Drei würzige Kartoffel-Variationen

KARTOFFELN MIT TONKABOHNEN

ZUBEREITUNGSZEIT 30 Min.

FÜR DIE KARTOFFELN

- 800 g festkochende Kartoffeln, etwa Sieglinde
- 1 rote Zwiebel, geschält
- 20 g geschälte Ingwerwurzel, fein geschnitten
- 2 EL Öl zum Braten, 2 TL Salz, 2 TL Zucker
- 2 TL Madras-Currypulver
- 4 Tonkabohnen, im Mörser fein zermahlen (Tee- oder Kräuterladen)
- 40 g Butter, 2 Zweige Rosmarin
- 40 g Pistazienkerne, 20 g Koriandergrün

1. Die Kartoffeln schälen und wie die Zwiebel in Scheiben schneiden. Braten Sie die Kartoffel- und Zwiebelscheiben mit dem Ingwer in Öl kurz an. Mit Salz, Zucker und Currypulver würzen und die Kartoffeln in 18 Minuten goldgelb und bissfest braten.

2. Anschließend die gemahlenen Tonkabohnen mit der Butter, dem Rosmarin und den Pistazien zufügen. Braten Sie alles noch weitere 2 Minuten. Dann die Kartoffeln auf vorgewärmten Tellern anrichten, mit Korianderblättchen bestreuen und servieren.

KARTOFFELN MIT STERNANIS

ZUBEREITUNGSZEIT 30 Min.

FÜR DIE KARTOFFELN

- 800 g vorwiegend festkochende, rotschalige Kartoffeln, etwa Roseval, gewaschen
- 2 rote Zwiebeln, geschält und fein gewürfelt
- 2 EL Öl zum Braten, 8 ganze Sternanis
- 2 TL Salz, 2 TL Zucker
- 2 TL zerstoßener Szechuan-Pfeffer
- 20 g Salbeiblätter, geschnitten
- 4 Kaffirlimettenblätter
- 40 g Butter
- 40 g ungesalzene Erdnusskerne
- 20 g Dill, fein geschnitten

1. Die Kartoffeln mit der Schale in Scheiben schneiden. Die Kartoffeln und Zwiebeln in einer Pfanne in Öl kurz anbraten. Würzen Sie die Kartoffeln mit Sternanis, Salz, Zucker und Szechuan-Pfeffer. Dann die Salbei- und Limettenblätter zufügen und die Kartoffeln in 18 Minuten goldgelb und bissfest braten.

2. Die Butter zufügen und kurz aufschäumen lassen. Mischen Sie die Erdnüsse unter und braten Sie alles noch weitere 2 Minuten. Die Kartoffeln auf vorgewärmten Tellern anrichten und vor dem Servieren mit fein geschnittenem Dill bestreuen.

S. 117, 115
WARENKUNDE Tonkabohnen, Sternanis

S. 116, 118
WARENKUNDE Szechuan-Pfeffer, Vanille

S. 160
KÜCHENPRAXIS Vanillemark auslösen

KARTOFFELN MIT VANILLE

ZUBEREITUNGSZEIT 30 Min.

FÜR DIE KARTOFFELN

- 600 g festkochende violettfleischige Kartoffeln, etwa Violette Noir
- 2 rote Zwiebeln, 2 EL Öl zum Braten
- 2 Stängel Majoran, die Blättchen abgezupft und geschnitten
- 2 TL Salz, 2 TL Zucker
- 200 g Bambussprossen (Dose, Asialaden)
- 4 Vanilleschoten
- 12 cl Rum, etwa Strohrum
- 40 g Butter
- 20 g Basilikumblättchen, fein geschnitten

1. Die Kartoffeln gründlich waschen und mit Schale in Scheiben schneiden. Die Zwiebeln schälen und in feine Würfel schneiden. Braten Sie die Kartoffelscheiben und Zwiebelwürfel in einer Pfanne in Öl kurz an. Mit Majoran, Salz und Zucker würzen und die Kartoffeln in etwa 15 Minuten goldgelb und bissfest braten.

2. Inzwischen die Bambussprossen in Scheiben schneiden und das Vanillemark aus den Schoten kratzen. Die Bambusscheiben zu den Kartoffeln geben und kurz mitbraten. Löschen Sie alles mit dem Rum ab. Dann die Butter zufügen, kurz aufschäumen lassen und die Kartoffeln noch etwa 2 Minuten braten. Zum Schluss die Kartoffeln mit dem geschnittenen Basilikum und dem Vanillemark verfeinern, auf Tellern anrichten und servieren.

Vielseitige Knollen

Kartoffeln erweisen sich als ideale Basis zum Experimentieren mit Kräutern und Gewürzen – von mediterran bis exotisch gibt es viele Würzvarianten.

Grüner Spargel mit Tannenhonig, Kardamom und Limette im Brickteig

ZUBEREITUNGSZEIT 1 Std. 10 Min.

FÜR DEN SPARGEL
- 12 Stangen grüner Spargel
- 4 Kapseln grüner Kardamom
- 25 g Butter
- Salz, frisch gemahlener Pfeffer
- 2 EL Limettensaft
- 1 EL Tannenhonig (15 g)
- 4 Brickteigblätter (Ersatz: Yufkateigblätter)
- 1 Eiweiß zum Bestreichen
- 2 EL Öl zum Braten

FÜR DEN JOGHURTDIP
- 1 Kapsel grüner Kardamom
- 120 g Schafmilchjoghurt
- 1 gehäufter EL Tannenhonig (20 g)
- Salz, frisch gemahlener Pfeffer
- 1 EL Limettensaft

AUSSERDEM
- einige Stiefmütterchenblüten zum Garnieren, nach Belieben

S. 91
WARENKUNDE Kardamom

S. 155
KÜCHENPRAXIS Gewürze zerkleinern

1. Die Spargelstangen waschen, das untere Drittel schälen und die Enden kürzen. Öffnen Sie die Kardamomkapseln und lösen Sie die Samenkörner im Innern aus. Die Kardamomsamen im Mörser fein zerkleinern. Die Butter in einer Pfanne aufschäumen lassen, den Spargel zufügen, salzen, pfeffern und etwa 5 Minuten ringsherum leicht braun braten, ohne dabei die Spitzen zu verletzen.

2. Den Spargel herausnehmen und auf Küchenpapier abtropfen und auskühlen lassen. Den Limettensaft in die Pfanne geben, dann sofort den Honig unterrühren und den zerkleinerten Kardamom zufügen. Legen Sie den Spargel auf eine Platte und übergießen Sie ihn mit der Kardamom-Marinade.

3. Die Teigblätter füllen und zu Rollen formen, wie in den beiden Steps unten gezeigt. Erhitzen Sie in einer Pfanne das Öl und braten Sie die Spargelpäckchen darin rundherum knusprig braun an. Dann die Päckchen herausnehmen und mit Küchenpapier abtupfen.

4. Für den Dip die Kardamomkapsel öffnen, die Samenkörner auslösen und im Mörser fein zerkleinern. Verrühren Sie den Kardamom mit Joghurt und Honig in einer kleinen Schüssel. Dann den Joghurtdip mit Salz, Pfeffer und Limettensaft abschmecken.

5. Die Spargelpäckchen halbieren, dann die untere Hälfte erneut halbieren. Die beiden kleineren Stücke jeweils nebeneinander auf einem Teller anrichten. Dann die obere Hälfte der Röllchen aufrecht daneben stellen, sodass die Spargelspitzen herausschauen und alles nach Belieben noch mit ein paar Blüten garnieren. Den Joghurtdip separat dazu servieren.

Mit weißem Spargel

Die Röllchen sehen mit grünem Spargel schön frisch aus, schmecken aber auch mit weißem sehr gut – weißer Spargel muss allerdings komplett geschält werden. Sollten Sie weder Brick- noch Yufkateig bekommen, können Sie auch Frühlingsrollenteigblätter aus dem Asialaden nehmen.

SPARGELPÄCKCHEN
herstellen und aufrollen

(1) Die Brickteigblätter auf einer Arbeitsfläche auslegen. Oben und unten einen etwa 2 cm breiten Rand nach innen einschlagen. Je 3 marinierte Spargelstangen mittig auflegen, die Spitzen und Enden sollen etwa 2 bis 3 cm herausschauen.

(2) Die Teigränder mit etwas Eiweiß bestreichen und die verbliebene Marinade auf den Stangen verteilen. Anschließend den Spargel fest in die Teigblätter einwickeln.

(1)

(2)

Bierrettich und Korianderkresse mit Reisessig und Malzbier mariniert

ZUBEREITUNGSZEIT 15 Min.
MARINIERZEIT 2 Std.

FÜR DEN RETTICH

- 400 g weißer Rettich, 4 TL Salz
- 100 ml dunkler Reisessig (Chinkiang-Essig)
- 100 ml Malzbier
- abgeriebene Schale von ½ unbehandelten Orange

AUSSERDEM

- 4 TL Korianderkeimlinge, bei Bedarf in einem Glas oder Keimapparat selbst gezogen

S. 94
WARENKUNDE Koriander

1. Den weißen Rettich kalt waschen, schälen und in feine Scheiben hobeln. Breiten Sie die Rettichscheiben nebeneinander auf einem Backblech aus und bestreuen Sie den Rettich mit dem Salz. Die Rettichscheiben anschließend etwa 2 Stunden durchziehen lassen, dann mit kaltem Wasser sorgfältig abspülen, dadurch entziehen Sie dem Rettich Schärfe und Bitterstoffe. Die Rettichscheiben in einem Sieb gut abtropfen lassen.

2. Bringen Sie in einem großen flachen Topf den Reisessig, das Malzbier sowie die abgeriebene Orangenschale zum Kochen. Dann die Rettichscheiben zugeben und alles einmal kurz aufkochen lassen. Den Topf vom Herd ziehen und die Rettichscheiben in der Marinade auskühlen lassen.

3. Die kalten Rettichscheiben entweder zu Türmchen schichten oder auf ein Holzstäbchen stecken und auf Tellern anrichten. Garnieren Sie den Rettich vor dem Servieren dann jeweils mit 1 TL Korianderkeimlingen. Den Rettich nach Belieben mit etwas Marinade beträufeln und servieren. Die restliche Marinade eignet sich sehr gut als Basis für eine Salat-Vinaigrette.

Chinakohl mit Ingwer und grobem Senf

ZUBEREITUNGSZEIT 20 Min.

FÜR DEN CHINAKOHL
- 1 mittelgroßer Chinakohl
- 1 EL Salbeiblätter
- 1 rote Zwiebel, 2 EL Öl
- 1 EL geschälte, fein geschnittene Ingwerwurzel
- 1 EL Mandelblättchen
- 1 EL grober Dijon-Senf (Ersatz: ein anderer grober Senf aus Frankreich, etwa aus Meaux)
- 1 TL Salz
- 1 TL Szechuan-Pfeffer oder schwarzer Pfeffer, im Mörser grob zerstoßen
- 1 TL Kreuzkümmel
- 1 TL Zucker
- 400 ml Maracujasaft
- 2 reife Maracujas
- 50 g kalte Butter

AUSSERDEM
- einige Salbeiblätter für die Garnitur

S. 90
WARENKUNDE Ingwer

S. 158
KÜCHENPRAXIS Ingwer vorbereiten

1. Vom Chinakohl die äußeren Blätter entfernen und den Strunk ein wenig kürzen. Anschließend den Kohl mitsamt dem Strunk vierteln, waschen und gut abtropfen lassen. Die Salbeiblätter in feine Streifen schneiden. Die Zwiebel schälen, halbieren und in Scheiben schneiden. Erhitzen Sie das Öl in einem Topf und braten Sie die Zwiebelscheiben mit dem Ingwer, den Mandelblättchen sowie dem Salbei darin kurz an.

2. Anschließend den Dijon-Senf unterrühren. Würzen Sie die Mischung mit Salz, Szechuan-Pfeffer, Kreuzkümmel und Zucker und löschen Sie alles mit dem Maracujasaft ab. Die Kohlviertel in den siedenden Fond einlegen und darin zugedeckt etwa 8 Minuten bei schwacher Hitze köcheln lassen.

3. In der Zwischenzeit die Maracujas halbieren und das Fruchtfleisch mit einem Löffel auslösen. Den Chinakohl aus dem Maracuja-Fond nehmen und warm stellen. Rühren Sie das Maracujafruchtfleisch sowie die kalte Butter unter den Fond. Dann den Chinakohl auf vorgewärmten Tellern anrichten, mit der Sauce übergießen und mit Salbei garniert servieren.

Eine ideale Beilage

So gewürzt und im fruchtigen Sud gegart, wird aus dem Chinakohl eine vielseitige Beilage. Er schmeckt zu Rind oder Lamm, aber auch zu auf der Haut gebratenem Fisch, wie Dorade oder Saibling. Aber auch zu Bratkartoffeln oder dünn geschnittenen und gebratenen Kartoffelklößen passt das Gemüse hervorragend.

Gemüse mit neuer, würziger Note

KÜRBISPÜREE MIT PAPRIKA UND KÜMMEL

ZUBEREITUNGSZEIT 1 Std.
MARINIERZEIT 12 Std.

FÜR DAS KÜRBISPÜREE
- 500 g Muskatkürbis, Salz, frisch gemahlener Pfeffer
- ½ TL gehackter Kümmel, 2 Schalotten, geschält
- 50 g Butter, ½ EL edelsüßes Paprikapulver
- 2 EL Crème fraîche

1. Aus dem Kürbis das faserige Innere sowie die Kerne entfernen, den Kürbis schälen und das Fruchtfleisch fein raspeln. Geben Sie das Kürbisfruchtfleisch anschließend in eine Schüssel und würzen Sie es mit Salz, Pfeffer und Kümmel. Alles 12 Stunden zugedeckt marinieren.

2. Den Backofen auf 160 °C vorheizen. Die Schalotten fein würfeln. Das Kürbisfruchtfleisch gut ausdrücken. In einem Topf die Butter aufschäumen lassen, die Schalotten mit dem Paprikapulver darin hell anschwitzen, Kürbis zufügen und alles gut vermengen. Säubern Sie den Topfrand, damit nichts anbrennen kann, und dünsten Sie den Kürbis im Backofen zugedeckt in etwa 40 Minuten weich.

3. Herausnehmen und den Kürbis anschließend auf dem Herd bei schwacher Hitze ohne Deckel trocken garen. Heben Sie die Crème fraîche unter und schmecken Sie das Püree mit Salz und Pfeffer ab. Das Kürbispüree sofort servieren. Es passt als Beilage zu kross gebratenem Zanderfilet, hellem Geflügel oder auch zu Kalbfleisch.

AUBERGINENKAVIAR MIT RAS EL HANOUT

ZUBEREITUNGSZEIT 1 Std. 35 Min.
KÜHLZEIT 15 Min.

FÜR DEN AUBERGINENKAVIAR
- 1 Zweig Rosmarin, 1 Zweig Thymian
- 3 runde Auberginen, je 250 g, 150 ml Olivenöl
- 1 Knoblauchzehe, leicht angedrückt
- Salz, 2 Schalotten, geschält und fein gewürfelt
- 6 frische israelische Datteln, entkernt und fein gehackt
- ½ TL Ras el Hanout (S. 166)
- Fleur de Sel, frisch gemahlener Pfeffer
- Saft von ½ Limette

AUSSERDEM
- 4 EL griechischer Joghurt (10 % Fett)

1. Den Backofen auf 160 °C vorheizen. Binden Sie den Rosmarin und Thymian zu einem Kräutersträußchen. Auberginen waschen und abtrocknen. In einem flachen, weiten Topf die Hälfte des Öls erhitzen, Knoblauch und Kräutersträußchen zufügen, dann die Auberginen in das Öl geben und leicht salzen. Die Auberginen im Backofen 30 bis 40 Minuten offen schmoren, bis sie ganz weich sind.

2. Die Auberginen aus dem Öl nehmen und abkühlen lassen, dann halbieren. Lösen Sie das Fruchtfleisch aus und hacken Sie es mit einem großen Kochmesser fein.

3. Das restliche Olivenöl in einem Topf erhitzen und die Schalotten darin glasig dünsten. Die fein gehackten Auberginen zufügen, dann die Datteln und Ras el Hanout untermischen und alles mit Fleur de Sel, Pfeffer und Limettensaft abschmecken. Lassen Sie die Masse bei schwacher Hitze etwa 30 Minuten köcheln, bis die Flüssigkeit vollständig verdampft ist, dabei immer wieder umrühren. Vor dem Servieren den griechischen Joghurt unterrühren. Auberginenkaviar passt ausgezeichnet zu Fladenbrot.

GLASIERTE ROTE BETEN MIT NELKEN UND ZIMT

ZUBEREITUNGSZEIT 1 Std. 40 Min.

FÜR DIE ROTEN BETEN
- 2 Rote Beten, je etwa 250 g
- 8 Gewürznelken, 20 g Butter, Salz, Zucker
- 2 Stück unbehandelte Orangenschale
- 1 Stange Zimt, 60 ml Orangensaft

1. Den Backofen auf 180 °C vorheizen. Die Roten Beten waschen, trocken tupfen und jeweils mit 4 Gewürznelken spicken. Wickeln Sie jede Knolle zusammen mit einem Viertel der Butter, Salz, Zucker sowie einem Stück Orangenschale in Alufolie ein. Die Roten Beten anschließend im Backofen etwa 1 Stunde und 20 Minuten backen.

2. Die Roten Beten aus der Folie wickeln und die Nelken entfernen. Schälen Sie das Gemüse noch heiß und schneiden Sie es in mundgerechte Stücke. In einer Pfanne die restliche Butter zerlassen, Zimt und Orangensaft zufügen und die Rote-Bete-Stücke darin glasieren. Alles mit Salz und Zucker abschmecken und die Roten Beten servieren – sie schmecken sehr gut als Beilage zu Wild.

Neuer Geschmack!

Gemüse – und gerade Wurzelgemüse – eignet sich sehr gut zum Experimentieren mit Kräutern und Gewürzen. Der eigenen Fantasie sind hier keine Grenzen gesetzt.

S. 63
WARENKUNDE Waldmeister

S. 159
KÜCHENPRAXIS Zitronengras vorbereiten

Gemüsecurry

ZUBEREITUNGSZEIT 1 Std. 10 Min.

FÜR DIE CURRYPASTE
- 2 rote Zwiebeln, 4 EL Olivenöl
- 2 EL geschälte, gehackte Ingwerwurzel
- 4 EL fein geschnittenes Zitronengras
- 2 Knoblauchzehen, abgezogen und klein gewürfelt
- 4 TL Salz, 2 TL Zucker
- 2 EL abgeriebene Schale von 1 unbehandelten Grapefruit oder Orange
- 2 TL geschnittenes Koriandergrün
- 2 TL Kreuzkümmel
- 2 TL Tandoori- oder Chilipulver

FÜR DAS CURRY
- 200 g Okraschoten (Asialaden)
- 200 g Bambussprossen (Asialaden, frisch oder aus der Dose)
- 200 g Kürbis (Butternut oder Hokkaido)
- 200 g Topinambur, 200 g Ananas
- 4 EL Waldmeisterblättchen (Ersatz: 2–3 EL echter Waldmeistersirup, dann den Zucker weglassen)
- 5 EL Öl, 2 TL gelbes Currypulver, 2 TL Zucker
- 400 ml ungesüßte Kokosmilch
- 4 EL Brunnenkresseblättchen

1. Für die Currypaste die Zwiebeln schälen und klein würfeln. In einer Pfanne das Öl erhitzen und die Zwiebelwürfel mit dem Ingwer, dem Zitronengras und dem Knoblauch anbraten. Würzen Sie die Mischung mit Salz und Zucker. Die Pfanne vom Herd nehmen und alles mit den restlichen Zutaten für die Currypaste im Mixer zu einem Mus verarbeiten.

2. Für das Curry die Okraschoten putzen und halbieren oder vierteln. Frische Bambussprossen schälen. Kürbis, Topinambur und Ananas ebenfalls schälen. Schneiden Sie alles in etwa 1 cm große Würfel. Den Waldmeister waschen, trocken schütteln und fein schneiden.

3. Blanchieren Sie die Okrastücke, Topinambur- und frischen Bambuswürfel sowie den Waldmeister 2 Minuten. Dann alles abgießen, abtropfen lassen und in einem Topf mit dem übrigen vorbereiteten Gemüse in Öl anbraten. Rühren Sie 2 EL der Currypaste unter. Das Gemüse mit Currypulver und Zucker würzen, alles weitere 2 Minuten braten, dann mit der Kokosmilch ablöschen. Waldmeister und Ananas zugeben und das Curry noch etwa 5 Minuten köcheln lassen, das Gemüse sollte noch Biss haben.

4. Inzwischen die Brunnenkresse waschen und trocken tupfen. Richten Sie das Curry auf vorgewärmten tiefen Tellern oder Schalen an. Alles mit Brunnenkresse garnieren und sofort servieren.

Beilagen und Varianten

Zu einem solchen Curry passt traditionsgemäß Reis. Sie können aber auch einmal Haselnuss-Spätzle oder Kaffee-Tagliatelle dazu reichen. Außerhalb der Saison lässt sich Waldmeister durch Liebstöckel oder Salbei ersetzen. Und die übrige Currypaste lässt sich gut verschlossen zwei bis drei Tage im Kühlschrank aufbewahren.

Curry – mehr als nur ein Pulver

Curry? Was ist das eigentlich? Man versteht darunter nicht nur das gelbe Pulver mit dem bisweilen stumpfen Geschmack, das in Supermarktregalen auf ahnungslose Käufer wartet. Currys, das sind auch mit Finesse gewürzte Schmorgerichte, die in warmen Sonnentönen von gelb bis dunkelorange dem hungrigen Betrachter appetitlich entgegenstrahlen. Ihr Ursprung liegt in Indien. Dort werden Fisch, Fleisch, Gemüse und Meeresfrüchte traditionell mit frischem Ingwer, Knoblauch, Kurkuma und je nach Herkunft und persönlicher Vorliebe vielen weiteren Gewürzen zubereitet. Natürlich hat jede Region ihre eigene Würztradition, ja jede Hausfrau rührt ihre exklusive Mischung selbst zusammen und wird daran erkannt.

Denn Curry ist nicht gleich Curry. Vielmehr ist es ein Oberbegriff für eine ganze Reihe von Gerichten von mild bis sehr scharf, die sich im indischen und südostasiatischen Raum größter Beliebtheit erfreuen. Dahinter verbergen kann sich allerlei. Im Norden Indiens liebt man das Curry, in dieser Gegend »Korma« genannt, beispielsweise eher mild. Auch ist seine Beschaffenheit eher fest, damit das Curry nicht vom Fladenbrot tropft, das oft als einzige Beilage dazu gegessen wird. Die Sauce wird daher so stark eingekocht, bis sie sehr dickflüssig ist. Für die Menschen im südlichen Indien dagegen kann das Curry gar nicht saftig und scharf genug sein: Denn hier gibt's dazu Reis und Linsen.

Allen indischen Currys gemein ist, dass die Masalas – wie die Würzmischungen genannt werden, die die Basis für alle Currys bilden – aus getrockneten, gemahlenen Gewürzen bestehen. Kreuzkümmel, Koriander und Kardamom sind immer mit von der Partie. Nelken, Sternanis und Zimt geben das pfeffrig-süße Aroma. Je nach Region werden aber noch viele andere Gewürze wie Muskat, Chili oder Pfeffer zugesetzt. Die bekannteste Mischung heißt Garam Masala. Übersetzt bedeutet das »warm« beziehungsweise »warm machen« – dies lässt erahnen, dass Garam Masala zuweilen auch recht scharf sein kann, dem hungrigen Esser also tüchtig einheizt. Aber nur ein Nichteingeweihter glaubt, dass Garam Masala immer gleich schmecken muss. Denn auch hier gibt es zahlreiche Variationen. Die große Kunst liegt in der Zusammenstellung, und ein standardisiertes Rezept gibt es nicht. Und natürlich orientiert sich die Auswahl der Gewürze in erster Linie am Gargut, das in der Sauce geschmort werden soll. Milde Masalas etwa werden häufig für Gemüsegerichte wie Blumenkohl- oder Kartoffelcurry verwendet. Auch Dals, wie Hülsenfrüchte genannt werden, mögen's eher mild. Etwas schärfer geht es zur Sache, wenn Fleisch wie Lamm oder Hähnchen geschmort werden soll. Und manches Fischcurry liegt hart an der Schmerzgrenze europäischer Gaumen.

Die schärfsten Currys stammen aus dem südostasiatischen Raum, vor allem aus Thailand. Dort hat sich eine ganz eigenständige Currytradition herausgebildet. Grundlage für die hier üblichen Currygerichte sind Würzpasten, die sich in Farbe und Schärfegrad grundlegend voneinander unterscheiden. Diese Pasten bestehen überwiegend aus frischen Zutaten: Ingwer, Galgant, Kurkuma, Zwiebeln, Knoblauch, Zitronengras und je nach gewünschter Schärfe eine variable Zahl frischer Chilischoten werden mit dem Reibstein oder im Mörser zusammen mit weiteren Gewürzen zu einer homogenen Paste verarbeitet. Die mildere gelbe Currypaste wird von vielen geschätzt. Geübtere Curryesser wagen sich an die relativ scharfe rote Currypaste, die Grundlage für viele Gerichte ist. Die Wagemutigsten probieren die grüne Paste, die ihre Farbe frischen grünen Chilischoten verdankt und zumeist »very hot« ist.

Margarethe Brunner

Pasta, Knödel, Getreide und Reis

Von einfach bis raffiniert: Trenette mit Pesto, Ravioli mit Kräutern und Bulgur mit Minze.

Unzählige Variationsmöglichkeiten

Bei diesem großen kulinarischen Thema sind der eigenen Fantasie keinerlei Grenzen gesetzt – mediterrane Aromen passen zu Teigwaren ebenso gut wie asiatische Gewürze, überzeugen Sie sich selbst.

ZUM AROMATISIEREN der im Eigengeschmack eher zurückhaltenden Pasta gibt es viele Möglichkeiten. Meist werden die Nudeln einfach in Salzwasser gegart, anschließend abgegossen, mit einer würzigen Sauce vermischt und sofort serviert. Berühmt dafür ist die italienische Küche, die das Aromatisieren der Pasta von außen perfekt variiert. Von einfachen Saucen zu Spaghetti wie *aglio e olio* – Olivenöl und Knoblauch, oft sind auch noch Petersilie und Peperoni dabei – reicht die Palette über kräuterwürzigen Pesto bis hin zu etwas aufwendigeren Rezepturen auf Tomatenbasis mit Kräutern, Kapern und Oliven, wie bei den *Rigatoni alla putanesca.* Zu jeder der unzähligen frischen oder getrockneten Nudelformen gehört eine entsprechende Sauce, die geschmacklich auf die Hauptzutat abgestimmt wird. Knoblauch und Petersilie sind meist dabei, ebenso wie Peperoni und Kräuter.

AROMEN IM TEIG

Manchmal steckt das Aroma jedoch auch im Teig. In Japan liebt man etwa mit grünem Tee oder roten Shisoblättern gefärbte Buchweizennudeln. Mit Chili oder Knoblauch aromatisierte Pasta ist in Italien gefragt. Hierfür werden die würzenden Zutaten fein zerrieben oder gemahlen und mit Mehl und Eiern zu einem Teig verarbeitet. Farbe erhält Nudelteig durch Zugabe von Gewürzen wie Safran, Kurkuma oder auch durch Kräuter. Für 4 Portionen hellen, grün gesprenkelten Teig benötigen Sie 20 bis 40 g gehackte, gemischte Kräuter, etwa Petersilie, Kerbel, Liebstöckel oder Rucola. Grüner wird die Pasta, wenn Sie den Kräuteranteil verdreifachen und die abgezupften Blättchen vor dem Untermischen mit ein wenig Wasser pürieren. Soll der Nudelteig leuchtend grün und gleichmäßig gefärbt sein, verwendet man am besten eine Kräutermatte aus Chlorophyll. Wie das geht, erfahren Sie auf S. 150. Wichtig ist noch, dass die begleitende Sauce im Geschmack auf das jeweilige Aroma der Pasta abgestimmt wird.

Gelegentlich serviert man Nudeln nach österreichisch-ungarischem Vorbild auch als Süßspeise, in diesem Fall kann der Teig nach Belieben mit Zimt oder Kakao verfeinert werden.

RAVIOLI, GNOCCHI, KNÖDEL UND GETREIDE

Eine dritte Möglichkeit, Teigwaren und Gewürze zu kombinieren, ist das Füllen des Teiges, wie bei Ravioli oder Tortellini der Fall. Neben einer Fleisch-, Geflügel- oder Fischfarce dient hier häufig Ricotta als Grundlage. Unter sie werden weitere würzende Zutaten gemischt, wie beispielsweise bei den Nudeltaschen mit Frühlingskräutern. Aber auch die aus Mehl und Kartoffeln hergestellten Gnocchi sind zum Füllen geeignet. Gut schmecken sie etwa mit zweierlei Käse und Liebstöckel gefüllt. Mit einem würzigen Innenleben können auch Knödel überraschen. Meist werden die Gewürze und Kräuter wie Muskatnuss, Salz, Pfeffer, Petersilie und Majoran jedoch gleich in die Knödelmasse mit eingearbeitet. Mediterrane und asiatische Aromen vertragen die insbesondere im östlichen Mittelmeerraum sowie in Nordafrika beliebten Getreideprodukte wie Bulgur und Couscous.

REIS – TROCKEN ODER SÄMIG

Bei den Reisgerichten des Mittelmeerraumes garen die Körner oft zusammen mit würzenden Zutaten, man denke nur an italienischen Risotto, der sich bestens zum Kombinieren von Reis und Kräutern eignet. In Asien kocht man Reis dagegen meist separat, es gibt aber auch dort speziell gewürzte Reisgerichte wie beispielsweise *Nasi Goreng.* Lassen Sie sich beim Aromatisieren von Reis und Pasta von den Rezepten des folgenden Kapitels inspirieren.

Attraktive Muster im Teig

Optisch etwas Besonderes sind Teigplatten, für die ganze Kräuterblättchen zwischen zwei, mit der Nudelmaschine dünn ausgerollte, Teigbahnen gelegt und erneut durchgedreht werden. Dabei entstehen je nach Blattform die unterschiedlichsten Muster – mehr dazu auf S. 277.

Pasta mit Pesto und Kartoffeln

ZUBEREITUNGSZEIT 1 Std.

FÜR DEN PESTO
- 1 großes Bund glatte Petersilie
- ½ Knoblauchzehe, abgezogen
- Meersalz
- 100 g Pinienkerne, frisch geröstet
- 100 g reifer Pecorino (Ersatz: Parmesan), frisch gerieben
- 40 g Nussbutter (gebräunte Butter, siehe Tipp)
- 60 ml Olivenöl aus Ligurien

FÜR DIE PASTA
- 100 g zarte junge Buschbohnen, geputzt
- ½ Bund Bohnenkraut, Salz
- 200 g festkochende Kartoffeln
- 350 g Penne oder Trenette
- 80 g Pecorino, frisch gerieben

S. 48
WARENKUNDE Petersilie
S. 142
KÜCHENPRAXIS Pesto herstellen

1. Für den Pesto die Petersilie waschen, trocken schleudern und die Blättchen von den Stängeln zupfen. Zerreiben Sie den Knoblauch mit etwas Meersalz und einem Viertel der gerösteten Pinienkerne in einem Mörser. Anschließend nach und nach die Petersilienblättchen sowie die restlichen Pinienkerne untermengen. Dann den geriebenen Pecorino und die braune Butter einarbeiten, zuletzt das Olivenöl unterrühren und den Pesto abschmecken.

2. Die Bohnen für die Pasta mit dem Bohnenkraut in stark gesalzenem, sprudelnd kochendem Wasser weich garen. Inzwischen die Kartoffeln schälen und in Würfel schneiden. Garen Sie die Kartoffeln in einem großen Topf in reichlich Salzwasser ebenfalls weich, sie sollen aber noch ein wenig Biss haben.

3. Kochen Sie die Nudeln im Kartoffelkochwasser al dente. In der letzten Minute der Garzeit Bohnen und Kartoffeln zufügen. Alles in ein Sieb abgießen, dabei etwas Kochwasser auffangen. Den Pesto mit etwas Nudelkochwasser geschmeidig rühren und unter die Nudel-Mischung geben.

4. Verteilen Sie die Nudeln auf vorgewärmte tiefe Teller. Die Pasta dann mit dem Pecorino bestreuen und servieren. Zu der Pasta mit Pesto und Kartoffeln passt, wenn Sie das Gericht etwas ausbauen wollen, auch gegrillter Fisch sehr gut, etwa eine Dorade, oder Sie servieren ein paar mit Kräutern und Knoblauch gebratene Riesengarnelen dazu.

Nussbutter herstellen

Gebräunte Butter verfeinert Gemüse, Suppen und Saucen, aber auch Geflügelfarce. Sie ist ganz leicht herzustellen: Einfach die Butter bei mittlerer Hitze bräunen, dann durch ein mit einem Tuch ausgelegtes Sieb passieren, um die dunklen Bestandteile zu entfernen.

»Blickfang: Kräuter im Nudelteig«

Sie sind nicht nur gute Begleiter von Pasta, im Teig verarbeitet setzen sie auch optische Akzente. Schon wer sich für die einfachere Variante entscheidet und lediglich ein Bund fein gehackte Frühlingskräuter unter den Nudelteig mischt, darf sich auf ein grünes Wunder freuen.

Besonders attraktiv ist es, wenn die Kräuterblättchen im Ganzen verarbeitet werden. Dazu zwei Teigbahnen möglichst dünn ausrollen und das gewünschte Kraut Blättchen für Blättchen dazwischenlegen. Fest andrücken und alles nochmals dünn ausrollen – fertig sind die Nudeln mit individuellem Kräutermuster! Dem eigenen Einfallsreichtum sind dabei kaum Grenzen gesetzt. Salbeinudeln beispielsweise passen zu kräftigen Kalbfleisch- oder Lammgerichten. Mit Rosmarin verfeinert, geben sie jeder Speise eine mediterrane Note. Einen Hauch von Haute Cuisine verströmt Estragon, der sich zwar nicht gut mit anderen Kräutern verträgt, dafür aber perfekt mit feinen Fleischgerichten oder einem aromatischen Ratatouille harmoniert. Ganz anders übrigens als die anpassungsfähige Petersilie, die zu fast allem passt.

Bernd Siener

Kartoffelgnocchi, gefüllt mit Ziegenfrischkäse und Liebstöckel

ZUBEREITUNGSZEIT 1 Std. 30 Min.

FÜR DEN GNOCCHITEIG
- 500 g mehlig kochende Kartoffeln, geschält, Salz
- 120 g doppelgriffiges Mehl (Dunst)
- 30 g Hartweizengrieß, 1 Ei
- frisch geriebene Muskatnuss

FÜR DIE FÜLLUNG
- 100 g Ziegenfrischkäse
- 50 g Greyerzer, frisch gerieben
- frisch gemahlener Pfeffer
- 2–3 EL in Chiffonade geschnittene Liebstöckelblätter

AUSSERDEM
- 60 g Butter
- 60 g Parmesan, frisch gerieben

1. Die Kartoffeln in Salzwasser in etwa 20 Minuten gar kochen. Bereiten Sie in der Zwischenzeit die Füllung vor: Den Ziegenfrischkäse mit einer Gabel zerdrücken und cremig rühren. Dabei eventuell etwas Wasser unterrühren, falls der Frischkäse zu trocken sein sollte. Anschließend den geriebenen Greyerzer, den Pfeffer sowie die Liebstöckelstreifen untermischen. Die Masse zu etwa 1 cm großen Kugeln formen und kühl stellen.

2. Für den Gnocchiteig die Kartoffeln abgießen und zum Ausdampfen noch einmal kurz auf die heiße Herdplatte stellen, dabei leicht am Topf rütteln. Drücken Sie die Kartoffeln noch heiß durch die Kartoffelpresse in eine Schüssel. Dann die Kartoffeln mit dem Mehl, dem Grieß, dem Ei, Salz und Muskat mit den Knethaken des elektrischen Handrührgeräts zu einem glatten Teig verkneten.

3. Den Teig zu einem 3 cm dicken Strang formen. Trennen Sie etwa 3 cm lange Stücke ab. Die Teigstücke anschließend leicht flach drücken, je eine Käsekugel auflegen und mit dem Gnocchiteig umhüllen. Zuletzt mit den Zinken einer Gabel das typische Gnocchimuster eindrücken.

4. Bringen Sie in einem Topf ausreichend Salzwasser zum Kochen. Die Gnocchi hineingeben und kurz unter dem Siedepunkt ziehen lassen, bis sie vom Topfboden nach oben steigen. Inzwischen die Butter in einer Kasserolle leicht bräunen.

5. Die Gnocchi herausnehmen, abtropfen lassen und auf vorgewärmten Tellern anrichten. Übergießen Sie die Gnocchi vor dem Servieren mit der gebräunten Butter und bestreuen Sie alles mit Parmesan. Kartoffelgnocchi schmecken zu gebratenem oder gegrilltem Gemüse, etwa zu Auberginen, Paprika oder Zucchini, passen aber auch sehr gut zu Pilzen.

Kräuter-Varianten

Statt mit Liebstöckel können Sie die Füllung auch mit Estragon, Thymian oder Schnittknoblauch würzen. Oder Sie bereiten, ganz klassisch, die Füllung ohne Kräuter zu und braten dafür in der Butter eine Handvoll Salbeiblätter mit.

S. 35
WARENKUNDE Liebstöckel

S. 139
KÜCHENPRAXIS Chiffonade schneiden

Nudeltaschen mit Frühlingskräutern

ZUBEREITUNGSZEIT 2 Std.
KÜHLZEIT 1 Std.

FÜR DEN NUDELTEIG
- 230 g doppelgriffiges Mehl (Dunst)
- 1 Eigelb, 1 EL Rapsöl
- 1 Ei, 1 Prise Salz

FÜR DIE KRÄUTERFÜLLUNG
- 4 Frühlingszwiebeln, geputzt
- 30 g Butter
- 50 g Frühlingsspinat, ohne Stiele
- 20 Bärlauchblätter, ohne Stiele
- 20 g Brennnesselspitzen
- Salz, frisch gemahlener Pfeffer
- 250 g Ricotta
- 60 g Sbrinz oder Parmesan, frisch gerieben
- 2 Eier

AUSSERDEM
- 1 Eigelb, 200 g frische Morcheln, gewaschen und in Achtel geschnitten
- 60 g Butter
- 5 Bärlauchblätter, ohne Stiele, in feinen Streifen
- 50 g Pinienkerne, Salz, frisch gemahlener Pfeffer
- 1 Handvoll Sauerkleeblätter, ohne Stiele

S. 19, 66
WARENKUNDE Bärlauch, Brennnessel
S. 139
KÜCHENPRAXIS Kräuter zerkleinern

1. Sämtliche Zutaten für den Nudelteig miteinander vermischen und gut verkneten. Arbeiten Sie bei Bedarf noch 2 EL Wasser mit ein. Anschließend den Teig zur Kugel formen, in Frischhaltefolie wickeln und 1 Stunde im Kühlschrank ruhen lassen.

2. Für die Kräuterfüllung die Frühlingszwiebeln fein würfeln. Dünsten Sie die Frühlingszwiebeln 3 bis 5 Minuten in Butter an. Spinat, Bärlauch und Brennnesseln waschen, abtrocknen, grob hacken und kurz mitdünsten. Alles salzen, pfeffern und auskühlen lassen. Anschließend den Ricotta, den geriebenen Käse sowie die Eier unter die Zwiebel-Kräuter-Mischung rühren. Alles gut vermengen und die Füllung mit Salz und Pfeffer abschmecken.

3. Rollen Sie den Teig mit der Maschine dünn aus und schneiden Sie ihn in 8 x 8 cm große Quadrate. Jeweils 1 EL Füllung in die Mitte setzen und die Teigränder mit Eigelb bestreichen. Den Teig über der Füllung zusammenschlagen und gut festdrücken. Die Teigtaschen dann etwa 8 Minuten in Salzwasser kochen, abgießen und abschrecken.

4. Braten Sie die Morcheln in Butter kurz an. Die Teigtaschen in der Butter schwenken, Bärlauch und Pinienkerne untermischen, alles salzen und pfeffern. Die Teigtaschen mit den Morcheln auf vorgewärmten Tellern anrichten, mit Sauerklee bestreuen und sofort servieren.

Mit Sommerkräutern

Im Sommer ersetzen Sie Spinat, Bärlauch und Brennnesseln durch 50 g Petersilie oder Basilikum, ½ Knoblauchzehe sowie 15 Minzeblätter. Statt der Morcheln verwenden Sie dann 200 g Pfifferlinge, die mit ½ Knoblauchzehe und 3 Zweigen Thymian angebraten werden.

Gebratene Blutwurstknödel mit Apfel-Majoran-Püree

ZUBEREITUNGSZEIT 45 Min.

FÜR DIE KNÖDEL
- ½ Zwiebel, ½ Knoblauchzehe
- 2 Brötchen vom Vortag, 2–3 EL Butter
- 70 ml lauwarme Milch, 2 Eier, verquirlt
- 1 EL gehackte Petersilie
- 1 TL gehackte Majoranblättchen
- Salz, Pfeffer, frisch geriebene Muskatnuss
- 100 g Blutwurst, 4 Stängel Majoran

FÜR DAS PÜREE
- 4 Äpfel (Boskop), 40 g Gänseschmalz
- 2 TL Majoranblättchen, Salz, Zucker

S. 38
WARENKUNDE Majoran

1. Die Zwiebel und den Knoblauch schälen und beides fein würfeln. Die Brötchen in kleine Würfel schneiden und in eine Schüssel geben. In einer Pfanne 1 EL Butter zerlassen und die Zwiebel darin hellbraun rösten, den Knoblauch zufügen und kurz mitbraten. Übergießen Sie die Brötchen mit der lauwarmen Milch. Dann die Eier, die Zwiebelwürfel und die Kräuter untermengen, alles mit Salz, Pfeffer und Muskat würzen und etwa 15 Minuten ziehen lassen.

2. Schneiden Sie die Wurst in etwa 5 mm große Würfel und heben Sie die Blutwurstwürfel unter die Knödelmasse.

3. Für das Püree die Äpfel schälen, vierteln und das Kerngehäuse entfernen. Dünsten Sie die Äpfel in Gänseschmalz langsam weich. Anschließend durch ein Sieb passieren. Den Majoran fein hacken und das Püree mit den Majoranblättchen, Salz und Zucker abschmecken.

4. Aus der Semmel-Blutwurst-Masse kleine Knödel formen. Zerlassen Sie die restliche Butter und braten Sie die Knödel darin langsam an. Die gebratenen Blutwurstknödel mit dem Apfel-Majoran-Püree auf vorgewärmten Tellern anrichten, mit etwas Majoran garnieren und servieren.

Bulgur mit Minze und Five Spices

ZUBEREITUNGSZEIT 40 Min.

FÜR DEN BULGUR
- 2 Schwarzwurzeln (200 g)
- Saft von ½ Zitrone, 1 rote Zwiebel
- 1 Knoblauchzehe, 2 EL Olivenöl
- 20 g Pinienkerne
- 200 g Bulgur (nicht vorgegart)
- 1 TL fein zerstoßener Szechuan-Pfeffer
- 1 TL Fünf-Gewürze-Pulver (Five Spices)
- 1 TL gemahlener Kreuzkümmel
- 1 EL Salz, 1 EL Zucker
- 400 ml rosa Grapefruitsaft
- ½ l Ginger Ale
- 1 Stange Zimt, 2 rosa Grapefruits
- 2 EL Minzeblätter

S. 40–43
WARENKUNDE Minze

S. 165
KÜCHENPRAXIS Fünf-Gewürze-Pulver

»Bulgur ist äußerst vielseitig: Versuchen Sie ihn doch auch einmal mit Pfirsich und Steinpilzen oder mit Spargel und Maracuja. Und die Minze lässt sich durch Koriander oder Dill ersetzen.«

1. Die Schwarzwurzeln waschen und schälen, dabei am besten Handschuhe tragen, da die Wurzeln stark färben. Schneiden Sie die Schwarzwurzeln in etwa 1 cm große Stücke. Die Schwarzwurzeln in kaltes Zitronenwasser legen, damit sie sich nicht braun verfärben.

2. Die Zwiebel und den Knoblauch schälen, die Zwiebel in feine Scheiben schneiden und den Knoblauch fein hacken. Erhitzen Sie in einer Pfanne das Olivenöl und braten Sie Zwiebel, Knoblauch, Pinienkerne sowie die gut abgetropften Schwarzwurzelstücke darin etwa 2 Minuten an. Dann den Bulgur zufügen und alles mit Szechuan-Pfeffer, Fünf-Gewürze-Pulver, Kreuzkümmel, Salz und Zucker würzen und noch 2 Minuten weiterbraten.

3. Löschen Sie den Bulgur mit Grapefruitsaft und Ginger Ale ab. Anschließend die Zimtstange zugeben und alles noch etwa 12 Minuten bei schwacher Hitze köcheln lassen, dabei gelegentlich umrühren. Der Bulgur darf nicht verkocht sein und die Schwarzwurzeln sollen noch etwas Biss haben.

4. In der Zwischenzeit die Grapefruits schälen und filetieren. Die Minzeblätter waschen, trocken schütteln und in feine Streifen schneiden. Heben Sie vor dem Servieren die Grapefruitfilets sowie die geschnittene Minze unter den Bulgur. Alles auf vorgewärmten Tellern anrichten, mit etwas Minze garnieren und den gewürzten Bulgur sofort servieren, etwa als Beilage zu auf der Haut gebratenem Wolfsbarsch, zu gebratenem Rehrücken oder auch zu geschmorten Kaninchenkeulen. Der gewürzte Bulgur schmeckt aber auch kalt als Salat ganz köstlich.

Gewürzreis mit Zitronenverbene, Tamarillo und grünem Spargel

ZUBEREITUNGSZEIT 1 Std. 10 Min.

FÜR DEN REIS

- 200 g roter Reis aus Italien (Ersatz: Basmatireis, dann verkürzt sich die Kochzeit etwa um die Hälfte)
- 1 rote Zwiebel, 1–2 frische rote Chilischoten
- 1 TL fein gehackter Ingwer, 2 EL Öl, 1 TL Salz
- 1 TL Zucker, 1 TL gemahlener Kreuzkümmel
- 4 Blätter Zitronenverbene
- 200 ml trockener Weißwein, etwa Riesling
- 400 ml Apfelsaft, 2 Tamarillos (Baumtomaten)
- 8 Stangen grüner Spargel
- 1 EL fein geschnittene Basilikumblättchen

AUSSERDEM

- 4 grüne Spargelspitzen, gegart und halbiert
- 1 Tamarillo, geachtelt, Zitronenverbene

S. 65
WARENKUNDE Zitronenverbene

S. 139
KÜCHENPRAXIS Kräuter schneiden

1. Den Reis kurz kalt abspülen und abtropfen lassen. Die Zwiebel schälen und in feine Scheiben schneiden. Chilischoten von Samen und Scheidewänden befreien und fein würfeln. Braten Sie Zwiebel, Chiliwürfel und Ingwer in Öl an. Nach etwa 2 Minuten den Reis zufügen und mitbraten, bis die Reiskörner braune Spitzen haben.

2. Alles mit Salz, Zucker, Kreuzkümmel und Zitronenverbene würzen und mit dem Weißwein ablöschen. Die Flüssigkeit bei mittlerer Hitze reduzieren, bis der Wein fast verdampft ist. Füllen Sie alles mit Apfelsaft und 200 ml Wasser auf. Den Reis in etwa 45 Minuten fertig garen, er sollte noch etwas Biss haben.

3. Inzwischen die Tamarillos dünn schälen und 1 cm groß würfeln. Vom grünen Spargel jeweils das untere Drittel abbrechen und wegwerfen. Schneiden Sie die Spargelstangen in Scheiben. Tamarillos und Spargel untermischen und beides 4 Minuten mitgaren. Den Reis mit Basilikum verfeinern und in vorgewärmten Schalen anrichten. Jede Portion mit zwei grünen Spargelspitzen, zwei Tamarillospalten und Zitronenverbene garnieren und servieren.

Mehrere Varianten

Statt mit Reis können Sie dieses Gericht auch mit Buchweizen oder Graupen zubereiten – in diesem Fall gelten jedoch kürzere Garzeiten. Die Tamarillos lassen sich durch Kirschtomaten, der grüne Spargel durch Steinpilze ersetzen.

Reis und Gewürze

Reis stammt ursprünglich aus Nordindien, Südchina und Südostasien und wurde bald auch im Mittleren Osten und Japan angebaut. Mit dem Islam verbreitete er sich ab Ende des 7. Jahrhunderts rund ums Mittelmeer und bis nach Afghanistan, blieb aber lange Zeit Luxus für besondere Anlässe und privilegierte Schichten. Die Kalifen in Bagdad schätzten die raffinierten Gerichte der eleganten persischen Haute Cuisine, mit einer Vielzahl von kostbaren Gewürzen und Kräutern aus allen Winkeln des ausgedehnten Reiches.

SYMBOL FÜR LUXUS

Safran stand dabei an erster Stelle. Er war nicht nur sehr teuer, die gelbe Farbe gilt in asiatischen Ländern bis heute als Glück bringend. Auch aus medizinischen Gründen war er damals von großer Bedeutung. Der beliebte iranische »Polo« mit Huhn und Berberitzen wird nach wie vor mit Safran gewürzt, ebenso wie die orangefarbenen Fäden in das italienische »Risotto Milanese« und die spanische »Paella« gehören. »Jambalaya«, eine Reispfanne der Cajuns in Louisiana/USA mit Schinken und Würsten, könnte auf die Paella zurückgehen – das bestimmende Gewürz ist hier jedoch nicht Safran, sondern Tabasco.

Neben Safran taucht Zimt am häufigsten in traditionellen Reisgerichten des Mittleren Osten auf (wie auch in einem historischen italienischen Minestrone-Rezept von 1570), besonders in Verbindung mit Lamm und Aprikosen oder Huhn. Die uns vertraute Kombination von Milchreis mit Zucker und Zimt hat direkte Pendants in entsprechenden persischen und indischen Süßspeisen, »Kheer« oder »Sheer Birinj«, die oft zusätzlich Rosinen, Kardamom, Mandeln, Pistazien, Safran und Rosenwasser enthalten. Reis gelangte ab dem 13. Jahrhundert über Venedig als teure Importware nach Nordeuropa, und in der Kombination mit ebenso luxuriösen Gewürzen, Zucker und Mandeln kam sein exotischer Status zum Ausdruck. Während Duftreis an sich nicht gewürzt ist, der Name bezieht sich auf das charakteristische Jasmin-Aroma der in Thailand angebauten Reisart, taucht in den gebratenen thailändischen Reisgerichten, »Khao Phad«, die typische Würzkombination von Knoblauch, frischen Chilis, Fischsauce, Palmzucker und Tamarinde oder Limette auf, oft ergänzt von frischem Koriander. Das indonesische »Nasi Goreng« zeigt chinesischen Einfluss und wird mit Sojasauce und roten Chilis scharf gewürzt. Eine Reihe frischer Kräuter und Kokosmilch bestimmen die malaiische Variante »Nasi Ulam«.

In Indien wird Reis entweder neutral oder mit den jeweils regional üblichen Gewürzen zubereitet, die von Pfeffer, Lorbeer und Kreuzkümmel bis zu Kokos in Verbindung mit roten Chilis, brauner Senfsaat, Asant und Curryblättern reichen. In Goa macht sich der portugiesische Einfluss im »Arroz refogado« bemerkbar, einer Kreuzung zwischen Risotto und Pilaw, gewürzt mit Nelke, Kardamom, Zimt, Zwiebel und Tomate. In West Bengal gibt es »Khichuri«, die Urform des britischen »Kedgeree«, aus Reis und geschälten Mungbohnen, mit Lorbeer, Nelke, Kardamom und Zimt. Zum Gelbfärben mancher Gerichte, wie etwa der Opferspeise »Pulihora«, einer würzig-sauren kalten Reispaste, tritt in Südindien oft Kurkuma anstelle des Safrans. Das ist auch bei dem berühmten »Biryani« der Fall, einem reichhaltigen Festtagsgericht, dessen Ursprung auf das Mogulenreich im 15. und 16. Jahrhundert zurückgeht, das heute aber auch in vielen anderen asiatischen Ländern anzutreffen ist. In unzähligen Varianten wird dafür Fleisch und/oder Gemüse mit Reis und Joghurt gegart und mit Chili, Kreuzkümmel, Koriander, Kardamom, Nelke und Zimt gewürzt. Eine Prise Zucker und Rosinen verweisen dabei auf die historische Verbindung mit Persien.

Ursula Heinzelmann

Perlgraupenrisotto mit glatter Petersilie

ZUBEREITUNGSZEIT 1 Std.
FÜR 2 PORTIONEN

FÜR DEN GRAUPENRISOTTO
- 30 g Möhre, geschält
- 30 g Knollensellerie, geschält
- 30 g Lauch, geputzt
- 30 g Schalotten, geschält
- 30 g durchwachsener Räucherspeck
- 50 g Butter, 1 EL Olivenöl
- 160 g Perlgraupen, Salz
- 100 ml Weißwein
- 1 l Geflügelfond
- 1 großes Bund glatte Petersilie
- 60 g Pecorino, frisch gerieben
- frisch gemahlener Pfeffer

AUSSERDEM
- einige Blättchen glatte Petersilie
- frisch gehobelte Pecorinospäne für die Garnitur

S. 48
WARENKUNDE glatte Petersilie

S. 139
KÜCHENPRAXIS Kräuter schneiden

1. Schneiden Sie das Gemüse in feine Würfel. Den Speck ebenfalls fein würfeln. In einem Topf die Hälfte der Butter mit dem Olivenöl erhitzen und die Speckwürfel zusammen mit den gewürfelten Schalotten darin hell anschwitzen. Die Gemüsewürfel zufügen und kurz mit anschwitzen.

2. Anschließend die Perlgraupen zufügen und ebenfalls kurz mit anschwitzen. Würzen Sie alles leicht mit Salz und löschen Sie die Mischung dann mit dem Weißwein ab.

3. So viel Geflügelfond angießen, dass die Graupen gerade bedeckt sind und alles unter ständigem Rühren bei schwacher Hitze köcheln lassen. Wenn die Flüssigkeit fast verdampft ist, die Graupen wieder mit Fond bedecken und erneut köcheln lassen, bis die Flüssigkeit fast verschwunden ist. Wiederholen Sie diesen Vorgang mehrfach. Nach etwa 35 Minuten haben die Graupen dann einen angenehmen Biss.

4. Die Petersilie waschen, trocken schütteln, die Blättchen abzupfen und fein schneiden. Rühren Sie den Pecorino und die restliche Butter unter den Graupenrisotto und schmecken Sie diesen mit Salz und Pfeffer ab. Zum Schluss die geschnittene Petersilie unterheben, den Perlgraupenrisotto mit Petersilie und Pecorino garnieren und sofort servieren.

Ideal als Zwischengericht

Ein Graupenrisotto eignet sich im Rahmen eines leichten Menüs bestens als Vorspeise oder Zwischengericht. In diesem Fall reicht die angegebene Menge für 4 Portionen. Noch cremiger wird der Risotto, wenn Sie nach dem Pecorino noch einen Löffel Mascarpone unterrühren.

Muschelrisotto mit Ananasminze

ZUBEREITUNGSZEIT 1 Std. 30 Min.
MARINIERZEIT 1 Std.

FÜR DIE KALMARE

- 400 g küchenfertige Kalmare mit Kopf
- ½ Chilischote, nach Belieben, 1 TL Olivenöl
- 2 Knoblauchzehen, abgezogen und gehackt
- abgeriebene Schale von 1 unbehandelten Zitrone

FÜR DEN RISOTTO

- 1 kg Miesmuscheln, Meersalz, 1 l Fischfond
- 10 Stängel Ananasminze, 8 cl Anisschnaps (Pastis)
- 20 cl trockener Wermut, 1 große Babyananas
- 1 rote Paprika, ohne Samen und Scheidewände
- ¼ Schalotte, geschält und in Streifen geschnitten
- 2 Knoblauchzehen, gepresst, 3 EL Olivenöl
- 400 g Risotto-Reis, etwa Arborio
- 100 ml Champagner- oder Weißweinessig
- 200 ml trockener Weißwein, etwa Riesling
- 1 g Safranfäden, 100 g Pinienkerne, geröstet
- frisch gemahlener Pfeffer, 1 EL Mascarpone
- Ananasminzespitzen und -blätter zum Garnieren

S. 43
WARENKUNDE Ananasminze

1. Von den Kalmaren die Köpfe abtrennen und die Körper in Ringe schneiden. Die Chilischote fein würfeln. Geben Sie die Chiliwürfel mit dem Öl, dem Knoblauch und der Zitronenschale sowie den Kalmarringen und -köpfen in eine Schüssel. Alles 1 Stunde kühl marinieren.

2. Für den Risotto die Muscheln in Salzwasser waschen, dabei durch Aneinanderreiben putzen. Waschen Sie die Muscheln noch 2- bis 3-mal, falls nötig. Fischfond, Ananasminze, Anisschnaps und Wermut zum Kochen bringen, die Muscheln zufügen, alles zugedeckt aufkochen und 4 Minuten köcheln lassen. Die Muscheln abgießen, den Fond auffangen und durch ein Sieb passieren. Zwei Drittel der Muscheln auslösen und alle Muscheln in 200 ml Muschelfond aufbewahren. Den übrigen Fond bei schwacher Hitze auf 800 ml reduzieren.

3. Ananas und Paprika schälen und 2 cm groß würfeln. Schalotte und Knoblauch in einem Topf in Öl hellbraun anbraten. Dann den Reis untermischen und salzen. Löschen Sie alles mit Essig und Weißwein ab und reduzieren Sie die Flüssigkeit unter ständigem Rühren vollständig.

4. Den Reis mit dem heißen Muschelfond bedecken, den Safran zugeben und den Risotto unter Rühren bei schwacher Hitze köcheln lassen. Sobald die Flüssigkeit eingekocht ist, den Vorgang 2- bis 3-mal wiederholen. Muscheln, Ananas, Paprika und Pinienkerne untermischen. Den Risotto salzen, pfeffern, mit dem Mascarpone verfeinern und in vorgewärmten tiefen Tellern anrichten. Braten Sie die Kalmare 1 bis 2 Minuten bei starker Hitze an. Leicht salzen und die Kalmare auf dem Risotto verteilen. Die Köpfe und Muscheln in der Schale dekorativ auf dem Risotto arrangieren und alles mit Ananasminze garniert servieren.

Köstliche Desserts

Kühl und cremig, knusprig oder fruchtig, heiß und raffinert verfeinert, ist der süße Abschluss der Höhepunkt eines jeden Menüs.

Süß, duftend und aromatisch

In Desserts kommen die süßen, schweren Aromen von Vanille und Zimt, aber auch von Anis und Muskatblüte wunderbar zur Geltung. Kräuter bringen hingegen meist frische, zitronige Noten ins Spiel.

GRANITÉS, EIS ODER CREMES basieren oft auf wenigen, dazu immer ähnlichen Ausgangsprodukten wie Zucker, mehr dazu übrigens auf S. 99, Sahne und Eier. Was bietet sich da mehr an, als sie mit den verführerischen Aromen von Gewürzen auszustatten. Traditionell werden auch Früchte gern zum Dessert gereicht, die sich, sofern sie in Weiß- oder Rotwein pochiert, als Salat oder gratiniert serviert werden, ebenfalls zum Aromatisieren anbieten. Sogar Klassiker wie Topfenknödel oder Panna cotta lassen sich mit neuen Geschmacksrichtungen kombinieren. Und Törtchen aus Biskuit oder knusprigem Blätterteig kann man mit auf den Belag oder die Füllung abgestimmten Cremes unendlich variieren.

GEWÜRZE FÜR DESSERTS

Aus der großen Palette der Aromen kommen bei den Desserts vor allem die süß schmeckenden, mit einem üppigen Aroma ausgestatteten Gewürze zum Einsatz, allen voran die Vanille. Sie verleiht Cremes und Saucen, aber auch Sahne und Eis ein unvergleichlich feines Aroma. Eine Mischung aus Zucker und Zimt rundet zahlreiche, in Fett ausgebackene Spezialitäten ab. Zimt aromatisiert aber auch Cremes, Eis, Saucen und heiße Getränke wie Schokolade oder Glühwein. Ein weiteres süßes Gewürz, der Anis oder auch ähnlich schmeckende Verwandte, ergänzt fruchtigen Orangengeschmack perfekt, verfeinert aber auch Obstkompotte und Parfaits. Und Gewürznelken parfümieren fein gemahlen Frucht- und Rotweinsaucen sowie Kompott.

UNGEWÖHNLICH AROMATISIERT

Neben diesen typischen Dessertgewürzen gibt es noch eine Reihe anderer Aromen, die zwar nicht generell für Süßes verwendet werden, gekonnt kombiniert jedoch Süßem und Fruchtigem das besondere Etwas verleihen. So kann zum Beispiel ein Hauch Schärfe – die von Chilis, schwarzem oder anderem Pfeffer stammen kann – Birnen, Melonen, Ananas oder andere exotische Früchte noch besser zur Geltung bringen. Obstsalate gewinnen durch eine leichte Ingwernote, dafür verwendet man am besten den ausgepressten Saft. Und eine Spur Muskatblüte macht sich sehr gut in Eis oder Sorbets, kann aber auch Cremes und Gebäck aromatisieren.

KRÄUTER SÜSS KOMBINIERT

Vielfach beschränkt sich die Aufgabe der Kräuter bei Desserts auf die reine Optik. Frisches Grün – mit oder ohne Blüten – dient als Garnitur und setzt farbige Akzente, ein Stängel Zitronenmelisse hier, ein Blättchen Minze da. Aber Kräuter können noch viel mehr, wie das folgende Kapitel zeigt. Mit ihrem zitronig-frischen Aroma variiert die Verbene einen Saucenklassiker auf überraschende Art, und Lavendelblüten parfümieren feine Aprikosentörtchen. Selbst die Aromen von sonst nur aus der pikanten Küche bekannten Kräutern wie Basilikum oder Rosmarin versprechen in Cremes oder Eis ganz neue, raffinierte Geschmackserlebnisse.

Blüten zum Nachtisch

Das Aroma einiger Blüten, etwa von Rosen, Goldmelissen oder Holunder, lässt sich in raffinerten Sorbets und Sirupen, Gelees und Getränken einfangen. Die großen Holunderdolden schmecken auch ausgebacken sehr gut.

LIEBSTÖCKEL UND SCHOKOLADE

Passt das denn? Peter Scharff meint, ja. Vorausgesetzt, es geht um die Knospen und Sie haben die richtige Schokolade. Um dieses kulinarische Experiment nachzuvollziehen, benötigen Sie allerdings eine Pflanze, die so lange wachsen darf, bis sich Blütenknospen bilden, und 200 g beste Vollmilchkuvertüre. Diese wird temperiert, dann etwa 3 mm dick auf Dauerbackfolie (Overheadfolie geht auch) verstrichen und wellenförmig verziert. Bevor die Kuvertüre dann völlig erstarrt, verteilt man die abgezupften Liebstöckelknospen darauf. Gekühlt und zu Talern ausgestochen, lässt sich diese einzigartige Geschmackskombination perfekt genießen.

Granité und Sorbet von Holunderblüten

ZUBEREITUNGSZEIT 1 Std.
MARINIERZEIT 48 Std. · KÜHLZEIT 1 Std.

FÜR DEN HOLUNDERBLÜTENFOND
- 300 g Zucker
- 1 ½ Blatt Gelatine, kalt eingeweicht
- Saft von 1 ½ Limetten
- 350 ml Champagner oder trockener Rieslingsekt
- 400 ml Riesling
- 15 Holunderblüten, ausgeschüttelt

AUSSERDEM
- 2 reife weiße Pfirsiche oder Aprikosen
- 200 ml Champagner oder trockener Rieslingsekt
- 1 EL Limettensaft, 40 g Zucker
- 200 g Himbeeren (Ersatz: reife Erdbeeren oder Johannisbeeren)
- Minzeblättchen für die Garnitur

S. 72
WARENKUNDE Holunderblüten

S. 174
KÜCHENPRAXIS Blüten vorbereiten

1. Für das Granité und Sorbet zunächst einen Holunderblütenfond herstellen. Dafür in einem Topf 225 ml Wasser mit dem Zucker aufkochen, dann die ausgedrückte Gelatine darin auflösen und alles abkühlen lassen. Fügen Sie den Limettensaft, den Champagner, den Riesling und die Holunderblüten zu und lassen Sie alles im Kühlschrank 48 Stunden zugedeckt ziehen.

2. Am Tag der Zubereitung die Pfirsiche kurz blanchieren, häuten und halbieren. Bringen Sie in einem Topf den Champagner mit dem Limettensaft und dem Zucker zum Kochen. Die Pfirsichhälften darin bissfest pochieren, dann herausnehmen und auskühlen lassen.

3. Passieren Sie in der Zwischenzeit den Holunderblütenfond durch ein mit einem Tuch ausgelegtes Sieb. Für das Granité ein Drittel des Fonds in eine Schüssel füllen und etwa 1 Stunde tiefkühlen. Lösen Sie dabei die sich am Rand festsetzenden Eiskristalle immer wieder mit einem Löffel. Für das Sorbet den übrigen Holunderblütenfond in eine Eismaschine füllen und in etwa 20 Minuten cremig frieren.

4. Die Pfirsich- oder Aprikosenhälften mit der Schnittfläche nach unten in gefrosteten Schalen anrichten und jeweils einige Himbeeren ringsum verteilen. Von dem gefrorenen Granité mit einem Löffel »Schnee« – gefrorene Kristalle – abschaben und locker auf den Früchten verteilen. Jeweils eine Nocke Holunderblütensorbet daraufsetzen, mit Himbeeren und Minzeblättchen garnieren und sofort servieren.

Sirup als Ersatz

Holunder blüht meist von Juni bis Juli, außerhalb der Saison können Sie den Fond mit Holunderblütensirup herstellen. Dafür 150 ml Wasser, 150 g Zucker, 100 ml Rieslingsekt, 200 ml Riesling und 200 ml Pochierflüssigkeit der Pfirsiche mit 150 ml Holunderblütensirup vermischen.

Geeistes Waldmeistersüppchen mit Erdbeeren und Zitronenmelisse

ZUBEREITUNGSZEIT 35 Min.
MARINIERZEIT 24 Std. · KÜHLZEIT 5 Std.

»Ein leichtes, duftiges Dessert für den Frühling. Wenn Sie es etwas üppiger wünschen, können Sie das Süppchen mit einer Nocke Topfen- oder Erdbeersorbet servieren.«

FÜR DAS WALDMEISTERSÜPPCHEN
- 1 Bund Waldmeister, angewelkt
- 125 g Erdbeeren, gewaschen und geputzt
- 1 Vanilleschote
- ½ l trockener Sekt, 400 g Zucker
- 4 Blatt Gelatine, kalt eingeweicht
- 100 ml Champagner oder trockener Rieslingsekt

AUSSERDEM
- 125 g Erdbeeren, gewaschen und geputzt
- 8 Zitronenmelisseblätter, in Streifen geschnitten sowie etwas Zitronenmelisse für die Garnitur

1. Den Waldmeister waschen, trocken schütteln und die Blättchen abzupfen. Die Erdbeeren vierteln und mit dem Waldmeister in eine Schüssel geben. Halbieren Sie die Vanilleschote und lösen Sie das Mark aus.

2. In einem Topf ½ l Wasser mit Sekt, Zucker sowie Vanilleschote und -mark aufkochen und die Waldmeister-Erdbeer-Mischung damit übergießen. Lassen Sie anschließend alles zugedeckt etwa 24 Stunden bei Zimmertemperatur ziehen.

3. Anschließend den Fond durch ein feines Sieb gießen. Erwärmen Sie in einem kleinen Topf ein Viertel des Fonds und lösen Sie die ausgedrückte Gelatine darin auf. Die aufgelöste Gelatine unter den restlichen Fond mischen, alles gut verrühren und das Waldmeistersüppchen im Kühlschrank in etwa 5 Stunden leicht gelieren lassen.

4. Den Champagner zugießen und den Fond aufrühren. Die Erdbeeren in Scheiben schneiden und auf vier Gläser verteilen. Übergießen Sie die Erdbeeren mit dem gelierenden Fond. Das Waldmeistersüppchen mit Melisse garnieren und kalt servieren.

S. 63
WARENKUNDE Waldmeister

S. 136
KÜCHENPRAXIS Vanillemark auslösen

Weißes Macis-Schoko-Eis, aromatisiert mit Jasminblüten

ZUBEREITUNGSZEIT 30 Min.
KÜHLZEIT 3–4 Std.
FÜR 6 PORTIONEN

FÜR DAS EIS
- 500 g Sahne
- 120 g brauner Zucker oder Muscovadozucker
- 10 g Muskatblüten (Macis)
- 2 EL Jasminblüten (Teeladen), 6 Eigelbe
- 100 g weiße Schokolade (Ersatz: dunkle Schokolade, dann zusätzlich 30 g Zucker nehmen)

AUSSERDEM
- einige dünne Spalten glasierte Ananas
- Puderzucker, Minzeblättchen zum Garnieren

1. Die Sahne in einem Topf mit dem Zucker, den Muskatblüten sowie den Jasminblüten zum Kochen bringen und etwa 5 Minuten bei schwacher Hitze köcheln lassen. Geben Sie inzwischen die Eigelbe in eine Schüssel und schlagen Sie das Eigelb mit dem Schneebesen cremig auf. Die Schokolade in kleine Stücke schneiden.

2. Gießen Sie die aromatisierte heiße Sahne unter schnellem Rühren in das geschlagene Eigelb. Die weiße Schokolade zufügen und in der warmen Ei-Sahne-Mischung schmelzen.

3. Anschließend alles etwa 5 Minuten ziehen lassen, dann durch ein Sieb passieren, um die Blüten zu entfernen. Die Mischung in die Eismaschine füllen und cremig frieren.

4. Mit Hilfe zweier Löffel etwas Eis abstechen und zu Nocken formen. Richten Sie das Macis-Schokoladen-Eis mit den Ananasspalten auf gekühlten Tellern an. Alles mit Puderzucker bestreuen, mit ein paar Minzeblättchen garnieren und sofort servieren.

Ohne Eismaschine

Wer keine Eismaschine zur Verfügung hat, rührt noch 2 EL Crème double unter die Masse und füllt sie in passende Portionsförmchen. Die Förmchen ins Tiefkühlgerät stellen, bis das Eis fest ist. Dann herausnehmen, die Förmchen kurz in heißes Wasser halten und das Eis auf gekühlte Teller stürzen.

S. 100
WARENKUNDE Muskatblüte

S. 40–43
WARENKUNDE Minze

Mascarpone-nocken mit Safran

ZUBEREITUNGSZEIT 45 Min.
KÜHLZEIT 4–6 Std.

FÜR DAS KAFFEE-ORANGEN-GRANITÉ
- 1 Vanilleschote, 180 g Zucker
- 60 ml frisch gepresster Orangensaft
- 400 ml kalter, kräftiger Kaffee (Espresso)

FÜR DIE SAFRAN-MASCARPONE-NOCKEN
- ¼ l frisch gepresster Orangensaft, 45 g Zucker
- 1 g Safranfäden (1 Döschen)
- ½ TL abgeriebene Schale und Saft von ½ unbehandelten Zitrone
- 180 g Mascarpone, 2 Eigelbe
- 180–220 g Semmelbrösel, 1 ½ TL Butterschmalz

1. Die Basis für das Granité herstellen, wie in Step 1 unten beschrieben. Alles in eine Auflaufform gießen, die Vanilleschote wieder entfernen und die Masse im Tiefkühlgerät 2 bis 3 Stunden kühlen, dabei alle 30 Minuten mit einer Gabel gut durchrühren, sodass die am Rand anfrierende Masse immer wieder gelöst wird und sich mit der noch flüssigen Masse vermischt. Ist alles zu zwei Dritteln gefroren, das Granité weitere 2 bis 3 Stunden tiefkühlen.

S. 111
WARENKUNDE Safran
S. 160
KÜCHENPRAXIS Vanillemark auslösen

2. Für die Nocken Orangensaft, Zucker und Safran mit Zitronensaft und -schale einmal kurz aufkochen, dann 5 bis 10 Minuten ziehen lassen. Den Orangen-Safran-Sud durch ein Sieb gießen. Erst den Mascarpone untermischen, dann die Eigelbe unterziehen. Rühren Sie so viele Semmelbrösel ein, bis die Masse eine kartoffelpüreeartige Konsistenz hat. Anschließend alles 10 Minuten quellen lassen.

3. Den Backofen auf 120 °C (Ober-/Unterhitze) vorheizen. Stechen Sie mit Hilfe zweier Löffel 8 Nocken ab. Die Nocken in Butterschmalz bei mittlerer Hitze ringsum anbraten, dann im Ofen in 4 bis 6 Minuten fertig garen und anrichten. Das Granité abschaben, wie unten in Step 2 gezeigt, und dazu reichen.

GRANITÉ HERSTELLEN
und Kristalle abschaben

(1) Vanillemark auskratzen und mit der Schote, dem Zucker und dem Orangensaft einmal kräftig erwärmen, dann den kalten Kaffee unterrühren.

(2) Von dem Kaffee-Orangen-Granité mit einem Esslöffel Kristalle von der Oberfläche abschaben und in vier Schälchen füllen.

Chili-Ananas mit Tahiti-Vanille

ZUBEREITUNGSZEIT 25 Min.

FÜR DIE ANANAS
- 1 reife Ananas
- 1–2 Ancho-Chilis (getrocknete Poblano-Chilis, Ersatz: eine andere getrocknete Chiliart)
- 100 g dunkler Muscovadozucker oder anderer brauner Zucker
- 1 TL Tahiti-Vanillemark (Ersatz: das ausgekratzte Mark von 3 Bourbon-Vanilleschoten)
- 4 ganze Sternanis
- 4 Kapseln grüner Kardamom
- 8 cl Kaffeelikör
- 4 cl Liquore Galliano (Kräuterlikör)
- 100 ml Kokoswasser von einer frischen Kokosnuss
- 1 EL Speisestärke

AUSSERDEM
- einige Blättchen Thai-Basilikum, gewaschen und trocken getupft
- 50 ml aufgeschäumte Milch

S. 118
WARENKUNDE Tahiti-Vanille

S. 160
KÜCHENPRAXIS Vanillemark auslösen

1. Von der Ananas den Strunk entfernen, die Frucht schälen und achteln. Die getrockneten Chilis von Stielansatz und Samen befreien und fein zerbröseln. In einem großen flachen Topf den Muscovadozucker hell karamellisieren. Ananasachtel, Chilis, Vanillemark, Sternanis und Kardamom zufügen, anschließend mit einem Holzlöffel umrühren. Löschen Sie die Ananas mit den beiden Likörsorten und dem Kokoswasser ab.

2. Die Flüssigkeit etwas einkochen lassen. Verrühren Sie in der Zwischenzeit die Speisestärke mit 1 EL Wasser. Anschließend den Ananasfond mit der angerührten Stärke leicht glasig binden – die Stärkelösung am besten tropfenweise zufügen, damit der Fond nicht zu dickflüssig wird.

3. Arrangieren Sie je zwei Ananasachtel in einem Glas oder in einer Schale. Die Früchte vor dem Servieren mit etwas Fond übergießen, mit Thai-Basilikum und etwas Milchschaum garnieren und sofort servieren.

Liquore Galliano

Charakteristisch für den strohgelben Kräuterlikör (35 Vol. % Alkohol) aus Italien ist sein ausgeprägtes Vanillearoma. Die Spezialität wurde erstmals 1896 in Livorno – in der Destillerie von Arturo Vaccari – aus über 70 verschiedenen Zutaten hergestellt.

Kokos-Basilikum-Panna-Cotta mit Mango

ZUBEREITUNGSZEIT 50 Min.
KÜHLZEIT 2 Std.

FÜR DIE PANNA COTTA
- 1 Vanilleschote, 800 ml ungesüßte Kokosmilch
- 100 g Zucker, 60 g Thai-Basilikum (Asialaden)
- 3 Blatt Gelatine, kalt eingeweicht

FÜR DIE MANGOSPIESSE
- 2 reife Mangos, 150 g Tempurateig (Asialaden, Ersatz: 160 g Reismehl mit 150–200 ml Wasser zu einer Art Pfannkuchenteig glatt gerührt)
- 2 EL Puderzucker
- abgeriebene Schale von 1 unbehandelten Zitrone
- Schaschlikspieße, Öl, Thai-Basilikum

S. 22
WARENKUNDE Thai-Basilikum

S. 160
KÜCHENPRAXIS Vanillemark auslösen

1. Das Mark aus der Vanilleschote kratzen und beiseitestellen. Die Kokosmilch in einem Topf mit der Vanilleschote und dem Zucker aufkochen und bei schwacher Hitze in 30 Minuten auf etwa ½ l reduzieren. Gießen Sie die Reduktion in eine Schüssel und legen Sie das Thai-Basilikum in die heiße Kokosmilch.

2. Die eingeweichte Gelatine ausdrücken, in der warmen Kokosmilch auflösen und das Basilikum noch 10 Minuten ziehen lassen. Passieren Sie die Mischung dann durch ein Sieb. Die Kokos-BasilikumPanna-Cotta in passende Gläser füllen und 2 Stunden im Kühlschrank kühlen.

3. Für die Spieße die Mangos in breiten Spalten vom Stein schneiden. Das Vanillemark mit dem Tempurateig, Puderzucker sowie der abgeriebenen Zitronenschale nach Packungsanweisung mit Wasser glatt rühren. Die Mangospalten jeweils auf einen Schaschlikspieß stecken. Ziehen Sie die Früchte durch den Tempurateig und frittieren Sie die Mangospieße im 175 °C heißen Öl goldgelb.

4. Lassen Sie die Mangospieße kurz auf Küchenpapier abtropfen. Die gekühlte Kokos-Basilikum-Panna-Cotta aus dem Kühlschrank nehmen und mit den frittierten Mangospießen anrichten, mit ein paar Thai-Basilikum-Blättchen garnieren und servieren.

Dunkle Olivenöl-Schoko-Mousse mit Fleur de Sel und pfeffrigem Birnenconfit

ZUBEREITUNGSZEIT 1 Std.
KÜHLZEIT 8–12 Std.
FÜR 6 PORTIONEN

FÜR DIE OLIVENÖL-MOUSSE
- 120 g dunkle Schokolade (70 % Kakaoanteil)
- 80 ml aromatisches Olivenöl, etwa aus der Toskana oder aus Umbrien
- 2 Eier (Größe M), getrennt, 70 g Zucker
- 135 g steif geschlagene Sahne
- 1 Prise Fleur de Sel

FÜR DIE SCHOKOHIPPEN
- 90 g Butter, 95 g Puderzucker
- 75 g Mehl (Type 405)
- 20 g Kakaopulver
- 2 Eiweiße (Größe M)

FÜR DAS BIRNENCONFIT
- 2 reife Birnen, etwa Williams Christ oder Commice
- 100 ml fruchtiger Weißwein, etwa eine Riesling Spätlese
- 1 EL Akazienhonig
- Zucker und Zitronensaft zum Abschmecken, je nach Reife der Birnen
- 1 Prise Vanillezucker, 1 EL Speisestärke
- 1 TL grob gemörserte Pfeffermischung (zu gleichen Teilen Tellicherry-, Szechuan-Pfeffer und Kubebenpfeffer)

AUSSERDEM
- Backpapier, etwas Kakaopulver zum Besieben

S. 106–108
WARENKUNDE Pfeffer

S. 116
WARENKUNDE Szechuan-Pfeffer

1. Für die Mousse die Schokolade in kleine Stücke brechen. Erwärmen Sie das Olivenöl in einer Metallschüssel auf einem maximal 50 °C heißen Wasserbad und lösen Sie die Schokolade darin unter Rühren auf. Die Schüssel auf ein kaltes Wasserbad setzen und die Mischung unter Rühren auf Raumtemperatur abkühlen lassen.

2. Die Eigelbe mit der Hälfte des Zuckers schaumig rühren, die Eiweiße mit dem übrigen Zucker steif schlagen. Rühren Sie erst die Eigelbmasse in die Schoko-Öl-Mischung und heben Sie dann den Eischnee vorsichtig unter. Zum Schluss die geschlagene Sahne vorsichtig unterheben und alles mit Fleur de Sel abschmecken. Die noch flüssige Masse mindestens 8 Stunden kühl stellen.

3. Den Backofen auf 210 °C vorheizen. Für die Schokohippen die Butter in einer Kasserolle zerlassen und den Puderzucker zufügen. Mehl und Kakaopulver vermischen, über die Butter sieben und beides mit dem Zucker unterrühren. Dann nach und nach das Eiweiß einarbeiten, bis eine homogene Masse entsteht. Verstreichen Sie die Hippenmasse mit einer Palette auf einem mit Backpapier belegten Blech zu einem Rechteck. Die Hippenmasse im Backofen 5 bis 6 Minuten backen. Herausnehmen, in 6 Rechtecke schneiden und diese noch heiß über ein Nudelholz mit 4 bis 5 cm Durchmesser legen. Die zylindrischen Schokohippen (Rollen) abkühlen lassen und bis zur Verwendung in einer dicht schließenden Dose aufbewahren.

4. Die Birnen schälen, vom Kerngehäuse befreien und klein würfeln. Die Birnen sofort mit Weißwein, Honig, Zucker, Zitronensaft und Vanillezucker in einem Topf bei schwacher Hitze 5 bis 8 Minuten köcheln lassen, sie sollen weich, aber nicht verkocht sein. Rühren Sie die Speisestärke mit etwas kaltem Wasser an und binden Sie die Birnen damit leicht. Das Birnenconfit mit der Pfeffer-Mischung abschmecken.

5. Die Olivenöl-Schoko-Mousse in einen Spritzbeutel mit großer Lochtülle geben und die Schokorollen damit füllen. Die Oberfläche glatt streichen und mit dunklem Kakaopulver besieben. Anschließend die Törtchen auf Dessertteller setzen, etwas Birnenconfit daneben anrichten und sofort servieren. Gut dazu passt mit Fleur de Sel abgeschmecktes Karamelleis.

Außergewöhnlich gut!

Die Kombination von Olivenöl und Schokolade ist wenig verbreitet, ein Versuch lohnt jedoch unbedingt. Wichtig ist, ein aromatisches Olivenöl zu verwenden, milde Öle aus Ligurien oder vom Gardasee können sich geschmacklich nicht gegen die Schokolade durchsetzen. Der anfangs starke Olivenölgeschmack wandelt sich während der Kühlzeit in eine angenehme Note.

Orangen-Schokoladen-Mousse mit Dill

ZUBEREITUNGSZEIT 35 Min.
KÜHLZEIT 4–6 Std. · FÜR 10 PORTIONEN

FÜR DIE MOUSSE

- 170 g Orangenkuvertüre (als »Aromatisierte Dekormasse« in Confiserien erhältlich; Ersatz: Orangenschokolade)
- 370 g Sahne, 3 Eigelbe, 2 Eier
- 3 Blatt Gelatine, kalt eingeweicht
- 2 cl Orangenlikör, etwa Cointreau
- abgeriebene Schale von 1 unbehandelten Orange

AUSSERDEM

- 10 Portionsringe, 5 cm Durchmesser
- 200 g Orangenkuvertüre für die Garnitur
- 2 cl Orangenlikör, etwa Cointreau, Dillspitzen

S. 28
WARENKUNDE Dill
S. 138
KÜCHENPRAXIS Kräuter vorbereiten

1. Für die Mousse die Orangenkuvertüre in einer Metallschüssel auf einem warmen Wasserbad unter Rühren schmelzen lassen. Halten Sie die Kuvertüre auf einer Temperatur von etwa 30 °C. Die Sahne nicht zu steif schlagen.

2. Schlagen Sie die Eigelbe und Eier in einer zweiten Metallschüssel mit dem Rührgerät über dem heißen Wasserbad auf. Anschließend die gut ausgedrückte Gelatine sowie den Orangenlikör zufügen. Die Eimasse kalt schlagen, bis sie Zimmertemperatur erreicht hat.

3. Die flüssige, lauwarme Orangenkuvertüre – sie darf maximal 30 °C haben – sowie die abgeriebene Orangenschale mit einem Gummischaber unter die Eimasse ziehen, dann die geschlagene Sahne unterheben. Füllen Sie die Masse in die Portionsringe und stellen Sie die Mousse für 4 bis 6 Stunden in den Kühlschrank.

4. Die Kuvertüre für die Garnitur auf einem Wasserbad schmelzen, dabei gelegentlich umrühren, dann wieder etwas abkühlen lassen. Die Kuvertüre soll flüssig bleiben und etwa 29 °C haben. Den Likör unterrühren und die Kuvertüre leicht stocken lassen. Gießen Sie ein Kuvertüregitter (4 x 4 oder 3 x 6 cm) auf eine gekühlte Overhead- oder Dauerbackfolie. Die Gitter kühl stellen. Die Mousse aus dem Ring lösen und jeweils mit einem Kuvertüregitter garnieren. Die Oberfläche der Orangen-Schoko-Mousse mit Dillspitzen bestreuen und servieren.

Savarin von der Weinraute mit Pfirsichen und Sauerrahmeis

ZUBEREITUNGSZEIT 1 Std. 10 Min.
KÜHLZEIT 1 Std. · RUHEZEIT 1 Std.

FÜR DAS SAUERRAHMEIS
- 100 g Schmand (24 % Fett i. Tr.)
- 25 g Puderzucker, gesiebt
- Mark von ½ Bourbon-Vanilleschote
- 2 ½ EL Magermilchpulver (Reformhaus)
- 1 ½ EL Limettensaft
- abgeriebene Schale von 1 Limette
- 1 Prise Himalaya-Salz

FÜR DEN SAVARINTEIG
- 165 g Mehl, 8 g frische Hefe, ¼ TL Salz
- 15 g Zucker, 3 Eier, 40 g zerlassene kalte Butter

FÜR DEN WEINRAUTENFOND
- 250 g Zucker, Saft von ½ Zitrone
- 10 Stängel Weinraute (Ersatz: 2 EL getrocknete Weinraute, Apotheke)

AUSSERDEM
- 4 Savarinringe, 13 cm Ø, Butter, Mehl
- 4 reife Pfirsiche (Ersatz: Pfirsiche aus der Dose)
- Weinraute zum Garnieren

S. 63
WARENKUNDE Weinraute

1. Rühren Sie alle Zutaten für das Sauerrahmeis mit dem Schneebesen glatt. Die Masse in die Eismaschine füllen und cremig frieren.

2. Für den Teig aus einem Viertel des Mehls, der Hefe und 3 EL Wasser einen Vorteig herstellen und zugedeckt 25 Minuten ruhen lassen. Geben Sie dann das übrige Mehl, Salz und Zucker zu und kneten Sie den Teig mit dem Handrührgerät auf kleinster Stufe. Nach und nach die Eier einarbeiten. Die Knetstufe erhöhen und den Teig leicht schlagen. Die Butter unterkneten und den Teig 30 Minuten gehen lassen.

3. Den Backofen auf 200 °C vorheizen. Die Savarinringe buttern und mit Mehl bestauben, überschüssiges Mehl wieder ausklopfen. Geben Sie den Teig in einen Spritzbeutel (Lochtülle Nr. 8) und füllen Sie die Ringe zur Hälfte damit. Den Teig in den Förmchen erneut an einem warmen Ort etwa 15 Minuten gehen lassen, anschließend im Backofen 18 bis 20 Minuten goldgelb backen.

4. Kochen Sie die Zutaten für den Weinrautenfond mit ½ l Wasser auf. Den Fond bei schwacher Hitze 10 Minuten ziehen lassen, dann durch ein feines Sieb passieren. Die Pfirsiche in dünne Spalten schneiden und in dem Fond leicht erwärmen.

5. Die Savarins aus den Ringen lösen und auf einem Gitter auf Zimmertemperatur abkühlen lassen. Stechen Sie die Oberseite mit einer Gabel leicht ein und tauchen Sie die Savarins in den heißen, aber nicht kochenden (!) Fond, bis sie die Flüssigkeit vollständig aufgesogen haben.

6. Richten Sie die Pfirsichspalten fächerartig in tiefen Teller an. Die Savarins daraufsetzen, mit Weinraute garnieren und das Eis dazu reichen.

Größere Mengen

Am besten stellen Sie den Hefeteig gleich in größerer Menge her (die Zutaten einfach verdoppeln oder verdreifachen) und frieren den Rest dann ein. Für den Weinrautenfond keine Blüten verwenden, sonst wird er bitter.

Karamellisierte Fenchel-Orangen-Tarte mit kühlem Anis-Parfait

ZUBEREITUNGSZEIT 2 Std. 35 Min.
KÜHLZEIT 3–4 Std.
FÜR 8 PORTIONEN

FÜR DAS ANIS-PARFAIT
- 150 g Fenchelknolle ohne Strunk, in feine Scheiben geschnitten
- ¼ l frisch gepresster Orangensaft
- 160 g Zucker
- ¼ TL Fenchelsamen, in ein Gewürzsäckchen oder Tee-Ei gefüllt
- 3 Eiweiße, 1 EL Anisschnaps (Pastis)
- 500 g Sahne, geschlagen

FÜR DIE FENCHEL-ORANGEN-TARTE
- 250 g Blätterteig (TK)
- ½ mittelgroße Fenchelknolle mit frischem Grün
- 300 ml frisch gepresster Orangensaft
- 100 g geschälte Mandeln, fein gemahlen
- 100 g Puderzucker
- 3 Eigelbe, 100 g Mascarpone
- 1 TL Speisestärke
- 2 EL Orangenlikör, etwa Grand Manier
- abgeriebene Schale von 1 unbehandelten Orange

AUSSERDEM
- 1 Tarte-Form von 24 cm Ø
- zerlassene Butter und Mehl für die Form
- 1–1 ½ unbehandelte Orangen, heiß abgespült
- 2 EL feiner Zucker zum Bestreuen
- 3 EL passierte Aprikosenkonfitüre
- Saft von ½ Orange
- 1 Parfait-Form von 1 ½ l Inhalt, gekühlt
- Puderzucker zum Besieben

S. 86
WARENKUNDE Fenchelsamen

S. 124
WARENKUNDE Zitrusfrüchte

1. Für das Parfait den Fenchel mit dem Orangensaft, 50 g Zucker und den Fenchelsamen in einen Topf geben und in etwa 30 Minuten weich garen, dabei eventuell etwas Wasser nachgießen. Entfernen Sie anschließend die Fenchelsamen und pürieren Sie die Fenchelmischung im Mixer fein. Das Püree erkalten lassen.

2. Den restlichen Zucker mit 1 EL Wasser in einer Kasserolle erhitzen, aber nicht bräunen. Die Eiweiße zu Schnee schlagen, dabei den heißen Zucker langsam unter stetigem Rühren einlaufen lassen und den Eischnee kalt schlagen. Den Anisschnaps unter das Püree rühren. Heben Sie erst den Eischnee, dann die geschlagene Sahne vorsichtig portionsweise unter. Die Masse sofort in eine gekühlte Parfait-Form füllen und 3 bis 4 Stunden tiefkühlen.

3. Für die Tarte den Blätterteig auftauen lassen. Den Fenchel putzen, vom Strunk befreien und 1 cm groß würfeln. Etwas Fenchelgrün fein hacken und beiseitestellen. Erhitzen Sie den Orangensaft und garen Sie den Fenchel darin in etwa 20 Minuten weich.

4. Rühren Sie inzwischen die Mandeln mit Puderzucker, Eigelben und Mascarpone glatt und stellen Sie die Mandelmasse beiseite. Die Speisestärke mit dem Orangenlikör verrühren, die Fenchel-Orangensaft-Mischung damit binden und alles 5 Minuten köcheln lassen. Anschließend die Orangenschale unterrühren und die Fenchelcreme erkalten lassen.

5. Die Tarte-Form mit Butter auspinseln. Den Blätterteig auf einer bemehlten Arbeitsfläche ausrollen und die Form damit auslegen. Stechen Sie den Boden mit einer Gabel mehrmals ein. Den Teigboden leicht mit Mehl bestauben, überschüssiges Mehl ausklopfen. Verstreichen Sie die Mandelmasse gleichmäßig auf dem Boden und arbeiten Sie weiter, wie rechts in Step 1 gezeigt.

6. Den Backofen auf 200 °C vorheizen. Von den Orangen mit dem Zestenreißer in gleichmäßigem Abstand längs dünne Schalenstreifen abziehen. Schneiden Sie die Orangen anschließend mit einem sehr scharfen Messer quer in feine Scheiben und entfernen Sie die Kerne. Die Tarte fertigstellen, wie in Step 2 und 3 gezeigt. Bestreuen Sie die Oberfläche mit dem Zucker und backen Sie die Tarte dann im Backofen 50 bis 55 Minuten. Herausnehmen, die Aprikosenkonfitüre leicht erhitzen, mit dem Orangensaft verrühren, die Tarte damit überziehen und abkühlen lassen.

7. Vor dem Servieren die Parfait-Form kurz in heißes Wasser tauchen, das Parfait stürzen und in Scheiben schneiden. Garnieren Sie die Tarte mit Fenchelgrün und besieben Sie den Rand leicht mit Puderzucker. Die Tarte mit dem Parfait anrichten und servieren.

BLÄTTERTEIG-TARTE

füllen und belegen

(1) Die Fenchelcreme mit einem Teigschaber gleichmäßig auf der Mandelmasse verteilen, dabei den Teigschaber zwischendurch immer wieder in kaltes Wasser tauchen.

(2) Die Oberfläche der Tarte gleichmäßig leicht überlappend – aber nicht zu eng – mit den Orangenscheiben belegen, ähnlich einem Windrad.

(3) Den überschüssigen Teig etwas oberhalb der Orangenscheiben mit einem Teigrädchen abschneiden und entfernen.

Aprikosentörtchen mit Mandeln und Lavendel

ZUBEREITUNGSZEIT 50 Min.
FÜR 8 TÖRTCHEN

FÜR DIE TÖRTCHEN
- 300 g Blätterteig (TK), 1 EL Mehl
- 8 reife Aprikosen oder Aprikosen aus der Dose

FÜR DIE MANDELMASSE
- 50 g Butter, 40 g Zucker, 50 g Mandeln, gehackt
- 2 Tropfen Bittermandelaroma, 1 Ei, zimmerwarm

AUSSERDEM
- zerlassene Butter und Mehl für das Blech
- 100 g Aprikosenkonfitüre
- 20 g geschälte Mandeln, geröstet und gehackt
- 1 Bund blühende Lavendelzweige (Ersatz: getrockneter blühender Lavendel)

S. 34
WARENKUNDE Lavendel

1. Bestauben Sie für die Törtchen den Blätterteig mit etwas Mehl und rollen Sie ihn zu acht Rechtecken von je 6 x 10 cm Größe und 7 mm Stärke aus. Ein Backblech mit Butter auspinseln und mit Mehl bestauben, überschüssiges Mehl entfernen. Die Teigplatten mit 3 cm Abstand zueinander auf das Blech setzen und 20 Minuten kühl stellen.

2. Rühren Sie inzwischen für die Mandelmasse alle Zutaten bis auf das Ei mit dem Handrührgerät schaumig. Das Ei verquirlen und nach und nach zugeben, anschließend die Mandelmasse etwas ruhen lassen.

3. Den Backofen auf 200 °C vorheizen. Die Aprikosen waschen, halbieren und den Stein entfernen. Füllen Sie die Mandelmasse in einen Spritzbeutel (Lochtülle Nr. 9) und spritzen Sie auf jede Teigplatte längs einen Streifen Mandelmasse mittig auf. Je zwei Aprikosenhälften daraufsetzen und gut andrücken.

4. Backen Sie die Aprikosentörtchen in etwa 20 Minuten goldbraun.

5. Die Aprikosenkonfitüre mit 2 EL Wasser aufkochen, dann gleichmäßig auf den heißen Törtchen verstreichen. Bestreuen Sie die Oberfläche sofort mit den gerösteten Mandeln und je acht Lavendelblüten. Die Törtchen auf Tellern anrichten und mit je einem blühenden Lavendelzweig garnieren.

Gut einkaufen

Achten Sie beim Einkauf darauf, dass der Lavendel nicht gefärbt ist und verwenden Sie nur wirklich reife, vollaromatische Aprikosen.

Topfenknödel mit Verbenenschaum

ZUBEREITUNGSZEIT 1 Std.
KÜHLZEIT 1 Std.
FÜR 6 PORTIONEN

FÜR DIE TOPFENKNÖDEL
- 150 g Mehl, 250 g Topfen (Quark)
- 50 g Butter, zerlassen, 1 Ei
- abgeriebene Schale von ½ unbehandelten Zitrone
- Vanillemark, Salz, 6 reife Aprikosen, entsteint
- 6 Würfelzucker, nach Belieben mit etwas Aprikosenschnaps beträufelt
- 1 EL Rum, ½ Stange Zimt sowie abgeriebene Schale von ½ unbehandelten Orange

FÜR DIE BUTTERBRÖSEL
- 150 g Semmelbrösel, 30 g Zucker, 30 g Butter
- abgeriebene Schale von 1 unbehandelten Orange

FÜR DEN VERBENENSCHAUM
- 125 g Sahne, ⅛ l Milch, 50 g Zucker
- 3–4 Stängel Zitronenverbene, 3 Eigelbe

S. 65
WARENKUNDE Zitronenverbene

»Klassischer Begleiter der Topfenknödel ist eigentlich Vanilleschaum, hier einmal in einer zitronig-frischen Variante.«

1. Den Backofen auf 200 °C vorheizen. Für die Topfenknödel das Mehl mit dem Topfen, der Butter, dem Ei, der Zitronenschale sowie etwas Vanillemark und 1 Prise Salz verkneten. Stellen Sie den Teig anschließend für 1 Stunde in den Kühlschrank.

2. Für die Butterbrösel Semmelbrösel und Zucker in einer Form vermengen und im Ofen goldbraun rösten. Mischen Sie dann die Butter und die Orangenschale unter. Die Aprikosen mit je einem Würfelzucker füllen.

3. Rollen Sie den Teig etwa 3 mm dick aus und schneiden Sie ihn in sechs 6 x 6 cm große Quadrate. Jeweils eine Aprikose auflegen, den Teig darüberschlagen, zu Knödeln formen und die Aprikose darin verschließen.

4. Für den Verbenenschaum in einem Topf Sahne, Milch und Zucker kurz aufkochen, die Zitronenverbene einlegen und 30 Minuten ziehen lassen. Gießen Sie die Mischung durch ein Sieb in eine Metallschüssel. Die Schüssel auf ein warmes Wasserbad setzen, die Eigelbe unterrühren und die Creme »zur Rose abziehen«, das heißt unter Rühren erhitzen, bis sie leicht angedickt auf einem Holzlöffel liegen bleibt. Anschließend die Verbenencreme auf Eiswasser kurz abkühlen.

5. Lassen Sie die Topfenknödel in leicht gesalzenem Wasser mit dem Rum, der Zimtstange sowie der Orangenschale ziehen, bis sie an die Oberfläche steigen. Vorsichtig herausnehmen, kurz abtropfen lassen und die Topfenknödel in den Butterbröseln wälzen. Die Creme mit dem Stabmixer kurz aufschäumen. Die Topfenknödel in tiefen Tellern anrichten, mit dem Verbenenschaum umgießen und servieren.

Aromatische Saucen

Von Klassikern mit frischer Kräuternote, Salsa und Pesto über neue Kreationen aus der Saucenküche bis hin zu Würzbutter und Chutney.

Kräuterwürzig und chilischarf

Bei kalten und warmen Saucen, ob klassisch französisch, mediterran oder asiatisch, steht immer das feine Aroma im Vordergrund. Deshalb ist die Harmonie der Kräuter und Gewürze besonders wichtig.

EINE GUTE SAUCE ist eine Kunst für sich. Sie soll Gerichte abrunden und Aromen verbinden, ohne zu dominieren. Häufig ist dabei ein, aus den Karkassen der Hauptzutaten gezogener Fond die Grundlage. Geschmackvolle Saucen zu Fleisch basieren häufig auf hellem oder dunklem Kalbs- oder Rinderfond, der durch weitere würzende Zutaten ergänzt und auf die gewünschte Konsistenz reduziert wird. Voraussetzung dazu ist, dass der verwendete Grundfond nur schwach gesalzen wird, denn durch das Verdampfen des Wassers treten die Grundaromen, zugleich aber auch der Salzgeschmack immer stärker hervor. Nichts ist ärgerlicher, als wenn das stundenlang konzentrierte Aroma von Fleisch, Wild, oder Geflügel durch zu viel Salz beeinträchtigt wird. Ein Fehler, der selbst Profi-Köchen dann und wann unterläuft. In diesem Fall kann eventuell eine Prise Zucker oder Honig helfen, dem Salz die Spitze zu nehmen oder auch das Verdünnen mit etwas Sahne oder Wasser. Weitaus besser ist es jedoch, Fonds und Saucen bei der Herstellung und während des Reduzierens nur sparsam zu salzen und erst zum Schluss mit mildem Meersalz abzuschmecken.

KLASSISCHE SAUCEN MIT KRÄUTERN

Die großen Klassiker der französischen Küche wie Beurre blanc und Beurre rouge – die weiße und rote Buttersauce – lassen sich durch Zugabe von Kräutern und Gewürzen neu interpretieren. Wird die Beurre blanc etwa mit geschnittenem Estragon, Schnittlauch und Kerbel verfeinert, schmeckt sie besonders gut zu Fisch und Meeresfrüchten. Ebenfalls zu Fisch, aber auch zu Fleisch passt eine mit Rosmarin und Thymian aromatisierte Beurre rouge. Variiert mit ein paar Wacholderbeeren und ein wenig Bohnenkraut ergänzt sie Wild und Geflügel. Selbst eine Sauce hollandaise kann durch Zugabe von Kräutern raffiniert abgewandelt werden. Lamm, gegrilltes Geflügel oder Erbsen vertragen ein kräftiges Minzaroma, mediterrane Gemüse oder Spargel lassen sich mit Kerbel, Zitrusschalen und Sauerampfer perfekt abrunden. Und je nach Zusammensetzung der Kräuter schmeckt die Grüne Sauce, die im Original aus Frankfurt stammt, nicht nur zu Kartoffeln, Fisch und Fleisch, sondern auch zu Lamm und Geflügel sowie zu mediterranen Gerichten.

PESTO, SALSA UND MOJO

In puncto Saucen haben auch die Küchen rund ums Mittelmeer sowie die mexikanische Küche einiges zu bieten: Für eine ganze Reihe kalter Saucen und Dips werden hier verschiedene Kräuter, Knoblauch und Käse oder Chilis erst grob zerkleinert und dann unter Zugabe von kalt gepresstem Olivenöl im Mörser oder Mixer zu einer würzigen Paste verarbeitet. Auch hier können die Zutaten variieren, so gibt es die italienische Salsa verde in unzähligen Variationen. Petersilie und Knoblauch sind jedoch immer dabei, während Sardellen nicht obligatorisch sind. Knoblauch darf denn auch bei den chilischarfen mexikanischen Mojos nicht fehlen, die häufig mit süßsäuerlichen Tomatillos oder auf Avocadobasis zubereitet werden.

Separat serviert

Scharfe Saucen und Dips werden am besten – wie in der mexikanischen Küche üblich – extra in einem Schälchen zum jeweiligen Gericht gereicht, so kann bei Tisch dann jeder selbst bis zum gewünschten Schärfegrad nachwürzen.

WÜRZBUTTER UND CHUTNEY

Asiatische und mediterrane Gewürze aromatisieren Butter und machen sie zu einem idealen Begleiter von Fisch und Fleisch. Nicht alltäglich ist etwa die Kamille-Marzipan-Butter, sie harmoniert perfekt mit gebratenem Schweinefilet. Die Myrten-Kaffee-Butter schmeckt dagegen ausgezeichnet zu gebratenem Fisch. Zu Käse wiederum passt eine fruchtige Tomatenmarmelade mit Basilikum, Wild und Geflügel gewinnen durch ein raffiniertes Quitten-Thymian-Chutney. Die Rezepte dafür und zahlreiche weitere Inspirationen finden Sie im folgenden Kapitel.

Variationen der Grünen Sauce

ZUBEREITUNGSZEIT je 25 Min.

FÜR DIE DREI SAUCENVARIATIONEN
- 100 g ausgepalte Erbsen, gegart
- 200 g Sahne, Salz, frisch gemahlener Pfeffer
- pro Variante 1 Handvoll Kräuter

VARIANTE 1: Kresse, Kapuzinerkresse, Bärlauch, Sauerampfer, Kerbel, Minze, Petersilie, Estragon, Schale von 1 unbehandelten Zitrone
VARIANTE 2: Petersilie, Basilikum, Majoran, Schnittlauch und 1 Knoblauchzehe, abgezogen
VARIANTE 3: glatte Petersilie, Pimpinelle, Brennnessel, Schnittlauch, 1 Knoblauchzehe, abgezogen, etwas Safran, Ringelblumen- und Lavendelblüten

1. Die Erbsen pürieren. Die Sahne leicht salzen, pfeffern und zum Kochen bringen. Wählen Sie eine der drei Kräutervarianten aus. Die Kräuter waschen, trocken schleudern, die Blättchen abzupfen und – falls benötigt – mit dem Knoblauch grob hacken. Die Kräuterkombination mit der Sahne im Mixer zu einer glatten Masse verarbeiten.

2. Rühren Sie dann nach und nach das Erbsenpüree unter. Die Kräutersauce auf diese Weise bis zum gewünschten Grad binden, sie darf jetzt nicht mehr kochen. Soll die Sauce eine kräftige grüne Farbe erhalten, mischen Sie noch ein paar gehackte Spinatblätter unter. Variante 1 schmeckt gut zu weißem Gemüse, aber auch zu Lamm und Geflügel. Variante 2 passt zu Tomaten, Kartoffeln, Bohnengerichten, italienischen Fleischgerichten, Teigwaren und Fisch. Und Variante 3 begleitet Fisch, Fenchel, Geflügel, Krusten- und Schaltiere ausgezeichnet.

»Grie Soß – Der Klassiker aus Frankfurt«

Ihrer »Grie Soß« haben die Frankfurter in Oberrad sogar ein Denkmal gesetzt: sieben kleine Gewächshäuser aus farbigem Plexiglas. Genau sieben Kräuter muss der Frankfurter Klassiker nämlich enthalten, um als Original zu gelten: Petersilie, Schnittlauch, Borretsch, Pimpinelle, Kerbel, Kresse und Sauerampfer. Bei der Auswahl der Kräuter können Sie jedoch nach Saisonangebot variieren, auch mit Dill, Estragon, Zitronenmelisse und Liebstöckel schmeckt die »Grüne Sauce« gut, nur frisch sollten die Kräuter sein. Streichen Sie 2 hart gekochte Eigelbe durch ein feines Sieb. Verrühren Sie diese in einer Schüssel mit 2 EL Öl, 1 bis 2 EL Essig, 125 g saurer Sahne sowie 125 g Joghurt. 250 g gemischte Kräuter waschen, trocken schleudern und fein hacken. Rühren Sie die Kräuter unter die Joghurt-Sahne-Mischung und schmecken Sie die Sauce mit Salz, Zucker und Pfeffer ab. Die Grüne Sauce schmeckt zu Salz- oder Pellkartoffeln, aber auch zu Fisch und Fleisch passt sie hervorragend.

Astrid Mathé

Kräutersaucen für Fleisch und Salat

SAUERRAHM-KRÄUTER-SAUCE

ZUBEREITUNGSZEIT 20 Min.

FÜR DIE SAUCE
- 2 Handvoll Kräuter, etwa Kresse, Petersilie, Estragon, Fenchelkraut sowie »Hot spicy«-Majoran (Ersatz: eine andere Majoransorte oder Oregano)
- 2 TL Kräuterlikör, 400 g saure Sahne
- 2 Msp. frisch geriebene Muskatnuss
- frisch geriebener Meerrettich
- Salz, frisch gemahlener Pfeffer

1. Die Kräuter waschen und trocken schleudern. Zupfen Sie die Blättchen ab und schneiden Sie die Kräuter sehr fein.

2. Verrühren Sie die Kräuter in einer Schüssel mit dem Kräuterlikör, der sauren Sahne und den Gewürzen. Die Sauce kalt oder warm zu gekochtem Rindfleisch oder zu Räucherfisch servieren.

3. Soll die Sauerrahm-Kräuter-Sauce warm serviert werden, verwenden Sie 500 g saure Sahne. Diese in einer Kasserolle erhitzen und auf etwas weniger als die Hälfte (200 ml) einkochen lassen, erst dann die fein geschnittenen Kräuter unterrühren.

KRÄUTER-VINAIGRETTE

ZUBEREITUNGSZEIT 20 Min.

FÜR DIE VINAIGRETTE
- 2 EL milder Essig, etwa Himbeeressig
- Salz, frisch gemahlener weißer Pfeffer
- 1 TL Dijon-Senf
- 6 EL Haselnussöl oder neutrales Öl
- 2 EL fein gehackte Schalotten
- 4 EL fein geschnittene Kräuter, etwa Petersilie, Estragon, Pimpinelle, Dill und Schnittlauch

1. In einer kleinen Schüssel den Essig mit Salz und Pfeffer verrühren, bis die Salzkristalle sich gelöst haben, anschließend den Senf kräftig unterrühren. Lassen Sie dann nach und nach das Öl einlaufen und verrühren Sie alles mit dem Schneebesen zu einer Emulsion.

2. Rühren Sie die Schalottenwürfel und die fein geschnittenen Kräuter unter. Diese Kräuter-Vinaigrette passt gut zu bitteren Blattsalaten. Für Salate ohne Bitterstoffe ersetzen Sie den Himbeeressig durch einen guten Weißwein- oder Rotweinessig und das Haselnussöl durch Oliven- oder Kürbiskernöl.

S. 139
KÜCHENPRAXIS Kräuter schneiden

S. 156
KÜCHENPRAXIS Knoblauch vorbereiten

»Salsa verde variiert«

Salsa verde gibt es in unzähligen Variationen zu Fleisch und Wild, zu Geflügel, Fisch und Gemüse. In Mexiko beispielsweise wird sie aus Tomatillos hergestellt. Wenn man den Parmesan im nebenstehenden Grundrezept jeweils durch eine würzende Zutat ersetzt, entstehen drei sommerliche Spielarten, die ich mit unterschiedlichen Gerichten kombiniere.
Schön würzig: Bei der Salsa-Variante, die ich zu kaltem, rosa gebratenem und dünn aufgeschnittenem Kalbsrücken serviere, ersetze ich lediglich den Parmesan durch 30 g Sardellenfilets, die ich zusammen mit den anderen Zutaten in den Mixer gebe.
Feurig: Für eine Salsa als Begleitung zu einem Carpaccio vom Thun- oder Schwertfisch lasse ich ebenfalls den Parmesan weg und gebe stattdessen einfach 4 fein gewürfelte frische Chilischoten nach dem Mixen in die Salsa.
Pikant: Wird die Salsa zu gegrilltem, kaltem Gemüse serviert – beispielsweise zu Auberginen- oder Zucchinischeiben, zu Champignons oder zu roten und gelben Paprikaschoten in großen, ungehäuteten Stücken, zu Lauchzwiebeln, grünem Spargel im Ganzen, Steinpilzen und anderem –, empfehle ich, anstelle des geriebenen Parmesans 40 g eingelegte und kalt abgespülte Kapern zu den übrigen Salsa-Zutaten mit in den Mixer zu geben.
Die Salsa-Varianten halten sich in ein Schraubglas gefüllt und mit einer Schicht Öl bedeckt im Kühlschrank etwa 1 Woche.

Ingo Bockler

Würzige Saucen mit Kräutern

PESTO GENOVESE MIT RUCOLA

ZUBEREITUNGSZEIT 35 Min.

FÜR DEN PESTO

- 1 Bund Rucola, etwa 100 g
- ½ Knoblauchzehe, abgezogen und grob gehackt
- 10 g Pinienkerne, gehackt
- 10 g Walnusskerne, gehackt
- 10 g Parmesan, frisch gerieben
- 10 g Pecorino (romano, toscano, sardo oder siciliano), frisch gerieben
- 40 ml Olivenöl, Meersalz

1. Den Rucola gut waschen, die Stiele entfernen, die Blätter mit Küchenpapier trocken tupfen und in Streifen schneiden. Zerkleinern Sie den Knoblauch im Mörser und geben Sie dabei nach und nach den Rucola zu. Anschließend die gehackten Pinien- und Walnusskerne zufügen.

2. Verarbeiten Sie alles ohne viel Kraftaufwand im Mörser weiter. Dann den Käse zufügen, alles mit dem Olivenöl zu einer homogenen Paste verarbeiten und den Pesto mit Salz abschmecken. Den fertigen Pesto dann möglichst rasch weiterverarbeiten, da er sonst an Geschmack und Farbe verliert. Er verfeinert Nudelgerichte, Saucen und Minestrone, passt aber auch zu gegrilltem Fisch sehr gut.

SALSA VERDE

ZUBEREITUNGSZEIT 20 Min.

FÜR DIE SALSA (GRUNDREZEPT)

- je 1 Bund Schnittlauch, Petersilie, Basilikum und Oregano
- 3 Knoblauchzehen, abgezogen
- 100 ml Olivenöl
- 5 EL Aceto balsamico
- Salz, frisch gemahlener Pfeffer
- 1 kleine Zwiebel, geschält
- 50 g Parmesan, frisch gerieben

1. Die Kräuter waschen, trocken schleudern, von den Stielen befreien und grob hacken. Füllen Sie die Kräuter, den Knoblauch und das Öl in einen hohen

Rührbecher und pürieren Sie alles mit dem Stabmixer zu einer feinen Masse.

2. Die Kräuter-Öl-Mischung in eine Schüssel umfüllen. Rühren Sie anschließend den Essig löffelweise unter und würzen Sie die Salsa mit Salz und Pfeffer. Die Zwiebel fein würfeln und mit dem Parmesan untermischen. Die Salsa abschmecken und zu kaltem, gegartem Fleisch servieren.

MOJO MIT AVOCADO

ZUBEREITUNGSZEIT 15 Min.

FÜR DIE MOJO
- 2–3 Knoblauchzehen, abgezogen, grobes Salz
- ½ TL Kümmel, 1 TL Ancho-Chilipulver (Ersatz: ½ TL Cayennepfeffer)
- 1 EL fein geschnittene Majoranblättchen
- ½ Avocado, 2 EL Estragonessig
- 20 g Schalottenwürfel, blanchiert, 4 EL Olivenöl

1. Zerkleinern Sie den Knoblauch mit Salz, Kümmel, Chilipulver und Majoran in einem Mörser. Das Avocadofruchtfleisch aus der Schale lösen und in feine Würfel schneiden.

2. Vermischen Sie die Avocadowürfel mit dem Essig, den Schalottenwürfeln, der Würzmischung und dem Öl. Alles gut vermengen und abschmecken. Die Mojo passt zu Fisch und hellem Geflügel.

S. 142
KÜCHENPRAXIS Kräuter im Mörser zerkleinern

Mediterrane Klassiker und Saucen mit grünem Pfeffer

AIOLI

ZUBEREITUNGSZEIT 15 Min.

FÜR DIE AIOLI
- 2 Scheiben Weißbrot, ohne Rinde
- ⅛ l lauwarme Milch
- 6–8 Knoblauchzehen, abgezogen und halbiert
- 1 TL grobes Meersalz
- 1 absolut frisches Eigelb
- ¼ l Olivenöl, Zitronensaft

1. Das Brot in der Milch einweichen. Zerreiben Sie den Knoblauch mit dem Salz im Mörser. Das ausgedrückte Brot untermischen und die Brot-Knoblauch-Masse kurz ruhen lassen.

2. Das Eigelb unterrühren. Sollte die Paste noch zu dick sein, etwas warmes Wasser einarbeiten und die Masse in eine Schüssel umfüllen. Das Olivenöl nach und nach in dünnem Strahl einlaufen lassen und unterrühren. Die Aioli anschließend weiterrühren, bis sie eine cremige Konsistenz hat.

3. Schmecken Sie die Aioli zum Schluss mit einigen Tropfen Zitronensaft ab. Diese eher milde Knoblauchsauce gehört zu einer Bouillabaisse, passt aber wie die etwas schärfere Rouille auch zu Gegrilltem, zu gekochtem Lammfleisch, Pellkartoffeln oder zu gebackenen Kartoffeln. Brot und Milch können auch einmal durch 1 bis 2 gehackte Sardellenfilets und 1 TL Dijon-Senf ersetzt werden.

S. 92
WARENKUNDE Knoblauch
S. 155
KÜCHENPRAXIS Mörsern

ROUILLE

ZUBEREITUNGSZEIT 20 Min.

FÜR DIE ROUILLE
- 1 kleine rote Paprikaschote, 2 rote Chilischoten
- 5–6 Knoblauchzehen, abgezogen
- 1 TL grobes Meersalz, 5–6 Safranfäden
- 1 absolut frisches Eigelb, 1 mittelgroße mehlig kochende Kartoffel, gekocht und gepellt
- 150 ml Olivenöl

1. Die Paprikaschote von Samen und Scheidewänden befreien und vierteln. Von den Chilischoten Samen und Scheidewände entfernen und das Fruchtfleisch hacken. Schneiden Sie den Knoblauch in Stücke.

2. Die Paprikaviertel blanchieren, häuten und mit den Chili- und Knoblauchwürfeln, Salz und Safran im Mörser fein zerreiben. Rühren Sie anschließend das Eigelb sorgfältig unter.

3. Die Kartoffel in Stücke schneiden und mit in den Mörser geben. Alles zu einer Paste verarbeiten und in eine Schüssel umfüllen. Lassen Sie das Öl erst tropfenweise, dann in dünnem Strahl einlaufen und schlagen Sie es mit dem Schneebesen kräftig unter. Die Rouille kräftig weiterrühren, bis sie cremig-hell wird und die Konsistenz von Mayonnaise hat.

S. 80–82, 110
WARENKUNDE Chilischoten, Safran
S. 155
KÜCHENPRAXIS Mörsern

PFEFFER-KARTOFFEL-MAYONNAISE

ZUBEREITUNGSZEIT 40 Min.

FÜR DIE MAYONNAISE

- 250 g mehlig kochende Kartoffeln
- 1 TL mittelscharfer Senf
- Salz, frisch gemahlener Pfeffer
- 100–120 ml heißer Gemüsefond
- 6 EL mildes Olivenöl
- 4 Stängel glatte Petersilie, gewaschen, getrocknet und die Blättchen abgezupft
- 1 EL eingelegter grüner Pfeffer, abgetropft

1. Die Kartoffeln kochen, pellen und noch heiß durch die Kartoffelpresse drücken. Verrühren Sie die Kartoffeln mit dem Senf, Salz und Pfeffer und füllen Sie dann alles mit dem heißen Fond auf. Anschließend das Olivenöl unterrühren.

2. Mixen Sie alles mit dem Pürierstab rasch zu einer sämigen, glänzenden Mayonnaise. Dann die Petersilie hacken und mit dem grünen Pfeffer unterrühren. Die Mayonnaise mit grünem Pfeffer und Kartoffeln kurz ziehen lassen und lauwarm servieren.

GRÜNE PFEFFERSAUCE

ZUBEREITUNGSZEIT 20 Min.

FÜR DIE SAUCE

- 3 Schalotten, 2 Zweige Thymian
- 25 g durchwachsener Räucherspeck
- 2 EL Sonnenblumenöl
- 3 EL eingelegter grüner Pfeffer, abgetropft
- 2 cl Cognac oder anderer Weinbrand
- 100 ml Gemüsefond
- 3–6 getrocknete Tomaten, je nach Größe
- Salz, frisch gemahlener Pfeffer
- 4–5 EL Olivenöl

1. Die Schalotten schälen und in sehr feine Würfel schneiden. Vom Thymian die Blättchen abzupfen. Schneiden Sie den Speck in kleine Würfel.

2. Das Sonnenblumenöl in einem Topf erhitzen und die Schalotten darin glasig anschwitzen. Anschließend den grünen Pfeffer zugeben, Speckwürfel und Thymianblättchen einstreuen und 2 bis 3 Minuten mit anschwitzen. Löschen Sie die Schalotten-Pfeffer-Mischung mit Cognac ab und gießen Sie alles mit dem Fond auf. Den Topf vom Herd nehmen.

3. Schneiden Sie die getrockneten Tomaten in sehr feine Würfel. Die Tomatenwürfel in die noch heiße Sauce geben und 4 bis 6 Minuten darin ziehen lassen. Die Sauce vor dem Servieren mit Salz und Pfeffer abschmecken und mit dem Olivenöl verfeinern.

S. 106
WARENKUNDE Grüner Pfeffer

S. 138
KÜCHENPRAXIS Kräuter vorbereiten

Feine Buttersaucen mit Kräutern

BEURRE BLANC MIT KRÄUTERN

ZUBEREITUNGSZEIT 25 Min.

FÜR DIE BEURRE BLANC

- 2 Schalotten, geschält und fein gewürfelt
- 250 g kalte Butter, 3 EL Weißwein
- 1/8 l heller Geflügelfond, 3 EL Weißweinessig
- 1 Stängel Estragon, 6 weiße Pfefferkörner, Salz
- nach Belieben 2 EL fein geschnittene Kräuter (Estragon, Schnittlauch und Kerbel)

1. Dünsten Sie die Schalotten in etwas Butter hell an. Dann mit Weißwein ablöschen und mit Fond und Essig auffüllen. Estragon und Pfeffer zugeben und alles auf etwa die Hälfte einkochen lassen.

2. Die Reduktion in eine Kasserolle passieren und auf etwa 90 °C erhitzen. Mixen Sie die kalte Butter in kleinen Stücken mit einem Pürierstab unter, dabei die Hitze konstant halten. Die Beurre blanc mit Salz abschmecken und mit den Kräutern verfeinern. Sie schmeckt zu Fisch und Meeresfrüchten.

S. 30
WARENKUNDE Estragon

S. 139
WARENKUNDE Kräuter schneiden

BEURRE ROUGE MIT KRÄUTERREDUKTION

ZUBEREITUNGSZEIT 1 Std.

FÜR DIE BEURRE ROUGE

- 2 Schalotten, geschält, 140 g kalte Butter
- 1/4 l Rotwein, 1/4 l roter Portwein
- 1 Zweig Thymian oder Rosmarin
- Salz, frisch gemahlener Pfeffer

1. Die Schalotten fein würfeln und in 1 TL Butter hell anschwitzen. Alles mit Rotwein und Portwein ablöschen und den Thymian zugeben. Lassen Sie die Flüssigkeit sirupartig einkochen.

2. Die Reduktion nach Belieben durch ein feines Sieb passieren oder nur die Kräuter entfernen und auf 90 °C erhitzen. Montieren Sie die übrige kalte Butter stückweise ein, dabei die Temperatur konstant bei 90 °C unter dem Siedepunkt halten. Die Sauce mit Salz und Pfeffer abschmecken. Die Beurre rouge passt gut zu Fisch und Fleisch. Kräuter und Gewürze sind variabel: Estragon passt ebenfalls zu Fisch, Rosmarin und geschroteter Pfeffer zu Fleisch. Wacholder und Bohnenkraut harmonieren mit Geflügel.

Sauce hollandaise

ZUBEREITUNGSZEIT 30–40 Min.

FÜR DIE SAUCE HOLLANDAISE
- 180 g Butter
- 1 Schalotte, geschält und fein gehackt
- 1 Stängel Estragon
- 1 Stängel Petersilie
- 1 Lorbeerblatt
- 4–6 weiße Pfefferkörner
- 2 EL Weißweinessig
- 8 EL Weißwein, 3 absolut frische Eigelbe
- je 1 Prise Salz und Cayennepfeffer
- 1 Spritzer Zitronensaft

1. Die Butter in einem Topf erhitzen und leicht köcheln lassen, bis sich hellbraune Flocken bilden, dann vom Herd nehmen und etwas abkühlen lassen. Kochen Sie in einer Kasserolle die Schalottenwürfel mit den Kräutern, Gewürzen, Essig und Wein sowie 2 EL Wasser auf. Die Flüssigkeit auf ein Viertel reduzieren.

2. Die Reduktion durch ein feines Sieb in eine Rührschüssel aus Metall gießen. Setzen Sie die Rührschüssel auf ein heißes Wasserbad und geben Sie die Eigelbe zu. Anschließend die Sauce mit dem Schneebesen cremig aufschlagen, bis die Spuren des Schneebesens gut erkennbar sind, dann vom Wasserbad nehmen.

3. Gießen Sie die leicht abgekühlte Butter erst tropfenweise, dann in dünnem Strahl in die Masse. Die Butter mit dem Schneebesen kräftig unterschlagen und die Hollandaise mit Salz, Cayennepfeffer und Zitronensaft abschmecken. Sauce hollandaise passt gut zu Fisch, Eiergerichten, Spargel und anderem Gemüse.

S. 30
WARENKUNDE Estragon

S. 81
WARENKUNDE Cayennepfeffer

»Sauce hollandaise mit Kräutern«

Auch Königinnen sind nicht sakrosankt. Das zeigen die vielen Varianten der Sauce hollandaise. Allein bei mir gibt es drei davon, die zu ganz unterschiedlichen Gerichten passen. Verwenden Sie dafür als Basis die klassische, oben beschriebene Variante ohne Estragon und erweitern Sie diese je nach Verwendungszweck zu einer Kräuter-Hollandaise: Für Lamm, helles Geflügel vom Grill, Fisch und Erbsen gebe ich gehackte Minze und ein paar Lavendelblüten zur Reduktion. Vor dem Servieren hebe ich fein geschnittene glatte Petersilie und etwas frische Minze unter.
Spargel, Artischocken und Staudensellerie vertragen eine säuerlich frische Komponente. Dafür verwende ich fein gehackten Kerbel, Sauerampfer und abgeriebene Zitronen- und Orangenschale, wobei die Kräuter erst kurz vor dem Servieren unter die Sauce kommen. Für eine kräftigere Variante zu gegrilltem Rindfleisch und Folienkartoffeln eignen sich Petersilie, Oregano, Basilikum und Tomatenpüree. Die Kräuter gebe ich auch hier erst kurz vor dem Servieren unter die Sauce.

Oskar Marti

»Aromatisieren mit Butter«

Ich experimentiere gerne mit Butter, da es sich dabei um einen wunderbaren Geschmacksträger handelt. Raffiniert aromatisiert mit frischen Kräutern und Gewürzen ist sie oft das i-Tüpfelchen eines gelungenen Gerichts. Schon die klassische Kräuterbutter-Variante schmeckt hervorragend zu gegrilltem Fleisch und Fisch oder ganz simpel auf knusprigem Baguette. Ich mische dazu etwa 125 g weiche Butter mit einem Bund fein gehackter Petersilie, Salz und Pfeffer, etwas Knoblauch und Zitronensaft.
Tatsächlich gibt es aber unendlich viel mehr Möglichkeiten, Würzbutter zuzubereiten. Abseits von herkömmlichen Variationen aus verschiedenen frischen Kräutern, Zwiebeln oder Knoblauch, Senf, Kapern und Sardellen setzen Kombinationen mit Zimt, Koriander, getrockneten Früchten oder Schokolade völlig neue Akzente. Deftige Braten von Lamm oder Wild können solch kräftige Aromen gut vertragen, ja profitieren sogar von den anregenden Gegensätzen aus süß und scharf. Köstlich schmeckt auch Kurzgebratenes in ein wenig Kräuterbutter geschwenkt. Das Aromenspektrum reicht hier von der einfachen Salbeibutter bis hin zur etwas gewagten Kamillen-Marzipan-Butter. Und auch hier lohnt es sich, auf Kontraste zu setzen: Süßes mit Bitterem zu kombinieren oder das Gericht mit einer feinen Schärfe zu unterlegen.

Bernd Arold

Dreierlei Würzbutter zu Fisch und Fleisch

SCHOKO-WASABI-BUTTER

ZUBEREITUNGSZEIT 15 Min.
KÜHLZEIT 2 Std.

FÜR DIE WÜRZBUTTER

- 25 g dunkle Schokolade (Kakaoanteil 70 %)
- 125 g weiche Butter
- ½ EL Wasabi-Paste oder -Pulver
- 1 Msp. zerdrückten Knoblauch, ½ TL Salz
- ½ EL fein geschnittene glatte Petersilie

1. Die Schokolade in Stücke brechen. Lassen Sie die Schokolade in einer Metallschüssel auf einem Wasserbad schmelzen, sie darf aber nicht zu heiß werden. Dann die Butter mit der Küchenmaschine oder dem Schneebesen schaumig rühren und die geschmolzene Schokolade untermischen.

2. Schmecken Sie die Butter mit Wasabi (Pulver vorher nach Packungsangabe anrühren), Knoblauch, Salz sowie der geschnittenen Petersilie ab. Anschließend die gewürzte Butter in Frischhaltefolie einrollen und 2 Stunden im Kühlschrank gut durchkühlen lassen.

3. Schneiden Sie die Schoko-Wasabi-Butter in Scheiben. Sie schmeckt zu gebratenem Wild und Lamm.

KAMILLEN-MARZIPAN-BUTTER

ZUBEREITUNGSZEIT 10 Min.
KÜHLZEIT 2 Std.

FÜR DIE WÜRZBUTTER

- 125 g weiche Butter, 25 g Rohmarzipan
- 1 EL Kamillenblüten, unbehandelt (Teeladen)
- ½ TL Salz
- abgeriebene Schale von 1 unbehandelten Zitrone
- ½–¾ TL mildes Currypulver

1. Die weiche Butter mit der Küchenmaschine oder dem Schneebesen schaumig rühren. Schneiden Sie das Marzipan in kleine Würfel und mixen Sie diese nach und nach unter die Butter.

2. Die Kamillenblüten im Mörser fein zerstoßen und unter die Butter rühren. Schmecken Sie die But-

ter mit Salz, Zitronenschale und Currypulver ab. Die gewürzte Butter anschließend in Frischhaltefolie einrollen und 2 Stunden kühl stellen.

3. Schneiden Sie die Kamillen-Marzipan-Butter in Scheiben. Sie passt gut zu auf der Haut gebratenem Fisch, beispielsweise zu Zander oder Wolfsbarsch, aber auch zu gebratenem Schweinefilet oder gebratener Maispoulardenbrust.

MYRTEN-KAFFEE-BUTTER

ZUBEREITUNGSZEIT 10 Min.
KÜHLZEIT 2 Std.

FÜR DIE WÜRZBUTTER

- 125 g weiche Butter
- ½ TL Salz
- 1 EL fein geschnittene Myrteblättchen (frisch oder getrocknet)
- 1 EL grob gemahlene Kaffeebohnen (etwa wie grob gemahlener schwarzer Pfeffer)
- ½ EL fein gehackte Ingwerwurzel

1. Die Butter mit der Küchenmaschine oder dem Schneebesen schaumig rühren. Mischen Sie dann das Salz, die Myrte, den grob gemahlenen Kaffee sowie den Ingwer unter. Die Butter in Frischhaltefolie einrollen oder zu kleinen Kugeln formen und anschließend 2 Stunden kühl stellen.

2. Schneiden Sie die Myrten-Kaffee-Butter nach Bedarf in Scheiben. Sie verfeinert pochierten Fisch wie beispielsweise Seeteufel oder Kabeljau, passt aber auch gut zu gebratenem Thunfisch oder zu gebratenem Rindfleisch.

S. 120
WARENKUNDE Wasabi

S. 72, 45
WARENKUNDE Kamille, Myrte

Dezente Süße und Kräuteraromen harmonieren mit Käse und Wild

TOMATENMARMELADE MIT BASILIKUM

ZUBEREITUNGSZEIT 35 Min.

FÜR DIE TOMATENMARMELADE (FÜR 2 GLÄSER)

- 6 reife Tomaten, 20 g Gelierzucker 1:1
- Salz, frisch geschroteter Pfeffer
- 8 Blätter Basilikum, in feinen Streifen, 1 EL Obstessig

1. Die Tomaten vom Stielansatz befreien, oben und unten einritzen, 15 bis 20 Sekunden blanchieren, abschrecken und häuten. Die Tomaten achteln und mit dem Gelierzucker in einen Topf geben. Würzen Sie die gezuckerten Tomatenachtel mit Salz und Pfeffer.

2. Alles aufkochen und bei schwacher Hitze in 10 bis 15 Minuten dickflüssig einkochen, dann passieren. Lassen Sie die Mischung abkühlen. Das Basilikum zufügen, die Marmelade mit Essig abschmecken, in Gläser füllen und kalt stellen. Sie schmeckt zu Ziegenkäse, Parmesan oder Pecorino.

S. 20–23, 60
WARENKUNDE Basilikum, Thymian

S. 139
KÜCHENPRAXIS Kräuter schneiden

QUITTEN-THYMIAN-CHUTNEY

ZUBEREITUNGSZEIT 1 Std. 10 Min.

FÜR DAS CHUTNEY (FÜR 4 GLÄSER MIT JE 250 ML)

- 2 Apfelquitten, 1 Knoblauchzehe, abgezogen
- 6 Schalotten, geschält, 2 EL Olivenöl
- 50 g durchwachsener Räucherspeck, gewürfelt
- 100 ml Apfelsaft, 100 ml Gemüsefond, 1 Lorbeerblatt
- 12 Zweige Thymian, die Blättchen abgezupft, Salz

1. Die Quitten vierteln, vom Kerngehäuse befreien und schälen. Schneiden Sie das Fruchtfleisch in möglichst kleine Würfel. Den Knoblauch in sehr dünne Scheiben schneiden.

2. Den Backofen auf 180 °C (Umluft) vorheizen. Die Schalotten sehr fein würfeln. Schalotten- und Quittenwürfel in Öl zusammen mit dem Speck und Knoblauch kräftig anschwitzen. Löschen Sie alles mit Apfelsaft ab und gießen Sie den Fond an. Das Lorbeerblatt zufügen und die Quitten im Ofen zugedeckt in 25 bis 35 Minuten weich schmoren.

3. Thymian unterrühren, das Chutney mit Salz abschmecken, gut durchrühren und heiß in Gläser füllen. Wenn Sie die Gläser in einem hohen Topf im Wasserbad bei 80 °C etwa 20 Minuten pasteurisieren, ist das Chutney gekühlt bis zu 4 Wochen haltbar. Es passt gut zu Wild und Geflügel.

Die Jahreszeiten geben den Takt an

Früher haben ihn viele Kollegen belächelt, als er mit Blüten, Blättern und Samen experimentierte. Heute ist Oskar Marti als »Chrüteroski« in der ganzen Schweiz bekannt und das Original unter den Kräutervirtuosen am Herd. 17 Punkte im Gault Millau hat er sich mit seiner Leidenschaft für eine natürliche, gesunde und raffinierte Kräuterküche in der »Moospinte« bei Bern erkocht und viele erfolgreiche Kochbücher veröffentlicht.

WEM VERDANKEN SIE IHR KRÄUTERWISSEN?

Den Bezug zur Natur verdanke ich meinem Vater, der die Landwirtschaft des Luzerner Zisterzienser Klosters St. Urban betrieb. Dazu kommt die Klosterschule in St. Maurice, Wallis, in die er mich als rebellischen Buben gesteckt hat. Aber der geistige Vater meiner Küche ist meine Mutter, eine gelernte Köchin aus der Steiermark. Sie hat Lebertran in selbst gemachten Minze-Karamellbonbons versteckt und ihn so für uns schmackhaft gemacht. Von ihr habe ich gelernt, dass Kräuter nicht nur Geschmacksgeber sind, sondern auch Medizin.

WELCHE ROLLE SPIELT DIE SAISONALITÄT?

Gesund essen heißt für mich, dem Rhythmus der Natur folgen, auch beim Würzen. Frische Kräuter verwende ich, wenn Saison ist. Im Winter nehme ich wie zu Großmutters Zeiten getrocknete, wärmende Kräuter und Gewürze wie Kümmel, Fenchel, Kamille, Anis oder Wacholder, die sich gut konservieren lassen, ohne ihre Kraft einzubüßen. Auch würze ich mit eingemachten Löwenzahn-, Gänseblümchen- oder Bärlauchknospen und Kräuterpasten.

WELCHE KRÄUTER MÖCHTEN SIE KEINESFALLS MISSEN?

Parakresse, Estragontagetes, Löwenzahn, Schnittlauch, Kerbel, Sauerampfer und Minze. Der Schnittlauch gehört für mich samt Blüten in jede gute alemannische Küche. Die universelle Estragontagetes liebe ich in Sommergerichten, Getränken und Desserts. Ihr leicht pfeffriges Aroma erinnert an Fenchel, Anis, Vanille und Minze. Minze selbst schätze ich wegen ihres jugendlichen, frischen und tiefgründigen Dufts, der sich von nichts dominieren lässt. Löwenzahn schließlich ist von der Wurzel bis zur Blüte nutzbar, wobei Letztere für mich das Beste ist: Ich ernte sie im August, schäle, schneide und trockne sie für Kaffee, Eis und Bavaroise.

WIE KOMBINIERT MAN GEKONNT?

Die Natur gibt uns die besten Rezepte. Deshalb halte ich mich an das, was Tieren schmeckt und serviere zum Beispiel zu Kaninchen Möhrensauce mit Kerbel. Ansonsten richte ich mich danach, was zur gleichen Zeit in derselben Region reif ist, wie beispielsweise Pfirsiche und Basilikum oder Aprikosen und Rosenblüten, die beide ideale Paare bilden. Saisonal falsche Kombinationen funktionieren dagegen nicht, geben dem Körper falsche Signale und sind reine Effekthascherei. Ein Beispiel wäre winterliches Sauerkraut (wärmend) serviert mit sommerlichem Basilikum (kühlend). Gegensätzliche Wirkungen (sauer – basisch, anregend – beruhigend oder auch wärmend – kühlend) beißen sich.

WO BEKOMMT MAN AUCH AUSGEFALLENE KRÄUTER?

Samen erhält man beispielsweise bei Spezialgärtnereien, Samenhandlungen und bei Pro Specie Rara oder Arche Noah. Getrocknet bekommt man das meiste in der Apotheke. Und viele Kräuter findet man mit etwas Übung und Fachwissen auch in freier Natur. Überhaupt sollten die Menschen wieder mehr hinausgehen und es wie die Vögel halten: ernten, ohne zu säen.

Mit Oskar Marti sprach Ingrid Schindler

ABSCHÄUMEN: Fonds, Saucen oder Brühen vom »Schaum« aus geronnenem Eiweiß und Trübstoffen befreien, der sich beim Kochen an der Oberfläche absetzt.

ABSCHRECKEN: Heißes Gargut in (eis-)kaltes Wasser legen oder kalt abspülen, um den Garprozess zu stoppen.

ANSCHWITZEN: In Fett leicht angehen lassen, ohne dass das Gargut Farbe nimmt.

APRIKOTUR: Ein dünner Überzug aus Wasser, Zucker und erhitzter, passierter Aprikosenkonfitüre, die bei Gebäck als Isolierschicht oder zur Dekoration dient.

BINDEN (LEGIEREN): Andicken und Sämigmachen von Flüssigkeiten wie Suppen, Saucen, Cremes durch Einrühren von Bindemitteln, z. B. Mehl, Stärkemehl, Mehlbutter, Sahne oder Eigelb.

BLANCHIEREN: Lebensmittel wie Kräuter, Gemüse oder Fleisch in siedendem Salzwasser einige Sekunden oder Minuten kochen, um sie von Verunreinigungen zu befreien oder um Häute und Schalen besser entfernen zu können.

BOUQUET GARNI: Würzsträußchen aus verschiedenen Kräutern, Gewürzen und Gemüsearten zur Verfeinerung verschiedener Fonds und Brühen. Klassisch ist die Kombination von Möhre, Staudensellerie, Petersilienwurzel, Thymian und Lorbeer.

BRANDADE: Mit Olivenöl, Milch oder auch mit Kartoffelpüree vermischtes Fischpüree, meistens Stockfisch, häufig mit Knoblauch gewürzt. Eine Spezialität aus dem Süden Frankreichs.

BRUNOISE: In gleichmäßig feine Würfel geschnittenes Gemüse.

CONSOMMÉ: Geklärter, kräftiger Fond von Gemüse, Fisch und Meeresfrüchen, Fleisch, Wild oder Geflügel.

DÄMPFEN: Garen in Wasserdampf bei etwa 100 °C im geschlossenen Topf auf einem Siebeinsatz über kochendem Wasser oder unter Druck im Dampfkochtopf.

DÜNSTEN: Lebensmittel wie Kräuter, Gemüse oder Fleisch im geschlossenen Kochgeschirr in wenig Flüssigkeit und Fett oder auch im eigenen Saft garen.

ENGLISCHES SENFPULVER: Gelbes, fein gemahlenes Senfpulver mit etwas Chili von ausgewogener Schärfe, Säure und Süße zum Aromatisieren von Braten.

ENTFETTEN: Auch als Degraissieren bezeichnet. Entfernen des Fetts von Brühen und Fonds mit einem Löffel, Absaugen mit Küchenpapier oder Abheben des erstarrten Fettes von der erkalteten Brühe.

FARCE: Gewürzte gebundene Füllung für Pasteten oder Terrinen aus zerkleinertem Fleisch, Geflügel, Wild oder Fisch.

FINES HERBES: Französische Kräutermischung (Estragon, Kerbel, Petersilie und Schnittlauch) für Fleisch, Gemüse, Eierspeisen, Salate, Marinaden, Saucen und Dips.

FOND: Grundbrühe (auf der Basis von Knochen, Parüren und Gemüse), die als Grundlage für die Herstellung von Suppen und Saucen verwendet wird.

GEWÜRZSÄCKCHEN: Beutel aus Mull, Teefilterpapier oder ein Tee-Ei aus Metall zum Mitgaren von Gewürzen; ermöglicht die einfache und vollständige Entnahme.

GLACE (de viande): Sirupartig eingedickter aromatischer Fleischsaft zum Verbessern von Saucen sowie zum Überziehen von Fleisch; erkaltet schnittfest.

GLACIEREN: Fleisch, Wild oder Geflügel mit Glace überglänzen.

GLASIEREN: Überziehen von Speisen mit einer dünnen Glasurschicht, etwa aus Zucker oder Eis (beispielsweise bei Fisch).

GRATINIEREN: Ein Gericht bei starker Oberhitze oder unter dem Grill überbacken, sodass es eine hell- oder goldbraune Kruste bekommt.

JULIENNE: In sehr feine Streifen geschnittenes Gemüse. Wird als Einlage für Suppen oder auch als kleine Gemüsebeilage verwendet.

JUS: Beim Braten von Fleisch austretender, fettfreier Saft, der beim Erkalten geliert. Der Begriff wird in der Küche außerdem auch für konzentrierte, aus Knochen, Parüren und Gemüse hergestellte Fonds verwendet.

KARAMELLISIEREN: Gargut, etwa Gemüse mit geschmolzenem Zucker überziehen. Dazu wird Zucker erhitzt oder Zuckersirup eingekocht, bis er gleichmäßig hell oder dunkel gebräunt ist. Oder den Zucker in einer Kasserolle zerlassen und das Gargut darin schwenken.

KARKASSE: Bei Fleisch und Geflügel werden die Knochen, bei Fisch die Gräten als Karkassen bezeichnet. Sie werden für die Herstellung von Fonds verwendet.

KLÄREN: Bei Kraftbrühen alle trübenden Bestandteile entfernen. Mit Hilfe von Eiweiß und gehacktem Klärfleisch werden diese Bestandteile beim Kochen gebunden und entfernt.

LARDO DI COLONNATA: Mit Kräutern und Gewürzen aromatisierter weißer Speck (Schweinerückenspeck) aus der Toskana, der in Marmortrögen zwischen 6 und 24 Monate reift.

MARINADE: Mit Kräutern und Gewürzen versetzte Flüssigkeit zum Würzen, Haltbar- und Mürbemachen von Fleisch und Fisch. Auch Salatsaucen werden als Marinaden bezeichnet.

MIE DE PAIN: Fein geriebenes, frisches Weißbrot oder Toastbrot ohne Rinde.

MIREPOIX: Klein gewürfeltes, geröstetes Wurzelgemüse, dient zum Aromatisieren von Braten oder Saucen.

MONTIEREN: Eiskalte Butterstückchen mit dem Schneebesen oder Pürierstab in eine Sauce oder Suppe einarbeiten. Dadurch wird die Flüssigkeit leicht gebunden, sämiger und erhält einen feinen Buttergeschmack.

MUSCOVADOZUCKER: Ein sehr feiner, feuchter Rohrzucker für Gebäck und Desserts. Heller Muscovadozucker schmeckt nach Karamell, dunkler nach Lakritze.

NAPPIEREN: Überziehen von Speisen mit Sauce oder Gelee.

NUSSBUTTER: Leicht gebräunte Butter zum Aromatisieren.

PARIEREN: Fleisch, Geflügel, Wild oder Fisch von nicht essbaren Teilen (Parüren) befreien und gleichmäßig zuschneiden.

PASSIEREN: Flüssigkeiten, Pürees oder Farcen durch ein Tuch oder ein mit einem Tuch ausgelegtes Sieb gießen; auch durch ein feines Sieb streichen oder drücken.

PASSIERTUCH: Spezielles Tuch aus einem gazeähnlichen Gewebe (Etamin), das zum Durchgießen von Flüssigkeiten verwendet wird. Es ist in gut sortierten Haushaltswarengeschäften erhältlich.

PERLTAPIOKA: Nahezu geschmacklose Stärke in Form von weißen Kügelchen, die aus der Maniokwurzel (Kassava) gewonnen wird.

PIMENT D'ESPELETTE: Kleine rote Chilisorte aus der Region Espelette in Frankreich mit fruchtig-süßem, leicht rauchigem Aroma und milder Schärfe.

PLATTIEREN: Fleischscheiben mit dem Fleischklopfer oder mit dem Plattiereisen gleichmäßig flach klopfen.

POCHIEREN: Garen in reichlich Flüssigkeit unter dem Siedepunkt (70–95 °C); die Flüssigkeit darf nicht zum Wallen kommen. Besonders schonende Garmethode insbesondere für Eier, Klöße, geräuchertes Fleisch, Geflügel, Fisch und Austern.

QUATRE-ÉPICES: Frz. Vier-Gewürz, universelle Gewürzmischung der klassischen französischen Küche aus Gewürznelken, Muskat, schwarzem Pfeffer und Zimt. Für Wild, Ragouts, Pasteten, Wurst und Terrinen, eingelegtes Gemüse und Lebkuchen.

REDUZIEREN: Flüssigkeiten (Fonds, Brühen oder Saucen) im offenen Topf bis zur gewünschten Konzentration einkochen lassen, um das Aroma zu intensivieren.

SCHMOREN: Garvorgang zwischen Braten und Kochen.

SPICKEN: Tiefgekühlte Speck- oder Gemüsestreifen mit Hilfe einer Spicknadel durch größere Fleischstücke ziehen. Auch nicht zu tiefes Einbringen von Kräutern oder Knoblauch mit dem Spickmesser in Fleisch zum Aromatisieren.

SUSHI-ESSIG: Ein mit Salz und Zucker abgeschmeckter Reisessig.

TAMARINDENSAFT: Wird aus dem getrockneten Mark von Tamarindenschoten (Asialaden) hergestellt, das man in heißem Wasser einweicht und dann auspresst. Das Säuerungsmittel kann durch Zitronensaft ersetzt werden.

TRANCHIEREN: von frz. *trancher* – abschneiden; *tranche* – Scheibe. Fachgerechtes Aufschneiden und Portionieren von Fleisch, Geflügel oder Wild, etwa einen Braten in Scheiben schneiden.

ZESTEN: Dünne, etwa streichholzlange Streifen der Schale von Zitrusfrüchten.

ZESTENREISSER: Mit dem Zesteur oder Zestenreißer wird die Schale von Zitrusfrüchten in Zesten direkt von der Frucht abgezogen. Größere Schalenstücke werden mit dem Messer fein geschnitten.

Das Register enthält botanische Bezeichnungen (lateinische Namen kursiv), relevante Fachbegriffe aus der Küchenpraxis sowie Rezepte (mit • gekennzeichnet).

A

B

C

Unsere Spitzenköche …

BERND AROLD

Zu Recht wird Bernd Arold als Meister fantasievoller Gerichte bezeichnet, der mit den verschiedensten Kräutern und Gewürzen und vor allem mit Fruchtsaftaromen spannende kulinarische Kreationen schafft.
Nach seiner Ausbildung zum Koch in Würzburg waren »Käfer« in München und die renommierten »Schweizer Stuben« in Bettingen Stationen seiner Kochkarriere. Zu Stefan Marquard, als dessen Schüler er sich nach wie vor versteht, kam er dann in die »3 Stuben« in Meersburg und folgte ihm anschließend nach München ins »Lenbach«. Marquards Philosophie, die keine Rezepte und vor allem keine Kompromisse kennt, nahm Bernd Arold als Küchenchef mit in das »Ess Neun« in München. Seit Juli 2008 stellt er sich mit seinem eigenen Restaurant »Gesellschaftsraum« in München neuen Herausforderungen und überrascht seine Gäste mit innovativen Aroma-Kombinationen wie Süßholzthunfisch auf Rosenkalbsvitello und in Sesam gebackener Rumfeige.

CHRISTOPH BOB

Christoph Bob hat seine Liebe zur Kochkunst erst spät entdeckt. Zunächst wollte er zur See fahren, gesucht wurde auf dem Segler aber ein Koch. So begann er eine Kochlehre, die er als einer der Besten seines Jahrganges absolvierte. Ein Stipendium ermöglichte ihm, zu reisen, die Küchen ferner Länder kennen zu lernen. Die höheren kulinarischen Weihen erhielt er unter anderem bei Heinz Beck im »Pergola« in Rom, im »Taillvent« in Paris und bei Alain Ducasse. Schließlich verschlug es ihn in den Süden Italiens, wo er in Massa Lubrense bei Sorrent im neu eröffneten »Relais Blue« als Küchenchef vor Anker ging.
Er wird zu den derzeit besten Chefköchen Italiens gezählt. Die leichte mediterrane Küche hat es ihm besonders angetan.
Dabei setzt er auf beste Zutaten: Das nahe gelegene Meer liefert Fisch und Meeresfrüchte, Gemüse und Kräuter kommen aus den eignen Gärten, das Lamm von Bio-Bauern. Zu seinen Lieblingsgerichten gehören raffinierte und bodenständige Gerichte wie Garnelen auf Auberginenpüree.

INGO BOCKLER

Gute Produkte in ein gutes Essen zu verwandeln – das ist das ebenso einfache wie erfolgreiche Motto, nach dem Ingo Bockler kocht.
Nach seiner Ausbildung war er in den unterschiedlichsten Restaurants tätig, so im Hotel »Alpenhof« in Murnau oder dem Schlossrestaurant »Schöningen« in Niedersachsen.
Als Küchenchef im Restaurant »Merlin« in Großburgwedel erhielt er für seine kreative Küche den begehrten Michelin-Stern. Derzeit arbeitet er im Hotel »Hohenhaus« in Herleshausen. Die moderne Klassik bildet die Basis für seine Gerichte, die als individuelle Highlights aus seiner Küche kommen. So versetzt beispielsweise seine fruchtig-würzige Spezialität »Penja-Pfeffer-Gelee und Apfel-Birnen-Chutney zu pochierter Gänseleber« seine Gäste immer wieder aufs Neue in Entzücken.
Dafür wurde er 2008 mit 3 F vom FEINSCHMECKER, mit 15 Punkten des Gault Millau und mit 1 Michelin-Stern geehrt.

BOBBY BRÄUER

»Elegant, klassisch französisch inspiriert und mit stilsicherem Gespür für den zeitgemäßen Kick ...«, so beschreibt der bekannte Gastronomie-Führer Gault Millau die Kochkünste des Spitzengastronoms. Bobby Bräuer erwarb seine Kochkünste in vielen renommierten Häusern: So war er nach seiner Ausbildung zum Koch unter anderem bei Eckart Witzigmann im Restaurant »Aubergine« in München tätig, später arbeitete er als Küchenchef im Hotel »Königshof« in München und im Restaurant »Victorian« in Düsseldorf. Die Liste seiner Auszeichnungen und Preise ist lang und umfasst unter anderem einen Michelin-Stern und 17 Punkte von Gault Millau. Mittlerweile erfreut er in der »Quadriga« in Berlin seine Gäste mit einer raffinierten regionalen und saisonalen Küche, aber auch die mediterrane Küche mit ihren natürlichen Aromen bringt er zur Perfektion, wie das in Würzöl confierte Rotbarbenfilet auf geschmortem Kopfsalat in diesem Buch. Er wurde dafür zum »Berliner Meisterkoch 2007« gekürt.

ALEXANDER HERRMANN

Der sympathische Franke leitet seit 1995 das traditionsreiche Haus »Herrmann's Posthotel & Restaurant« in Wirsberg, das sich seit 1869 in Familienbesitz befindet. Wurde er auch in einen Gastronomiebetrieb hineingeboren, so hat er sein Handwerk doch bei Spitzenköchen in aller Welt erlernt, wie zum Beispiel in den »Schweizer Stuben« und bei Karl Ederer im Restaurant »Glockenbach« in München. Seit 1997 ist er Mitglied im Verband der Jeunes Restaurateurs d´Europe und ist Präsident der deutschen Sektion. Seine überraschenden Kreationen, mit denen er traditionelle regionale Gerichte neu interpretiert, erzielten 16 Punkte im Gault Millau, der ihn 2003 zum Aufsteiger des Jahres kürte. Seit 2008 leuchtet ein Michelin-Stern über seinem Restaurant. Zudem hat er sich mit einer eigenen Sendung »Koch doch« (BR), als Moderator in der »Küchenschlacht« und Stammkoch bei »Kerner kocht« und »Lanz kocht« (ZDF) im TV etabliert und zahlreiche Kochbücher veröffentlicht, ohne den heimischen Betrieb je zu vernachlässigen.

OSKAR MARTI

Oskar Marti war in mehreren schweizerischen Luxushotels tätig und führte ab 1974 zusammen mit seiner Frau Ursula Marti das Restaurant »Drei Könige« in Entlebuch/Luzern. Spätestens als sie 1985 den legendären Gasthof »Moospinte« in Münchenbuchsee unweit von Bern übernahmen, wo einst Theodor Heuss und General Guisan gespeist haben, gehört Oskar Marti zur Spitze der schweizerischen Kochkünstler.
Von jeher der natürlichen, saisongerechten Küche verpflichtet, kann er hier seine Kochphilosophie, die harmonische Kombination von Wildpflanzen und klassischer Küche, erfolgreich verwirklichen. So verwöhnt er seine Gäste, die zu Chrüter-Oski von weit her anreisen, mit Getreiderisotto zum Zanderfilet an Zitronensauce, die mit Sauerampfer aromatisiert ist. Oskar Marti ist auch durch Rundfunk, Fernsehen und Presse sowie durch mehrere Bücher, unter anderem der Kinderbuchreihe »Kochen mit Cocolino«, einer breiten Öffentlichkeit bekannt.

CHRISTIAN PETZ

Für den Spitzenkoch Christian Petz gilt: »...wenn man sich an ein Essen erinnert, dann waren es meistens gute, einfache Sachen«. Nach dem Abschluss seiner Ausbildung zum Koch startete Christian Petz seine Wanderjahre durch die besten Restaurants Mitteleuropas: So arbeitete er im »Königshof« in München, bei Eckart Witzigmann im Restaurant »Aubergine« in München und schließlich im Hotel »Hilton Plaza« in Wien.
Seinen Ruf als Wiener Spitzenkoch begründete er im »Palais Schwarzenberg« und im »Meinl im Graben«, wo er bereits im zweiten Jahr nach der Eröffnung 17 Punkte vom Gault Millau erhielt.
Bis 2009 serviert der Kenner mediterraner Küche im »Palais Coburg« seine unverkünstelten köstlichen Kreationen, für die ihn der Guide Michelin bereits mit einem Stern ausgezeichnet hat. So finden sich auf seiner Karte ausgesuchte Gaumenfreuden wie »Bretonischer Hummer mit italienischem Löwenzahn, Avocadoagnolotti und Curry«.

CORNELIA POLETTO

»Ich wollte immer nur in guten Restaurants kochen, mit den besten Produkten. Mein Ziel war es immer, etwas Besonderes zu kochen.«, sagt Cornelia Poletto. Ihrem Wunsch, Köchin zu werden folgend, absolvierte sie zunächst die Hotelfachschule, danach ging sie bei 3-Sterne-Koch Heinz Winkler in die Lehre und wurde 1996 Sous-Chefin im Hamburger »Anna e Sebastiano«. Nach einer weiteren Zwischenstation im »Fiorano« eröffnete sie gemeinsam mit Ehemann Remigio im Jahr 2000 das Restaurant »Poletto« in Hamburg. Bereits zwei Jahre später erhielt sie den ersten Michelin-Stern und 16 Punkte im Gault Millau.
Es geht ihr vor allem darum, den Eigengeschmack der Produkte hervorzuheben, die von erstklassiger Qualität sein müssen. Inzwischen hat sie mit »Alles Poletto!« ein sehr erfolgreiches Kochbuch herausgegeben, gibt ihre Erfahrung in einer eigenen Kochshow weiter und zählt damit zu den bekanntesten Sterneköchinnen Deutschlands.

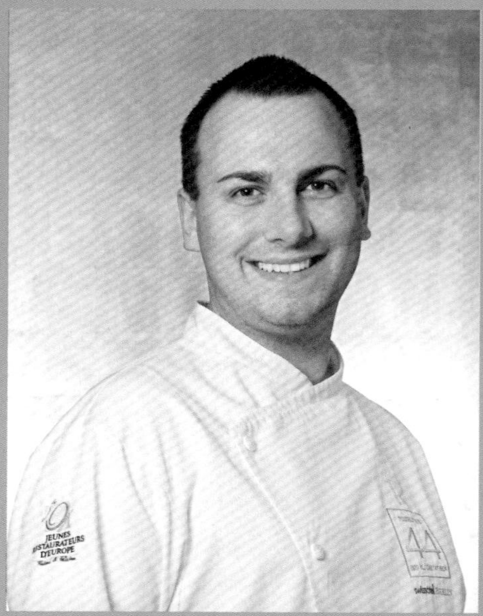

TIM RAUE

Nach seiner Ausbildung begann Tim Raue 1994 im Gourmet-Restaurant »La Mer« in Hamburg. Dann wechselte er in seine Heimatstadt Berlin und war dort unter anderem im Restaurant »Die Quadriga« im Hotel Brandenburger Hof tätig, bevor er 1998 Küchenchef des Restaurants »Kaiserstuben« wurde. Seit 1999 war er als Küchenchef im Restaurant »44« des Swissôtels Berlin erfolgreich.
Im Herbst 2005 wurde Raue zum »Berliner Meisterkoch 2005« ernannt. Vom Restaurantführer Gault Millau wurde er zum »Aufsteiger des Jahres 2005« gewählt, zum »Koch des Jahres 2007« gekürt und 2008 mit 18 von 20 möglichen Punkten ausgezeichnet. Das »44« kann sich mit einem Stern des Guide Michelin schmücken.
Seit Juni 2008 stellt er sich als Küchenchef im Adlon-Palais mit den Restaurants »Ma Tim Raue«, »Uma« und der Bar »Shochu« in Berlin-Mitte neuen Herausforderungen und bringt das puristische Contemporary Chinese Fine Dining nach Berlin.

Herzlichen Dank an ...

PETER SCHARFF

Peter Scharff hat sich der Kräuterküche verschrieben. Die Kräuter seien die Seele seiner täglichen Arbeit, sagt er. Im Jahr 2000 gewann er den Titel »Bester Fischkoch Deutschlands«. Als Küchenchef der »Wartenberger Mühle« erkochte er sich 6 Jahre in Folge einen Michelin-Stern. In über 200 SWR-Sendungen »Kaffee oder Tee« präsentierte er viele neue Kräuter-Backkreationen. Durch seinen Freund und Kräutergärtner Bernd Simon entwickelte er sein Kräuter- und Pflanzenwissen. Bis zu 250 kulinarisch interessante Kräuter werden im Kräutergarten aufgezogen. Mit seiner Firma »Kulinarische Kompetenz« leitet er Kräuter-Workshops oder entwickelt Corporate-Identity-Foodkonzepte für Firmenevents. Auf Gran Canaria legte er einen Ganzjahres-Kräutergarten an und bietet regelmäßig Kräuterkurse an. Unter www.peter-scharff.de will er Lebensmittel und Zubehör aus der Sterneküche auch Hobby-Köchen zugänglich machen, so etwa die Orangenschokolade für seine Orangen-Schokoladen-Mousse in diesem Buch.

BERND SIENER

Bernd Siener hat für seine exzellente Ausbildung die halbe Welt bereist. So arbeitete er unter anderem für Heinz Winkler im »Tantris« in München, in dessen Restaurant »Tristan« auf Mallorca und im Hotel »Traube-Tonbach« bei Harald Wohlfahrt. Die Spitzengastronomie anderer Kulturen lernte er auch in Großbritannien, bei einem Auftrag für die Deutsche Botschaft in Kolumbien, Bogotá und in Istanbul kennen. 1999 kehrte er in seine Heimat zurück und bekleidet seitdem die Position des Küchenchefs im »Vila Vita Rosenpark«, Marburg. Seit 2002 erstrahlt über seinem Restaurant »Bel Etage« ein Michelin-Stern. DER FEINSCHMECKER 2008 verlieh ihm 3,5 F und kürte ihn zum »Aufsteiger des Jahres 2003«, der FOCUS zählt ihn 2008 zu den 50 besten deutschen Küchenchefs. Seine Gäste verwöhnt Siener mit saisonalen Produkten und greift dabei Einflüsse der regionalen, klassisch französischen, aber auch der mediterranen und asiatischen Küche auf. Seine Erfahrungen als Spitzenkoch hat er als Autor veröffentlicht.

... UNSERE PROBEKÖCHE

Unseren Probeköchen, die jedes einzelne Rezept unserer Spitzenköche nachgekocht und auf Herz und Nieren geprüft haben, möchten wir an dieser Stelle ganz besonders danken: Helene Aigner, Gabi Amos, Margarethe Brunner, Eva Fischer, Iris Ghiai, Maria Haumaier, Anton Jochner, Astrid Mathé, Barbara Mayr, Kerstin Reuß, Petra Roth, Ingrid Schindler, Gertrud Schmidt, Katharina Stein, Marc Strittmatter, Ursula Tobollik, Esther Ulrich, Ernst Wagner und Annett Wilke.

Bezugsquellen

Suchen, finden, bestellen: anspruchsvolle Zutaten leicht einkaufen – im Internet.

www.artemisia.de
Onlineversand für getrocknete Kräuter und Tees, große Auswahl an Jungpflanzen in der eigenen Gärtnerei in Stiefenhofen im Allgäu.

www.asiamahal.de
Onlineshop für asiatische Lebensmittel, mit großer Auswahl an Gewürzen, Würzmischungen und -pasten.

www.bosfood.de
Gewürze und Zutaten aus aller Welt online einkaufen: von Anissamen bis Zimtblüten und mehr, mit eigenem Geschäft in Düsseldorf.

www.der-feinschmecker-club.de
Onlineshop der Zeitschriften »DER FEINSCHMECKER« und »WEIN-GOURMET« mit edlem Kochzubehör, Delikatessen und Wein.

www.dinsesculinarium.de
Gutes Feinkostsortiment, viele Gewürze und Würzmischungen aus der ganzen Welt.

www.dosmex.de
Onlineshop für mexikanische Lebensmittel, zahlreiche Chilisorten, Gewürze und Gewürzmischungen.

www.dreschflegel-saatgut.de
Online-Versand für Bio-Saatgut (Kräuter, Gewürzpflanzen und Gemüse).

www.essbare-landschaften.de
Frische Wildkräuter und Blüten online bestellen: Geliefert wird bundweise oder im 100-g-Paket.

www.gourmondo.de
Große Auswahl an Gewürzen aus Italien, Spanien, Frankreich, China, Japan, Indien und Südostasien.

www.ingo-holland.de
Gewürze, Würzmischungen und getrocknete Kräuter online bestellen (verschiedene Links), mit eigenem Geschäft (»Altes Gewürzamt«) in Klingenberg.

www.kraeuterei.de
Onlineversand von frischen Gewürz, Duft- und Heilkräuterpflanzen, mit eigener Gärtnerei in Oldenburg.

www.kraeuterzauber.de
Getrocknete Kräuter, viele verschiedene Chilisorten und Gewürze der Firma Edora aus aller Welt.

www.latortilla.de
Onlineshop für mexikanische Lebensmittel, zahlreiche Chilisorten, Gewürze und Gewürzmischungen.

www.lunas-delikatessen.de
Produkte für die feine Küche, unter anderem auch Gewürze und Gewürzmischungen aus aller Welt.

www.manufaktum.de
Onlineshop – Gewürze, Gewürzmischungen und Salze sind im Segment Lebensmittel zu finden.

www.omikron-online.de
Onlineshop für Naturwaren, unter anderem auch Kräuter und Gewürze aus aller Welt, mit Ladengeschäft in Neckarwestheim.

www.pepperworld.com
Onlineshop für getrocknete und eingelegte Chilis sowie scharfe Chiliprodukte wie Saucen oder Saatgut.

www.pflanzenreich.com
Onlineversand von Kräuterpflanzen, aus der Kräuter- und Staudengärtnerei Mann aus Lawalde in Sachsen.

www.pflanzentreml.de
Onlineversand von frischen Kräuterraritäten, im Angebot sind Gewürz-, Duft- und Heilkräuter.

www.phytofit.de
Onlineshop mit einer großen Auswahl an getrockneten Küchen- und Heilkräutern sowie an Gewürzen.

www.ruehlemanns.de
Kräuter online bestellen: riesiges Sortiment an heimischen und exotischen Gewürz-, Duft- und Heilkräutern, mit eigener Gärtnerei in Horstedt.

www.schimmelschmidt-shop.de
Onlineversand für getrocknete Kräuter und Gewürze sowie für Gewürzmischungen.

www.spiceworld.at
Onlineversand für Gewürze und Gewürzmischungen, Salze und Pfeffer aus aller Welt.

www.staudengaissmayer.de
Kräuter online einkaufen: großes Sortiment an Gewürzpflanzen. Spezialist für Minzen, mit eigener Gärtnerei in Illertissen.

Würzen mit Parmigiano-Reggiano

Dampfende Pasta, ein großzügiger Klacks selbst gemachte Tomatensauce und darüber: frisch gehobelter Parmesan. Es braucht so wenig, um dem Himmel nah zu sein! Der italienische Hartkäse ist der Exportschlager schlechthin. Und jeder Koch, der nur ein bisschen auf sich hält, hat immer ein großzügiges Stück dieser mürben feinkörnigen Spezialität in der Vorratskammer. Denn in der Küche ist der Rohmilch-Klassiker ein Genie: Harmoniert mit vielen Lebensmitteln, gibt Salaten, Fisch und Fleisch und natürlich fast allen Nudelgerichten den letzten Aromakick.

Aber Parmesan ist nicht gleich Parmesan. Echt ist er nur, wenn er aus einer der rund 500 familienbetriebenen Käsereien rund um Parma, Reggio Emilia und Modena stammt, die sich die Worte Genuss, Tradition und Qualität auf die Fahnen geschrieben haben. Parmigiano-Reggiano, wie der Käse gemäß der geschützten Ursprungsbezeichnung (DOP – Denominazione di Origine Protetta) heißt, ist mehr als ein einfaches Nahrungsmittel.

PARMIGIANO-REGGIANO ZERGEHT WIE SCHON ZUVOR SEIN NAME AUF DER ZUNGE

Erkennen kann man ihn an seinem in Punkten gesetzten Schriftzug "Parmigiano-Reggiano", der die großen Käselaibe wie eine Banderole umhüllt. Zusätzlich drückt jede einzelne der rund 500 Käsereien ihrem Käse ein individuelles Siegel auf. Auch dies: Handarbeit.

In 800 Jahren hat sich am Herstellungsprozess wenig geändert: Milch, Salz und Lab verbinden sich zum köstlichen Endergebnis und das Einzige, das dabei wirklich helfen kann, ist die Zeit. Mindestens 12 Monate reift ein echter Parmigiano. Er ist zum sofortigen Verzehr geeignet – ein leichter Genuss, der begleitet von einem Glas Pinot Grigio zu Höchstform aufläuft. Parmigiano-Reggiano "mezzano", wie die offizielle Klassifizierung lautet, ist auch ideal zum Gratinieren.

Höchste Qualitäten wie Parmigiano-Reggiano »Extra« brauchen rund 30 bis 36 Monate, mindestens aber 24 Monate, um ihren geschmacklichen Höhepunkt zu erreichen. Sie sind gerade richtig, um in hauchdünnen, goldenen Hobeln über ein frisch zubereitetes Carpaccio geschnitten zu werden. Geht es weniger gehaltvoll zu, schmeckt natürlich auch ein jüngerer Parmesan. Etwa zu rohen Gemüsesticks oder auch zusammen mit Apfel-, Birnen- oder Melonenspalten. Festliche Anlässe aber verdienen die gut gereifte, geschmacklich voll entfaltete Klasse. Denn diese ist, allein oder mit einem Tropfen Aceto Balsamico Tradizionale, auch eines edlen Trüffels ebenbürtig.

In der italienischen Küche ist Parmigiano-Reggiano ohnehin unentbehrlich. Kein Pesto genovese, kein Risotto milanese, keine Minestrone denkbar ohne die herbe Würze des berühmten Rohmilchkäses. Auch in Parmesan gewendete Kalbsschnitzelchen sind ein Hochgenuss – immer vorausgesetzt, die kleinen Leckerbissen wurden in einer beschichteten Pfanne zubereitet. Sonst legt die würzige Panierung sich an – und das wäre wirklich schade.

Gewagtere Kreationen experimentieren mit Parmesan in süßen Desserts. Köstlich sind beispielsweise alle Kombinationen mit Feige. Die herbe Süße der exotischen Frucht harmoniert wunderbar mit dem würzig-nussigen Ton eines reifen Parmigianos. Auch anderes Trockenobst – Aprikosen, Nüsse, Rosinen, Datteln – sind geeignet. Ein weites Feld also für köstliche Entdeckungen, die die Vielfalt von Parmigiano-Reggiano unter Beweis stellen.

115

IMPRESSUM

Verlag	© 2008 TEUBNER Grillparzerstr. 12, D-81675 München TEUBNER ist ein Unternehmen des Verlagshauses GRÄFE UND UNZER, GANSKE VERLAGSGRUPPE Leserservice@graefe-und-unzer.de www.teubner-verlag.de
Projektleitung, Konzept, Redaktion	Dr. Maria Haumaier, Astrid Mathé
Konzept, Text, Lektorat	Katrin Wittmann, w & w, Füssen
Bildredaktion	Astrid Mathé
Herstellung	Susanne Mühldorfer
Beratung	Bobby Bräuer
Rezepte	Bernd Arold, Christoph Bob, Ingo Bockler, Bobby Bräuer, Alexander Herrmann, Oskar Marti, Christian Petz, Cornelia Poletto, Tim Raue, Peter Scharff, Bernd Siener
Freie Autoren	Historie und Sonderseiten: Ingrid Schindler Sonderseiten: Margarethe Brunner, Ursula Heinzelmann, Cornelius und Fabian Lange, Astrid Mathé, Dr. Elisabeth Vaupel, Katrin Wittmann
Fotografie	Rezeptaufnahmen, Haupttitel, Kapitelaufmacher: Westermann Studios, GbR: Fotografie: Nikolai Buroh; Fotografische Mitarbeit: Thordis Rüggeberg; Foodstyling: Roland Geiselmann (Leitung), Michaela Pfeiffer, Rocco Dressel, Maren Jahnke, Oliver Mägel; Styling: Anja Buroh; Assistenz: Yvonne Gastler, Britta Kohl, Nassim Azarmsa, Isabel Florencio, Chiara Cigliutti Warenkunde- und Küchenpraxisaufnahmen: Dorothee Gödert, Frankfurt
Gestaltungskonzept	independent Medien-Design, München
Layout, Satz, Bildredaktion	Gabriele Wahl, w & w, Füssen
Reproduktion	Repromayer, Reutlingen
Druck	aprinta Druck, Wemding
Buchbinderei	m.appl, Wemding
Auflage	4. Auflage 2013
ISBN	978-3-8338-0767-1
Syndication	www.jalag-syndication.de

Liebe Leserin und lieber Leser,

wir freuen uns, dass Sie sich für ein TEUBNER-Buch entschieden haben. Mit Ihrem Kauf setzen Sie auf die Qualität, Kompetenz und Aktualität unserer Bücher. Dafür sagen wir Danke! Ihre Meinung ist uns wichtig, daher senden Sie uns bitte Ihre Anregungen, Kritik oder Lob zu unseren Büchern. Haben Sie Fragen oder benötigen Sie weiteren Rat zum Thema? Wir freuen uns auf Ihre Nachricht!

Wir sind für Sie da!
Montag – Donnerstag:
8.00 – 18.00 Uhr
Freitag: 8.00 – 16.00 Uhr

Tel.: 08 00/7 23 73 33
Fax: 08 00/5 01 20 54
(kostenfreie Servicenummern)

E-Mail:
leserservice@graefe-und-unzer.de

GRÄFE UND UNZER Verlag
Leserservice
Postfach 86 03 13
81630 München

GRÄFE UND UNZER

Ein Unternehmen der
GANSKE VERLAGSGRUPPE

Ein besonderer Dank geht an die Firma Rösle für die Bereitstellung der verschiedenen Küchenutensilien.
Wir danken Frau Manuela Ferling, Agentur Kochende Leidenschaft, für die Vermittlung der Köche (www.kochende-leidenschaft.de).

RÖSLE

Bildnachweis:
S. 6: IFA-Bilderteam/Flowerphotos; S. 7: Syndication/Celentano; S. 8: akg-images/Lessing; S. 9 und 11: akg-images; S. 10: akg-images/Sotheby's; S. 18 (2): Blickwinkel/Flohe; S. 19 oben: mauritius images/Linke; S. 21 (3), S. 22 (4), S. 23 (10), (16), S. 24 (3), S. 27 oben, (6): Teubner Foodfoto; S. 28 (1): StockFood/Foodcollection; S. 29 (2), S. 30 (2): Teubner Foodfoto; S. 31 (2): IFA-Bilderteam/Flowerphotos; S. 35 (3): Teubner Foodfoto; S. 36: ullsteinbild/CARO/Riedmiller; S. 37: ullsteinbild/imagebroker; S. 41 (2), S. 43 (2), (7), S. 45 (5): Teubner Foodfoto; S. 45 (2): Okapia/Grant; S. 46 (1): Teubner Foodfoto; S. 54 (3): StockFood/TH Foto; S. 55: mauritius images/Pöhlmann; S. 59 (7), S. 65 (4): Teubner Foodfoto; S. 65 (6): Wittmann; S. 66: IFA-Bilderteam/Rose; S. 67 (1): Okapia/Cattlin; S. 67 (4): mauritius/CuboImages; S. 67 (6), (9): Teubner Foodfoto; S. 70 (2): StockFood/Dietz; S. 70 (3): StockFood/Foodfotografie Eising; S. 70 oben: mauritius images/Römmelt; S. 71 (5), (6), (8): Teubner Foodfoto; S. 74: StockFood/Lehmann; S. 77 (5): Lavendelfoto/Hernandez; S. 78 (3) Teubner Foodfoto; S. 79 oben: Okapia/Morell; S. 84: ullsteinbild/ecopix; S. 85: mauritius images/Taurus; S. 87 oben: StockFood/Waldmeier; S. 88 oben: corbis/Borges; S. 88 unten: corbis/Hulton-Deutsch Collection; S. 89 (2): Teubner Foodfoto; S. 91 rechts, S. 96 oben: Stockfood/Muthuramann; S. 97 (3): Teubner Foodfoto; S. 97 (4): StockFood/Kröger/Gross; S. 101 oben: corbis/Sacha; S. 102: mauritius images/Photononstop; S. 103: akg-images/Schütze/Rodemann; S. 104 links: mauritius images/Visa Image; S. 104 rechts: mauritius images/Foodpix; S. 105: StockFood/Braun; S. 107 rechts: Okapia/Sohns; S. 107 unten: akg-images; S. 108 (1): Teubner Foodfoto; S. 109 oben: Lavendelfoto/Grimm; S. 110 unten: corbis/Franken; S. 112: IFA-Bilderteam/Tschanz; S. 115 oben: mauritius images/imagebroker; S. 115 (1): Teubner Foodfoto; S. 116 oben: StockFood/Steven Foster Group, Inc.; S. 116 (1): Teubner Foodfoto; S. 119 oben: IFA-Bilderteam/Jupiterimages; S. 121: mauritius images/Waldkirch; S. 127 oben: corbis/Bolton; S. 136: mauritius images/Protzel; S. 162 links: mauritius images/Botanica; S. 162 rechts: IFA-Bilderteam/Foodpix; S. 167: mauritius images/FreshFood; S. 220: corbis/Franken; S. 221: Deutsches Museum; S. 244 links: corbis/Borchi; S. 244 rechts: StockFood/Brauner; S. 263: Syndication/Holz; S. 273: mauritius images/Foodpix; S. 326, links: Palais Coburg/Lehmann